Theoretical Foundation and Practical Exploration of Tax Ecosystem in the New Era

新时代税收生态系统理论基础与实践探索

税友软件集团股份有限公司税费治理研究中心 著

中国财经出版传媒集团
中国财政经济出版社

图书在版编目（CIP）数据

新时代税收生态系统理论基础与实践探索 / 税友软件集团股份有限公司税费治理研究中心著. -- 北京：中国财政经济出版社，2021. 7

ISBN 978 - 7 - 5223 - 0427 - 4

Ⅰ. ①新… Ⅱ. ①税… Ⅲ. ①税收管理 - 中国 Ⅳ. ①F812. 423

中国版本图书馆 CIP 数据核字（2021）第 053285 号

责任编辑：陈志伟　　责任校对：张　凡

封面设计：卜建辰　　责任印制：史大鹏

新时代税收生态系统理论基础与实践探索

XINSHIDAI SHUISHOU SHENGTAI XITONG LILUN JICHU YU SHIJIAN TANSUO

中国财政经济出版社 出版

URL：http：//www. cfeph. cn

E - mail：cfeph@ cfeph. cn

社址：北京市海淀区阜成路甲 28 号　邮政编码：100142

营销中心电话：010 - 88191522

天猫网店：中国财政经济出版社旗舰店

网址：https：//zgczjjcbs. tmall. com

北京时捷印刷有限公司印刷　各地新华书店经销

成品尺寸：170mm × 240mm　16 开　28 印张　480 000 字

2021 年 7 月第 1 版　2021 年 7 月北京第 1 次印刷

定价：88. 00 元

ISBN 978 - 7 - 5223 - 0427 - 4

（图书出现印装问题，本社负责调换，电话：010 - 88190548）

本社质量投诉电话：010 - 88190744

打击盗版举报热线：010 - 88191661　QQ：2242791300

前言

Preface

当今世界正经历百年未有之大变局，我国处于重要战略发展机遇期，内部条件和外部环境正在发生深刻复杂变化，出现了经济发展方式转变、经济增长动能形成、消费支出动力增强、经济结构合理优化、数字经济突飞猛进、改善分配任重道远、绿色经济大力发展和对外开放积极推进等八个方面新的发展趋势。顺应中国经济外部环境变化，以及内部经济、社会转型、变革，加快形成以国内大循环为主体、国内国际双循环相互促进的新发展格局要求，税收体系内部也经历了深化税制改革、实施减税降费、推进依法治税、优化税收征管、创新纳税服务的税制变革、体制变革、管理变革和技术变革。为使税收在履行职能中更好地担当起保障国家收入、维护社会稳定、促进经济增长职责，在新时代国家治理系中更好地发挥基础性、支柱性、保障性作用，还需与时俱进，根据新时代中国特色社会主义市场经济体系要求，着力构建与现代政治、经济、文化和社会相适应，并能更好地服务于现代政治、经济、文化和社会的现代税收体系，即新时代税收生态系统。

税收生态系统是一个拟生态学概念，借鉴生态学的研究思路，通过对形成税收生态系统构成要素分析，研究其内在特性和规律，以构建一个健康、和谐、不断进化、可持续发展的税收生态系统，其目的和意义在于构建与不断发展的中国经济环境、社会环境、文化环境、技术环境相适应的，并能相互促进、和谐共生、成熟定型、职能作用发挥充分的税收体系。和谐共处是税收生态系统的基础，税收生态系统最为基本的特征是其生态性，即税收是一个通过多环节、多层次、多税种征收而形成，有序组合的复合税制体系。技术引领是税收生态系统的核心，在“互联网＋”背景下，信息技术为系统的动态平衡提供了源源不断的动力，同样为税收发展提供了新的契机。创新发展是税收生态系统的关键，税收治理现代化关键要依靠理念创新、技术创新和组织创新。以人为本是税收生态系统的保障，坚持以人为本，始终以人民为中心。以人民的视角审视税收生态环境的变化，以人民为对象构建税收生态系统治理体系，以人民的利益为中心推进税收生态系统创新发展。

《新时代税收生态系统理论基础与实践探索》从理论基础、治理体系和创新探索三个方面系统构建新时代税收生态系统理论与实践创新。其中：税收生态系统理论基础从基本范畴、外部环境、参与主体、制度体系、治理沿革和挑战应对六个方面进行系统阐述；税收生态系统治理体系全面总结、梳理税收生态系统治理六大体系，即完备规范税法体系、成熟定型税制体系、优质便捷服务体系、严密规范征管体系、稳固强大信息体系和公平正义文化体系，提出税收治理现代化的构建目标；税收生态系统创新探索总结中国税收治理创新成果，包括个人单一账号体系、个税预填申报制度、移动税务实施战略、税费一体征管系统、税收知识图谱运用和税费治理中国方案。

《新时代税收生态系统理论基础与实践探索》是由税友软件集团股份有限公司下属“税费治理研究中心”组织研究团队完成的重大课题。税友软件集团股份有限公司是国内专业的财税信息化综合业务提供商，自成立以来，专注于财税信息化领域的技术研究、项目开发、产品销售和服务，坚持以人为本、科技引领、创新发展，为中国税务系统提供全方位的信息化支撑与专业服务。“税费治理研究中心”则致力理论实践结合，从实践中提升理论，以理论指导实践，本着全面提升税收治理能力的理念，在总结历史、审视现实、展望未来基础上进行探索性研究，完成了“新时代税收生态系统理论基础与实践探索”重大课题，力求为建立中国新时代税收理论、政策、制度和管理体系作出应有贡献。

上海财经大学公共政策与治理研究院院长　胡怡建

2021 年 5 月

目录 Contents

中篇 税收生态系统治理体系

下篇 税收生态系统创新探索

0 导论：税收生态系统时代背景

党的十八大作出实施创新驱动发展战略的重大决策部署，是中国在新的历史起点上实现中华民族伟大复兴的战略选择。新发展阶段、新发展理念、新发展格局。《中共中央关于制定国民经济和社会发展第十四个五年规划和二〇三五年远景目标的建议》凝心聚力、绘就蓝图，中华民族伟大复兴的征程，迎来新的出发。需要加强前瞻性思考、全局性谋划、战略性布局和整体性推进。顺应历史发展潮流，坚定不移地以创新驱动发展战略为旗帜与航标，依据“创新、协调、绿色、开放、共享”新发展理念，全面深化税收制度改革，建立与现代政治、经济、文化和社会相适应，并能更好服务于现代政治、经济、文化和社会的现代生态平衡新税收生态系统正当其时。

0.1 税收生态系统外部环境

中国经济正在从高速度增长不断转向高质量发展，新旧动能接续转换，短期经济运行出现阶段性波动和不稳定，整个发展过程中，出现了八大新的发展趋势，对中国现行税收生态系统提出新挑战。

0.1.1 经济发展方式转变

中国经济由高速增长阶段转向高质量发展阶段，正处在转变发展方式、优化经济结构、转换增长动力的攻关期。未来经济将推动经济发展质量变革、效率变革、动力变革[①]，提高全要素生产率，着力构建市场机制有效、微观主体

---

① 张建刚．推动我国经济迈向高质量发展．红旗文稿，2018（10）：23－24

有活力、宏观调控有度的经济体制，摆脱粗放型发展方式，朝着集约型方向发展，并最终确立集约型的发展方式，加快形成以国内大循环为主体、国内国际双循环相互促进的新发展格局。

0.1.2 经济增长动能形成

发展先进制造业，推动互联网、大数据、人工智能与实体经济深度融合，在中高端消费、创新引领绿色低碳、共享经济、现代供应链、人力资本服务等领域培育新增长点、形成新动能。这意味着在新时代，经济增长新动能将得到长足发展，尤其是先进信息技术与实体经济深度融合后产生的新动能，将成为推动经济增长的主要动力。

0.1.3 消费支出动力增强

按需求支出法计算，在固定资本形成、最终消费支出和货物服务净出口这3大需求增长中，最终消费支出增长已成为拉动中国经济增长的第一动力，最终消费增长（含服务消费）对经济增长的贡献率为76.2%，服务消费在居民消费中的比重也不断上升，2018年服务消费占居民消费比重达49.5%①。居民消费升级，科技化、数据化消费成为新的消费倾向。

0.1.4 经济结构合理优化

虽然制造业比重下降，但高端制造和智能制造比重上升，制造业新动能在逐步增强，以高铁、大飞机为代表的高端装备制造业，以信息技术为代表的高新技术产业保持快速增长态势，智能制造成为工业经济高质量发展的新趋势。服务业比重保持持续上升，其对GDP增长贡献不断创新高，已突破50%成为支柱产业，经济结构继续优化。

0.1.5 数字经济突飞猛进

当前，以互联网、物联网、大数据、云计算等新技术为基础的应用日益进入社会生产和交换，产生了数字媒体、电子商务、电子金融等服务，出现了许多新产品、新行业、新业态，互联网正在改变人类的生产和生活方式。2019年，中国数字经济增加值规模达到35.8万亿元，占GDP比重达到36.2%。加

---

① 姚进．推动服务消费成为新增长点．经济日报．2019－03－04. http：//www.ce.cn/xwzx/gnsz/gdxw/201903/04/t20190304 31604818.shtml

快传统产业数字化、智能化，做大做强数字经济，拓展经济发展新空间，成为全球未来发展方向。

0.1.6 改善分配任重道远

随着市场化进程，个人收入水平持续提高，但不同个人之间由于处于不同城乡、地区、行业，收入差距不断扩大。另外，由于房地产市场和资本市场快速发展，使个人财产之间差异更为明显。未来要使得收入分配更合理、更有序，需要在鼓励勤劳守法致富、扩大中等收入群体、增加低收入者收入、调节过高收入、取缔非法收入、进一步提高收入水平的前提下，运用税收和转移支付来缩小收入分配差距，任重而道远。

0.1.7 绿色经济大力发展

长期以来，中国经济粗放式发展和监管缺失导致环境受到破坏。空气、水源和土壤受到不同程度的污染，影响到人民的正常生活。发展绿色经济和优化生态环境已成为新时代经济的重要体现，也是人民美好生活需求的重要构成部分。因此，需加快建立绿色生产和消费的制度保障和政策导向，建立健全绿色低碳循环发展的现代经济体系。

0.1.8 对外开放积极推进

为应对国际贸易保护和美国贸易保护行为，中国进一步实施对外开放，在构建开放型世界经济中发展自己并战胜贸易保护主义。在自由贸易试验区实施更积极开放的贸易、投资便利化政策，并进一步扩大服务贸易领域开放。与有关国家共商共建“一带一路”不断取得新进展。在深化合作中不断取得国际经贸规则的新共识，已与欧洲众多国家单独签署了相关的双边投资协定，与日本、韩国、澳大利亚、新西兰和东盟十国共同签订《区域全面经济伙伴关系协定》（RCEP），实现互利共赢。

0.2 税收生态系统内在要求

顺应中国经济外部环境变化，税收体系内部也经历了税制变革、体制变革、管理变革和技术变革，税收体系出现了一些趋势性变化，税收重大变革和趋势性变化也对税收生态系统提出了新要求。

0.2.1 税收增长新趋势

2019年，全年实现税收收入157992亿元，同比增长仅1%，远低于同期GDP增长6.1%的水平，是我国自1978年实行改革开放以来增长最低的一年。自1994年实行分税制改革以来，我国税收增长经历了两个不同阶段。1995年至2011年，税收出现超常增长，年平均增长率为18.34%；2012—2019年税收增速出现快速回落，年平均增长率为6.66%，由高增长转向中低增长已成为经济新常态下税收增长新趋势。税收增长下行既有经济下行原因，也有减税降费作用，同时也反映了税收在经济膨胀时加速增长，而在经济萎缩时加速下行的加速度变化特征。

0.2.2 宏观税负新特征

作为反映税收与GDP比值的宏观税负，其高低取决于税收增长与GDP增长的关系。由1995年的9.84%提高至2012年的18.68%，分税制改革以来几乎提高了90%左右。但随着税收增长率下行，税收占GDP比重也有所回落，2019年为15.94%。如果进一步将税收与广义货币M2发行比来看，1995—2012年，税收占M2比由9.94%小幅提高到10.33%，2019年又回落到7.95%。总体来看，税收占M2的波动要小于税收占GDP的波动，说明税收与货币发行的相关性要大于税收与GDP的相关性。近些年来，当税收占GDP比重仍保持继续上升时，税收占M2比重却出现下降，这也说明M2增长不但快于GDP增长，也快于税收增长，M2增长对税收拉动作用十分明显。

0.2.3 税制改革新思维

2012年以来，进入新常态的我国经济和税收，双双由高速增长转向中低速增长。虽然经济降温，但税改升温。2012年，我国实施营改增试点，并不断扩大试点范围，至2016年全面实施营改增，并在2017—2019年继续深化以降低税率为主要内容的增值税深化改革。2018年，我国实施对个人所得税由分类征税向分类和综合相结合模式转型，并提高起征点，增加专项附加扣除，并由按月按次征税改为按年按次征税。2016年，全国人大通过《中华人民共和国环境保护税法》，于2018年起实施，环境保护由收费改为征税。房地产税依据加快立法并适时推进改革原则，也在紧锣密鼓推进中。税制改革正向既定方向攻坚克难，稳定推进。

0.2.4 减税降费新举措

2018年《政府工作报告》确定了超万亿元规模的减税降费政策，此后又“加码”出台了新的举措，全年减税降费规模的1.3万亿元[①]。2019年《政府工作报告》提出，2019年将在2018年高达1.1万亿减税降费基础上，实施高达2万亿元的更大规模的减税降费，最后实施结果全年减税降费将超过2.3万亿元，占GDP的比重超过2%。2020年《政府工作报告》中提出“加大减税降费力度”，放水养鱼，助力市场主体纾困发展，预计全年为企业新增减负超过2.5万亿元。2018年以来，应对国际和国内双重经济下行压力，以及新冠肺炎疫情挑战，实施更大规模实质性减税降费是减轻企业负担、激发市场活力的重大举措，是支持稳增长、保就业、调结构的重大抉择。

0.2.5 税收治理新理念

发挥税收在国家治理中的基础性、支柱性、保障性作用，意味着税收由国家管理向国家治理转变。国家治理与国家管理存在主要区别：一是主体不同，管理主体只是政府，而治理主体还包括社会组织乃至个人多元治理结构；二是权源不同，国家管理强调行政权力机关授权，而国家治理强调由人民代表组成的人大直接授权；三是运作不同，管理的运作模式强调单向、强制、刚性，而治理运作模式是复合、合作、包容，治理行为的合理性受到更多重视；四是职能不同，传统国家管理下的税收是以政府为中心，满足国家履行职能需要，而国家治理下的税收强调以保障、改善、服务民生为重点。

0.2.6 税收法治新引领

第一，依法治税。其核心在于还权于人大，人大立法不仅在于提高立法层次，更为重要的是通过人大立法来形成反映民意、倾听民声、顺应民心，科学、合理、有效的税收法律制度体系。第二，立法先行。立法先行必须实现立法和改革决策相衔接，做到重大改革于法有据，立法主动适应改革和经济社会发展需要。第三，完善税法。一是从依法治税要求出发，积极研究修订《税收征收管理法》；二是逐步完善税收实体法，将相对成熟的税收暂行条例纳入

---

① 国新办．国新办举行落实中央经济工作会议精神新闻发布会．2019－01－15. http://www.scio.gov.cn/xwfbh/xwbfbh/wqfbh/39595/39661/wz39663/Document/1645366/1645366.htm

国家立法规划，提高税法的法律层级；三是完善税收程序法，以加强征管权力、保护纳税人权益。落实税收法定原则，必须以严格的立法程序保障纳税人合法权益，体现民主立法。

0.2.7 税收科技新引擎

税务管理由传统管理向现代化信息管理转变。顺应新科技革命孕育突破的大趋势，充分运用云计算、大数据、移动互联等新技术，加快金税三期工程建设和优化步伐，让信息化的技术支撑、信息保障、业务引领作用得到充分发挥。通过释放改革红利、开放红利、科技红利，让税务系统一切创新活力竞相迸发。科技进步是新常态下经济发展的重要动力。当前，以云计算、大数据、移动互联、物联网等新技术为引领，互联网技术正在孕育新的突破。未来新技术的成熟和普及必将广泛影响工作方式、生活方式、学习方式甚至娱乐方式。必须密切跟踪科技创新步伐，加快金税工程建设，让信息化技术为税务工作提供有效的技术支撑，尽快形成基于信息化管理的工作模式和控管手段。

0.2.8 税收开放新格局

按照习近平总书记提出的“加强全球税收合作，打击国际逃避税，帮助发展中国家和低收入国家提高税收征管能力”的要求，深度参与国际税改，维护我国税收权益，服务对外开放大局。为加强全球税收合作，打击国际逃避税行为，应深度参与 OECD/G20 组织发起的税基侵蚀和利润转移（Base Erosion and Profit Shifting，简称 BEPS）项目，维护我国税收权益，服务对外开放大局。近年来，中国税务部门积极服务对外开放发展，与 OECD 等国际组织和相关国家一道，齐心协力、携手共进，一起推动国际税收合作取得多元化成果。

0.3 税收生态系统战略愿景

税收生态系统是一个拟生态学的概念。税收生态系统研究借鉴生态学的研究思路，通过对形成税收生态系统构成要素的分析，研究其内在特性和规律，思考如何对相关因素进行优化和调整，提出具体的实施路径，以构建一个健康、和谐、不断进化、可持续发展的税收生态系统，实现税收治理现代化。其目的在于构建与不断发展的中国经济环境、社会环境、文化环境、技术环境相适应，并能相互促进、和谐共生、成熟定型、职能作用发挥充分的税收体系。顺应经济社会发展挑战和要求，坚持与时俱进，突出主体优势、以人为本、科技引领、创新发展理念，构建新时代税收生态系统，全面提升税收治理能力。

0.3.1 和谐共处是基础

税收生态系统最为基本的特征是其生态性，即税收是一个通过多环节、多层次、多税种征收而形成，有序组合的复合税制体系。就税收生态系统内部而言，是由参与主体、征税客体、税制体系组合而成，税收征管过程是税收活动参与主体之间、主体和客体之间相互影响、制约、作用、冲突、协调形成的动态平衡过程。具体而言是税收生态系统的税务部门、纳税人和涉税专业服务机构三大主体相互作用，互相影响，形成动态的平衡关系。同时，税收体系作为生态系统，是一个开放系统，又要与政治、经济、文化、社会、环境、资源等其他系统互为作用、和谐相处、协调发展。根据制度环境、经济环境、技术环境和组织环境发展变化作出相应调整，进行制度变革，以适应外部环境变化。税收生态平衡系统是一个税收与环境和谐相处的生态平衡系统，在把握税收总体布局前提下，促进税收体系与政治体系、经济体系、文化体系、社会体系、环境体系、资源体系协调发展。在一个更大范围和更为广阔空间的国际开放系统中，税收生态系统又要同国际政治、经济、社会系统保持协调发展，应对全球经济增长放缓、新冠肺炎疫情冲击、逆全球化趋势和国际税收竞争挑战。因而，和谐共处是其生存发展基础，是税收生态系统优化资源配置、维护市场统一、促进社会公平、实现国家长治久安的制度保障。

0.3.2 技术引领是核心

当今社会，技术成为行业发展的最大助推力，技术变革往往意味着行业发展进入崭新时期。在“互联网+”背景下，技术环境表现为大数据、云计算、人工智能等信息技术，为系统的动态平衡提供源源不断的动力，同样为税收发展提供了新的契机。首先，良好的技术环境成为税收生态系统核心环节。现代税收治理是以技术创新为驱动，广泛地采用现代信息技术手段；现代税收治理是以技术突破引领税收管理制度变革，从而推动建立与之相适应的人文观念、组织模式、管理方式和业务流程；税收技术广泛采集信息、迅速处理信息、有效利用信息，全面提升税收管理和服务效能；税收技术环境既是实现管理现代化的强大动力，又是税收生态系统不可缺失的有机组成部分。其次，移动互联网、云计算、大数据、人工智能、区块链、5G 等现代化信息技术运用，大力推动税收治理体系和治理能力现代化，进一步增强税收在国家治理中的基础性、支柱性、保障性作用。以金税工程为代表，将大数据技术融入税收生态体系，使信息与信息、信息与人、信息与过程有机结合，将税收业务纳入税收征管系统管理，实现税收的征、纳、管理决策等税收活动与现代信息技术接轨，为税收现代化和科学化提供技术支撑。随着信息技术快速发展，智能手机广泛普及，人工智能对税务的强力支持，简单、便捷、高效、移动办税缴费已成为基本办税方式。以税收大数据为依托的“智慧税务”的实践和探索，有力促进了税收改革发展，服务了国家经济社会发展大局，也为政府部门在推进智慧社会建设中，提供了“税务样本”。

0.3.3 创新发展是关键

创新作为引领发展的第一动力，决定发展思路、发展方向和发展面貌。税收治理现代化关键要依靠三大创新：理念创新、技术创新和组织创新。首先，理念创新。税收要发展，理念要先行。理念先行，就是要以公平、正义、进取、向上的税收文化理念为引领，引导全体社会公众，发挥指导思想的作用，沟通、连接纳税人、征税人、用税人的不同利益，从而融合成一个社会共同体的利益，构建新型的税收文化生态环境。其次，技术创新。以移动互联网、大数据、云计算、人工智能、区块链、5G 为代表的信息技术发展必然对税收治理现代化带来难得的发展机遇。税务云化战略，以一定的标准对业务进行数据化，构建全域数据链条，实现落地数据一致性。将业务切成可重用、可再现、恰如其分的基础业务单元和公共服务单元，打造税务生态圈。税务云化战略集成信息技术优势，以技术驱动业务变革，铺就税收治理现代化之路。最后，组织创新。技术不仅驱动业务变革，也驱动组织变革。“互联网 +”消除空间距离、打破管理层次和部门界限，用“互联网 + 职能转变 + 流程再造”的手段，优化征管组织体系，分配工作角色，推送工作任务。技术驱动业务变革，业务变革势必驱动组织变革。当一人式归集、预填申报、事前风险提示、事中风险把控、事后风险抽查等新业务形态不断普及的时候，相应的组织体系也应调整，规则管理、数据管理、策略管理和渠道管理等岗位需要重新设置。精干化、一体化、小型化、模块化、多能化的组织体系变革将是税收治理现代化制胜的关键。

0.3.4 以人为本是保障

坚持以人为本，始终突出三大主体。税收生态系统是由参与主体、征税客体、税制体系、生态环境和税收信息等要素共同构成的综合体，其中参与主体是众多要素中最为重要的因素。利用征税主体、纳税主体及涉税专业服务机构三大参与主体的各自优势，协同推进税收治理现代化。征税主体作为国家征税权的执行人，承担着服务和管理双重职能，在税收活动中往往居于主导地位，在态度上信任和尊重其他主体，服务上做到标准规范，执法上做到严谨统一，提效降本。纳税主体应该主动利用环境因素和自身优势，既有竞争又有发展，能自觉遵从法律履行义务，充分享受应有权利，持续健康发展。涉税专业服务机构，作为实施政府驱动战略的重要力量，在为纳税人提供纳税服务和为税务机构提供征税服务，建设新时代税收生态系统和提升税收治理能力中发挥好应有的作用，是当前我国税制改革背景下面临的重大课题。

坚持以人为本，始终贯穿以人民为中心。首先，以人民的视角审视税收生态环境的变化。经济环境的变化，离不开越来越多人参与平台经济、数字经济；文化环境的变化，离不开税务系统服务理想越来越深入人心、纳税人税法遵从度越来越高；技术环境变化离不开人们更多地利用电脑、手机等现代信息技术载体，通过现代发达网络系统进行工作、学习、生活和交流。其次，以人民为对象构建税收生态系统治理体系。税收现代化的治理，既包括应有的管理，更包括应有的服务。“彻底‘放’、科学‘管’、优质‘服’”这一现代化治理理念贯穿新时代税收生态系统治理体系的始终：始终以服务人民为宗旨，始终以人民的需求为导向，始终以便利人民为目标。最后，以人民的利益为中心推进税收生态系统创新发展。以人民为中心的关键是理念更新、技术优先、管理创新，建立简洁、便利、透明、高效的治理体系，实现便民、利民、惠民的治理目的。基于此，创新实践推陈出新。如：个人单一账号体系，以自然人为主体，强调主体权利和义务，发现了一大批身份被冒用的情况，大大地维护了人民的权益；预填报制度方便了广大纳税人，“一键申报”成为现实，大大简化了年度汇算的流程，实实在在方便了纳税人。

0.4 税收生态系统总体构架

新时代税收生态系统理论基础与实践探索，是基于新时代的税收生态系统的变革剖析，提出构建新时代的税费治理体系，并就当下进行的实践探索进行总结，提出更富现实意义的探索主张，形成税收生态系统总体构架和具体内容。全书分为理论基础、治理体系和创新探索三篇共 18 章。

全书分为上、中、下三篇，上篇构建理论基础，中篇搭建治理体系，下篇探索创新实践。根据具体内容的优化梳理，每篇组织六章内容，系统构建新时代税收生态系统理论与实践创新。

0.4.1 上篇“税收生态系统理论基础”

本篇从基本范畴、外部环境、参与主体、制度体系、治理沿革和挑战应对等六部分进行系统阐述。

（1）根据新时代创新、协调、绿色、开放、共享五大发展理念，在总结中国税收改革和发展实践的前提下，提出税收生态系统主题，并完成了生态税收系统理论基础和实践探索体系。

（2）用系统的、历史的、发展的眼光审视税收生态系统的发展进程，用战略的眼光洞察税收生态系统环境变化下对税收治理现代化的影响、对组织管理变革的影响，以及税收生态系统适应、发展、变革之道。

0.4.2 中篇“税收生态系统治理体系”

全面总结、梳理税收生态系统治理六大体系：完备规范的税法体系、成熟定型的税制体系、优质便捷的服务体系、科学严密的征管体系、稳固强大的信息体系和进取向上的文化体系，分别从六大体系提出了税收治理现代化的构建目标。

（1）法律是治国之重器，是国家治理体系和治理能力的重要依托，构建完备规范的税法体系，还需在改革立法相融共进、落实税收法定原则及提升税收立法质量方面与时俱进。

（2）税收既是政府履行职能的收入保障，又是政府弥补市场失灵的重要政策工具，建立高质量发展税收体系要承担和履行起经济发展方式转变、收入财富公平分配、经济社会持续发展和国际贸易投资协调的政策任务。

（3）落实“放管服”，优化营商环境，要求运用信用社会建设和风险管理理念，充分吸纳现代科技发展成果，打造以“信用动态监控”和“风险动态监控”为核心，电子税务局为主要形态，线上线下融合、规则智能驱动，吸纳涉税专业服务机构共同参与的全新税收治理模式。

(4) 着眼党中央和国务院“放管服”改革和改善营商环境，建设严密规范的税收征管体系，强化税收征管基础，健全税收征管机制，优化税收监管模式，提高税法遵从度和税费征收率。

(5) 充分利用新时代信息技术大发展所带来的历史性机遇，以互联网应用思维突破为先导，依托大数据和云计算，突破瓶颈制约，加快推进税收业务云化，科学引领，建立稳固强大的信息体系。

(6) 构建公平正义、进取向上的税收文化体系。既要求征税主体在征税过程中秉公执法、忠于职守；也要求纳税人基于对国家税法价值认同，遵守服从税法，自觉履行纳税义务；同时要求用税人税收支出公开透明，合乎社会公众的意愿。

0.4.3 下篇“税收生态系统创新探索”

处于大变革中的中国税收治理，应与时俱进，在实践中探索，在创新中发展。本书及时总结中国税收治理创新成果，包括个人单一账号体系、个税预填申报制度、移动税务实施战略、税费一体征管系统、税收知识图谱分析和税费治理中国方案。

(1) 个人单一账号体系。本节着重分析各部门对自然人账号代码的管理和应用现状，剖析存在的主要问题，比较企业与自然人单一账号制度的异同，为建立自然人单一账号制度提供借鉴经验。

(2) 个税预填申报制度。当下，我国综合所得的个税改革基本制度已实施落地，税收征管系统也在逐步推进，其中最为重要的从“代扣代缴”转化为“预缴+自行申报”的征管制度已经初步实施。预填申报制度将是筑基我国自然人税制体系现代化的路径选择，并能扩展应用到自然人税费治理乃至法人税费治理领域。

(3) 移动税务实施战略。当前移动政务服务的途径多种多样，建议国家税务总局采用超级APP的应用形式，并将其命名为“中国税务APP”。税务部门以“泛在战略”推行数字政府，分阶段实现战略目标和愿景，即以中国税务APP为阶段标志的中短期目标，“以全面的税费数字化撬动国家治理现代化”。

(4) 税费一体征管系统。个税改革的云化实践，是自然人税费治理的重要探索。基于社保征管体制改革，借力个税征管改革的成功实践，顺势而为，以税务承接社保业务为契机，建构自然人税费的“优化高效统一”格局，符合税费整体治理的发展方向。个税改革所铺垫的多部门信息共享通道将为社保征管向数据驱动演化提供平台，预期可以成为“大数据提升国家治理现代化水平”的成功实践。

（5）税收知识图谱分析。本节以税收知识图谱的形式，重点探讨增值税、消费税、个人所得税和企业所得税这四个税种的税收经济数据的运用。宏观经济管理方面：纾解企业进出口困境，稳定进出口贸易局面；精准定位投资方向，智能助力产业转型；拉动居民消费需求，引导促进消费升级。微观企业管理应用方面：精准落实防疫优惠，积极减轻企业负担；精准确定企业特征，识别企业征管信息。居民个人管理应用方面：促进居民就业，维护社会稳定；识别个人信息，防治逃税漏税。

（6）税费治理中国方案。本章是基于全书内容的系统总结，探索中国税费征管模式，提炼出中国税费治理经验，提出契合新时代要求、顺应新时代潮流和应用新时代科技的税收治理现代化方案。全面推进税收立法、完善现代税收制度、建立现代征管体系、和谐税收征纳关系、增强税收治理能力、改善营商税收环境、提升税收运行效率、构建共治税收格局、更好发挥税收功能、实现税收合作共赢。

上篇 >>>>

税收生态系统理论基础

1　税收生态系统基本范畴

当代中国社会的重大时代主题和现实需求就是发展，依据“创新、协调、绿色、开放、共享”新发展理念，探索、构建、发展与中国政治、经济、社会、文化、科技环境相适应，并能相互促进、和谐共生、成熟定型、职能作用发挥充分的新型生态税制体系，是时代赋予的历史重任。

1.1　税收生态系统基本定义

1.1.1　自然生态系统①

自然界的生态是指一切生物的生存状态，以及它们之间、它们与环境之间环环相扣的关系。生态系统是指在自然界的一定空间内，生物与环境构成的统一整体，在这个统一整体中，生物群落同其生存环境之间，以及生物群落内不同种群生物之间不断进行着物质交换和能量流动，相互影响、相互制约、相互作用，并在一定时期内处于相对稳定的动态平衡状态，这样构成的动态平衡系统就是生态系统。动态系统在一定的时间和空间范围内，生物群落与非生物环境通过能量流动和物质循环形成了一个相互影响、相互作用并具有自我调节功能的自然整体。

生态平衡是一种动态平衡，是生态系统内部长期适应的结果，即生态系统的结构和功能处于相对稳定的状态。其特征为：能量与物质的输入和输出基本相等，保持平衡；生物群落内种类和数量保持相对稳定；生物个体数、生物量、生产力维持恒定。很多类型的生态系统在不同的发育阶段，往往具有若干

① 蒋高明．生态与生态系统．绿色中国A版，2017（3）：4－4

个相对稳定的暂时性平衡状态（暂态），这些暂态之间可相互转化，称之为稳态转化。稳态转化是一种从量变到质变的突变过程，生态系统状态在一定范围内响应相当迟缓，而接近某一临界水平时强烈地响应，形成突变。

生态系统保持自身稳定的能力被称为生态系统的自我调节能力。生态系统自我调节能力的强弱是通过多方因素共同作用体现的。一般地，成分多样、能量流动和物质循环途径复杂的生态系统自我调节能力更强；反之，结构与成分单一的生态系统自我调节能力就相对更弱。负反馈调节是生态系统自我调节的基础，它是生态系统中普遍存在的一种抑制性调节机制。与负反馈调节相反，正反馈调节是一种促进性调节机制，它能打破生态系统的稳定性，通常作用小于负反馈调节，但在特定条件下，二者的主次关系也会发生转化。生态系统抵抗外界干扰的能力即抵抗力稳定性，抵抗力稳定性与生态自我调节能力正相关。抵抗力稳定性强的生态系统有较强的自我调节能力，生态平衡不易被打破。恢复力稳定性指的是生态系统已经被破坏后，在原地恢复到原来状态的能力。

1.1.2 税收生态系统

类比自然界生态系统的描述，税收生态系统是整个人类社会生态系统的一小部分，是税收活动参与主体之间的相互影响和制约，以及参与主体和环境、信息等因素相互作用与不断演变，从而形成的动态平衡体系。

税收是国家依据法律规定向经济单位和个人无偿征收实物或货币所形成的特殊分配关系。这种分配关系，集中反映了国家与各阶级、各阶层的经济关系、利益关系。税收既是一个与人类社会形态相关的历史范畴，又是一个与社会再生产相联系的经济范畴。税收的本质是指税收作为经济范畴并与国家本质相关联的内在属性及其与社会再生产的内在联系；税法的本质则是通过法律体现的统治阶级参与社会产品分配的国家意志。如果把国家作为一个生态系统来看的话，税收生态系统既是国家生态系统的产物，也是其支撑，其本质上是国家与各阶级、各阶层的经济关系和利益关系。

类比自然生态系统，税收体系同样是一个庞大的生态系统，有其自身的结构、功能及平衡机制，为参与主体之间的相互影响和制约，以及各方主体与技术环境等生态环境相互作用与不断演变，从而形成的动态平衡体系。税收作为国家为向社会提供公共产品和公共服务，凭借行政权力，按照法定标准，向居民和社会组织等纳税主体，强制、无偿地征收取得的公共收入。在现代社会，国家征税既要根据一定时期政治、经济、文化、社会、环境、资源发展需要，以及国家征收能力，通过多环节、多层次、多税种征收而形成，有序组合的复合税制体系而实现，同时，税收体系作为生态系统，又要与政治、经济、文化、社会、环境、资源等整体平衡、协调发展。

1.2 税收生态系统构成要素

从经济利益关系分析角度，税收生态系统是由参与主体、征税客体、税制体系、生态环境和税收信息等要素共同构成的。税收生态系统主体的、环境的、活动的、信息的、经济利益的各构成要素，既有其自身运行特点，又处于庞大开放系统中互为作用、和谐相处。因而，理想的税收生态系统需要兼顾到各个构成要素的特征，并使其作用得到最为合理、充分的发挥。

1.2.1 参与主体

税收生态系统参与主体包括征税主体（国家及其政府部门或组织）、纳税主体以及社会中介（相关服务组织）等。在生态系统中，虽然各个参与者扮演的角色不同，承担的职能各异，但作为生物圈的组成部分均不可缺失。征税主体依法征税，纳税人依法纳税，公众与组织共同维护，才能形成良好的税收环境。

1.2.1.1 征税主体

税收以国家为主体分配，征税的主体实质上是国家。通常将代表国家行使征税权的税务、海关等部门主体认为是征税主体。征税主体作为国家征税权的执行人，承担着服务和管理双重职能，在税收活动中居于主导地位。政府作为税收治理的主体，一方面参与税收立法，制定行业政策；另一方面负责税收征收与管理，同时为纳税人提供相应的纳税服务。在中国，代表国家行使征税权力的机构主要有立法和执法两大机构。行使立法权的机构是全国人大，同时国务院及所属财政部门受全国人大委托制定行政法规，国务院主要履行制定税收暂行条例、税法细则和税收法规职责，财政部主要履行制定税收暂行条例实施细则和税收政策调整方案的职责。行使执法权的税务、海关等部门，分别就国内税收和进出口贸易税收征收和管理，为纳税人提供相应的纳税服务权力，履行职责和义务。除此以外，公安、人民银行、金融监督管理、教育、卫生、医疗保障、民政、人力资源社会保障、住房城乡建设等相关部门配合税务部门行使征管工作。

1.2.1.2 纳税主体

纳税主体是享有法定权利、负有纳税义务、直接缴纳税款的单位或个人，可分为自然人纳税人和法人纳税人两类。自然人纳税人是指基于出生而依法在民事上享有权利，承担义务的人，包括本国公民和居住在所在国的外国公民。而法人则是指依法成立并能以自己名义独立参与民事活动，享有民事权利和承担民事义务的社会组织。纳税主体一方面有依法纳税义务，另一方面有控制税务风险，保障自身合法权益的权利。纳税主体既是社会财富的生产者，也是社会财富的消费者。广义上的纳税主体，涵盖履行义务性质上属于纳税义务的有关主体，包括纳税人、扣缴义务人、纳税担保人等。从生态系统角度看，纳税主体是物质和能量的生产者和运输者，是整个系统的基石，直接参与生态系统物质和能量的运转，根据客观规律形成物质和能量的循环。在此过程中，征税主体也需要提供部分物质或能量供整个生态系统运行，这种物质和能量就是税收。健康的税收生态系统中，绝大多数纳税主体应能自觉遵从法律履行义务，充分享受应有权利。简言之就是自觉遵从税法，一方面采集企业的涉税信息，进行纳税申报与税款缴纳，另一方面控制税务风险，保障企业自身合法利益的最大化，保持持续健康发展。

1.2.1.3 社会组织

在征税主体和纳税主体之间存在着第三种机构或组织，即提供税收服务的中介组织，作为独立第三方接受国家税务机关或企业、个人纳税人委托，从事代理涉税业务。中介机构作为社会服务的主体，一方面为政府税收征管提供支持帮助；另一方面为纳税人依法纳税提供税收服务，维护纳税人的正当权益。

（1）社会服务机构。这部分参与主体主要从专业角度为纳税主体提供有偿服务，代理或帮助纳税主体更好地享受权利或履行义务，如税务师、律师、会计师事务所等，还包括向征税主体税务机关和纳税主体纳税人提供完成涉税业务所需的软硬件或其他服务支持的企业或机构。它们的职能就是帮助纳税人减少纳税错误，用足用活税收优惠政策，做好税收筹划，协调税收征纳双方的分歧和矛盾，依法提出建议进行调解等。健康的税收生态系统中，中介（服务）机构应该遵守职业道德，维护国家利益和当事人权益，促进合规，助力履职，维护纳税人权益，帮助实施保护或救济，是税务机关与纳税人的合作伙伴，也是税收生态系统不可或缺的主角。

（2）社会公众组织。公众本身也是纳税主体，但在不涉及自身纳税义务的情况下，更多的是承担作为社会成员的职能。这里的组织是指除征税主体之外的国家机关或社会组织，他们在国家治理中也承担着各自不同的职能。换言之，社会成员、其他国家机关或社会组织，在税收活动中也需要履行相应的义务，比如信息的提供、协助征税或纳税等等。健康的税收生态系统中，公众与组织应能广泛认同税收治理理念，并积极参与税收的社会治理。

1.2.2 征税客体

又称为课税对象，是征纳税双方权利义务共同指向的客体或标的物，是区别一种税与另一种税的主要标志。征税客体按其性质不同，通常可分为流转额、所得额、财产额、特定行为等，是确定和区分税收种类的主要依据。美国哈佛大学马斯格雷夫教授根据征税客体构建了税制体系。他认为，税收有两大体系：一是在资金流转过程中课征形成的税；二是对财富的持有与转移课征形成的税。资金流转中的课税体系，即在国民经济的收支流转过程中所课征的税。图1－1为国民收入的形成和分配过程中，货币资金在私有部门内运动过程中的收支流程、各种税收的征收客体和纳税环节。

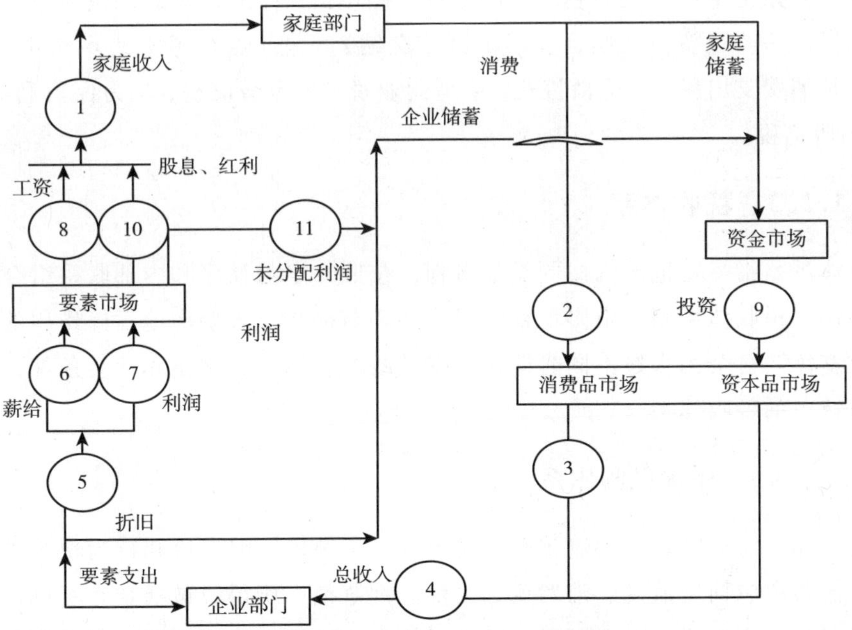

图1－1 货币收支流程、征税客体和纳税环节

假定整个国民经济由个人家庭部门与企业部门两部门组成，货币资金的运动以顺时针方向箭头表示；生产要素投入与产品产出的实物运动，则为逆时针方向流转。个人家庭部门领取各项收入后，用于消费支出与家庭储蓄两个部分。消费支出流入消费商品市场；家庭储蓄流入资本市场，通过投资活动，进入资本商品市场。消费支出与家庭储蓄通过各自的途径，形成企业部门的各项销售总收入。当企业资金支出时，先要从中提取折旧，其余部分分为工资、租金、利息和利润部分。

企业部门所得的利润，有一部分以股息的形式付给股票的持有人，剩余的部分由企业保留。企业的折旧金和保留的利润是企业的储蓄，流入资本市场，通过投资活动，进入资本商品市场。工资、租金、利息与股息等分别流入个人家庭，成为个人家庭的收入；部分流入企业，成为企业部门的非营业收入。如此，货币资金的运动，周而复始。国民生产和收入的形成与其分配过程，也是如此持续进行。政府通过税收从上述货币资金的运动中征收一部分资金，分布于货币运动的各渠道上。

由于各种税收的课征环节或课征点不一样，课征的办法也不同。个人所得税的课税对象是个人家庭的各项收入，课征点在图 1－1 中的 1；公司所得税的课税对象是企业单位的利润，课征点在图中的 7；工薪税的课税对象是薪给和工资（一半由资方交纳，一半由劳方交纳），课征点在图中的 6 和 8；课征点 2 是消费支出税，3 是销售税，4 是营业税，5 为增值税，9 为保留利润税，10 为股息税。

1.2.3 税收体系

体系是指一定范围内或同类的事物，按照一定的秩序和内部联系组合而成的整体。税收体系则是由多税种组成，多环节征收，多层次地发挥作用的复合税收整体。每个国家在不同时期，根据其政治、经济、文化和社会条件，形成各具特色的税收体系。

1.2.3.1 中国税收体系

按课税对象特点分为流转税、所得税、资源税、财产税和行为税 5 类。其中：流转税包括增值税、消费税、关税、烟草税；所得税包括企业所得税和个人所得税；资源税包括资源税、土地增值税、城镇土地使用税；财产税包括房产税、契税、车船税、船舶吨税；行为税包括车辆购置税、印花税、环境保护税、城市维护建设税、耕地占用税。

1.2.3.2 OECD 国家税收体系

按课税对象特点将税收分为生产、销售、转让税，所得税，社会保障税，财产税，工资和劳动力税5类。其中：生产、销售、转让税包括一般生产销售税的增值税，特别生产销售税的消费税和进出口贸易税；所得税包括个人所得税和公司所得税；社会保障税包括雇员缴纳、雇主缴纳和自雇或无业缴纳；财产税包括不动产经常性税、净财富经常性税、遗产税和赠与税、金融和资本交易税、非经常性财产税；工资和劳动力税。

1.2.3.3 中国与 OECD 国家税收体系比较

OECD 国家拥有遗产、赠与税、不动产税等较为完备的财产税体系，以及分为雇主、雇员和自雇或无业等较为完备的社保税体系；中国由于实行公有制为主体，多种所有制经济共同发展的基本经济制度，财产税相对简单，社保采用社会统筹而不是社保税，在资源属国家所有前提下，资源税向土地、金属和非金属矿及水等自然资源征税，如表1-1所示。

表1-1　中国与 OECD 国家税收体系比较

中国税收体系		OECD 税收体系	
流转税	增值税	生产、销售、转让税	增值税
	消费税		消费税
	关税		国际贸易税收
	烟草税		
所得税	企业所得税	所得税	个人收入，利润和资本收益税
	个人所得税		对企业的收入，利润和资本利得征税
资源税	资源税	社会保障税	员工
	城镇土地使用税		雇主
	土地增值税		自雇或无业
财产税	房产税	财产税	不动产经常性税
	契税		净财富经常性税
	车船税		遗产税和赠与税
	船舶吨税		金融和资本交易税
			非经常性财产税

续表

中国税收体系		OECD 税收体系	
行为税	车辆购置税	工资和劳动力税	工资和劳动力税
	印花税		
	环境保护税		
	城市维护建设税		
	耕地占用税		

1.2.4 生态环境

在生态理念下，各环境要素为参与者发挥主体活力提供支撑与助力，保障参与者的生存空间与创造空间。离开了环境，各种主体均无法生存；没有各参与主体的活动，环境将会没有生机和意义，环境与主体和谐共生、共同进步。从税收参与者角度对其所赖以生存的社会、经济、技术、文化等要素的统称，是指影响或决定税收制度产生、运行及其成效的各种外部因素的总和。主要包括制度环境、经济环境、文化环境、技术环境以及组织环境等，各种环境相互影响、不断变化，共同构成生态环境系统，这些环境因素影响着整个税收生态系统的发展和走向。

1.2.4.1 制度环境

制度环境是指人们在长期交往中自发形成，并被人们无意识接受的行为规范，是用来建立生产、交换与分配基础的基本的政治、社会和法律基础规则。广义上的制度环境，是与税收相关的各种法律规范的总称，包括社会体制、宏观国策、一般法律、经济制度、社会习俗等多个层面内容。而与税收生态系统相联系的狭义上的制度环境，可以理解为税法制度，包括税收实体法和程序法。其中：实体法是指规定具体权利义务内容或者法律保护的具体情况的法律，其主要功能在于规定、确认权利和职权以及义务和责任；而程序法则是规定以保证权利和职权得以实现或行使，义务和责任得以履行的有关程序为主要内容的法律。无论是实体法还是程序法都是依据税收法定原则，按法定程序制定，一旦确定就成为约束当事人的法律规范。征税主体必须依据法律规定征税，而纳税主体必须依据法律的规定纳税。税法作为一种法律规范，也是构成营商环境的一项重要因素，税种多少、税基大小、税率高低、缴税简繁、纳税时长等税法要素变动，都会影响该国营商环境好坏、优劣评价。

1.2.4.2 经济环境

经济环境是指经济体制、经济周期、经济发展水平、宏观经济政策、社会通货膨胀水平、物价变动水平、金融、证券市场发育及完善程度等因素的总和。从税收与经济环境关系看，税收既是经济的重要组成部分，又与经济环境互为影响。经济决定税收，税收影响经济。一方面，经济发展水平、经济增长高低、经济发达程度决定了税收发展水平、税收增长高低和税收充裕程度；另一方面，税率高低、税负轻重又会对经济增长产生正面或负面影响。降低税率、减轻税负、优化营商环境一般会对经济产生正面积极影响；而提高税率、增加税负一般会对经济产生消极负面影响。稳定的经济社会环境，是税收生态健康的基础。经济稳定通常是指实现充分就业、物价稳定和国际收支平衡，以及经济保持持续、协调、平稳增长。税收对经济实现和创造的价值、积累的社会财富进行再分配，如果没有经济可持续增长，也就没有税收的稳定和可持续增长。因此，从总量上来讲，税收生态系统对经济环境的要求主要是经济能保证持续、稳定、协调发展。

1.2.4.3 文化环境

文化主要是指那些在具备一定文明的基础上，一个社会、一个群体的不同成员中一再重复的情感模式、思维模式和行为模式。文化环境通常是指影响社会的基本价值、观念、偏好和行为的风俗习惯以及其他因素。社会是由人与环境形成的关系总和，人生活在特定的社会之中，社会塑造了人们的基本信仰、价值观和世界观。任何人都在一定的社会文化环境中生活，存在于特定社会文化环境中的个体，其认识事物的方式、行为准则和价值观等都会异于生活在其他社会文化环境中的人群。文化是一个社会重要的精神支柱，既能丰富人民的生活，也能创造不同于科技、经济等因素的发展动力。积极向上的文化环境，对于形成自觉性遵从的优良税收环境具有不可估量的作用。遵从法律、认同诚实守信、积极履行公民义务、参与社会事务等社会价值观，在全社会形成依法诚信、纳税光荣等共识；对于违反税法的行为则一致谴责，整个社会形成汇聚民智、激发民力、人人参与税收治理、人人维护税法尊严的共创共建局面，文化引导不可缺失。

1.2.4.4 技术环境

科学技术的进步以及新技术手段的应用所产生的作用，已成为影响社会进步的最为重要的因素。当今社会，随着科学技术的不断发展，逐渐渗透到国民经济的各个行业，技术也成为行业发展的最大助推力。在“互联网+”背景下，技术环境涵盖大数据、云计算、人工智能、5G、区块链等信息技术，为系统动态平衡发展提供了源源不断的动力，同样为税收生态系统发展提供了新的契机。首先，良好的技术环境成为税收生态系统核心部分。税收技术环境既是实现管理现代化的强大动力，又是税收生态不可缺失的有机组成部分。现代税收治理是以技术创新为驱动，广泛地采用现代信息技术手段，以技术突破引领税收管理制度变革，从而推动建立与之相适应的人文观念、组织模式、管理方式和业务流程。其次，移动互联网、云计算、大数据、人工智能、区块链、5G 等现代化信息技术运用，有助于广泛采集信息、迅速处理信息、有效利用信息，能全面提升税收管理和服务效能，大力推动税收治理体系和治理能力现代化，进一步增强税收在国家治理中的基础性、支柱性、保障性作用。

1.2.4.5 组织环境

通常所说的组织环境是某个组织的外部环境总和，这里的组织环境是指组织内部的文化、结构和流程等一系列构成要素总和，也指税收活动的参与者，包括政府部门、纳税人、中介（服务）机构等组织。形成与整个税收生态体系相适应的组织架构和运行机制十分重要，其潜移默化地影响着整个系统的发展和走向。合理而高效的组织环境，是税收生态健康运行的保证。不仅仅是征税主体的组织结构和流程设置、资源配置等方面要合乎整体需要，随着各种环境因素、其他主体的发展变化，纳税主体、中介（服务）机构等参与主体也需要不断调整相关的组织结构和功能、流程等方面配置，均衡满足合规和高效的要求。作为生态系统的组成部分，根据外部环境和自身特点进行组织结构和机能适应性的调整和变化，才符合进化的客观规律，是业务本质属性的体现。另外，社会习俗、宗教、疾病、自然等环境因素也会对税收生态系统产生一定的制约或影响。

1.3 税收生态系统体系特征

1.3.1 系统构成

税收征管过程既是税收活动参与主体之间、主体和客体之间相互影响、制约、作用、冲突、协调形成的动态平衡过程，也是税收作用于其依赖的政治、经济、文化、社会、环境等生态环境形成的动态平衡过程。从生态学视角来看，税收生态平衡系统是一个税收与环境和谐相处的生态平衡系统。该税收生态平衡系统由征税系统、制度系统和环境系统三大子系统组成。其中：征税子系统是国家征税主体系统，制度子系统是税收制度系统，环境子系统是税收客体系统，国家征税子系统通过制度子系统对环境子系统征税构成了税收生态平衡系统。税收生态平衡系统各子系统或要素之间关系如图 1－2 所示：

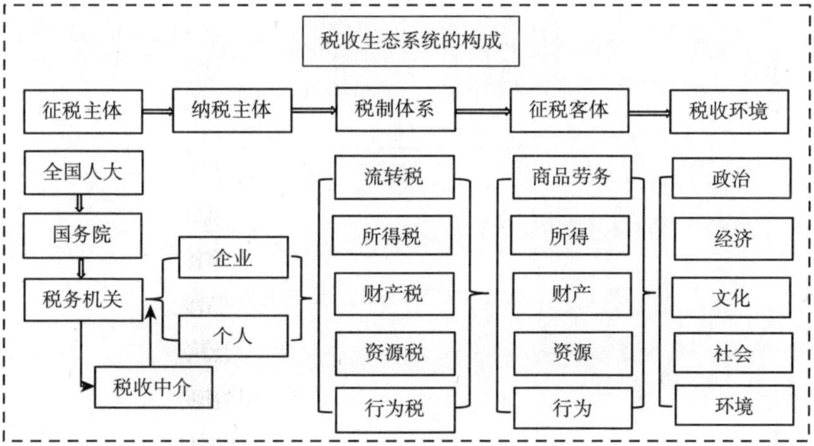

图 1－2　税收生态系统的构成

税收生态系统主要在征税主体（政府部门，主要为税务部门）、纳税主体（主要是纳税人）和中介机构三大参与主体之间相互作用、相互影响。从征税主体与纳税主体之间关系看，主要形成征纳关系，由征税主体依据税法对纳税主体进行税收征收、管理，纳税主体向征税主体依法缴纳税款，并对征税主体的征税行为进行监督，以保障自身合法权益。从中介机构与纳税主体之间关系看，主要形成服务与被服务关系，中介机构根据纳税主体要求，接受纳税主体委托，提供有关纳税涉税服务，纳税主体向提供涉税服务的中介机构支付相应服务报酬。从中介机构与征税主体之间关系看，形成征纳税管理与信息反馈关系，征税主体对中介机构进行涉税业务管理与监督，中介机构根据征税主体要求，接受征税主体委托，提供征收管理有关涉税服务。三大参与主体既独立运行，又相互作用，形成动态平衡关系。同时，三大参与主体是在一定的制度环境、经济环境、技术环境与组织环境下运行，特定的外部环境，以及环境的变化都会对三大参与主体运行产生潜移默化的影响，对整个生态系统起着不可忽视的作用。作为开放性的税收生态系统，不仅三大参与主体内部及其相互之间存在着信息流动，也接收来自系统外部涉税信息，如政府其他部门产权信息、银行第三方账户信息，并与外部其他部门与机构形成有效联系，与银行联网信息共享，与互联网企业合作应用先进技术，从而构成有序开放的税收生态系统，如图 1－3 所示。

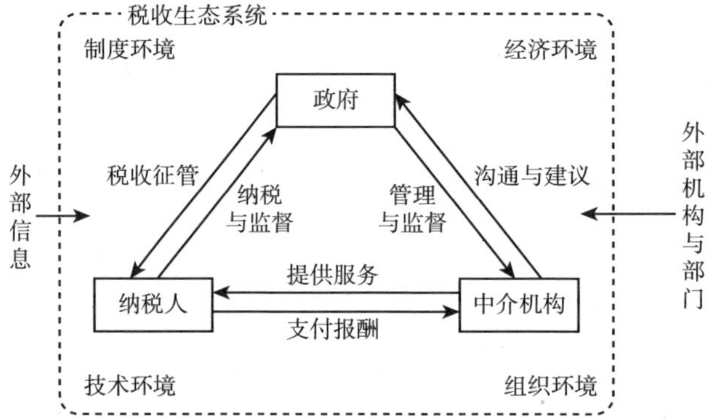

图 1－3　税收生态系统三大参与主体关系

1.3.2　系统结构①

从税收理念、税收理论、税收制度、税收环境、税收法治、税收管理等六个方面形成完整的税收生态体系。

（1）税收生态理念。民主、法治、公平、效率、和谐等现代治理理念体现在税制设计、制订和执行的全过程，是税收生态思想基础，具有先导性作用。

（2）税收生态理论。在贯彻现代税收理念的前提下，实现税收治理体系完备、高效，治理能力持续提升的思想，对税收生态发挥先导和引领作用。

（3）税收生态环境。指税收生态治理的制度环境、社会环境等外部条件，包括税款使用公开、部门协作和信用环境等方面。

（4）税收生态法治。是指税制运行全过程的法治化，强调税制运行的规范化和有法可依，如税收立法环节的立法程序与民意参与、税制运行环节的执法监督与纳税人权益保护。

（5）税收生态体系。税收作为社会治理的工具，在推进国家治理现代化中对经济社会的影响，主要包括税负在社会各阶层分配的公平，税收在优化资

① 张斌．推进税收治理现代化的思考．财政科学，2018（8）：23－27

源配置、促进市场统一、促进资源节约、环境保护以及促进创新和研发投入等诸多方面发挥的制度保障作用。

（6）税收生态管理。以尽可能低的社会成本（包括征管成本和纳税人遵从成本）准确地实施税法。在专业化分工不断深化、经济活动日趋复杂的现代社会，建立与之相匹配的高效税收管理体系，需要以纳税人自主申报为基础重塑税收管理的全流程，具体来说包括机构、人员与流程优化，信息技术与风险管理水平，纳税服务与中介作用，违法惩戒与强制手段等方面的建设。

1.3.3 系统特征

税收体系是随历史发展而发展的，每个时代都有其内容特征。根据“创新、协调、绿色、开放、共享”新发展理念，税收生态系统应是在现有税收体系基础上持续创新，构建起能有效推进国民经济各部门、城乡、地区之间，以及经济与社会之间和谐发展的协调税收，保护生态环境的绿色税收，促进对外开放的开放税收，以及发展成果共享的公平税收集合而成的税收系统。税收生态系统同传统税收系统比较，具有动态性、调节性、开放性、生态性和创新性五大基本特征：

（1）动态性。税收生态系统作为一个有机统一体，总是处于不断运动、变化的动态平衡状态。动态性可理解为流动性和变动性。首先，可以将税收理解为自然生态系统中的能量，通过各参与主体之间的流动，维持整个生态系统的运转，并在流动的过程中逐渐转化为价值流、资金流等。其次，随着技术发展和进步，税收生态系统各要素不断作出调整、结构不断改变，实现整个税收生态系统的动态发展。

（2）调节性。税收生态系统作为一个有机整体，在不断与外界进行交换中，通过自身运动而不断调整其内在结构，以不断增强其对外界条件变化的适应性，从而维持系统的动态平衡。在税收生态系统中，各参与主体相互匹配、作用、补充，当某一要素发生变化时，其他要素将会及时作出反应，并形成新的平衡状态。当政府出台一项新的税收政策时，纳税人和中介机构将会及时根据新政策调整自身的业务活动；相应地，政府也会根据需要出台相应的减税政策，形成动态均衡。

（3）开放性。税收生态系统不是封闭系统，而是开放系统，将能够利用的一切力量都要合理利用起来，通过外部交流，促进内部发展。税收生态系统的开放性要求税收生态系统坚持开放发展，顺应中国经济深度融入世界经济的趋势，奉行互利共赢的开放战略，发展更高层次的开放型经济，积极参与全球经济治理和公共产品供给，提高中国在全球经济治理中的制度性话语权，构建广泛的利益共同体。

（4）生态性。根据新发展理念坚持协调发展，在把握税收总体布局前提下，注意处理好税收体系与城乡区域协调发展，经济社会协调发展，促进新型工业化、信息化、城镇化、农业现代化同步发展关系。坚持绿色发展，处理好税收体系与节约资源、保护环境、可持续发展，建设资源节约型、环境友好型社会，形成人与自然和谐发展现代化建设新格局关系。

（5）创新性。这是根据新发展理念，针对中国新时期税收改革和发展中面临的突出问题和挑战而提出来的战略指引。当前，中国的内外环境都在发生深刻变化，经济运行中税收所面临的矛盾、问题和挑战日益增多，税收与经济发展不平衡、不协调和不可持续的问题也十分突出。为此，税收生态系统应贯彻新发展理念，实施创新驱动发展战略，以推动中国经济高质量发展。

2　税收生态系统外部环境

从构成生态系统的主要环境因素对系统的作用而言，经济环境和技术环境更类似于外因，制度环境、文化环境和组织环境更接近于内因，制度环境和组织环境又往往滞后于其他环境的发展进程。

2.1　税收生态系统经济环境

税收本身就是经济的重要组成部分。经济决定税收，税收影响经济，经济政策在税收领域的体现与影响更为直接。经济环境内容十分广泛，通常包括经济体制、经济周期、经济发展和国际经济。在整个税收生态系统外部环境中，经济环境具有最为重要的影响。

2.1.1　经济体制

经济体制通常指国家经济组织形式，体现的是生产关系的具体组织形式和经济管理制度，反映社会经济采取的资源配置方式，并通过一定的管理手段和方法来调控或影响社会经济流动的范围、内容和方式等。经济体制主要包括所有制、分配和运行机制等方面。其中：所有制是指人们在生产资料所有、占有、支配和使用等方面所结成的经济关系；分配机制主要是劳动产品在社会主体中的分割、配给制度的总称；经济运行机制是指经济活动中各种因素互相联系、互相制约的作用，以及由此决定的社会劳动分配所采取的调节形式、方法、手段和实现途径。在社会主义市场经济体制下，产品和服务的生产和销售，劳动力、资金、土地等生产要素在产品和服务部门的配置，完全受市场供求调节，由市场价格机制引导，市场对资源配置起决定作用。

在市场对资源配置起决定作用的前提下：一方面，凡是依靠市场机制能够带来较高效率和效益，并且不会损害社会公平和正义的，都要交给市场。根据市场价格信号，通过技术进步、管理创新，来努力提高产品和服务质量，降低成本，在公平的市场竞争中优胜劣汰，生存发展。另一方面，在市场机制对资源配置失灵前提下，政府应根据市场功能性失灵和结果性失灵两种不同的失灵特点，发挥弥补性作用。其中，功能性失灵是指市场无法对资源配置发挥决定作用，需要由政府发挥应有作用；而结果性失灵是指市场能对资源配置发挥决定作用，但结果不符合或不完全符合有效性目标，从而需要政府发挥应有作用。

在市场经济体制下，税收的主要功能或作用有：一是对于消费上具有非竞争性和非排他性的公共品，无法由市场通过价格竞争机制决定，需要公共经济部门介入，用税收手段来集资提供公共品。二是对于外部性商品，包括具有外部收益或外部成本的商品，需要由政府通过减税或补贴制度安排，使市场经济主体外部收益或外部成本内部化，以使具有外部性的私人资源得到有效配置。三是从社会公平目标和社会经济资源充分利用出发，需要由政府通过累进性税收制度设计和政府支出结构安排，来缓解市场分配引起的矛盾，保持社会稳定。

2.1.2 经济周期①

经济周期一般是指经济活动沿着经济发展的总体趋势所经历的有规律的扩张和收缩，是国民总产出、总收入和总就业的波动，是国民收入或总体经济活动扩张与紧缩的交替或周期性波动变化。在市场对资源配置起决定作用的前提下，宏观经济运行由总供给和总需求来共同决定，在经济运行中随经济扩张与经济紧缩交替更迭，会出现繁荣、衰退、萧条、复苏循环往复周期性波动变化。在总需求大于总供给经济繁荣扩张时，往往伴随着需求拉动型通货膨胀出现；在总需求小于总供给经济衰退紧缩时，往往伴随着需求不足失业上升出现。为减少经济波动，需要政府根据不同经济状况，运用政策工具，通过控制需求或成本，消除膨胀或紧缩缺口，来实现价格稳定、充分就业和经济稳定增长目标。

在市场机制起决定作用的经济条件下，市场机制具有自动调节经济平衡、保持经济稳定的功能。但市场经济也有很大的局限性，在现代货币制度下，市

---

① 胡怡建. 税收学. 上海：上海财经大学出版社，2018

场不能有效地自动调节经济平衡，经常出现由于总需求小于总供给而导致需求不足的失业，或总需求大于总供给而导致的需求拉动型通货膨胀，以及经济的过快增长或停滞增长，使经济不能保持稳定发展。市场经济结果性失灵导致的经济失衡不可能由市场本身解决，需要由政府运用财政政策、货币政策、就业政策等政策手段来调节总需求或总供给，促使经济稳定发展。其中，税收是总供给的一个组成部分，同时，税收又直接或间接影响总需求中的消费、投资等因素。

在宏观经济方面，税收应同财政支出、货币等其他政策手段协调配合，依据稳定准则调节经济，实现稳定经济的宏观政策目标。一是调节价格稳定。应对需求拉动的通货膨胀，税收是总需求构成中的重要变量因素，提高所得税税率能减少总需求，减少通货膨胀，稳定价格。应对成本推动的通货膨胀，通过调整税率结构，降低对生产投入要素征税，包括降低商品征税和工资征税，能降低企业生产成本，控制成本推动的通货膨胀，稳定价格。二是实现充分就业。当现实的国民收入水平低于潜在的国民收入水平时，由于资源没有得到充分利用，就会发生有效需求不足的失业。税收作为总需求的一个重要变量因素，税收变动会直接影响总需求的变动，并间接影响就业水平的变动。当现实国民收入水平小于潜在国民收入水平时，降低税率、减少税额有利于扩大需求，增加产出，增加就业。

2.1.3 经济水平

通常经济发展水平决定税收规模和结构。一国经济总体规模决定国家的税收规模，税收规模与经济规模呈正相关。经济越是发达，税收占 GDP 比重越高；而经济越是落后，税收占 GDP 比重也就越低。这是发达国家税收占 GDP 比重普遍高于发展中国家的主要原因。同时，一国的经济结构也决定税收结构。世界银行曾经对 86 个发展中国家的税制结构进行比较分析，发现经济发展水平（以人均 GDP 表示）同税制结构存在较为密切的联系。首先，所得税具有随人均 GDP 增长而上升的趋势；流转税具有随人均 GDP 增长而下降的趋势；进出口税也具有随人均 GDP 增长而下降的趋势。另外，比较世界上主要的发达国家与发展中国家的税制结构，发现存在以下特点：一是从主体税种结构看，发达国家一般以所得税为主体，而发展中国家一般以流转税为主体；二是从所得税内部结构看，发达国家一般是以个人所得税为主体，而发展中国家是以企业所得税为主体；三是从流转税内部结构看，发达国家进出口贸易征税占比较小，而发展中国家进出口贸易征税占比较大；四是在社会保险税方面，发达国家的社会保险税在税制中的比重较高，而发展中国家的比重较低。

经济增长取决于多种因素，其中比较主要的是经济的投入要素，包括劳动力供给、储蓄、投资和技术进步，这些因素共同作用于经济增长和发展过程。税收对经济增长的影响是通过影响经济增长的因素，如劳动供给、储蓄、投资、技术进步而间接起作用。一是税收对劳动供给的影响。对劳动所得征税，会同时产生增加工作的收入效应和减少工作的替代效应，纯效应取决于劳动者个人对收入和闲暇的偏好。二是税收对储蓄的影响。对个人所得征税减少个人收入，从而减少储蓄报酬率，降低储蓄水平。对企业利润征收企业所得税，减少企业税后利润，减少企业储蓄。三是税收对投资的影响。投资既是可动用资金的函数，又是预期报酬率的函数，征税既减少可动用资金来源，又降低预期投资报酬率，因此，税收减少个人和企业投资。四是税收对技术进步的影响。技术进步既是经济发展水平的标志，又是经济发展的条件，对新兴产业、企业技术改造、新产品开发给予税收政策优惠，对高风险的科技产业给予特定税收政策，也会起到鼓励技术进步、促进科技发展的作用。

2.1.4 国际经济①

经济全球化深入发展使得国际经济贸易往来日益密切，国际税收合作依然是当前国际社会的主流和共识，也是全球税制发展的方向。但当前自由贸易和多边体系受到威胁，国家间的经济、税制竞争日益加剧，在复杂多变的国际经济新形势之下，只有加强国家间的合作和交流，强化税制协调，密切沟通税制体系信息，消除信息不对称，才能有效解决和避免纷争。因此，要加强全球税收合作，打击国际逃避税，帮助发展中国家和低收入国家提高税收征管能力，深度参与国际税改，维护我国税收权益，服务对外开放大局。

（1）联合国、OECD、20 国集团成为主导力量。G20 持续推进国际税收合作，在 2013 年圣彼得堡峰会上发布了峰会领导人关于税收的声明，在 2014 年布里斯班峰会上通过了《布里斯班行动计划》，在 2015 年安塔利亚峰会上通过了《税基侵蚀与利润转移（BEPS）行动计划》，在 2016 年杭州峰会上继续强调建立一个公平和现代化的国际税收体系。2018 年 2 月，联合国、国际货币基金组织（IMF）、世界银行（WB）和 OECD 在联合国总部联合举办第一届税收合作平台

① 邓力平，王智．开放型经济新体制与国际税收合作新要求．经济与管理评论，2015（6）：83 - 88

全球大会，旨在加强各国税收合作，支持发展中国家税收能力建设。

（2）加强国际税收区域合作平台取得新突破。“一带一路”税收征管合作论坛在共建“一带一路”税收协调与合作方面发挥重要作用。2019年4月，第一届“一带一路”税收征管合作论坛发布了《乌镇声明》以及《乌镇行动计划（2019—2021）》。同年，第二届“一带一路”国际合作高峰论坛提出“共建‘一带一路’税收征管合作机制”，标志着“一带一路”税收征管合作机制取得了历史性进展。另外，欧盟作为区域税收合作的重要力量，在规范成员国税收合作发展方面一直发挥着导向性的作用。①

（3）世界各国积极响应落实国际税收合作项目。BEPS行动计划推出以后，各国积极推动有效落实。其中，打击有害税收实践、防止税收协定滥用、转让定价文档和国别报告、改进争端解决机制等项目得到各国积极响应，目前将国别报告纳入本国法律框架的税收辖区已经超过60个。《实施税收协定相关措施以防止税基侵蚀与利润转移的多边公约》在多方努力下正式生效，实现了税收协定历史上规模最大、范围最广的一次多边合作与协调。

2.2 税收生态系统制度环境

随着全球化程度日益加深，资本跨国流动变得更加自由，同时全球经济不确定性因素增多、增长动能减弱、经济增长面临持续下行风险，各国政府为了吸引人才和资本，纷纷降低税率、改善税制，以期提升国际税制竞争力、吸引投资，促进本国经济增长、提升本国经济活力。在此背景下，税制竞争力指标体系越来越为社会所认可和支持，资本和人才倾向于流向税制竞争力排名较高的地方，因此税制竞争力排名对于一个地方经济的拉动具有相当的影响作用。在开放经济下，税收制度环境也已成为影响一国税收的日益重要的因素，制度环境的优劣也可以通过税制竞争力来体现。

2.2.1 税收营商环境比较

世界银行于2002年正式启动“营商环境”项目，自2004年开始每年发布一份《世界银行营商环境报告》，对世界各国/地区所制定的法律、法规和政

① 赵翎羽．“一带一路”倡议下的税收征管合作机制研究．河北企业．2019（11）：64－66

策，作为其为企业经营所创造的环境，对企业发展的积极促进作用进行衡量和评估。《世界银行营商环境报告》（以下简称世行营商报告）中的评价体系包括10项一级指标，分别是：（1）企业开办；（2）办理施工许可证；（3）获得电力；（4）登记财产；（5）获得信贷；（6）保护少数投资者；（7）纳税；（8）跨境贸易；（9）执行合同；（10）办理破产。纳税指标是营商环境指标的重要组成部分，是经济体在税收领域的综合体现。世行“纳税”模块，由于涵盖对象非常广泛，指标设计相对科学，是目前国际上影响力最大的税制竞争力国际比较体系。

总体而言，近5年中国（内地）的纳税指标得分是逐年提高的，DB2016和DB2017两年得分相同，均为60.5分。从二级指标来看，DB2017的纳税时间较DB2016减少2小时，税负增长了0.3个百分点；DB2018较DB2017提高了2.8分，其中，纳税时间减少了52个小时，税负降低了1.7个百分点；DB2019较DB2018提高了4.6分，其中纳税时间大幅减少，减少了65个小时，税负降低了2.5个百分点；DB2020较DB2019提高了2.2分，纳税时间减少了4小时，税负降低了4.8个百分点，如表2－1、图2－1所示。

表2－1　近5年世界银行营商环境便利度纳税指标中国（内地）得分及排名

经济体	报告年份	营商环境总指标		纳税指标					
		营商容易程度排名	营商环境便利度分数	纳税指标排名	纳税指标分数	纳税（次）	时间（小时）	总税率和社会缴纳费率（占利润百分比）	报税后流程指标
中国（内地）	DB2020	31	77.9	105	70.1	7	138	59.2	50
	DB2019	46	74	114	67.9	7	142	64	50
	DB2018		65.2		63.3	9	207	66.5	49.1
	DB2017		64.6		60.5	9	259	68.2	49
	DB2016		63.1		60.5	9	261	67.9	49

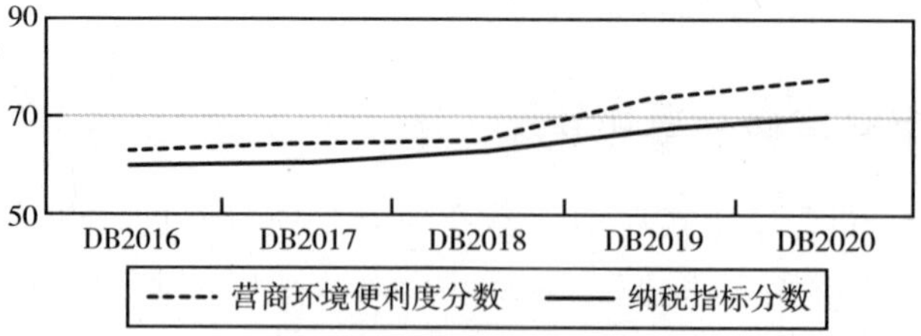

图2－1　近5年营商环境便利度与纳税指标中国（内地）得分变化图

虽然纳税指标逐年都有提高，但是，相比于进步更大的其他9项指标，纳税指标显然还有很大的进步空间。DB2020中国（内地）的营商容易程度在190个经济体中排名31位，较DB2019提高了15位，而纳税指标在190个经济体中排名105位，较DB2019提高了9位。从10项指标来看，纳税指标是排名最低的一项，也是唯一一项排名在百名以外的指标，如表2-2所示。

表2-2　DB2020中国（内地）营商环境十项指标得分及排名

课题	DB 2020 排名	DB 2020 营商环境便利度分数	DB 2019 营商环境便利度分数	营商环境便利度分数变化（百分点）
总体	31	77.9	74	3.9
开办企业	27	94.1	93.4	0.7
办理施工许可证	33	77.3	65.2	12.1
获得电力	12	95.4	92	3.4
登记财产	28	81	80.8	0.2
获得信贷	80	60	60	…
保护少数投资者	28	72	62	10
纳税	105	70.1	67.9	2.2
跨境贸易	56	86.5	83.4	3.1
执行合同	5	80.9	79	1.9
办理破产	51	62.1	55.8	6.3

从上述种种排名和得分的情况来看，无论是纵向（历年）还是横向（二级指标之间）对比，纳税指标均成为我国营商环境建设的一块短板。在全球经济不景气的大背景中，各个国家都在努力通过减税降费、提供电子化报税等便利措施，建设一流的税收营商环境，以吸引投资，刺激经济。我国纳税指标得分提高缓慢的原因在哪里？找出纳税指标得分及排名不理想的问题所在，从小处看，有利于提升纳税服务水平，从大处看，有利于提升我国的税收营商环境。

2.2.2 税收营商环境差距

世界银行对中国（内地）的测评主要是两个城市，即北京和上海，将两个城市的得分进行加权平均之后得出中国（内地）的得分，其中，上海占比55%，北京占比45%。由于我国的税收是中央统筹的，地方没有很大的税收政策制定权，所以在纳税指标下的四个二级指标中，除了“总税收和社会缴纳费率”这一个指标之外，两个城市的其他指标都是一样的。

2.2.2.1 税收营商环境差距

在营商环境便利度的排名中，排名前三的分别是新西兰、新加坡和中国香港特别行政区，三者中有两个经济体是在亚洲，这两个地区和中国内地在语言、文化上都有很多相似的地方。通过与其他地区经济体相比较，可以观察到中国（内地）的这两座发达程度最高的城市与世界一流经济体之间还存在差距。在纳税这一指标上，排名全球前10位的经济体分别是巴林、中国香港特别行政区、卡塔尔、爱尔兰、毛里求斯、科威特、新加坡、丹麦、新西兰和芬兰。巴林的纳税指标在190个经济体中排名第一，被称为中东的香港。

（1）纳税次数。上海和北京的纳税次数都是7次，这一指标得分最高的经济体的纳税次数是3次，共有2个经济体拿到了最高的得分，分别是中国香港和巴林。中国香港的主要税种是利得税（企业所得税）、薪俸税（个人所得税）和物业税，中国香港没有增值税，而利得税和薪俸税每年只需报1次税。

（2）纳税时间。上海和北京的纳税时间是138小时，这一指标得分最高的经济体的纳税时间平均为49小时，共有3个经济体得分最高。新加坡的营商环境便利度在全球排名第2位，纳税指标全球排名第7位，其中，纳税次数为5次，与我国差异不大，但纳税时间为64小时/年，大大低于我国的138小时。新加坡的增值税实行单一的比例税率，标准税率为7%。这种单一标准税率能够大大方便纳税人计算和申报，节约纳税时间。

（3）总税率和社会缴纳费率，上海为62.6%，北京为55.1%。这一指标得分最高的经济体的税费率为26.1%，在190个经济体中有33个经济体拿到了最高分。中国内地的总费率和社会缴纳费率高于亚太地区（33.6%），高于经合组织高收入经济体（39.9%），也高于全世界190个经济体的平均值（40.5%）。在中国内地的总税率和社会缴纳费率中，占比最高的是企业为员工缴纳的社保费，占商业利润的46.15%，占全部税费金额的78%。可见，在中国内地，企业的用人成本非常高，这对企业的发展和人口就业都有不利的影响。

（4）报税后流程。上海和北京得分50分，OECD高收入经济体的得分为86.7分，世界银行认为这一指标在2018/2019年度没有表现最佳的经济体。新西兰的营商环境便利度排名全球第1名，其纳税指标排名全球第9位，而报税后流程的得分更是高达了96.9分，该地区对增值税退税没有行业等门槛限制，企业申请退税需要2小时，在5周之内可以得到退税款，如表2-3所示。

表 2-3　DB2020 记录的上海和北京的纳税指标得分与其他地区的对比

指标	上海	北京	中国（内地）	东亚及太平洋地区	经合组织高收入经济体	总体表现最佳平均值
纳税（次）	7	7	7	20.6	10.3	3（2 个经济体）
时间（小时）	138	138	138	173	158.8	49（3 个经济体）
总税率和社会缴纳费率（占利润百分比）	62.6	55.1	59.2	33.6	39.9	26.1（33 个经济体）
报税后流程指标（0-100）	50	50	50	56.4	86.7	2018—2019 年度无表现最佳者

除了进行测评和排名以外，世界银行还记录了每个经济体在优化营商环境方面的改革措施，以供经济体之间互相参考借鉴，近 5 年，世界银行记录了中国（内地）在纳税方面的改革措施。一是 DB2020（2018 年），中国通过对小企业实行企业所得税优惠税率、降低某些行业的增值税税率、加强电子申报和支付系统，使纳税更加容易，这些改革适用于北京和上海；二是 DB2019（2017 年），中国通过取消营业税、允许联合申报和缴纳所有印花税以及实施多项行政改革以缩短合规时间，使纳税更加容易，这些改革适用于北京和上海，北京还通过降低雇主支付的住房公积金利率，降低了纳税成本；三是 DB2018（2016 年），中国通过实施几项放松税收监管的措施，使纳税变得更加容易；四是 DB2016（2014 年），中国通过降低社保缴费率，降低了上海企业的纳税成本［DB2017（2015 年），无记录］。

2.2.2.2　中国税制竞争力特点

总的来说，中国税制竞争力的排名呈上升趋势。中国排名的上升主要归因于宏观税负明显下降、国际合作不断增多、税收征管效率显著提升，这也说明了近些年来中国的税制改革和减税降费改革起到了提升国际税制竞争力的积极作用。从宏观税负的角度来看，中国的税负并不重，与 OECD 国家相比属于低税负。从分税种来看，我国流转税总体税负较高，企业所得税总体税负与 OECD 国家大致持平，个人所得税总体税负较低。随着减税降费政策落实和推进，流转税税负有较大幅度降低，从而有利于提升我国税收制度竞争力。

从自然人与法人各自的缴税情况来看，我国自然人的平均税负有限，但高收入人群的税负较 OECD 国家平均水平较重，虽然起到了减轻中低收入阶层税收负担的效果，但不利于吸引高技术人才来我国就业。此外，我国法人缴纳了大量的税收收入，法人缴纳的税收占税收总收入的比重过高，占 GDP 的比重过重，引发了关于我国税负过重的思考。

虽然理论上认为增值税等间接税是可以税负转嫁的，但企业在评估自身税负时往往并不考虑这一问题，喜欢简单地将企业所缴纳的税收都看作是自身的税收负担。对个人所得税等自然人所承担的税负并不看作自己的税收负担，而是看作人力成本。因此，在以个人所得税为主体税种的国家，法人一般认为自己的税负可控，但人力成本较高。如曹德旺在接受记者采访时就提到，美国的税收负担较轻，但人力成本较重。总体而言，本课题认为，我国的宏观税负并不重，中国的税制竞争力总体排名不弱并且持续进步，企业认为自己税负较重更多的是因为我国的税制结构所致，在未来应该逐渐较少企业所缴纳的税收，提高自然人纳税占比。

2.2.3 税收营商环境提升①

目前，中国的增值税和个人所得税税阶在国际上仍然处于比较多的水平，这大大增加了中国税制的复杂性。对于个人所得税而言，绝大多数 OECD 国家实行 6 级（含 6 级）以下税率档次。我国目前对工薪所得实行 7 级累进税率，这个税率级次与世界上其他国家相比，是很高的。而且 OECD 各国个人所得税税率还存在明显的减少课税级次数量、扩大课税级次幅度的趋势。1986 年至 2012 年期间，各国个人所得税的税率级次发生了大幅削减，此种削减是与扩大课税级次幅度紧密相连的，这种趋势更加强化了税率降低的效果。对于增值税而言，简并税率不但能够降低增值税税负、刺激投资，还能在一定程度上减少增值税等其他流转税占税收总额的比重，进而改善税收结构。

2.2.3.1 降低我国企业所得税税率

从税率上来看，OECD 国家企业所得税的平均税率自 2000 年以来一直呈下降趋势，我国 2008 年企业所得税两税合并之时税率较低，对我国吸引外资、促进经济发展起到了重要作用。但近年来，随着 OECD 国家企业所得税的改革，其企业所得税的平均税率已经降到了 24% 以下，低于我国的企业所得税税率。与此同时，对比 OECD 国家与我国企业所得税的宏观税负可以看出，我国不仅企业所得税法定税率较高，且税基设计较广、税收优惠设置有限，使得我国企业的企业所得税税收负担明显高于 OECD 国家的平均水

① 李文. 税制改革中的国际竞争力原则：从主要税种变化的视角. 经济与管理评论，2013（5）：98－104

平。适时降低企业所得税税率有利于吸引跨国公司到我国投资，助力我国经济增长。

2.2.3.2 降低个人所得税边际税率

现阶段，我国经济在中美经贸摩擦中暴露出的短板主要集中在高科技领域，高科技领域的发展需要高技术人才的支撑。但我国的个人所得税最高边际税率高达45%，由于高科技人才往往属于高收入人群，而且其在各国均具有较高的流动性，因此，过高的边际税率限制了高技术人才在中国就业，同时还可能使得跨国公司将研发中心设立在国外，这些都阻碍了我国经济的发展，尤其不利于我国经济“补短板”。因此，为了迎合个人所得税改革的国际趋势、吸引国际高质量人才，需要考虑降低个人所得税最高边际税率。

2.3 税收生态系统文化环境

税收文化是人们在长期的税收实践中逐渐积累和积淀，可以被人们通过学习和社会传递而获得的关于税收的意识形态、思想观念和行为方式，是通过不断吐故纳新，最后凝炼成的一种价值标准、思想体系、行为规范。税收文化一方面在思想上能自我更新、吸取新的元素、与时俱进；另一方面在制度上能自我完善，吸取中外古今文化中的有用元素，做到古为今用、洋为中用。

2.3.1 税收文化内容[①]

文化是理解个人和群体的关键，税收文化则是理解涉税行为的关键。税收文化像一只无形的手，影响着税收的性质、方向，操纵着税收的行为和过程，对税收理论形成、税收制度设计、税收管理方式和税收法制建设产生重要影响。税收文化“润物细无声”地在潜移默化中对纳税人、征税人、用税人起着导向、凝聚、激励、协调、约束、教化等作用。

2.3.1.1 税收主体文化

税收文化按主体可分为纳税人文化、征税人文化和用税人文化。支撑税收

① 刘丽君. 税收和谐论. 博士学位论文. 西南财经大学，2008. 131－136

文化的三个主体分别为纳税人、征税人和用税人。在税收文化中，纳税人、征税人和用税人三者相互作用、相互联系，共同支撑了税收文化。因此，实现税收文化的合理再造，需要构建三者之间和谐的税收关系。

（1）纳税人文化。纳税人文化的核心是纳税人要有自觉的缴税意识和行为。如果能够接受"纳税是人生不可避免的事情"这样的文化氛围，纳税人文化也就会自然形成。当然，自觉纳税既是纳税人（自然人和法人）信誉的表现，也是纳税人实力与能力的体现。诚实可信是市场经济运行的黄金法则，一个缺乏诚信的企业根本不可能长久地生存，一个缺乏诚信的个人也会失去长久生存的根基。

（2）征税人文化。征税人文化的核心是征税人要具有公仆意识和文明收税行为。征税人在征税过程中需要做到秉公执法、忠于职守、清正廉洁、礼貌待人、文明服务，尊重和保护纳税人、扣缴义务人的权利，依法接受监督。征税人不会索贿受贿、徇私舞弊、玩忽职守、不征或少征税款，不会滥用职权多征税款或故意刁难纳税人或扣缴义务人。

（3）用税人文化。用税人文化的核心是具有科学合理的用税意识和行为。根据公共产品理论，税收本来是社会成员因获得社会公共产品，而向该产品的提供者——社会公共权力（国家）支付的成本补偿，是一种社会公共产品的分配方式。因而任何较大的支出都要经过严格的程序，以符合社会公众的意愿。任何财政支出均需要做到公开透明并接受纳税人的监督。

（4）税收制度和法律文化。税收制度和法律文化的核心是建立起比较完备的税收法律、法规和制度，真正做到依法办事。新的税收法律、法规和制度是指与公共财政体制相匹配的，在立法技术上是明确和透明的，在稳定性上是正式实施的而不是暂行的，在内容上是明确规定义务与权利的税收法律、法规和制度。依法办事是在一切与税收有关的活动中，特别是纳税和征税活动中，能够按照税法和税制行事，而当出现争端时，能够通过诉讼程序来解决。

2.3.1.2 税收文化纽带①

"修身、齐家、治国、平天下"是中华文化把个人、家庭、国家、世界紧紧联系在一起的精神纽带。中华文化认为，个人的修身与国家的治理，是一种逐级放大的同构和全息，是一种逐级深化的延展。这既反映了中华文化"家

① 刘乐山．构建公共财政体制下的税收文化．西安电子科技大学学报（社会科学版），2006（1）：74－78

国同构”“天人合一”的特色，也是凝聚民族和稳定社会的一个重要砝码。而税收则是把个人、家庭、社会和国家紧紧联结在一起的经济纽带，成为精神纽带的经济基础。因为个人、家庭和单位所得，不只是用于养活自身、发展自身，也以纳税的方式，用于发展社会，建设国家，最终又反过来为自身的发展营造了富足而文明的公共环境，税收便这样将个人与社会、家庭与国家联系在一起，构成一种有难同当、有福同享的利益共同体。通过税收，让所有的兄弟姐妹都能过一种较有保障的生活，“老吾老以及人之老，幼吾幼以及人之幼”。通过征好税，来营造讲经济奉献的社会文化氛围；通过用好税，来体现税收取之于民、用之于民的本质属性；通过管好税，以彰显为民执政税收理念。

2.3.2 税收文化差异

2.3.2.1 税收文化理论

由于现代与传统文化存在巨大差异，对各自立税、征税、纳税、用税所产生的影响也各不相同，进而形成的税收文化也各具不同特点。不同的税收文化对税收理论产生不同的影响，尤其是对税收理念产生不同影响，从而导致税收理论差异。从税收文化理论背景分析存在传统家国底蕴和现代契约精神差异。

（1）传统家国底蕴。传统社会特有的家国同构造成的政治伦理化倾向，对传统政治文化和税收文化的影响既深刻且巨大。在中国宗法社会的特定氛围里，税收被普遍地认作是作为子民对君主的无条件的供奉，是无权利的义务。家国精神在古代社会绵延两千多年，是传统法律文化的一个及其重要的特征，它往往更强调义务规则，而容易忽视权利规则，这种家国精神对当今法律制度的价值取向和人们的法律意识仍有着不小的潜在影响。

（2）现代契约精神。现代社会是一个契约社会，由契约关系派生的契约原则是一种自由、平等、守信精神。社会成员作为独立个体，能按照自己的意愿与能力独立、平等、自由地享有社会团体赋予的权利；同时，作为社会的一员也必须平等履行对社会团体的义务，诚实守信、自觉履行约定，遵守规则，如果违反约定而使社会团体利益遭受损害时，将被提起违约追责。依据权利与义务对等的契约精神，作为协调个人与社会团体关系，以及征纳双方关系基础，由公权力的国家根据社会公民意志制定的税收法律规范，已成为每个社会公民必须遵守和履行的契约。这种平等与确定的税收思想被当今国家的税收法律所沿袭和继承，形成了诸如税收公平原则、交换原则等原则理论。

2.3.2.2 税收文化思想

（1）传统绝对义务。在传统社会家、国、天下一统于至高无上的皇帝，税赋是子民无条件的供奉。对于征什么税、征多少税是皇帝金口玉律，朝纲独断，既不用与子民们协商、也无容子民们参与。至于国家怎么使用税赋、使用多少税赋，也无需告知子民。这样一方面形成交纳皇粮国税是不可避免的义务的心理，另一方面对被迫无奈的皇粮国税产生了深层厌恶和反感。纳税是公民的义务，却没规定公民纳税相应的权利，这在一定程度上也影响了纳税人纳税的心理。

（2）现代权力义务并重。在现代社会，实行了民主制度，国家征税都要制定税法，各项税法必须按立法程序制定，经由民选议会审议通过，从而在一定程度上增加人们对税收的认同。作为纳税人，有权享有政府提供的公共产品和公共服务，知晓政府财政支出的用途，监督政府用税是否正当、节约、有效。税收法规合理、纳税服务完善、税收执法严格、纳税服务便捷，这些都有助于提高纳税人自觉纳税的积极性，从而提高了整个社会的纳税意识与纳税遵从度。

2.3.2.3 税收文化意识

（1）税收理念。在传统社会把纳税义务说当作政府课税的理论依据，过多地强调税收的强制性和无偿性，强调纳税是每一个社会成员应尽的义务，而很少顾及纳税人应当享有的权利，出现纳税人权利与义务的严重非对称状态。而现代社会征税是基于公民思想产生和形成的，是一种服务于市场、服务于公民的税收理念。该理念认为政府为社会提供公共产品，而税收则是公民为获取公共产品而支付的价格。这样，社会成员将个人的部分收入以税收形式让渡给政府，使之能够提供公共产品而服务于公民自身利益。

（2）纳税意识。在传统社会皇粮国税天经地义，无视纳税人公民地位，法律制度缺乏，导致征收赋税的随意性加大，法制观念淡薄。而纳税人在违法的情况下可以网开一面、在严肃的法律问题上可以说情通融，对税务机关办案可以进行行政干预等现象，造成了公民法纪观念淡薄、纳税自觉性较低、整个社会纳税意识不高。在现代社会知法懂法守法是天经地义的事，在履行纳税义务的同时也享有相应的权利，税务部门依法征税，纳税人依法纳税，公民纳税意识提升，形成了良好的纳税氛围。

（3）纳税心理。在传统社会受封建社会思想和国家强权压制，征纳双方主体地位本末倒置、主仆颠倒，使得征税机关高高在上，将纳税人置于从属和被动地位。征纳关系自然呈现强制性，甚至带有一定程度的对抗性倾向，人们纳税意识低下，对赋税产生逆反心理，甚至产生暴力对抗。在现代社会税收价格观念深入人心，也使个人认识到纳税并不是个人利益的损失，而是与政府之间的等价交换，人们已把依法纳税内化为一种自觉的行为，有这样的文化根基、税收道德精神和税收理念做铺垫，从而建立起自我申报纳税的征管模式，并能够得以有效运行。

2.3.3　税收文化建设①

2.3.3.1　税收文化功能建设

税收文化集中反映了征、纳、协主体的共同价值观，代表税收事业的发展方向，税收文化功能建设在于协调税收利益，塑造税收理想，和谐税收关系。

（1）导向功能。税收文化是税收参与人在涉税过程中长期积累的共同物质、现象、价值取向和行为规范，它反映涉税人的共同愿望和目标，并被他们所信服和接受，作为一种集体意识和价值观融合进他们的精神世界。税收文化的导向功能是使个体的行为和税收集体价值观趋于一致，把三方思想意识、行为规范统一到税收既定的整体目标上，引导执法主体爱岗敬业、勤政为民、依法治税，纳税主体依法经营、照章纳税、维护税法，协税主体履行对税收的监督义务和对税收活动的参与、支持和指导。

（2）凝聚功能。主要是通过税收文化的培育，将人们的认识、期望、信念等整合沟通，规范行为，产生凝聚力。使征税、纳税和协税三方形成共同的价值观念、理想信念，使主体成员的思想、行为、心理与税收意识、价值标准、行为规范趋向一致，形成内在的、深层的心理目标、精神力量和积极向上的群体意识，从而使征税人形成并遵行一个牢不可破的理念：热忱服务、依法征税，同时使纳税人形成一种尊重税法、依法纳税的理念。

（3）激励功能。税收文化的激励是一种艺术，主要着眼于整体的文化建设和人性的不断完善，营造人人都受重视和尊重的氛围。税收文化的激励功能是通过对征税、纳税和协税主体的不同层次需要的满足来实现的。现代税收文化遵循以“人”为本的管理理念，强调以关心人、理解人、尊重人、培养人

① 刘乐山．基于财政视角的中国收入分配差距调节研究．博士学位论文，西北大学，2006

为特征，通过税务部门的目标激励、奖励激励、关怀激励、支持激励等方式，给税务干部以无形的驱动力，从而树立热爱税收、严格执法、廉洁奉公、全心全意为人民服务的税收精神。

根植于某一具体文化中的税收文化，不断吐故纳新，最后凝炼成一种价值标准、思想体系、行为规范。税收文化一方面在思想上能自我更新、吸取新的元素，从“厌税”走向“自觉纳税”的转变正是税收文化新陈代谢、与时俱进的生动表现；另一方面其在制度上能自我完善、吸取中外古今文化中的有用元素做到古为今用、洋为中用。税收文化不停吸收新元素、汲取新鲜血液充实自己，更新自己，使自己与当时代的政治、经济保持同步或相对同步的状态，进而与它们处于一个相对和谐的状态。

2.3.3.2 税收文化主体建设

（1）在纳税人文化方面。通过普及公共产品（公共消费）知识，使纳税人明白纳税就是为消费公共产品付费的，权责规范，形成依法诚信纳税的良好环境。引入现代税收理念，以提高纳税遵从为核心，以纳税义务为责任，以纳税人权利为保障。纳税人既要维护自身利益、自我发展，又要符合国家利益、增进社会进步。

（2）在征税人文化方面。摆正征纳双方的地位，消除纳税人的心理失衡，使征税人树立准确无误收税的观念，将“为纳税人服务”落到实处，规范征税人的行为。改进税收征管行为，创新纳税服务的形式与内容。坚持“以德治税”，严格税收执法行为。转变观念、切实完善纳税服务。征税既要做到公平、公正和应收尽收，还要做好税收服务，营造和谐征纳关系。

（3）在用税人文化方面。增强政府提供公共产品的财政透明度，使纳税人清楚税收每一分钱所花的地方，使用税人树立科学合理用钱的意识，促成政府用税的诚信道德，使用税收既要节约又要高效透明。

2.3.3.3 税收文化法制建设

税收文化法制包括征税行为、执法行为、立法行为、纳税行为及其他行政机关的行为等，也包括各种行为规则的制定，如法律、行政规章制度的制定。所以在任何一种文化里，都有各式各样的、级次不等的规则来规范和约束人们的各种行为。税收文化也一样，它有大到国家法律，小到具体每一单位的行政规章制度，并以此来约束税收参与人的行为。在税收文化法制方面，主要是提高征纳双方的道德水平，只有纳税人和征税人把税法和各项法律当作自觉的行动准则时，依法治税、自觉纳税，共同推进以德治税才能成为现实。立法既要考虑大众的利益、国家的利益，还要考虑中国国情和征管的现实能力。

(1) 依法治税。税收立法的宪政精神概而言之就是“无代表，则无税”，即税收立法的“议会保留原则”，也就是“税收立法权只能保留在议会或国会，在我国立法权就是保留在全国人民代表大会及其常委会”，“未经人民自己或者其代表同意，就不该对人民的财产课税。税法是财经法律制度中最早的法律制度之一，税和法相伴相随。税法形式是税收的唯一表现形式，这是税收制度和规则之所在。因此，必须依法治税，这是税收工作的一项要求和一种必然趋势。依法治税就是用法制的思想、原则和要求来治理税收，将一切征纳行为囿于税收法制规范之内，做到‘有法可依，有法必依，执法必严，违法必究’。”①

(2) 以德治税。“德”在不同的历史时代有不同内涵。当今社会提倡的德已不只是局限于“修身、齐家，平天下”的意义了，它还包括理想、信念、世界观、人生观、价值观，包括意识形态、政治思想，即“思想道德”，是在一定的税收文化、税收理想信念的基础上，以道德来感召税务人员和社会公众的税收道德觉悟，使全社会都能牢固树立“依法治税”的理念。以德治税是税收工作的道德基础和内在动力，其本质是税收道德建设。加强税收道德建设，首要的任务是征纳双方都要提高道德水平。

(3)“依法治税”与“以德治税”。以人为本，坚持“依法治税”和“以德治税”的有机统一。“依法治税”与“以德治税”是相辅相成、相互补充、相互促进的整体，二者缺一不可，不可偏废。“依法治税”是税收工作的基础、灵魂和立足点；“以德治税”是税收工作的道德基础和内在动力。“以德治税”是手段，“以法治税”是目的、是结果。

2.4 税收生态系统技术环境

当今社会，技术成为行业发展的最大助推力，技术变革及其应用往往意味着行业发展将进入崭新时期。在“互联网 +”背景下，技术环境表现为大数

---

① 魏莹．论纳税人的法制信任感．辽宁税务高等专科学校学报，2006 (1)：14－14

据、云计算、人工智能、5G、区块链等信息技术，为系统的动态平衡提供源源不断的动力，同样为税收发展提供了新的契机。

2.4.1 信息技术环境影响

2.4.1.1 信息技术环境特点

（1）高速化。计算机和通信的发展追求的均是高速度、大容量。在现代技术中，迫切需要解决的高速化问题是，抓住世界科技迅猛发展的机遇，重点在带宽“瓶颈”上取得突破，加快建设具有大容量、高速率、智能化及多媒体等基本特征的新一代高速带宽信息网络，发展深亚微米集成电路、高性能计算机等。

（2）网络化。信息网络分为电信网、广电网和计算机网。三网有各自的形成过程，其服务对象、发展模式和功能等有所交叉，又互为补充。信息网络的发展异常迅速，从局域网到广域网，再到国际互联网及有“信息高速公路”之称的高速信息传输网络，计算机网络在现代信息社会中扮演了重要的角色。

（3）数字化。数字化就是将信息用电磁介质或半导体存储器按二进制编码的方法加以处理和传输。在信息处理和传输领域，广泛采用的是只用“0”和“1”两个基本符号组成的二进制编码，二进制数字信号是现实世界中最容易被表达、物理状态最稳定的信号。

（4）个人化。信息技术将实现以个人为目标的通信方式，充分体现可移动性和全球性。实现个人通信需要全球性的、大规模的网络容量和智能化的网络功能。

（5）智能化。在面向21世纪的技术变革中，信息技术的发展方向之一将是智能化。智能化的应用体现在利用计算机模拟人的智能，例如在机器人、医疗诊断专家系统及推理证明等方面。

2.4.1.2 信息技术环境影响

通过利用现代信息技术改造生产方式，既能够大幅度提高劳动生产率，也能强化信息采集、处理、传输、存储和信息资源的使用，激发政府管理方式发生根本性变革，从而提高政府管理、服务的效能。

（1）技术环境也是对组织管理有着极为重要影响的因素之一。一方面为管理理论的发展提供了强有力的支持，另一方面又为管理技术的更新提供了新的工具。技术环境的变化推动组织管理方式迎来新的革命，管理从经验走向科学，科学技术的发展起了极大的推动作用。

（2）技术环境的变化对组织机构、管理思想、合作方式等都产生了直接的影响，随着技术革命的速率加快，这种影响将越来越突出。组织要提高活动的效率，保持自身的竞争力，就必须时刻关注技术环境的变化，及时采取妥善的应对措施。

（3）科学技术直接影响人类命运，并持续改善人类的生活方式。随着科学技术的不断发展，科学技术渗透到国民经济的各个行业。行业因技术发展而发展，生活因技术发展而变化，税收活动也必然随着整个社会的变化而变化。特别是移动互联网、大数据、云计算、人工智能、区块链、5G 等新技术的发展，推动科技创新成果与税收工作深度融合。

2.4.2　信息技术环境发展

在良好的税收生态系统中，技术环境是十分重要的一环，技术环境对税收生态系统产生多方面影响，有制度层面的，有组织管理层面的，有服务和征管手段层面的，有业务流程实施层面的，有人力资源层面的……涵盖了整个税收活动。

（1）税收技术环境特点。税收技术环境的完善是税务管理改革与信息技术运用相互结合和互相促进的过程。它的鲜明特点是以技术创新为驱动，在税务管理中广泛地采用现代信息技术手段。

（2）税收技术环境作用。既是技术创新的过程，同时也是管理创新的过程，技术环境将引发税收管理的制度变革，从而推动建立与之相适应的人文观念、组织模式、管理方式和业务流程。

（3）税收技术环境核心。税收技术环境的核心在于有效利用信息资源，只有广泛采集和积累相关税收信息，迅速加工处理信息、有效利用信息，才能通过信息资源开发提高税收管理和服务效能。

（4）税收技术环境目标。税收技术环境以实现税务管理现代化为目标，它既是实现管理现代化的强大推动力，又是管理现代化的有机组成部分，因而税收技术环境不仅包括税收征管业务的信息化，还应包括税务行政管理的信息化。

2.4.3　信息技术环境应用

自改革开放以来，我国信息化建设事业开始起步并迅速发展，政府在推动国家信息化建设方面给予了足够的重视，并取得了显著成果。而税务信息化受到中央及地方政府的高度关注，行业发展较快。随着信息技术的飞速发展，税收治理也进入了大数据时代。由于数据信息化的广泛应用，税收生态系统不仅迎来了前所未有的发展机遇，也面临着新的挑战。因此，在信息技术飞速发展的时代，挖掘和利用信息技术对打造税收生态系统具有重要意义。

（1）税收管理信息化系统建设。一方面，电子商务、互联网金融等新兴行业迅速崛起，企业“无纸化、无址化、无形化、无界化”成为电子商务独有的商业模式特征，对税务机关传统的层级管理、属地管理方式提出了挑战。另一方面，充分运用大数据的思维和手段开展深层次的税收信息数据挖掘运用，为实现信息管税、税收科技化和税源精细化管理提供支持。以金税工程为代表，我国税收工作已经离不开信息化手段，将大数据技术融入税收生态体系，使信息与信息、信息与人、信息与过程有机结合，将税收业务纳入税收征管系统管理，实现税收的征、纳、管理决策等税收活动与现代信息技术接轨，为税收现代化和科学化提供技术支撑。

（2）税收管理信息化系统结构。税收管理信息系统建设也称为金税工程建设，围绕着一个平台、两级处理、三个覆盖、四个系统的总体目标而建立。一个平台，指包含网络硬件和基础软件的统一的技术基础平台；两级处理，指依托统一的技术基础平台，逐步实现数据信息在总局和省局集中处理；三个覆盖，指应用内容逐步覆盖所有税种，覆盖所有工作环节，覆盖各地税局并与相关部门如工商、海关联网；四个系统，指通过业务重组、优化和规范，逐步形成一个以征管业务系统为主，包括行政管理、外部信息和决策支持在内的四大应用系统软件。

（3）税收管理信息化系统发展。自我国“金税三期”上线之后，税务信息化开始了加速发展。大型企业集团尤其跨国公司往往跨地区、跨行业、跨国家经营，因此将面临更加复杂的税收环境和严峻的税务管理挑战。并且，自2016年在全国范围内全面推开营业税改征增值税试点，建筑业、房地产业、金融业、生活服务业等全部营业税纳税人纳入试点范围，由缴纳营业税改为缴纳增值税。按照国家税务总局统一部署，2019年3月1日起上线“金税三期”（并库版），实现原国税、地税两套“金税三期”系统并库。因而，在逐步完成对原有核心业务系统同步改造的同时，构建一套完善的税务管理和监控的税收管理平台，快速对接税收业务系统，用精准的数据支撑税务管理是当前面临的新挑战。

3 税收生态系统参与主体

税收生态系统主要涵盖税务部门、纳税人和涉税专业服务机构三个主体。税收生态系统的基本架构是，政府与纳税人之间形成征纳关系，涉税专业服务机构与纳税人之间形成服务与被服务关系，涉税专业服务机构与政府之间形成管理与反馈关系。这三个主体相互作用，互相影响，形成动态的平衡关系。同时，制度环境、经济环境、技术环境与组织环境也在潜移默化中影响着整个生态系统。

3.1 税收生态系统征税主体

税收是以国家为主体进行的分配，所以征税主体只能是国家，具体权力由国家权力部门来行使。判断一个行政机关是否具备行政主体资格，关键是要看其是否经过法律授权，税务机关之所以成为征税主体，是因为有国家的法定授权。我国现行法律明确规定了履行征税职能的行政机关，除此之外，没有法律明文授权，任何机关都不能成为征税主体。

3.1.1 征税权力主体类型[①]

在我国，征税权力主体可分为征税权力主体、征税委托主体和征税辅助主体三类，分别行使着不同的权力，承担着不同的职责。

3.1.1.1 征税权力主体

代表国家行使征税权力的机构主要有行使立法权和行使执法权的两大机

① 施正文．论税法主体．税务研究，2002（11）：28－33

构。行使立法权的机构是全国人大及其常务委员会，同时国务院及所属财政部门受全国人大委托制定行政法规，国务院主要履行制定税收暂行条例、税法细则和税收法规职责，财政部主要履行制定税收暂行条例实施细则和税收政策调整方案的职责。行使执法权的机构有税务部门和海关部门，分别就国内税收和进出口贸易税收征收和管理，为纳税人提供相应的纳税服务行使权力、履行职责和义务，公安、人民银行、教育、卫生、医疗保障、民政、人力资源社会保障、住房城乡建设、公安、人民银行、金融监督管理等相关部门协同进行税收征收和管理。税收征收管理分别由税务机关、海关具体负责，在现行的行政管理体制中，这两个机关相互独立。其中，税务机关是最主要的、专门的征税机关，负责最大量的、最广泛的工商税收的征管；海关负责关税、船舶吨税的征收，代征进口环节的增值税、消费税。由于关税的特殊性，各国关税的征收管理一般均由海关负责，其征收的依据和程序也主要适用《海关法》和《关税法》等法律，而不适用一般的工商税收法律。

3.1.1.2 征税委托主体

在征税主体制度中，还存在与征税主体有关的征税委托主体和征税协助主体等相关主体。征税委托主体是指受征税机关委托行使一定征税权的单位和个人，征税委托主体具有以下特征：一是征税委托关系的成立是基于征税机关的委托而产生的，即只有征税机关有权根据法律、行政法规的规定，委托有关单位和个人征收税款。二是征税委托主体只能行使一定的征税权，而不是一般的征税权。征税机关不得将有关行政处罚、强制执行措施等权力委托他人行使，因为这些权力只能由征税机关自己行使；同时，委托代征的税收一般也是少数零星分散和异地缴纳的税源。三是征税委托主体征收税款时，必须在受托权限范围内，以委托征税机关的名义行使征税权。因此，征税委托主体不是独立的征税主体，其在法律性质上属于代理的范畴，它对外实施征税行为的法律责任也由委托征税机关承担。四是征税委托主体与委托征税机关的关系不同于征税机关内部委托、代理关系。征税委托主体一般是其他机关、企业事业单位和个人，不是征税机关；而征税机关之间的委托代理关系，是发生在上下级征税机关之间，或者是发生在不同地域的征税机关之间。委托代征制度是征税机关借助于外部资源行使征税职能的有效手段，它可以降低税收成本，加强税源管控，防止税款流失。

3.1.1.3 征税协助主体

征税协助制度是各国为保障征税顺利进行而规定的一项重要税收征纳制度，它是指征税机关在行使征税职能时，有权请求其他组织和个人予以协助的一项制度。我国《税收征收管理法》规定，各有关部门和单位应当支持、协助税务机关依法执行任务。征税协助制度的内容一般包括征税协助发生的情形、征税协助的拒绝、征税协助争议及处理等。征税协助主体可分为广义和狭义两种，狭义上的征税协助主体只包括行政机关，不包括其他组织和个人，它发生在行政机关之间的内部程序中，可称为征税行政协助主体；广义上的征税协助主体还包括行政机关以外的其他机关、企业事业单位和个人，它们可称为征税社会协助主体（护税主体）。我国税收征管法规定的征税协助主体很广，包括地方各级人民政府、工商行政管理机关、公安机关、人民法院、金融机构、车站、码头、机场、邮政企业和个人等，有关税种也规定了征税协助制度。征税协助主体履行协助义务时，通常只履行征税活动的部分事项，是为征税机关的征税行为提供帮助、便利和协助，其本身并不处于独立的地位，征税活动仍以征税机关的行为为主，因此，征税协助主体不属于征税主体。

3.1.2 征税权力主体权责①

作为国家征税权的执行人，征税权力主体承担着服务和管理双重职能，在税收活动中往往居于主导地位。健康的税收生态系统中，征税主体应有明确的目标和价值理念，使所有征税主体成员知晓、认同并笃行；要有明确的机构和职责，配置科学合理，足以支撑各项业务正常流转；业务流程规则要清晰，并与环境发展、成员的能力等各种因素相匹配。在态度上信任和尊重其他主体，服务上做到标准规范，执法上做到严谨统一，提效降本。能够平等对待其他主体，保持征税或管理服务的信息透明，其他主体可以通过对信息的获取利用实现最优配置或表现，在共建和博弈中达到共赢。同时，要充分降低运营成本，进而促进整个社会的奉行成本和效率。要统筹解决问题，不能孤立割裂地对待和解决问题，要充分考虑税收与经济、技术、文化等各项其他要素的协调与配合。

---

① 施正文．税收程序法论——监控征税权运行的法理与立法研究．北京：北京大学出版社，2003

（1）主体权力。根据现行《税收征收管理法》，行使国家征税权的税务机关的职权和职责归纳如下：税务管理权，主要包括税务登记管理权、账簿凭证管理权、纳税申报管理权、发票管理权；征收管理权，主要包括税款征收权、税务检查权、税款追征和加收滞纳金权、责令提供纳税担保权、责令提交纳税保证金权；税收强制权，主要包括实施税收保全措施权、实施强制执行措施权；税务行政处罚权，主要包括对违反税务管理行为的处罚、对违反发票管理行为的处罚、对偷税行为的处罚、对抗税行为的处罚、对逃避追缴欠税行为的处罚、对骗取税款的处罚、对税务代理人违法行为的处罚等权力。

（2）主体责任。秉公执法，忠于职守，清正廉洁，尊重和保护相对人的权利；不得索贿受贿、徇私舞弊、玩忽职守，不得不征或少征应征税款；不得滥用职权多征或者故意刁难纳税人和扣缴义务人；应当建立健全内部制约和监督管理制度，上级应当对下级的执法活动依法进行监督；应当对其工作人员执行法律行政法规和廉洁自律准则的情况进行监督检查；负责征收、管理、稽查、行政复议的人员的职责应当明确，并相互分离，相互制约；为检举人保密，并按照规定给予奖励；税务人员在核定应纳税额、调整税收定额、进行税务检查、实施税务行政处罚、办理税务行政复议时，与纳税人、扣缴义务人或者其法定代表人、直接责任人有关系的应当回避。

（3）主体义务。税务机关和税务人员：负有提供纳税咨询服务的义务；帮助纳税人、扣缴义务人了解税法的规定与纳税程序有关情况的义务，依法定程序征税，依法确定有关税收征收管理的事项；办理减税、免税、退税、延期缴纳税款的手续；负有征收税款入库的义务；按时足额并依照预算级次入库，不得截留和挪用；对发生的税务争议，负有向上一级报告和履行行政复议以及应诉的义务，按规定承担税务行政赔偿责任。

3.2　税收生态系统纳税主体

纳税主体既是社会财富的生产者，也是社会财富的消费者。广义上的纳税主体，涵盖履行性质上属于纳税义务的有关主体，包括纳税人、扣缴义务人、纳税担保人等。从主体之间的关系来看，健康的税收生态系统中绝大多数纳税主体应该主动利用环境因素和自身优势，既有竞争又有发展；能自觉遵从法律履行义务，充分享受应有权利。简言之就是自觉遵从税法，持续健康发展。

3.2.1 纳税义务人

纳税人又称为纳税义务人，是税法上规定的直接负有纳税义务的单位和个人。纳税人是税收制度构成的基本要素之一，明确纳税人的权利义务是税收生态的基础内容之一。

3.2.1.1 纳税人类型

税收制度一般是以法律形式规定的，每种税收都有各自的纳税人。从法律的角度划分，纳税人包括自然人与法人两种。自然人，是指具有权利主体资格，能够以自己的名义独立享有财产权利、承担义务并能在法院和仲裁机关起诉、应诉的个人。法人是指有独立的组织机构和独立支配的财产，能以自己的名义参加民事活动，享受权利和承担义务，依法成立的社会组织。在我国，一切享有独立预算的国家机关和事业单位，各种享有独立经费的社会团体，各种实行独立核算的企业等都是法人。

与纳税人紧密相关的概念是“负税人”。负税人是税款的实际负担者，负税人同纳税人有时一致，如个人所得税；有时是不一致的，如对商品课征的税收，纳税人是生产或销售商品的企业，而负税人则是商品的最终消费者。负税人不是税制构成要素，也不是税收生态系统中的独立主体，因此税收制度中规定税款由谁缴纳，却不规定税款最终由谁负担。

通常，判断社会中的某一主体是否是纳税人，主要由征税对象加以确定。当某种事物成为征税对象时，它的占有、使用或行为主体就相应地成为纳税人。如果该种事物不再作为征税对象，它的占有、使用或行为主体也就不再成为纳税人了。

3.2.1.2 纳税人权利①

在市场经济国家，纳税人权利普遍受到重视，如不少国家公布了纳税人权利宣言或制定了纳税人权利法案，对纳税人的权利作了比较详细的规定。2009年11月6日，国家税务总局发布《关于纳税人权利义务的公告》，纳税人不仅享有程序方面的权利，同样享有实体方面的权利。纳税人享有的权利主要包括以下14项：

---

① 国家税务总局．关于纳税人权利与义务的公告．2009年第1号，2009.11.30

（1）知情权。为了保障纳税人正确行使权利，纳税人有权了解国家税收法律、行政法规的规定以及与纳税程序有关的情况，包括：现行税收法律、行政法规和税收政策规定；办理税收事项的时间、方式、步骤以及需要提交的资料；应纳税额核定及其他税务行政处理决定的法律依据、事实依据和计算方法；在纳税、处罚和采取强制执行措施时发生争议或纠纷时，可以采取的法律救济途径及需要满足的条件。知情权主要包含以下四项内容：税收政策知情权、涉税程序知情权、应纳税额核定及其他税务行政处理决定知情权和法律救济途径知情权。

（2）保密权。有权要求保护商业秘密和个人隐私，主要包括技术信息、经营信息和主要投资人以及经营者不愿公开的个人事项。上述事项，如无法律、行政法规明确规定或者纳税人的许可，税务机关不得对外部门、社会公众和其他个人提供。但根据法律规定，税收违法行为信息不属于保密范围。

（3）税收监督权。对税务机关及其工作人员违反税收法律、行政法规的行为，如税务人员索贿受贿、徇私舞弊、玩忽职守，不征或者少征应征税款，滥用职权多征税款或者故意刁难等行为，可以进行检举和控告。同时，对其他纳税人的税收违法行为也有权进行检举。

（4）纳税申报方式选择权。纳税人可以直接到办税服务厅办理纳税申报或者报送代扣代缴、代收代缴税款报告表，也可以按照规定采取邮寄、数据电文或者其他方式办理上述申报、报送事项。但采取邮寄或数据电文方式办理上述申报、报送事项的，须经主管税务机关批准。

（5）申请延期申报权。纳税人如不能按期办理纳税申报或者报送代扣代缴、代收代缴税款报告表，应当在规定的期限内提出书面延期申请，经核准，可在核准的期限内办理。经核准延期办理申报、报送事项的，应当在税法规定的纳税期内按照上期实际缴纳的税额或者核定的税额预缴税款，并在核准的延期内办理税款结算。

（6）申请延期缴纳税款权。如因有特殊困难，不能按期缴纳税款的，经省、自治区、直辖市国家税务局批准，可以延期缴纳税款，但是最长不得超过3个月。

（7）申请退还多缴税款权。对超过应纳税额缴纳的税款，税务机关发现后，将自发现之日起10日内办理退还手续；如纳税人自结算缴纳税款之日起三年内发现的，可以向税务机关要求退还多缴的税款并加算银行同期存款利息。税务机关自接到退还申请之日起30日内查实并办理退还手续，涉及从国库中退库的，依照法律、行政法规有关国库管理规定退还。

(8) 依法享受税收优惠权。纳税人可以依照法律、行政法规的规定书面申请减税、免税。减税、免税的申请须经法律、行政法规规定的减税、免税审查批准机关审批。减税、免税期满，应当自期满次日起恢复纳税。减税、免税条件发生变化的，应当在纳税申报时向税务机关报告；不再符合减税、免税条件的，应当依法履行纳税义务。

(9) 委托税务代理权。纳税人有权就以下事项委托税务代理人代为办理：设立、变更或者注销税务登记、除增值税专用发票外的发票领购手续、纳税申报或扣缴税款报告、税款缴纳和申请退税、制作涉税文书、审查纳税情况、建账建制、办理财务、税务咨询、申请税务行政复议、提起税务行政诉讼以及国家税务总局规定的其他业务。

(10) 陈述与申辩权。纳税人对税务机关作出的决定，享有陈述权、申辩权。如果有充分的证据证明自己的行为合法，税务机关不得实施行政处罚；即使陈述或申辩不充分合理，税务机关应当解释实施行政处罚的原因，不会因申辩而加重处罚。

(11) 对未出示税务检查证和税务检查通知书的拒绝检查权。税务机关派出的人员进行税务检查时，应当出示税务检查证和税务检查通知书；对未出示税务检查证和税务检查通知书的，纳税人有权拒绝检查。

(12) 税收法律救济权。纳税人对税务机关作出的决定，依法享有申请行政复议、提起行政诉讼、请求国家赔偿等权利。纳税人、纳税担保人同税务机关在纳税上发生争议时，必须先依照纳税决定缴纳或者解缴税款及滞纳金并提供相应的担保，然后可以依法申请行政复议；对行政复议决定不服的，可以依法向人民法院起诉。如对处罚决定、强制执行措施或者税收保全措施不服的，可以依法申请行政复议，也可以依法向人民法院提起诉讼。

(13) 依法要求听证的权利。税务机关作出规定金额以上罚款的行政处罚之前，应当送达《税务行政处罚事项告知书》，告知已经查明的违法事实、证据、行政处罚的法律依据和拟将给予的行政处罚。对此，纳税人有权要求举行听证，税务机关应当组织听证。如纳税人认为指定的听证主持人与本案有直接利害关系，有权申请主持人回避。对应当进行听证的案件不组织听证的，行政处罚决定不能成立。但纳税人放弃听证权利或者被正当取消听证权利的除外。

(14) 索取有关税收凭证的权利。税务机关征收税款时，必须开具完税凭证。扣缴义务人代扣、代收税款时，纳税人要求扣缴义务人开具代扣、代收税款凭证时，扣缴义务人应当开具。税务机关扣押商品、货物或者其他财产时，必须开付收据；查封商品、货物或者其他财产时，必须开付清单。

3.2.1.3 纳税人义务

在税收征收管理活动中，纳税人的义务主要是依法纳税，由纳税过程引伸出的相关其他义务，具体包括以下10项：

（1）依法进行税务登记的义务。纳税人应当自领取营业执照之日起30日内，持有关证件，申报办理税务登记。税务登记主要包括领取营业执照后的设立登记、税务登记内容发生变化后的变更登记、依法申请停业复业登记、依法终止纳税义务的注销登记等。在各类税务登记管理中，纳税人应该根据税务机关的规定分别提交相关资料，及时办理。同时，应当按照规定使用税务登记证件。税务登记证件不得转借、涂改、损毁、买卖或者伪造。

（2）依法设置账簿、保管账簿和有关资料以及依法开具、使用、取得和保管发票的义务。纳税人应当按照有关法律、行政法规和国务院财政、税务主管部门的规定设置账簿，根据合法、有效凭证记账，进行核算；从事生产、经营的，必须按照国务院财政、税务主管部门规定的保管期限保管账簿、记账凭证、完税凭证及其他有关资料；账簿、记账凭证、完税凭证及其他有关资料不得伪造、变造或者擅自损毁。纳税人在购销商品、提供或者接受经营服务以及从事其他经营活动中，应当依法开具、使用、取得和保管发票。

（3）对财务会计制度和会计核算软件进行备案的义务。纳税人的财务、会计制度或者财务、会计处理办法和会计核算软件，应当报送主管税务机关备案。财务、会计制度或者财务、会计处理办法与国务院或者国务院财政、税务主管部门有关税收的规定抵触的，应依照国务院或者国务院财政、税务主管部门有关税收的规定计算应纳税款、代扣代缴和代收代缴税款。

（4）按照规定安装、使用税控装置的义务。国家根据税收征收管理的需要，积极推广使用税控装置。纳税人应当按照规定安装、使用税控装置，不得损毁或者擅自改动税控装置。如未按规定安装、使用税控装置，或者损毁、擅自改动税控装置的，税务机关将责令限期改正，并可根据情节轻重处以规定数额内的罚款。

（5）按时、如实申报的义务。纳税人必须依照法律、行政法规规定或者依照法律、行政法规规定确定的申报期限、申报内容如实办理纳税申报，报送纳税申报表、财务会计报表以及税务机关根据实际需要要求报送的其他纳税资料。扣缴义务人必须依照法律、行政法规规定或者税务机关依照法律、行政法规规定确定的申报期限、申报内容如实报送代扣代缴、代收代缴税款报告表以及根据实际需要要求报送的其他有关资料。即使在纳税期内没有应纳税款，纳税人也应当按照规定办理纳税申报。享受减税、免税待遇的，在减税、免税期间应当按照规定办理纳税申报。

（6）按时缴纳税款的义务。纳税人应当按照法律、行政法规规定或者税务机关依照法律、行政法规规定确定的期限，缴纳或者解缴税款。未按照规定期限缴纳税款或者未按照规定期限解缴税款的，除责令限期缴纳外，从滞纳税款之日起，按日加收滞纳税款万分之五的滞纳金。

（7）代扣、代收税款的义务。按照法律、行政法规规定负有代扣代缴、代收代缴税款义务的当事人，必须依照法律、行政法规的规定履行代扣、代收税款的义务。依法履行代扣、代收税款义务时，纳税人不得拒绝。

（8）接受依法检查的义务。纳税人有接受税务机关依法进行税务检查的义务，应主动配合并按法定程序进行税务检查，如实地反映生产经营情况和执行财务制度的情况，并按有关规定提供报表和资料，不得隐瞒和弄虚作假，不能阻挠、刁难检查和监督。

（9）及时提供信息的义务。除通过税务登记和纳税申报提供与纳税有关的信息外，纳税人还应及时提供其他信息。如歇业、经营情况变化、遭受各种灾害等特殊情况的，应及时说明，以便依法妥善处理。

（10）报告其他涉税信息的义务。为了保障国家税收能够及时、足额征收入库，税收法律还规定了纳税人有义务向税务机关报告如下涉税信息：与关联企业之间的业务往来，向当地税务机关提供有关的价格、费用标准等资料；企业合并、分立的报告义务；报告全部账号的义务；处分大额财产的报告义务。

3.2.2 扣缴义务人

扣缴义务人也称为“代扣代缴义务人”，它既非纯粹意义上的纳税人，又非实际负担税款的负税人，只是负有代为扣税并缴纳税款法定职责的义务人。扣缴义务人从持有的纳税人收入中扣除应纳税款并代为缴纳，有利于加强税收的源泉控制，简化征税手续，减少税款流失。与扣缴义务人相近的一个概念是“代收义务人”，二者的核心区别在于资金的流向：向纳税人支付收入为代扣代缴，向纳税人收取收入时为代收代缴。一是，扣缴义务人是指虽不承担纳税义务，但依照有关规定，在向纳税人支付收入时有义务代扣代缴其应纳税款的单位和个人。如出版社代扣代缴作者稿酬所得的个人所得税等。二是，代收代缴义务人是指虽不承担纳税义务，但依照有关规定，在向纳税人收取收入时有义务代收代缴其应纳税款的单位和个人。如委托加工的应税消费品，由受托方在向委托方交货时代收代缴委托方应该缴纳的消费税。

3.2.2.1 扣缴义务人权利

根据《税收征收管理法》第八条的规定，我国扣缴义务人享有作为纳税主体的基本权利，由于前文已经列举，此处不赘述。但是，扣缴义务人仍具有一些特殊的权利，总结来说主要是收取代扣、代缴手续费的权利。根据财政部 税务总局 中国人民银行《关于进一步加强代扣代收代征税款手续费管理的通知》（财行〔2019〕11 号）规定，"三代"单位所取得的手续费收入应单独核算，计入本单位收入，用于与"三代"业务直接相关的办公设备、人员成本、信息化建设、耗材、交通费等管理支出。因此，这是扣缴义务人所具有的一项特殊法律权利。

3.2.2.2 扣缴义务人义务

扣缴义务人的义务是一种法定义务，扣缴义务人未履行扣缴义务，需要承担履行法定义务并接受处罚的法律后果。由于纳税人、扣缴义务人都要面对国家和征税机关，二者的很多权利义务是一致的。通常，扣缴义务的内容主要包括扣留收取义务、申报义务、缴纳义务和填发义务等。

（1）扣留收取义务是指依税法规定在给付或者收取纳税人的金钱中，按征税对象的性质不同，依不同税率，扣留或收取纳税人应交纳税款的义务。扣缴义务人足额扣缴、收取税款后，纳税义务人的纳税义务即行消灭。

（2）申报义务是指扣缴义务人依照税法规定的时间向税务机关报告纳税事项的义务，申报的内容主要包括代扣代征的行为是否发生、应解缴税额的多少。我国《税收征管法》规定：扣缴义务人必须依照法律、行政法规规定或者税务机关依照法律、行政法规规定确定的申报期限、申报内容如实报送代扣代缴、代收代缴税款报告表，以及税务机关根据实际需要要求扣缴义务人报送的其他有关资料。

（3）缴纳义务是指扣缴义务人依税法规定将扣缴、收取的税款按照规定的时间，交纳给征税机关的义务。《税收征管法》规定：纳税人、扣缴义务人按照法律、行政法规规定或者税务机关依照法律、行政法规规定确定的期限，缴纳或者解缴税款。

（4）扣缴义务人于扣缴税款时，除应随时通知纳税义务人已经扣缴税款外，还应将扣缴凭单或免扣缴凭单以自己名义填发给纳税义务人。《税收征管法》规定：税务机关征收税款时，必须给纳税人开具完税凭证。扣缴义务人代扣、代收税款时，纳税人要求扣缴义务人开具代扣、代收税款凭证的，扣缴义务人应当开具。

此外，根据扣缴义务人的基本职责，可以明确扣缴义务人具有按照税务主管部门的规定设置账簿，保管账簿、记账凭证、完税凭证及其他有关资料的义务；纳税人拒绝扣缴税款时，有及时向税务机关报告的义务；及时解缴所代扣的税款的义务；接受、配合税务检查的义务。

3.2.3 纳税担保人

纳税担保人是指在中国境内具有纳税担保能力的公民、法人或者其他经济组织。法律、行政法规规定的没有担保资格的单位和个人，不得作为纳税担保人。在这里需要先解释什么是“纳税担保”。纳税担保是指经税务机关同意或确认，纳税人或其他自然人、法人、经济组织以保证、抵押、质押的方式，为纳税人应当缴纳的税款及滞纳金提供担保的行为。

3.2.3.1 纳税担保分类

纳税担保的类型可以从不同的角度加以理解。第一种是依据纳税担保发生的原因进行分类，具体包括：实施税收保全措施之前的纳税担保、出境纳税担保、发生纳税争议时适用的纳税担保、海关采取的纳税担保。第二种是依据纳税担保所采用的形式进行分类，具体包括：人的担保和物的担保。第三种是依据纳税担保的提出主体不同进行分类，具体包括：由征税机关提出的纳税担保和由纳税人、扣缴义务人、纳税担保人提出的纳税担保。依据纳税担保发生的原因进行的担保主要有以下几种情况：

（1）保全纳税担保。我国《税收征管法》第三十八条规定：“税务机关有根据认为从事生产、经营的纳税人有逃避纳税义务的，可以在规定的纳税期之前，责令限期缴纳税款；在限期内发现纳税人有明显的转移、隐匿其应纳税的商品、货物以及其他财产或者应纳税的收入的迹象的，税务机关可以责成纳税人提供纳税担保。如果纳税人不能提供纳税担保，经县以上税务局（分局）局长批准，税务机关可以采取下列税收保全措施：……”

（2）出境纳税担保。出境纳税担保是指欠缴税款的纳税人或者他的法定代表人，在出境前须向税务机关提供担保，否则税务机关可以通知出入境管理机关阻止其出境。我国《税收征管法》第四十四条规定："欠缴税款的纳税人或者他的法定代表人需要出境的，应当在出境前向税务机关结清应纳税款、滞纳金或者提供担保。未结清税款、滞纳金，又不提供担保的，税务机关可以通知出境管理机关阻止其出境。"国家税务总局和公安部 1996 年联合颁布的《阻止欠税人出境实施办法》（国税发〔1996〕215 号）对阻止出境对象作了进一步明确。

（3）争议纳税担保。税收争议之纳税担保是指纳税人、扣缴义务人、纳税担保人在与税务行政机关发生税务争议时，可向税务机关提供相应担保，然后可以申请行政复议的一种纳税担保制度。我国《税收征管法》第八十八条第一款规定："纳税人、扣缴义务人、纳税担保人同税务机关在纳税上发生争议时，必须先依照税务机关的纳税决定缴纳或者解缴税款及滞纳金或者提供相应的担保，然后可以依法申请行政复议。"

（4）海关纳税担保。海关纳税担保是指海关对进出口货物的纳税义务人，在规定的纳税期限内发现有明显的转移、藏匿其应税货物以及其他财产迹象而要求纳税义务人提供的担保。《中华人民共和国海关法》第六十一条规定，"进出口货物的纳税义务人在规定的纳税期限内有明显的转移、藏匿其应税货物以及其他财产迹象的，海关可以责令纳税义务人提供担保"。

3.2.3.2 纳税担保要求

纳税担保人包括以保证方式为纳税人提供纳税担保的纳税保证人和其他以未设置或者未全部设置担保物权的财产为纳税人提供纳税担保的第三人。纳税担保人必须是经主管国家税务机关认可的，在中国境内具有纳税担保能力的公民、法人或者其他经济组织。国家机关不能作为纳税担保人。

（1）纳税担保范围：包括税款、滞纳金和实现税款、滞纳金的费用。费用包括抵押、质押登记费用，质押保管费用，以及保管、拍卖、变卖担保财产等相关费用支出。用于纳税担保的财产、权利的价值不得低于应当缴纳的税款、滞纳金，并考虑相关的费用。纳税担保的财产价值不足以抵缴税款、滞纳金的，税务机关应当向提供担保的纳税人或纳税担保人继续追缴。纳税人以其所拥有的未设置或未全部设置担保物权的财产提供纳税担保的，应填写《纳税担保财产清单》。

（2）纳税保证金：是指从事临时经营的纳税人在未取得应税收入前，按预计营业收入计算应纳税款，并以相当数量的货币向税务机关提供的一种纳税保证形式。纳税人在取得应税收入后，在规定的期限内及时办理纳税手续，提供纳税凭证，同时取回纳税保证金；逾期不办理者，税务机关以纳税保证金作为应纳税款抵缴入库。建立纳税保证金是为了督促纳税人在商品销售后或提供劳务取得应税收入后及时履行纳税义务，确保国家税收收入稳定。

3.3　税收生态系统专业服务

当前，税收治理领域越来越重视三大主体中涉税专业服务机构的作用。为了达到三者之间的动态平衡，绝大多数 OECD 国家和部分非 OECD 国家通过政策引导和扶持，壮大涉税专业服务力量。在云技术条件下，这些国家和地区更是通过政府驱动，采用合适的网络战略，将涉税专业服务机构培养成为税务机关与纳税人的合作伙伴，成为税收生态系统不可或缺的主体。如何借鉴国际先进税收治理经验，实施政府驱动战略，壮大涉税专业服务力量，让其在税收生态系统中发挥应有的作用，是当前我国税制改革特别是自然人税制改革和“放管服”改革背景下面临的重大课题。

3.3.1　专业服务现状

我国的涉税专业服务机构起步于 20 世纪 80 年代的税务咨询和税务代理。相对于 OECD 国家，我国的涉税专业服务起步晚，至今仅有 30 多年的发展时间。在政府与市场的共同推动下，经过 30 余年的发展，目前我国的传统涉税专业服务行业已经分化出多种类别的市场主体。

（1）以税务合规为主业的涉税专业服务机构。此类涉税专业服务机构以“四大”会计师事务所的税务部门和大部分的内资税务师事务所为代表，其客户主要是国企、上市公司、外资企业、非居民企业、中小型企业以及跨国公司及其外籍员工，提供的服务主要为涉税鉴证、税收策划、纳税申报代理等涉税专业服务。这一类服务机构已经全部纳入行业管理，标准化程度较高、客户需求稳定，细分市场已经出现高中低分层，品牌已经成为最重要的资源之一，呈现出成熟期行业的特征。

（2）以税务咨询为主业的涉税专业服务机构。参与主体是以税务师事务所、律师事务所和财税类咨询公司为代表的税务服务机构，该类主体的主要客户为大中型企业或有大宗涉税业务处理需求的企业，主要业务为税务咨询、税务顾问和税收策划等非申报、非鉴证类服务。这一类服务机构数量众多，相当比例没有纳入行业管理。市场集中度不高，发展良莠不齐，除少数税务师事务所依靠品牌赢取业务外，大部分主体依靠区域割据占领市场。

（3）以代理记账为主业的涉税专业服务机构。参与主体主要是税务师事务所、会计财务咨询（服务）公司、中小型会计师事务所和个人，该类主体的主要客户是数量庞大的中小企业。除了为中小企业提供代理记账服务外，这些机构往往还提供新企业的注册代办服务以及涉税服务，如代领发票、纳税申报等。在2017年国家税务总局发布《涉税专业服务监管办法（试行）》之前，代理记账未被纳入涉税专业服务的监管范围，只受会计监管部门《代理记账管理办法》的约束。因此，尽管占据涉税业务的半壁江山，但在涉税专业服务业界发声不多，也没有形成有影响力的品牌。与OECD国家将“记账”本身视为主要的涉税专业服务不同，《涉税专业服务监管办法（试行）》只将代理记账机构从事的该试行办法规定的涉税业务纳入涉税专业服务的范畴。因此，绝大多数代理记账机构依然游离于税务部门的监管之外。

3.3.2 专业服务发展

伴随着信息技术的高速发展，新型涉税专业服务机构强势介入涉税专业服务市场，并逐步成为主流。

3.3.2.1 专业服务崛起主体

（1）IT行业开拓者。税务现代化进程就是税收信息化进程，在中国税务现代化进程中，IT行业，特别是长期耕耘于金税工程的IT企业，敏锐地捕捉到涉税专业服务市场的发展新动向，从而直接为纳税人提供技术服务，或者为传统涉税专业服务机构提供技术服务，率先成为新型涉税专业服务机构。典型的例子是各大厂商推出的电子发票、纳税申报辅助、涉税风险检测云服务平台等。而随着“互联网+”的发展，纳税人对涉税专业服务快捷便利的需求更为强烈。IT行业更是凭借自身对互联网技术的先天优势和服务积累，同时借助政府部门“互联网+税务”行动计划的实施，推行“互联网+涉税专业服务”，成为新型涉税专业服务机构的先导力量。典型的例子是区块链发票技术的提供者，如阿里、腾讯、京东。

（2）专业服务觉醒者。面对 IT 行业有力竞争，传统涉税专业服务机构必须克服同质化服务、营销效率低、作业方式落后、数据难以深度利用等弊端，实施转型。转型方向：一是选择自行突破，如“四大”等会计师事务所凭借自己的 IT 实力自建云平台完成转型，帮助企业定制税务数据分析工具，实现各类税务风险检查、税务报告的自动化；二是选择借力行业协会，中税协推出了行业性信息共享服务平台，没有自行研发能力的中小涉税专业服务机构可以借此完成转型；三是选择合作互联，一些缺乏 IT 能力但又无法借力行业服务平台的传统涉税专业服务机构，通常会联手 IT 行业完成转型。如代理记账机构，往往选择与 IT 企业合作完成 SaaS 化转型和从发票、会计核算到纳税申报的一体化改造。

（3）其他利益攸关者。与涉税专业服务有关的其他利益攸关者，可能因为参与以下业务被视为新型涉税专业服务机构：一是 HR 服务商，提供个人所得税、社保费合规集成服务，并完成 SaaS 化转型；二是银行等金融机构、第三方支付机构，提供便捷缴税费解决方案，如三方协议、银行端查询缴税，支付宝、微信缴税费等；三是电信企业或其他实体，接受政府购买，向纳税人提供 12366 纳税咨询服务。

3.3.2.2 专业服务崛起主因

纵览涉税专业服务机构从无到有再到初具规模的发展历程，混合开放战略雏形初现，主要是由于“政府驱动”和“有控制开放”两大因素共同作用的结果。

（1）政府驱动。政府驱动在我国涉税专业服务发展中起到主要作用，这是由于我国涉税专业服务机构脱胎于行政部门，政府驱动是涉税专业服务机构发展的先天基因。除此以外，政府驱动还反映在以下两方面：

第一，主导涉税专业服务发展的是行政主管部门税务机关而不是行业协会。自 20 世纪 80 年代涉税专业服务机构开创初期到如今初具规模，所有的相关文件都来自税务总局，表明涉税专业服务事业发展的主要推手是税务机关而不是市场。

第二，政府有意识地指导和推进涉税专业服务的发展壮大。一方面是政府定义的涉税专业服务机构和涉税专业服务的范围正在不断扩大，另一个重要的方面则是政府采购涉税专业服务的方式被广泛使用。政府采购政策及其实践探索，不仅有利于化解矛盾、提升效率、促进遵从，更彰显政府对发展涉税专业服务的态度。

（2）有控制开放。开放程度取决于税务机关对市场出现新型涉税专业服务机构和创新涉税专业服务解决方案的态度，以及向涉税专业服务机构开放税收应用接口的态度。

第一，创新解决方案。积极对待市场创新和纳税服务的需求，成熟一项吸收一项，有计划有步骤地将新型涉税专业服务机构和新型解决方案纳入税收生态系统。典型的例子是税款支付技术，从纳税人上门支付，到快捷支付、代收代缴、网银支付，再到网联第三方支付缴税，由线下到线上，从 PC 端到移动端，均来源于市场创新解决方案，逐步被税务部门认可，并全面推广。

第二，开放应用接口。《涉税专业服务监管办法（试行）》规定，税务机关应当为涉税专业服务机构提供便捷的服务，依托信息化平台为信用等级高的涉税专业服务机构开展批量纳税申报、信息报送等业务提供便利。《全国税务系统深化“放管服”改革五年工作方案（2018 年—2022 年）》规定，“在符合安全要求的前提下，免费开放相关数据标准和服务接口，供纳税人或第三方服务商自主开发纳税人端办税功能对接电子税务局”。

3.3.3 专业服务供求

3.3.3.1 专业服务需求分析

发挥涉税专业服务机构在优化纳税服务、提高征管效能等方面的积极作用，既是实现税收现代化的需要，更是推进国家治理体系和治理能力现代化的重要组成部分。当前深化税制改革和放管服改革，纳税服务需求大幅增加，亟待新型涉税专业服务机构和创新的解决方案承担更多的责任、发挥更大的作用。

（1）个税改革需求。相对于分类税制，二元税制或综合税制能够更加有效地发挥税收职能作用，更加充分体现税收公平与效率原则，因而是包括我国在内的世界各国个人所得税税制改革的方向。然而，由于我国之前实施的是纯粹的分类税制，综合与分类税制是我国个人所得税从分类税制到综合税制或者二元税制的过渡状态，不可避免兼具分类税制与综合税制的复杂性。

（2）纳税人需求。个人所得税由纯粹的分类税制改为综合与分类税制，切切实实地带给老百姓更多公平感与获得感。但权利与义务总是相随相生的，税改后个人所得税申报已由单位变为个人。世界各国个人所得税制度发展到现阶段，完善的个人所得税制由预缴制度、信息申报制度和自行申报制度（指年度汇算）三要素构成。在个税改革之前，我国个人所得税只有预缴制度，完全依靠扣缴单位实现税款征收职能。改革后，个人所得税增加了自行申报制度，强化了信息申报制度。而自行申报制度的确立意味着从制度层面完成了个人所得税纳税申报义务由扣缴单位向纳税人的转移。

3.3.3.2 专业服务供给分析

自然人负有纳税申报的义务，但绝大多数个人纳税人并不掌握专业税收知识和申报技能，这就意味着纳税人必须借助涉税专业服务以完成其申报义务。目前来看，涉税专业服务供给主要有税务机关和传统专业服务。

（1）税务机关供给。为了降低税制复杂性带给纳税人自行申报的难度，各国税务部门通常采用累计扣缴制度和预填申报制度两种解决方案。从税改进程看，国家税务总局采用了双管齐下的策略：一是从 2019 年 1 月起，累计扣缴制度已经被我国税务机关采用；二是作为当前最为先进的个人所得税年度汇算解决方案，预填申报制度已初显成效。

第一，累计扣缴解决方案。就是员工需要向扣缴单位提供自己可以享受的各种税前扣除和税收优惠的详细信息。扣缴单位就员工年度内累计实现的收入和可扣除费用，计算出累计应税所得和应纳税款，用累计应纳税款减去以前各期已经缴纳的税款，确定本期应该扣缴的税款。累计扣缴制度下，如果员工只从一处取得劳动所得，扣缴单位全年扣缴的税款基本上等于纳税人年度内应缴纳的税款，因此纳税人可以免除自行纳税申报义务。

第二，预填申报解决方案。就是纳税人将自己的纳税人识别号和可以享受的各种税前扣除或税收优惠提供给扣缴单位或法律规定的其他有义务向税务局报送自己信息的第三方。扣缴单位在向纳税人支付收入时，需要进行预扣预缴。年度终了后的 2－3 个月内，税务局会通过计算机系统将接到的所有纳税人信息进行处理，并据此生成纳税人申报表，包括纳税人取得的所得、已经缴纳的税款和应补（退）税款等信息，然后以固定格式发给纳税人进行确认。纳税人通过对表中信息进行核实，认为需要进行修改的，应及时向税务局进行报告。税务局会定期将纳税人多缴的税款退还给纳税人。理论上，加载了智能化标签的预填申报是个人所得税自行申报的最为理想的解决方案，但在实践中还存在一些难以克服的困难。

一是智能预填受限，需要人工干预。相对于二元税制，综合与分类税制下“所得项目”还是过多，这使得税收信息系统无法自动将来源于第三方的收入、扣除信息与“所得项目”一一对应，需要纳税人进行人工区分；大量存在的过渡性政策，以及存在纳入“综合所得”或适用单独的计算规则两套业务逻辑，需要纳税人先行适用判断，而判断必须基于对税收法律和业务规则的深刻理解，大多数情况下，必须求助于智能化决策工具。

二是纳税人理解困难，需要专业解读。本次税改对涉税数据采取前端放开、后端收紧的策略。也就是说，在预扣预缴环节少校验、不校验，在年度汇算环节实行严格的校验。这样的处理方式虽然有利于税改的平稳，但多数情况下，会让缺乏税收知识的纳税人看不明白预填数据，没有专业的解读，恐怕很难消除纳税人对预填申报数据的疑惑。

因此，采用预填申报制度虽然能够在相当程度上解决普通纳税人申报难的问题，但仍需辅之以涉税专业服务，才能更好地助力税制改革落地。

（2）传统专业服务供给。对涉税专业服务机构而言，任何税收制度的变迁都带来市场的机遇和挑战。为充分发挥税务师事务所及其涉税服务人员在助力个人所得税改革中的作用，中税协及时出台了《个人所得税纳税申报代理业务指引》（以下简称《指引》），要求税务师事务所及其涉税服务人员按照《指引》承办预缴环节与自行申报环节的个人所得税申报代理业务。《指引》明确要求个人所得税纳税申报代理业务必须遵从业务承接、业务委派、业务计划、归集资料、专业判断、业务实施、后续管理、业务成果、业务记录等一般流程。从实践来看，传统专业服务机关很难适应我国的个人所得税纳税申报代理业务。因为，高端专业服务无意为普通纳税人提供专业服务，而低端专业服务即使有意承接为普通纳税人提供专业税务服务的业务，但即使按最低标准收费，普通纳税人个人也无法承受。

3.3.3.3 专业服务供需矛盾分析

税制改革催生了纳税人对个人所得税自行申报涉税专业服务的需求，而税务机关尽管采用了累计扣缴制度和预填申报制度作为解决方案，但仍然不能满足复杂税制下的纳税人的服务需求。与此同时，传统涉税专业服务机构既无意也没做好准备向自然人纳税人提供涉税专业服务。如何创新解决方案，化解个人所得税税制改革带来的涉税专业服务供需矛盾，确保改革任务平稳深化推进，已成为当前和今后一段时期的重大课题之一。

（1）供需矛盾需求创新。

第一，需求创新要求。为深入贯彻落实党中央、国务院深化“放管服”

改革决策部署，持续深化全国税务系统征管体制改革，更好地理顺政府职能与纳税人税法遵从的关系，高质量推进新时代税收现代化，国家税务总局制定了《全国税务系统深化“放管服”改革五年工作方案（2018 年—2022 年）》（税总发〔2018〕199 号，以下简称《放管服方案》）。《放管服方案》明确提出到 2022 年底前，实现压缩年纳税时间到 100 小时，并将我国在世界营商环境纳税时间指标排名提升至 40 位以内的目标。根据世界银行 DB2020 纳税报告，我国目前的纳税时间为 138 小时。《放管服方案》同时要求，确立纳税人自主履行纳税义务的法律地位，包括自主进行纳税申报准备、自主进行纳税申报缴税、自主选择享受税收优惠和自主选择税务代理。

第二，需求创新矛盾。从《放管服方案》两个方面的要求看，二者之间似乎存在着矛盾：一方面，政府对于世界银行营商环境纳税时间有量化的绝对和相对指标要求；另一方面，政府又将影响纳税时间指标的三个环节的业务定义为纳税人自主事项。事实上，这涉及税务机关、纳税人和涉税专业服务机构各个参与主体业务边界。税务机关能够对改善营商环境指标作出多大贡献，则取决于税务机关对业务的控制能力和与涉税专业服务机构的合作程度。

第三，需求创新比较。准备、申报、缴税三个时间指标中，就税务机关而言，纳税申报时间最为可控。近 20 年来，所有的免费申报软件均由税务机关提供，因此税务机关的努力方向是通过优化申报软件来压缩纳税申报时间。缴税时间的可控性在其次，原因是虽然缴税入库需要通过涉税专业服务机构（金融机构，FTA 将其界定为新型涉税专业服务机构），但在我国，与这些涉税专业服务机构的合作完全是由税务机关发起的。为了进一步压缩缴税时间，税务机关可以继续寻找提供更加便捷缴税服务解决方案的涉税专业服务机构，也可以与金融管理部门合作，优化已有的缴税服务解决方案。税务机关最不可控的指标是纳税申报准备时间，这涉及我国税务部门对涉税专业服务概念的重新定义，以及对涉税专业服务解决方案的再认识。纳税申报准备的实质是纳税人经济业务数据转化为申报数据的过程，这涉及是否将“记账”纳入涉税专业服务范畴的问题。如果答案是肯定的，那么税务部门可以通过与提供记账服务的涉税专业服务机构的合作来解决营商环境指标的问题。否则，只能交由市场来裁决，税务机关基本失去控制力。

（2）供需矛盾供给创新。

第一，税务机关供给。《放管服方案》要求，税务机关要做好“优化申报缴税”“优化发票领用开具”“提高税法透明度和确定性”“简化办税事项和资料报送”“推进办税电子化和无纸化”“推进一网、一门、一次改革”“取消部分税务行政许可事项”和“依法保护纳税人合法权益”。仔细分析，税务机关采取的举措能够有效压缩的是纳税申报和缴税的时间。但从前述分析可以看出，“纳税时间”过长的最大问题在于“纳税申报准备时间”，税务机关措施中与纳税申报准备时间有关的是“简化办税事项和资料报送”，但这一举措未必有效。事实上，经过几轮的“便民春风行动”，税务机关对于精简纳税申报资料几乎做到了极致。从业务角度看，目前纳税人报送的申报资料中几无冗余数据，如果进一步压缩，则很有可能偏离税务合规需求。如果以税务机关单独作为行为主体来优化营商环境，即便税务机关付出再大的努力和诚意，但囿于行政机关的业务边界，也很难在压缩纳税时间上有更大作为。

第二，专业服务供给。可从三个层次分析涉税专业服务机构提供的涉税专业服务，以便理解涉税专业服务机构在优化营商环境中的作用。

一是政策法规层面。《涉税专业服务监管办法（试行）》规定涉税专业服务是一种自愿委托行为。因而，即便由于税务机关“在电子税务局、纳税服务平台为涉税专业服务机构提供免费接入服务，优化服务措施，为信用等级高的涉税专业服务机构开展批量申报、联网报送财务报表等业务提供便利”，使得涉税专业服务有助于被代理人减少纳税时间，但因其缺乏普惠性，不能被认定为优化营商环境指标的有效证据。

二是税务实操层面。虽然《涉税专业服务监管办法（试行）》没有将为税务机关或纳税人提供申报服务的软件公司和提供缴税服务的金融机构纳入涉税专业服务机构的范畴，但得益于税务机关的主动合作意愿，这些机构早已成为税收生态系统的重要参与者，其提供的纳税申报解决方案和缴税解决方案在优化营商环境方面发挥了巨大作用。也就是说，虽然没有明文规定，但事实上，这部分涉税专业服务机构和涉税专业服务解决方案已经纳入税务机关的管理范畴。

三是市场创新层面。世界银行之所以将纳税申报准备时间作为衡量营商环境的重要指标，源于世界各国市场主体的共鸣。只要市场有新的需求，就必然会出现新的提供者，市场需求是催生创新解决方案的主因。比如，市场对纳税申报准备的需求就催生了“票账税一体化”解决方案，提供者既有专业从事代理记账软件开发的技术服务公司，也有具备 IT 能力的代理记账公司。该解决方案基于SaaS，集成了原始凭证获取、记账、会计表生成、纳税申报表生成、纳税申报等功能。对于这样的创新解决方案，税务机关应当特别关注。

3.3.4 专业服务创新

面对新形势下构建完善税收生态系统的迫切需求，以及市场对涉税专业服务的迫切需求，税务管理部门理当勇担重任，积极探索和驱动制度机制的实践创新和理论创新，服务于税制改革，服务于放管服改革。

3.3.4.1 深化网络驱动战略

从实践层面看，我国纳税服务领域混合开放网络驱动战略已经初见成效。但随着制度环境、经济环境、技术环境与组织环境的变化，纳税服务进入相对高水平的发展阶段后，暴露出来的问题也逐渐增多。原有的制度机制，哪怕是刚刚颁布的一些规范性文件也已相对滞后，不再适应新形势、新理念和创新实践。用发展解决发展中的问题，是改革开放解决问题的总路径。将总路径应用在纳税服务领域，就是要用更加开放和更强的控制能力来推动涉税专业服务发展，健全和完善税收生态系统。更加开放，体现在更大的包容性，包括更加开放地接受新的服务理念、介入更加广泛的经济领域、认同更多的合作伙伴和接纳更创新的解决方案；更强的控制力，体现在税务机关更强的带动能力，包括更敏锐地发现和分析需求、更精准的业务监控、组织协调更广泛的合作伙伴，以及更及时地进行制度机制的修复完善。

3.3.4.2 创新政府采购机制

我国《政府采购法》规定，“政府采购应当有助于实现国家的经济和社会发展政策目标”。实施税制改革、实现税收制度现代化是新形势下国家经济和社会发展的重大政策目标。因此，税制改革理应成为政府采购涉税专业服务的主要服务对象。个人所得税制改革后，鉴于自然人纳税人对涉税专业服务的巨大需求，以及税务机关和传统涉税专业服务机构供给之间的关系，涉税专业服务的供需失衡的现实，亟须创新解决方案，以化解个人所得税税制改革带来的涉税专业服务的供需矛盾，确保改革任务平稳推进。创新政府采购涉税专业服务机制有可能成为解决思路之一，但现行政府采购涉税专业服务模式具有较大局限性。根据有关资料，近年来各地税务部门采购涉税专业服务的案例具有共同特点，即服务对象是税务机关。也就是说，政府采购涉税专业服务是为了补充或者替代税务机关的相关职能。从图 3－1 可以看出，这种仅限于税务机关与涉税专业服务机构的小闭环政府采购服务，虽然有助于税务机关的管理，但对于完善整个税收生态系统，助力税制改革成功落作用并不明显，成效不大。

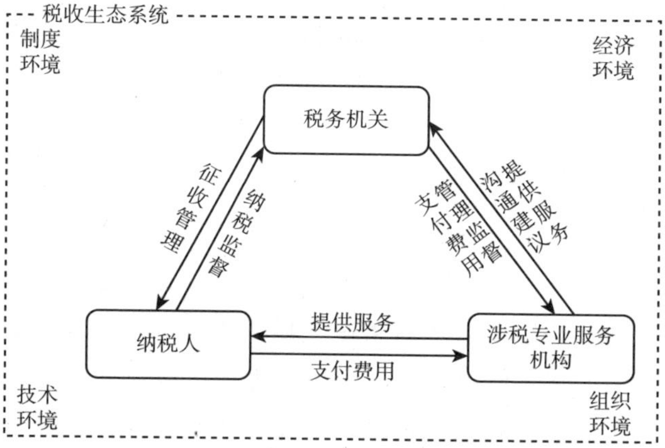

图 3－1　政府为税务机关采购涉税专业服务的税收生态系统

3.3.4.3　发展新型服务机构

OECD 税务管理论坛于 2016 年发布的名为《重新思考税务服务——在中小企业税务合规中转变税务服务方式》（以下简称《重新思考税务服务》）的报告提出，新型涉税专业服务机构和创新解决方案通常来源于技术进步。云技术的发展及其在税务领域的运用，使软件服务公司和数据服务公司等技术服务机构，为税制改革提供创新解决方案成为可能。为与个人所得税税制改革配套而行，国家税务总局首次将大数据云平台和企业级互联网交易架构引入到税务系统交易型业务中，首次实现了生产业务级别上的全国大集中。新型的业务、数据和技术架构为创新解决方案提供了基础性条件。由于技术优势和规模效应，科技型服务机构相较于传统涉税专业服务机构在提供涉税专业服务的成本和效率上具有极大的优势，这种成本优势使得政府采购变得现实可行。因此，理想的创新解决方案是在税务部门提供累计扣缴解决方案和预填申报解决方案的基础上，通过政府采购方式引入软件和数据服务机构作为新型涉税专业服务机构，向纳税人提供个人所得税年度汇算专业服务。创新解决方案既包括向所有纳税人主动提供试算过程的说明，也包括纳税人个性化咨询的兜底服务，如图3－2所示。

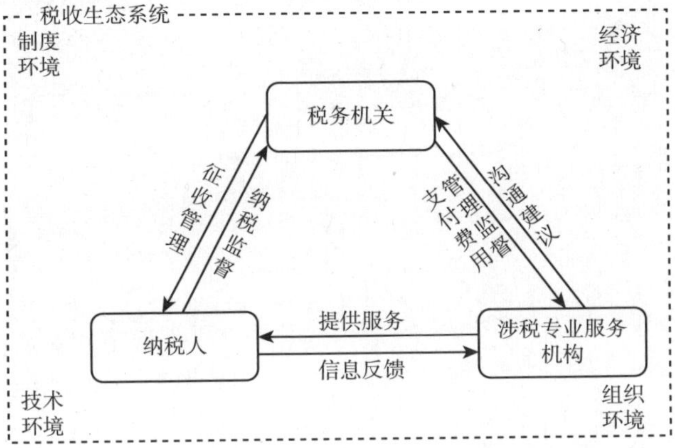

图3－2　政府为纳税人购买专业服务的税收生态系统

在这个过程中，税务机关与新型涉税专业服务机构关注的侧重点各不相同，但目标一致。税务机关重点关注涉税专业服务机构提供的服务是否有助于纳税人税务合规；而新型涉税专业服务机构的目标是帮助纳税人的业务处理合乎税法规定，同时又做到最为经济。“合规”是税务机关的关注点，而“经济”是纳税人的关注点。新型涉税专业服务机构提供的创新解决方案需要同时满足征纳双方的需求，才能成为税务机关和纳税人的合作伙伴。在具体策略上，为了保障可控性，税务机关可以要求新型涉税专业服务机构利用税务信息化平台向纳税人提供专业服务。

引入创新解决方案还具有另外两个重要潜在意义。一是通过年度汇算辅导，帮助纳税人理解新的税法和业务规则。在这方面，创新解决方案将比税务机关的传统宣传方式更具有针对性。二是通过年度汇算辅导，可以实行上游干预（即申报中提醒提示），从而避免纳税人因税务违规而遭致额外的损失风险。以上两个方面对于提升纳税人对新税法的认同度至关重要，能够成为确保税改成功的重要保障之一。

如果这一方案能够成立，那么，税务机关需要做以下工作：一是重新定义涉税专业服务的概念。将为纳税人和传统涉税专业服务机构提供软件、网络、数据等技术服务的涉税软件类科技公司纳入涉税专业服务机构的范畴。二是完善《涉税专业服务监管办法（试行）》，可以将“税务机关所需的涉税专业服务，应当通过政府采购方式购买”考虑修改为“为全体纳税人合法权益和国家税收利益服务的，以及税务机关所需的涉税专业服务，应当通过政府采购方式购买”。三是为政府采购涉税专业服务开展立项招标的相关准备工作。

4　税收生态系统制度体系

税收生态系统制度体系是在进行税制设计时，遵循税种科学、结构优化、法律健全、规范公平原则，来构建现代税制体系。该体系根据本国的具体情况，将不同功能的税种进行组合配置，形成主体税种明确，辅助税种各具特色，功能互补、多环节征收、多层次发挥作用的复合税收整体。税收生态系统就制度体系而言，主要涉及税收负担、税制结构和税收体制，从总量、结构和层次三方面综合反映税收制度体系的功能特点。

4.1　税收生态系统税收负担

4.1.1　税收负担指标

税收负担是指纳税人或负税人因税收而承受的福利损失或经济利益的牺牲。税收既是政府主要收入来源，又构成了纳税人负担。税收负担既可以从全体纳税人角度来考察，也可以从个别纳税人角度来分析，前者称为宏观税收负担，而后者称为微观税收负担。

（1）宏观税收负担指标。是指一国中所有的纳税人税收负担的总和，也称总体税收负担，它反映一个国家或地区税收负担的整体状况。反映宏观税收负担的指标，主要是国内生产总值税负率，指一定时期（通常为一年）内，一国税收收入总额与同期国内生产总值的比率，即 T/GDP。它反映一个国家的本国居民和外国居民一定时期内在国内提供的全部产品和服务所承受的税收负担状况，其公式为：

国内生产总值税负率（T/GDP）＝税收收入总额/国内生产总值×100%

（2）微观税收负担指标。是指单个纳税人的税收负担及它们之间的相互关系，它反映税收负担的结构分布和各种纳税人的税收负担状况。由于纳税人可以是自然人，也可以是法人，衡量微观税收负担的指标一般有企业所得税税负率、企业综合税负率和个人所得税税负率。

第一，企业所得税税负率。是指在一定时间内，企业所缴纳的所得税税款总额与同期企业实现的利润总额的比率，反映在一定时期内企业收益在国家和企业之间的分配状况，是衡量企业税收负担最直接的指标，它直接影响企业的留利水平。公式是：

企业所得税税负率 = 实缴所得税总额/实现利润总额 ×100%

第二，企业综合税收税负率。现代税收体系是复合税收体系，由多税种构成，一个企业在生产经营过程中往往要缴纳多种税。企业综合税收税负率就是指一定时期内，企业实际缴纳的各种税收总额与同期企业的盈利或各项收入总额的比率，这一指标可以表明国家以税收参与企业纯收入分配的规模，反映企业对国家所作贡献的大小，也可以用来比较不同类型企业的总体税负水平。其公式为：

企业综合税收税负率 = 企业实际缴纳的各种税的总额/企业盈利（或各项收入总额）×100%

第三，个人所得税税负率。指一定时期内，个人所缴纳的所得税与个人所得总额的比率，该指标反映了个人在所得上承受税收负担的状况，体现国家运用税收手段参与个人所得分配的程度。其公式为：

个人所得税税负率 = 个人实缴的所得税额/个人所得总额 ×100%

4.1.2 税收负担分析

宏观税负水平是税收与经济互相作用的结果，由经济增长和税收增长两方面因素决定，但由于宏观税负与国家税收政策制度相关，税负高低及其是否合理影响着经济和社会发展，需要由政府来把握力度和调整节奏。

（1）中国宏观税负现状分析。以现行普遍使用指标分析，宏观税负就是指一个国家在一定时期（一般为一年）政府取得税收收入总额占同期国内生产总值 GDP 之比。宏观税负作为衡量和反映一个国家政府财政集中度强弱主要指标，有大、中、小三种口径之分，其中：小口径宏观税负是税收收入占 GDP 比重；中口径宏观税负（包括税收和非税收预算收入）是指财政收入占 GDP 比重；大口径的宏观税负（包括预算收入和社保、基金和国有资产经营收入）是指政府收入占 GDP 比重。不同口径的宏观税负可以反映不同层次的税负问题，选择何种指标主要取决于研究问题的动机和目的。

从目前中国实际情况看，纳税人除了按照国家的税收法律法规缴纳税款外，还要向有关政府部门缴纳部分基金和收费。如果将税、费、基金共同计入总体负担进行比较，则中国企业和居民负担水平会有较大变化。2019 年，全国一般公共预算收入 190382 亿元，同比增长 3.8%；全国税收收入 157992 亿元，同比增长 1%；非税收入 32390 亿元，同比增长 20.2%；全国政府性基金预算收入 84516 亿元，同比增长 12%，其中国有土地使用权出让收入增长 11.4%；全国国有资本经营预算收入 3960 亿元，同比增长 36.3%；全国基本养老、失业、工伤保险三项社会保险基金总收入 58172 万亿元，同比增长 3.87%。

2019 年，全国税收收入 157992 亿元、非税收入 32390 亿元、基金收入 84516 亿元、国有资本经营预算收入 3960 亿元、社会保险基金总收入 58172 亿元，将上述五项收入简单相加，得到政府收入为 337030 亿元，宏观税负率为 34.01%。在政府收入中，税收占 46.88%、非税收入占 9.61%、社会保障收入占 17.26%、基金收入占 25.08%、国有资本经营收入占 1.17%。各项收入占 GDP 比分别为税收 15.94%、非税收入 3.27%、社会保障收入占 5.87%、基金收入 8.53%、国有资本经营收入 0.14%，如表 4－1 所示。

表 4－1　　2019 年综合税、费负担　　单位：亿元

项目	金额	占政府收入（%）	占 GDP（%）
税收收入	157992	46.88	15.94
非税预算收入	32390	9.61	3.27
社会保障收入	58172	17.26	5.87
基金收入	84516	25.08	8.53
国有资本经营收入	3960	1.17	0.40
总计	337030	100.00	34.01
GDP	990865	—	—

（2）中国宏观税负演变分析。宏观税负由税收和 GDP 两个变量因素共同决定，当税收增长快于 GDP 增长时宏观税负上升，反之，当税收增长慢于 GDP 增长时宏观税负下降。从宏观税负历史演变看，中国 1984 年实施利改税的指导思想是对企业减税让利，宏观税负也随之持续下降，1996 年宏观税负下降到历史最低点 9.62%。1994 年，中国实行分税制改革，以提高财政收入

占 GDP 比重和中央财政收入占 GDP 比重为指导思想，随着中国经济持续稳定增长，带来了税收收入的快速增长，而且税收增长快于 GDP 增长，宏观税负水平呈持续上升趋势。1995—2012 年，由 9.84% 上升至 18.68%，提高 8.84 个百分点，提幅高达 89.84%。宏观财政负担水平 1995—2012 年，由 10.18% 上升至 21.77%，提高 11.59 个百分点，提幅高达 113.85%。但在 2012 年以后，受国际金融危机冲击影响，经济持续下行，税收下行幅度更是大于经济下行幅度，税收占 GDP 比重也随之下降，由 2012 年 18.68% 降为 2019 年 15.94%，降低 2.74 个百分点，降低幅度达 14.67%。宏观财政负担水平由 2012 年 21.77% 降为 2019 年 19.21%，降低 2.56 个百分点，降低幅度达 11.75%，如表 4 -2 所示。

表 4 -2　　中国 1995—2019 年宏观税负　　单位：亿元

年份	税收	财政收入	GDP	税收/GDP（%）	财政收入/GDP（%）
2019	157992	190382	990865	15.94	19.21
2018	156402	183359.84	919281	17.01	19.95
2017	144360	172592.77	832036	17.35	20.74
2016	130354	159604.97	746395	17.46	21.38
2015	124922	152269.23	688858	18.13	22.10
2014	119175	140370.03	643563	18.52	21.81
2013	110531	129209.64	592963	18.64	21.79
2012	100614	117253.52	538580	18.68	21.77
2011	89739	103874.43	487940	18.39	21.29
2010	73211	83101.51	412119	17.76	20.16
2009	59522	68518.3	348518	17.08	19.66
2008	54224	61330.35	319245	16.99	19.21
2007	45622	51321.78	270092	16.89	19.00
2006	34804	38760.2	219439	15.86	17.66
2005	28779	31649.29	187319	15.36	16.90
2004	24166	26396.47	161840	14.93	16.31
2003	20017	21715.25	137422	14.57	15.80
2002	17636	18903.64	121717	14.49	15.53
2001	15301	16386.04	110863	13.80	14.78
2000	12582	13395.23	100280	12.55	13.36

续表

年份	税收	财政收入	GDP	税收/GDP（%）	财政收入/GDP（%）
1999	10683	11444.08	90564	11.80	12.64
1998	9263	9875.95	85196	10.87	11.59
1997	8234	8651.14	79715	10.33	10.85
1996	6910	7407.99	71814	9.62	10.32
1995	6038	6242.2	61340	9.84	10.18

注：数据来源于经济统计年鉴。

4.1.3 税收负担问题[①]

中国自1995年以来，税收增长持续超GDP增长，使税收占GDP比重不断提高，宏观税负随之持续上升，由1995年的9.84%提高至最高时2012年的18.68%，2012年之后有所下降，由2012年的18.68%下降为2019年的15.94%。中国宏观税负有以下特点：

（1）宏观税负不高。2019年中国GDP为990865亿元，税收157992亿元，占GDP比重15.94%。加上社会保障收入58172亿元，含社会保障收入的税收收入216164亿元，占GDP比重为21.81%。该比例略高于世界上大多发展中国家20%水平，但远低于发达国家30%和福利国家40%水平，即使同具有小政府、大社会的美国比较也不算高，美国2018年税收占GDP比重为24.3%，OECD国家平均水平为34.3%。

（2）综合税费负担不低。2019年，中国税收收入157992亿元、非税收入32390亿元、基金收入84516亿元、国有资本经营预算收入3960亿元、社会保险基金总收入58172亿元，将上述五项收入简单相加，得到政府收入为337030亿元，宏观税负率为34.01%。税收仅为综合负担的46.88%，含社会保障收入的税收占综合负担的64.14%。2016年OECD国家由税收、社会保障收入、转移收入和其他收入组成的政府综合收入平均负担为41.39%，最高是丹麦的53.22%，但美国仅为31.20%。

（3）企业税负相对较重。在中国宏观税负不高前提下，之所以企业税费负担相对较重，与中国税制结构有一定关联。2019年，中国税收157992亿元。其中：包括增值税、消费税和关税在内的货劳税85425亿元，占全部税收

① 胡怡建．理性看待我国税负偏重争议．新浪新闻，2017.3.11

的 54.07%；企业所得税 37300 亿元，占 23.61%；个人所得税 10388 亿元，占 6.58%；资源财产税 18413 亿元，占 11.65%。美国 2015 年税收收入 47541 亿美元：个人所得税 19381 亿美元，占 40.77%；企业所得税 3958.9 亿美元，占 8.33%；社会保障税 11259.2 亿美元，占 23.68%；财产税 4949.1 亿美元，占 10.41%；商品劳务税 7992.9 亿美元，占 16.81%。不含社会保障税各类税占比分别为个人所得税 53%，企业所得税 10.91%，财产税 13.64%，商品和劳务税 22.03%。从上述数据比较发现，中国是以企业在生产经营过程中缴纳的间接税为主，而美国是以个人在收入分配和财产持有过程中的直接税为主。在宏观税收负担相近情况下，中国企业税负较重，而美国个人税负较重，存在明显的税负结构性差异。

（4）企业税费压力较大。近年来，中国企业一方面受国际金融危机冲击和国内经济下行压力影响，需求不足，产能过剩矛盾十分突出；另一方面人力资源成本、土地成本，租金成本，金融服务收费成本上升。两方面因素共同作用使企业经营困难，利润下滑，有相当部分企业倒闭、破产。应该说企业出现的上述矛盾和困难与整个经济大环境相关，反映出中国现行税收制度存在难以适应新经济发展内在要求的缺陷和矛盾。由于中国税收是以企业在生产经营过程中缴纳的间接税为主，在经济形势好的时候，企业税费承受能力比较强，矛盾并不突出，随着经济下行，企业利润下降，同样的税费制度矛盾有所凸显。以全国国有及国有控股企业为例，2008—2019 年，以税收占营业收入比和以税收与税利总额比的税负率先降后升。2008—2015 年，税收占营业收入比由 8.13% 上升至 8.49%，提高了 0.36 个百分点，税收占税利总额比由 59.11% 上升至 62.63%，上升了 3.52 个百分点。2015—2019 年，税收占营业收入比由 8.49% 下降至 7.37%，降低了 1.12 个百分点，税收占税利总额比由 62.63% 下降至 56.18%，下降了 6.45 个百分点，如表 4－3 所示。中国实施的大规模减税降费降低企业税费负担效果有所体现，但由于企业销售利润率水平没有明显提升，企业税费负担压力仍较大。

表 4－3　2008—2019 年全国国有及国有控股企业税负率　单位：亿元

项目	2008 年	2010 年	2012 年	2014 年	2015 年	2016 年	2017 年	2018 年	2019 年
营业总收入	210502	303254	423770	480636	454704	458978	522015	587501	625521
实现利润	11844	19871	21960	24765	23028	23158	28986	33878	35961
应缴税金	17122	25317	33496	37861	38599	38076	42346	46090	46096

续表

项目	2008年	2010年	2012年	2014年	2015年	2016年	2017年	2018年	2019年
销售利润率	5.63	6.55	5.18	5.15	5.06	5.05	5.55	5.77	5.75
税收/营业收入	8.13	8.35	7.90	7.88	8.49	8.30	8.11	7.85	7.37
税收/税利总额	59.11	56.03	60.40	60.46	62.63	62.18	59.36	57.64	56.18

注：数据来源于财政部网站。所称全国国有及国有控股企业，包括中央企业和36个省（自治区、直辖市、计划单列市）国有及国有控股企业。中央企业包括：中央部门所属的国有及国有控股企业及118户中央管理企业，以上均不含国有金融类企业。

4.1.4 税收负担调整

中国自1995年以来，由于税收增长较快，使宏观税负水平不断提升，由10%左右向20%左右迈进，但总体水平不但远低于发达国家，也不高于发展中国家，处于相对合理区间。但涵盖税费、基金、社保，大口径税费负担35%水平已经不低，而且，由于中国是以由企业缴纳流转税为主体结构，企业税负相对较重，尤其是随着经济长放慢，企业营利水平下降，使企业税负相对较重的矛盾更为突出。

（1）总量性减税空间有限。总量减税是指通过普遍性、全面性减税，实质性减轻企业和个人税收负担，增加企业税后利润和个人可支配收入，以及企业和个人占国民收入比重，来激励个人消费、企业投资，促进中国经济全面转型发展。在中国之所以要总量减税，主要依据如下：

中国宏观税负水平处于相对低位。从1984年中国城市经济体制改革以来宏观税负水平的变化看，1983年和1984年由于税利并存，宏观税负处于较低水平，分别仅为12.88%和13.02%。经过1983年和1984年连续分两步推进利改税，由于统计口径发生变化，宏观税负直线上升至历史最高点，即1984年的22.43%。1985年至1996年，中国总体实施减税让利改革，使宏观税负持续下行，由22.43%降为9.62%，几乎每年降低一个百分点。1994年，中国实施分税制改革，要求提高两个比重，即财政收入占GDP比重和中央财政收入占GDP比重，宏观税负又出现回复性上升，由1996年的9.62%上升至2012年的18.68%。2012年以后，由于中国经济增长放慢，以及实施结构性减税政策和制度改革，宏观税负出现下行，由2012年18.68%降为2019年的15.94%。从中国城市经济体制改革以来宏观税负水平的演变来看，目前15.94%水平应是相对低点。

中国经济新常态需要实施减税政策。根据宏观经济理论，税收政策可分为扩张性政策和紧缩性政策两类：当总需求大于总供给，经济处于膨胀，通货膨胀压力加大时，需采取增税减支措施，来控制个人消费和企业投资，同时紧缩政府开支，来控制总需求，促使供求平衡；反之，当总需求小于总供给，经济处于紧缩时，开工不足使就业压力增大，需通过减税增支，来增加个人消费，鼓励企业投资，同时增加开支，来扩大总需求，促使供求平衡。根据供给侧改革理论，当经济处于明显下行时，理应通过去产能、去库存、去杠杆、降成本、补短板，来扩大有效供给，而清费减税是降成本最为重要的政策措施。在当前经济下行形势下，政府理应选择增支减税政策，降低成本、扩大有效供给、刺激经济增长。

中国经济下行，税收增长形势严峻。自 1994 年分税制改革后，中国税收增长一路走高，2011 年税收增长高达 22.58%，达到了税收增长峰值，然后就一路下行，2012—2019 年分别为 12.12%、9.86%、7.82%、4.82%、4.35%、10.74%、8.34%和 1.02%，税收加速下行出现了较为罕见的税收增长低于经济增长的特征。当下出现的税收增长急转直下，究其原因：一是经济增长放缓，并与中国税收增长加速度特点有关；二是虚拟经济作用，当经济膨胀过热时，经济泡沫使虚拟经济膨胀，虚拟经济产生税收但不产生或较少产生 GDP，也使税收增长率有可能加速上扬超越经济增长；而当经济萎缩偏冷时，挤泡沫使虚拟经济破灭，虚拟经济及其虚拟经济税收快速萎缩，使税收增长率有可能加速下行。三是减税降费，经过 2012 年起逐步实施营改增、2017 年起连续 3 年大规模减税降费，对税收增长影响明显。税收增长率下行的速度远低于 GDP 增长，使收入形势严峻，减税压力增大。

中国实施减税具有综合财力基础。能否实施减税财政政策不但取决于经济状况，也取决于政府财政财力。中国政府收入相对于市场经济国家，既有共同点，又有不同点。共同点是税收作为政府预算收入主要来源，中国目前税收占预算收入 80%以上，债务收入也已成为政府收入重要补充和调剂来源。而不同点是由于公有制性质，中国政府收入来源渠道比大多数市场经济国家更为广泛，财力也更为雄厚。中国政府收入除了税收收入以外，还有收费等非税预算收入，以及以土地出让收入为主的政府基金收入。2019 年，中国税收收入 157992 亿元，占政府综合收入 46.88%，另外非税预算收入占 9.61%、社会保障收入占 17.26%、基金收入占 25.08%、国有资本经营收入占 1.17%。2012 年以后，税收收入占 GDP 比在下降，但政府非税收入占 GDP 比重上升，使政府综合收入占 GDP 比基本保持在 34%左右，从而为减税提供了强大的财力基础。

(2) 结构性减税大有可为。对于中国来说，总量性减税空间不大，但结构性减税却大有可为。结构性减税是在保持宏观税负总体平稳前提下，通过有增有减的结构性调整，包括税和非税结构，从而使税负更为合理。中国宏观税负与国际上其他国家比较并不高，企业增值税税负和所得税税负也处于下降趋势，但无论是增值税占税利总额，还是增值税和所得税合计综合税负，均显示企业税负偏重，究其原因，这种反差与中国以间接税为主体的税制结构以及经济景气度下的企业利润率相关联。

从理论上分析，宏观税负率由于是税收占 GDP 比，其变动取决于税收增长是快于还是慢于 GDP 增长，当税收增长快于 GDP 增长时宏观税负上升，反之则宏观税负下降。中国 2011 年以来宏观税负呈下降趋势是由于经济下行、外贸进出口滑坡、虚拟经济减弱、减税改制政策等因素共同作用的结果。企业增值税和所得税微观税负率是增值税占增值额或销售额比，及所得税占利润总额比，其变动主要取决于税基、税率和优惠等政策制度变动，由于 2011 年以来中国采取营改增、小微企业减税、支持创新创业“双创”等以清费减税为主导的积极财政政策，使企业增值税税负和所得税税负出现了不同程度下降。但中国以增值税和消费税等间接税为主体的税制结构，其特点是按企业产品和服务销售额、增值额计算征税。当经济处于景气上行时，企业利润增长往往会快于销售或增值增长，这时按销售额计算征收的增值税占企业利润比会下降，使企业税负率降低。反之，当经济处于不景气下行时，企业利润增长往往会低于销售或增值增长，这时按销售额计算征收的增值税与企业利润比反而会上升，使企业税负率提高。

自 2011 年以来，中国经济受国际金融危机冲击，增长下行、出口受阻、需求不振，使实体经济的工业企业利润减少，亏损增多，尽管出台了一系列制度性和政策性减税，均难以抵消利润下滑，使企业增值税和所得税占企业税利总额比的综合税负不降反升。因此，企业综合税负与经济景气度关系更为密切：在政策制度不变的情况下，当经济处于景气上行时，实体企业综合税负下降，反之当经济处于不景气下行时，实体企业综合税负上升。

(3) 结构性减税还需综合治理。在中国，由于以税收占 GDP 比作为衡量指标的宏观税负并不高，综合税费负担不轻，而以企业缴纳税收占企业税利比作为指标的企业微观税负不低，经济下行导致企业税费压力增大，因此，解决问题的重点不在于降低宏观税负总量，而在于优化微观税负结构。

第一，优化结构。从中国宏观税负与企业微观税负反差来看，中国宏观税负不高，而企业微观税负不低的重要原因是与中国税制结构有关。这是由于中国的增值税、消费税等企业在生产经营过程中缴纳的间接税占比较高，而间接税与销售收入挂钩，而不是与利润挂钩，缺乏弹性，从而在经济上行时相对税负降低，而经济下行时相对税负提高，使企业微观税负矛盾较为突出。因此，优化中国税制结构在于降低企业在生产经营过程中的间接税，提高个人在收入分配和财富积累过程中的直接税。

第二，促进发展。从中国税收负担实践看：在经济上行时即使宏观税负上升，企业微观税负压力也并不大，主要是随企业营利能力增强，使之抗税负压力能力同时增强；而在经济下行时，即使国家大规模出台清费减税政策，宏观税负下降，但由于企业营利能力减弱，使之抗税负压力能力同时减弱。因此，降低企业微观税负压力关键还在于稳定经济、优化结构、促进发展，通过发展来破解发展中的瓶颈和难题。

减轻企业负担需要清费减税并举。中国现行税收负担统计中，存在名义负担和实际负担之间脱节的现象。为此，降低宏观税费负担首先需要厘清名义负担和实际负担的关系。在中国，由于宏观税费负担涵盖税收、收费、社保、基金，在宏观税收负担不高、综合税费负担不低的情况下，理应以减费为主，清理和降低税外不合理收费，包括政府行政性收费、社保、基金以及垄断性收费。在中国宏观税负并不高的情况下，优化税制结构成为主要突破点，核心是降低间接税，提高直接税，降低对企业征税，同时提高个人征税，来优化税制结构。

4.2 税收生态系统税制结构[①]

4.2.1 税制结构内涵

税制结构是指实行复合税制的国家，在按一定标志进行税收分类的基础上所形成的税收分布格局及其相互关系。在现代经济社会，由于税收履行着筹集资金、资源配置、收入分配和宏观调控等多种职能，因此，自然就会形成多种税并存，各税种既相对独立，又协调配合、互为补充的复合税制体系。由主体税特征所决定的税制结构类型，大体可归纳为以下三种：

（1）以流转税（间接税）为主体的税制结构。是指在整个税制体系中，

① 胡怡建，徐曙娜．我国税制结优化的目标模式和实现途径．税务研究，2014（7）：12－16

以流转税作为主体税，占最大比重，并起到主导作用。这类税制结构在保证国家税收和体现国家生产与消费政策等方面有着特殊作用。以流转税为主体的税制结构模式就其内部主体税特征而言，还可以进一步分为以下两种类型：

第一，以一般商品税为主体。一般商品税是对全部商品和劳务在生产、批发、零售及劳务服务等各个环节实行普遍征税。一般商品税具有普遍征收、收入稳定、调节中性的特点。一般流转税在课税对象确定上，既可以对收入全额征税，也可以对增值额征税。前者称为周转税，虽征收简便易行，但重复课税，不利于专业化协作；后者称为增值税，可避免重复征税，但对核算有较高要求。

第二，以选择性商品税为主体。选择性商品税是对部分商品和劳务在生产、批发、零售及劳务服务的某些环节选择性征税。选择性商品税具有个别征收、收入较少、特定调节的特点。选择性商品税既可以选择在产制环节，也可以选择在零售环节征税。

（2）以所得税（直接税）为主体的税制结构。是指在整个税制体系中，以所得税作为主体税，占最大比重，并起主导作用。以所得税为主体的税制结构模式就其内部主体税特征而言，还可以进一步分为以下三种类型：

第一，以个人所得税为主体。也就是把对个人收益所得课征的所得税作为主体税。以个人所得税为主体税一般是在经济比较发达的国家，个人收入水平较高，收入差异较大，需要运用个人所得税来稳定财政收入，促进个人收入的公平分配。

第二，以企业所得税为主体。也就是把对企业课征的企业所得税或法人所得税作为主体税。在经济比较发达又实行公有制经济的国家，在由间接税制向直接税制转换的过程中，有可能选择以企业所得税而不是个人所得税为主体税。

第三，以社会保险税为主体。也就是把对个人和企业共同征收的社会保险税作为主体税。在一些福利经济国家，为实施社会福利经济政策，税制结构已经由以个人所得税为主体转向以社会保险税为主体。

（3）以流转税（间接税）和所得税（直接税）并重的“双主体”税制结构。是指在整个税制体系中，流转税和所得税占有相近的比重，能够兼顾两者的长处，在财政收入和调节经济方面共同起着主导作用。

4.2.2 税制结构分析

2019年，中国税收总额157992亿元。其中：包括国内增值税和消费税、进口增值税和消费税、关税、城市维护建设税、车辆购置税，并剔除出口退税后的货劳税85425亿元，占全部税收的54.07%；包括企业所得税、个人所得税和土地增值税在内的所得税54153亿元，占全部税收的34.28%；包括资源税、房产税、城镇土地使用税、车船税、船舶吨税、契税、耕地占用税、印花税在内的资源财产税18413亿元，占全部税收的11.65%，如表4－4所示。

表4－4　　1994—2019年中国税制结构　　单位：亿元

项目		2019年		2004年		1994年	
		金额	占比（%）	金额	占比（%）	金额	占比（%）
间接税	一、货劳税	85425	54.07	16581.7	68.62	3875.5	75.59
	国内增值税	62346	39.46	9017.9	37.32	2338.6	45.61
	国内消费税	12562	7.95	1501.9	6.22	502.4	9.8
	关税	2889	1.83	1043.8	4.32	291.8	5.69
	进口货物增值税、消费税	15812	10.01	3700.4	15.31	336.4	6.56
	出口货物退增值税、消费税	-16503	-10.45	-3484.1	-14.42	-450.2	-8.78
	营业税	—	0.00	3582	14.82	680.2	13.27
	城市维护建设税	4821	3.05	674.1	2.79	176.3	3.44
	车辆购置税	3498	2.21	545.7	2.26	—	—
直接税	二、所得税	54153	34.28	5769.5	23.87	992	19.35
	企业所得税	37300	23.61	3957.3	16.38	687.8	13.42
	个人所得税	10388	6.58	1737.1	7.19	72.7	1.42
	土地增值税	6465	4.09	75.1	0.31	—	—
	农业税	—	—	242	1	231.5	4.52
	三、资源财产税	18413	11.65	1572.5	6.51	259.4	5.06
	资源税	1822	1.15	98.8	0.41	45.5	0.89
	房产税	2988	1.89	366.3	1.52	60.3	1.18
	印花税	2463	1.56	290.2	1.2	61.8	1.21
	城镇土地使用税	2195	1.39	106.2	0.44	32.5	0.63
	耕地占用税	1390	0.88	120.1	0.5	37	0.72
	车船税、船舶吨税、烟叶税	1121	0.71	47.1	0.2	11.3	0.22
	契税	6213	3.93	540.1	2.23	—	—
	环境税	221	0.14	—	—	—	—

4.2.2.1 中国现行税制结构特征

（1）从税负主体视角分析：可将税种概括为由纳税人缴纳并由纳税人负担、不可转嫁的直接税，和由纳税人缴纳可转由他人负担的间接税。中国间接税占全部税收的54.07%，直接税占全部税收的45.93%，因此，中国以间接税为主体税制结构类型。

第一，间接税可分为对全部商品和劳务在生产、批发、零售及服务等各环节按单一税率征收的一般货劳税，主要是增值税；以及对部分商品和劳务在产制、批发、零售及劳务服务等各环节，按差别税率征收特别货劳税，包括消费税、关税、车辆购置税及按增值税和消费税征收的附加税。2019年，中国一般货劳税62346亿元，占间接税的72.98%；特别货劳税23079亿元，占间接税的27.02%。中国间接税以一般货劳税为主体。

第二，直接税可分为所得税和资源财产税。2019年，中国所得税54153亿元，占直接税的74.63%，资源财产税18413亿元，占直接税的25.37%，直接税以所得税为主体。所得税又可分为企业所得税和个人所得税。2019年，企业所得税37300亿元，占68.88%；个人所得税10388亿元，占19.18%；土地增值税6465亿元，占11.94%，所得税以企业所得税为主体。

（2）从纳税主体视角分析：可分为企业主体和个人主体两类，从纳税客体视角分析，税源可分为生产经营和收入财富分配两类来源。

第一，在中国，由个人直接承担和缴纳的税种主要涉及：以个人缴纳和负担为主，但部分由独资和合伙企业缴纳个人所得税，以及由个人和企业共同缴纳负担的房产税、印花税、车船税、车辆购置税、契税等税种。按2019年统计，即使将上述与个人直接承担和缴纳相关税种全部纳入个人纳税统计，个人直接缴纳和负担仅为26671亿元，占全部税收16.88%，而企业直接缴纳131321亿元，占全部税收83.12%，企业纳税主体尤为突出。

第二，在中国，由于企业纳税主要来源于生产经营活动，而个人纳税主要来源于收入和财富分配，由于中国纳税主体是企业，所以税收也主要来源于企业生产经营，再加上中国目前还没有个人不动产税、遗产赠与税等个人财产税，以及工薪税等社会保障税，与个人收入和财富分配有直接关联的税种主要是个人所得税，来源于个人收入分配、财富积累等非生产经营活动税占比较低。2018年个人所得税10388亿元，占全部税收比仅为6.58%。

4.2.2.2 税制结构变化

1994年，中国分税制及其税制改革，奠定了现代税制体系基本架构。1994年以来，随着中国经济社会发展，税收政策制度调整，税制结构也发生了重要变化。

（1）主体税种变化明显。从总体上看，各主要税种占比有明显趋势性变动。其中作为一般商品劳务税的增值税和营业税占比整体呈现下降趋势，从1994年的约58.09%，下降至2019年的29.46%；作为特别商品劳务税的消费税呈波动性变化趋势，由1994年最高9.51%下降至2008年的4.74%，2009年突发上升到8%，以后基本上在7%—8.5%波动；关税从中国加入WTO之后，其占比呈现逐年下降的趋势，由1994年5.32%降至2019年1.83%；企业所得税占比由1994年13.82%降至1999年7.60%后，逐年上升至2019年的23.61%，为第二大税种；个人所得税收入占比在较长的时间里整体呈现缓慢上升的态势，从1994年的1.4%升至2018年的8.87%，2019年由于个人所得税重大改革又降至6.58%，如图4－1所示。

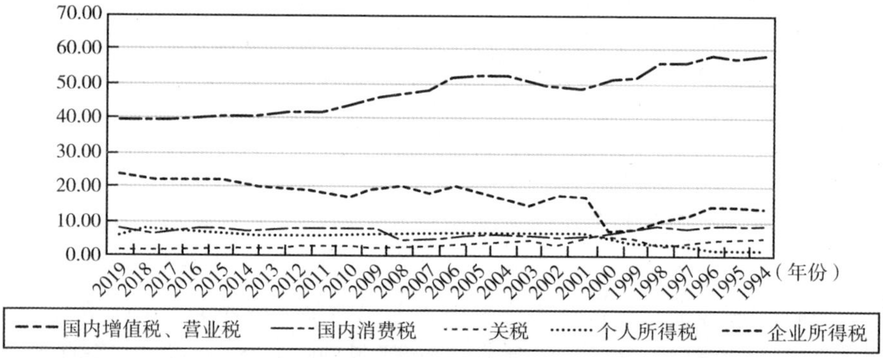

图4－1 1994—2019年中国主要税种占总税收比重变化

（2）直接税比重上升。1994年为1251.4亿元，占全部税收的24.41%；2004年增加到7342亿元，占全部税收的30.38%；2018年增加到71872.3亿元，占全部税收的46.05%。1994—2018年，直接税提高21.64个百分点，增幅高达88.65%。其中：所得税由79.27%降为76.29%；资源财产税由20.73%提高到23.71%。所得税中个人所得税由7.33%提高到25.30%，企业所得税（包括土地增值税）由69.33%上升为74.70%，农业税由23.34%降为0。

（3）间接税比重下降。1994 年，中国间接税 3875.5 亿元，占全部税收 75.59%。2018 年，间接税增加到 84379.2 亿元，占全部税收的比重降为 53.95%，下降了 21.64 个百分点，降幅达 28.63%。其中：一般货劳税占间接税比重由 77.89% 降为 67.22%；特殊货劳税占间接税比重由 22.11% 提高到 32.78%。

（4）企业主体地位未变。1994 年，个人直接缴纳和负担税收仅为 145.8 亿元，占全部税收的 2.98%，而企业直接缴纳 4747.48 亿元，占全部税收的 97.02%。2018 年，个人直接缴纳和负担税收 28973.6 亿元，占全部税收的 18.53%，而企业直接缴纳 106135.7 亿元，占全部税收的 81.47%。个人纳税比重有了较大幅度上升，而企业纳税比重有所下降，但企业主体地位未变。2015 年中国税务机关组织的税收收入为 136021.83 亿元，来源于企业纳税人的税收收入为 129175.15 元，约占总税收收入的 95%，来源于个体经营者的税收收入为 6846.69 亿元，约占总收入的 5%。考虑到个人所得税的纳税人性质以及代扣代缴征管模式，上述比例应作相应调整，粗略估计，中国法人企业纳税人缴纳的各税种收入为 121327.65 亿元，占比约为 89.2%，自然人及自然性质的企业纳税人直接缴纳的税收收入为 14694.18 亿元，占比约为 10.8%。

通过上述分析可以清晰地反映出中国 1994 年税制改革以来，呈现出直接税比重上升，间接税比重下降，个人纳税比重上升，企业纳税比重下降，特殊货劳税比重上升，一般货劳税比重下降的特征，但以企业缴纳的间接税为主体税特征的税制结构格局没有发生根本性改变。中国上述税制结构变化的必要条件是经济发展水平，从总体上看直接税占总税收比重随经济发展而上升，而间接税占总税收比重随经济发展而下降。中国税制结构变化的充分条件则是从内部同政府政策目标相关，从外部同国际税制改革和变化趋势有一定关联，如图 4-2 所示。

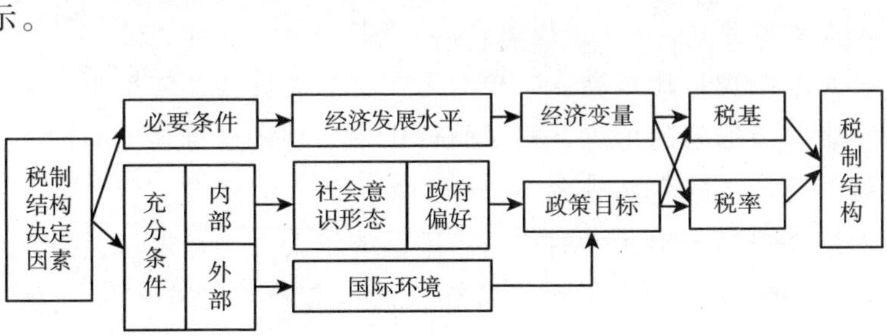

图 4-2　税制结构决定因素

4.2.3 税制结构问题

改革开放40多年来，根据建立符合社会主义市场经济体制要求的税制体系的指导思想，实施了规模庞大、范围广泛、内容深刻的税制改革，构建了商品税和所得税双主体的多税种、多环节的复合税制，适应社会主义市场经济体制需要的现代税制体系框架基本形成。但随着国际、国内经济环境的变化，随着中国经济由高速增长进入中高速增长的新常态，推进国家治理体系和治理能力现代化迫切需要加快向现代税制体系转变的步伐。现行税制体系与经济社会发展、改革、转型的新形势不相适应的矛盾和问题有所体现，特别是离与国家治理现代化相匹配的现代财政制度的要求还有较大差距。主要表现在：

（1）税制结构有待合理。在税制结构中流转税比重过高，而所得税、资源税、财产税比重偏低。而在纳税主体中企业纳税比重过高，个人纳税比重偏低。

第一，流转税占比过高。产生的不利影响主要表现在：一是不利于市场在资源配置中起决定作用。无论实行价内税抑或价外税，税收依附于商品价格之中，最终交易价格包含了税收，必然使得征税下的均衡价格高于不征税的均衡价格，导致价格信号不能准确反映市场供求关系，且带来“超额负担”，扭曲了资源配置，降低了社会福利。二是易导致税收调控“顺周期”现象。当经济高速增长时，税收收入的增速便可能高于经济增速；当经济增速放缓或低于以往增速时，税收收入的增速便可能低于经济增速，这样，经济增速下滑就会带来税收收入增速的更大幅度下滑，不利于政府有效实施逆周期的宏观调控。三是导致所得税系和财产税系比重过低，不利于所得税、财产税社会公平功能的充分发挥，社会财富越来越向极少数人集中和集聚，税制调节更加困难，以流转税为主的税制结构将呈现出逆向调节的收入分配效应，税收制度调节收入分配的任务更加繁重。

第二，企业纳税占比过高。一是由于在整个经济循环体系中，企业扮演的主要是生产者和流通者的角色，相对而言比较容易将自身承担的各项税收以提高产品价格等隐蔽形式全部或者部分地转嫁给个人消费者，所以企业负担的税收越多，对整个产品价格体系的扭曲作用也就越大。二是现行税制体系对企业成本的拉升作用不容小觑。实体经济和小微企业税负“痛感”加剧。随着经济进入新常态，企业利润率下降，中小企业亏损比例上升。而由于企业货物劳务税收占比过高，税收刚性强，企业税收占利润比上升，导致企业对税收负担更加敏感，企业经营状况萎缩，客观上会加剧该类企业的税负痛感。

（2）税收制度有待完善。

第一，税收制度有待完善。一是增值税标准税率虽已降为13%，但仍远高于韩国和澳大利亚的10%、东盟7国的9.43%、日本的8%、台湾地区的5%，税率仍有下降空间。另外，增值税多档税率并存，纳税人区分不同业务判断适用税率的难度较大。还有目前仅对增量留抵税额进行退税，存量增值税进项留抵不能享受留抵退税政策，政策适用范围有待进一步扩大，贷款利息缴纳增值税尚未纳入进项税抵扣范围，影响了增值税抵扣链完整性，并增加了贷款税收成本。二是企业所得税的标准税率虽然已经降至25%，但仍高于OECD国家24%的平均税率水平，由于美国税改已将企业所得税降为21%，中国企业所得税税率偏高、压力较大。三是在财产保有环节税种设置不够科学，现有房地产立法及税制已难以适应社会主义市场经济发展的需要。财产转移环节、财产税体系不健全，主要是遗产税、赠与税制度缺失。财产税体系不健全不利于实现社会公平，也不利于地方税体系的构建。五是现行资源税税负较低，消费税征税范围偏窄，部分高能耗、高污染产品未纳入征收范围。

第二，税收优惠有待清理。基于税收法定原则审视中国现行税收优惠政策，存在的主要问题是：税收优惠立法主体行政化、税收优惠目标多元化、税收优惠内容碎片化、税收优惠手段单一化、税收优惠绩效管理考核非制度化。税收优惠虽然实施效率高、针对性较强，但行政色彩较浓，给稳定经济发展、维护法制统一、公平收入分配等带来了一些负面影响。尤其是一些地方政府为实现招商引资、发展地方经济的目标，在税法规定的减免税政策之外，施以更多的变相税收优惠，通过税收返还等方式变相减免税收，侵蚀税基，转移利润，制造税收“洼地”。不但造成不同程度的税收歧视，而且使国家税款大量流失。

（3）税收政策有待提升。新技术应用迅速改变税源分布，使征纳关系界定及监管面临新困境。

第一，日益隐性化的交易和支付使现行主要依托生产方和销售方来调整征纳关系的税收制度越来越力不从心。一是随着“移动互联+”技术使消费的可得性在全世界范围内大大提高，人们的交易和支付行为也日益摆脱传统商业模式，网络化、隐匿化、虚拟化逐渐成为货物和劳务交易的主流和新常态，对线下实体商店产生了大规模替代效应，实体商店税源大幅度收窄。网上交易大规模脱离“以票控税”征纳关系监管。传统以生产加工者、批发零售者为纳税主体的税收制度体系越来越难以适应形势发展的需要。

第二，“品牌商——代理商——服务商”等传统商业组织模式遭受剧烈冲击，货物和劳务税等原有征管环节大规模消失，现行税制被架空风险加大。线下店铺电商化使传统商业模式下的代理商、渠道商和服务商大幅度减少，他们作为流通环节货物和劳务税纳税人的重要地位明显削弱。网店、O2O 等对代理商冲击则更大，这种“永远在线创造的交易和交付的现场沉浸感”正剧烈冲击传统批发零售业，极大改变中国现行行业税源分布。

第三，零售业和服务业线上线下融合发展，充分依托线上支付平台成为落实和强化税制管理的关键环节，给传统税务管理模式带来巨大挑战。支付宝、财付通等支付平台已经成为传统领域实现互联网化的重要工具。目前百货零售业正充分依托线上支付平台对其内部结构流程实现再造，力图挣脱零售业的传统模式；餐饮、快递等服务行业也正通过移动互联技术改变其经营服务模式。线上支付已然成为新技术条件下实现商品销售并获取收入的重要渠道，也必然成为税务部门依法实施税收监管的关键环节，传统税收监管面临巨大挑战。

4.2.4 税制结构优化

中国现行税制是以企业生产经营交纳的间接税为主体税种，未来优化税制结构改革将在企业与个人、生产经营与收入财富、间接税与直接税，以及改革路径和转型方式之间作出新的选择。

4.2.4.1 优化税制结构目标模式

中国未来优化税制结构目标模式，既要符合税制结构国际趋势，也要适应中国经济社会发展需要。税制结构目标模式涉及三个基本问题：一是税制以直接税还是间接税为主体；二是纳税以企业还是个人为主体；三是税源是以生产经营还是收入分配和财富积累为主体。

(1) 主体税种选择。在现代社会中，充当主体税种的税收主要有所得税和流转税两类。流转税有助于经济效率的提高，但也会在一定程度上造成价格的扭曲，影响资源的优化配置；而所得税可以较好地解决收入的公平分配问题，却会在一定程度上影响经济效率的提高。所以，流转税和所得税各有自己的优势和缺陷，每个国家应根据本国的实际情况，选择适合本国的主体税种。

第一，以所得税为主体税。所得税类包括企业所得税和个人所得税。首先，企业所得税存在某些先天不足和缺陷，不宜成为中国主体税。一是企业所得课税，在理论上难以找到真实意义上的负税主体。二是企业所得额与企业生产经营规模的大小相联系，并不能直观地反映其税收负担能力，因而企业所得税不宜采用超额累进的弹性调节机制，缺乏"内在稳定器"功能，不利于总量调节目标的实现。三是企业所得税具有直接抑制生产经营者积极性的负效应，过重的企业所得税税负不利于存量资本最大限度地发挥作用，不利于企业经济效益的提高。其次，个人所得税也不宜成为中国主体税。在市场经济国家，个人所得税往往构成国家整体税制结构中的主体税种。这是因为在私有制下的市场经济中，社会再生产要素的投入与组合基本上是私人的经济行为，由市场调节，受法律保护。政府的干预只能从私人投资和消费入手，而个人所得税税负的着眼点正是分配领域的个人所得，只要政府加大干预力度，个人所得税成为主体税种是顺理成章的。而在中国，一方面就整体而言人均收入水平低，另一方面并不高的收入向少部分人口倾斜，个人所得税的税基并不充裕，使得其在以后较长的时间内都难以成为中国税制结构中的主体税种。

第二，以流转税为主体税。大力发展社会主义市场经济，一方面需要利用市场机制本身的自动平衡功能，另一方面又必须实行政府导向型的市场经济调节，尤其是像产业结构这类宏观经济方面的问题。另外，在中国市场经济的发展进程中，在结构调节方面，政府强有力的宏观调控是必不可少的，而流转税能够在这方面比所得税发挥的作用更直接更有效。所以，选择流转税为主体税种最具有现实可行性。

第三，流转税和所得税双轮驱动。税制结构与一国的经济发展水平、税收政策目标和税收管理水平密切相关。在推进国家整体治理体系现代化，保证国家创新驱动发展战略顺利实施的前提下，税收政策目标是形成有利于结构优化和社会公平的现代税收制度，即在维持宏观税负水平稳定的前提下，以流转税和所得税双轮驱动，能实现税制结构改革与经济结构优化相适应，与推进国家治理体系和治理能力现代化相适应，与支持科技创新、自主创新的国家战略相适应。

（2）内部结构的调整。

第一，流转税内部主体税种与辅助税种协调配合。中国的经济改革是一个渐进的过程，虽然市场经济或由市场对经济资源起基础配置作用是改革的最终目标和发展的趋势，但由于市场经济体系还不健全，尚不能对资源进行完全有效配置，政府有必要适当加强宏观调控以引导经济向健康方向发展。作为宏观政策的重要组成部分，增值税作为中性税收主要发挥财政收入功能，同时需要通过消费税来发挥特定调节功能作用。

第二，所得税内部建立完备所得税制。就中国的所得税体系来说，缺乏完备的社会保障税制度。随着社会主义市场经济体制改革的不断深入，社会保障问题日益尖锐地摆在我们面前。中国有必要尽快采取措施，逐步将分散在各地区、各部门的社会保障费统筹起来，在尽量不加重或少加重纳税人负担的情况下，开征统一的符合国际规范的社会保障税，建立起专税专用的收支体系。为推进中国市场经济体制改革奠定广泛而深厚的社会基础。

4.2.4.2 优化税制结构实施路径

将提高直接税作为优化中国税制结构发展方向，同时对中国税制改革进行总体规划，通过改革税制来实现优化结构。

（1）降低货劳税比重。主要通过增值税减税改革和消费税增税改革实现。由于服务业营改增具有统一工商业和服务业税法、消除企业和产业重复征税、合理税收制度，实现国家减税、企业减负的改革效果。2012—2016 年，全面实施营改增，累计减税近 2 万亿元，成为中国最为重要的减税改革。2018—2020 年，我国实施以增值税为主体的更大规模减税降费。其中，2018 年减税降费规模达 1.3 万亿元以上，2019 年减税降费规模增加到 2.3 万亿元，2020 年减税降费规模更是增加大 2.5 万亿元。随着经济发展、社会进步、国民消费能力提升，大众消费观念逐步转变，环保意识增强，消费税由价内税改为价外税，扩大征收范围，征收环节由生产环节为主逐步转向消费环节的消费税改革已是水到渠成、大势所趋，有利于更好发挥消费税在促进合理消费方面的作用，但增值税减税效果会被消费税增税部分抵消。

（2）增加所得税比重。主要通过改革个人所得税、完善企业所得税和增加资产税实现。虽然从理论上分析，提高直接税比重应是未来税制发展方向，但在改革实践中推行相当困难。长期以来，中国出台的改革措施或政策调整与提高直接税的方向也不一致。如中国推行提高个人所得税工资薪金费用减除标准改革，以及配合国家宏观调控实施的一系列税收优惠政策，影响提高直接税比重。未来主要是通过经济增长、企业效益的改善以及规范税基、调整税负、减少税收优惠等制度改革，不断完善法人所得税制，提高企业所得税管理水平来提高企业所得税。而提高个人所得税主要是通过扩大征税范围、改变征税模式、调整税基和税率、清理税收优惠、积极探索实行个人所得综合与分项征收所得税相结合的模式来实现。同时，由于通货膨胀因素导致资产性价格提高从而促使资产性税收的增加，也会加快所得税增长。

（3）扩大财产税比重。核心是房地产税改革，在立法先行前提下，通过进一步整合房地产保有环节税种，开征统一规范的房地产税。主要改革内容应包括：一是将现有房产税、城镇土地使用税合并，征收统一的房地产税；二是将现行的按账面价值征税改按评估价值计税；三是扩大税基，将个人住房纳入征税范围，由增量房延伸扩大至存量房，以更好地发挥房地产税的收入和财富调节作用；四是改革税制体系，在房地产开发、转让、持有环节总体税负保持平衡的前提下，通过降低开发环节税，增加持有环节税，以进行房地产税结构性调整。

（4）提升税收征管能力。中国直接税比重低除了经济性和制度性原因外，也与管理能力有关。由于所得税和财产税等直接税对征管要求远高于货劳税等间接税，对个人征税难度也远高于对企业征税，未来税制结构转型要求税收征管先行，包括健全涉税资料管理，加强税制征管信息建设，提高税务人员监管能力，提升税收稽征效力，确保税制征管的准确、有序、高效，从而为税制改革、结构优化保驾护航。

4.3 税收生态系统税收体制

税收管理体制是中央与地方，以及地方各级政府之间在划分税收管理权限、分配税收收入和设置税收管理机构等方面的一种制度，是财政管理体制的重要组成部分。

4.3.1 税收管理体制原则

从世界各国的实践看，集权与分权的选择取决于中央与地方政府之间的职能划分。中央与地方政府的不同职能范围，直接决定了各级政府的支出范围与规模，而支出的界定，也就为各级政府筹集收入的规模提供了理论依据。因而，地方政府职能范围的确定是构建地方税体系时应考虑的先决因素。

1997 年的《世界发展报告》在“变革世界中的政府”这一主题下，探讨了政府的职能范围。它按照政府的能力大小将政府职能分为小职能、中型职能和积极职能，见表4－5。该报告认为，政府能力低的国家必须将注意力首先集中于基本的功能上，即提供纯粹的公共物品，如财产权、宏观经济稳定、控制传染病、安全用水、道路以及保护穷人。能力高一些的政府除了提供这些基本的服务之外，还具有中介功能，如外部效应的管理（比如污染），制定垄断行业的法规以及提供社会保险（养老金、失业保险金）。有较强能力的政府还可以发挥更积极的职能，通过帮助协调来解决绕过市场的问题。不同的国家应根据本国经济发展所处的实际阶段和政府能力的大小，依次拓展政府的职能，才能取得好的效果。

表4－5　政府的职能

<table>
<tr><td colspan="4">解决市场失灵问题</td><td>促进社会公平</td></tr>
<tr><td>小职能</td><td colspan="3">提供纯粹的公共物品；　财产所有权
国防；　宏观经济管理
法律与秩序；　公共医疗卫生</td><td>保护穷人
反贫穷计划
消除疾病</td></tr>
<tr><td>中型职能</td><td>解决外部效应
基础教育
环境保护</td><td>规范垄断企业
公用事业法规
反垄断政策</td><td>克服信息不完整问题：
保险（医疗卫生寿命、养老金）
金融法规
消费者保护</td><td>提供社会保险
再分配性养老金
家庭津贴
失业保险</td></tr>
<tr><td>积极职能</td><td colspan="3">协调私人活动；促进市场发展；集中各种举措</td><td>再分配
资产再分配</td></tr>
</table>

资料来源：《1997年世界发展报告》第26页

1997年的《世界发展报告》对于一国各级政府的支出责任划分和相应的税收划分，也作了以下的总结，如表4－6所示：

表4－6　按政府级别划分的税收

中央政府	州政府	地方政府
增值税	个人所得税	财产税
个人所得税	全国性税收的附加税	车辆税
公司所得税	零售税	使用费
消费税	消费税	证照和收费
自然资源税	财产税	
关税	车辆税	
出口税		

资料来源：《1997年世界发展报告》第128页

从表 4 – 6 可以看出，针对各级政府支出责任确定的税收划分具有如下原则：第一，中央政府的税收是累进性与再分配性的税收（如所得税类）、适合于经济稳定的税收、税基在各辖区间分布很不均匀的税收（如自然资源税）、对流动性生产要素所课征的税收（如增值税、消费税）。第二，属于省（或州）政府的税收应该是以居住为依据的税收（如消费税、零售税）。第三，属于地方政府的税收应是对完全不流动的要素所课征的税收（如财产税）。

4.3.2 分税制税收分享体制①

分税制，是在国家各级政府之间明确划分事权及支出范围的基础上，按照事权与财权相统一的原则，结合税种的特性，划分中央与地方的税收管理权限和税收收入，并辅之补助金制的预算管理体制模式。中国长期实行的是按税额划分中央地方关系的财政体制。从 1994 年 1 月 1 日起，实行了分税制财政管理体制。即按照中央与地方政府的事权划分，合理确定各级财政的支出范围。根据事权与财权相结合原则，将税种统一划分为中央税、地方税和中央地方共享税，并建立中央税收和地方税收体系，分设中央与地方两套税务机构分别征管。科学核定地方收支数额，实行比较规范的中央财政对地方的税收返还和转移支付制度。

4.3.2.1 中央与地方事权和支出划分

1994 年分税制改革主要考虑到中央政府与地方政府事权的划分不同。中央财政主要承担国家安全、外交和中央国家机关运转所需经费，调整国民经济结构、协调地区发展、实施宏观调控所必需的支出以及由中央直接管理的事业发展支出。具体包括：国防费，武警经费、外交和援外支出，中央级行政管理费，中央统管的基本建设投资，中央直属企业的技术改造和新产品试制费，地质勘探费，由中央财政安排的支农支出，由中央负担的国内外债务的还本付息支出，以及中央本级负担的公检法支出和文化、教育、卫生、科学等各项事业费支出。

地方财政主要承担本地区政权机关运转所需支出以及本地区经济、事业发展所需支出。具体包括：地方行政管理费，公检法支出，部分武警经费，民兵事业费，地方统筹的基本建设投资，地方企业的技术改造和新产品试制经费，支农支出，城市维护和建设经费，地方文化、教育、卫生等各项事业费，价格补贴支出以及其他支出。

---

① 《国务院关于实行分税制财政管理体制的决定》（国发〔1993〕85 号）

4.3.2.2 中央与地方收入划分

根据事权与财权相结合的原则，按税种划分中央与地方的收入。将维护国家权益、实施宏观调控所必需的税种划为中央税；将同经济发展直接相关的主要税种划为中央与地方共享税；将适合地方征管的税种划为地方税，并充实地方税税种，增加地方税收入。具体划分如下：中央与地方财政体制为分税制财政体制，将税种划分为中央税、中央与地方共享税、地方税三类。

中央固定收入包括：关税，海关代征消费税和增值税，消费税，中央企业所得税，地方银行和外资银行及非银行金融企业所得税，铁道部门、各银行总行、各保险总公司等集中交纳的收入（包括所得税、利润和城市维护建设税），中央企业上交利润等。外贸企业出口退税，除 1993 年地方已经负担的 20% 部分列入地方上交中央基数外，以后发生的出口退税全部由中央财政负担。

地方固定收入包括：地方企业所得税（不含上述地方银行和外资银行及非银行金融企业所得税），地方企业上交利润，个人所得税，城镇土地使用税，城市维护建设税（不含铁道部门、各银行总行、各保险总公司集中交纳的部分），房产税，车船使用税，印花税，耕地占用税，契税，遗产和赠予税，土地增值税，国有土地有偿使用收入等。

中央与地方共享收入包括：增值税、资源税、证券交易税。增值税原来分享比例为中央 75%、地方 25%；2016 年全面营改增后，中央分享 50%，地方按税收缴纳地分享 50%。资源税按不同的资源品种划分，大部分资源税作为地方收入，海洋石油资源税作为中央收入。证券交易税，中央与地方各分享 50%。

4.3.2.3 中央财政对地方税收返还数额的确定

为了保持现有地方既得利益格局，逐步达到改革的目标，中央财政对地方税收返还数额以 1993 年为基期年核定。按照 1993 年地方实际收入以及税制改革和中央与地方收入划分情况，核定 1993 年中央从地方净上划的收入数额（即消费税 +75% 的增值税 − 中央下划收入）。1993 年中央净上划收入，全额返还地方，保证现有地方既得财力，并以此作为以后中央对地方税收返还的基数。1994 年以后，税收返还额在 1993 年基数上逐年递增，递增率按全国增值税和消费税平均增长率的 1∶0.3 系数确定，即上述两税全国平均每增长 1%，中央财政对地方的税收返还增长 0.3%。如若 1994 年以后中央净上划收入达不到 1993 年基数，则相应扣减税收返还数额。

4.3.2.4 中央补助、地方上解

顺利推行分税制改革，1994 年实行分税制以后，原体制的分配格局暂时不变，过一段时间再逐步规范化。原体制中央对地方的补助继续按规定执行。原体制地方上解仍按不同体制类型执行：实行递增上解的地区，按原规定继续递增上解；实行定额上解的地区，按原确定的上解额，继续定额上解；实行总额分成的地区和原分税制试点地区，暂按原递增上解办法，即按 1993 年实际上解数，并核定一个递增率，每年递增上解。原来中央拨给地方的各项专款，该下拨的继续下拨。1993 年地方承担的 20% 部分出口退税以及其他年度结算的上解和补助项目相抵后，确定一个数额，作为一般上解或一般补助处理，以后年度按此定额结算。

4.3.3 分税制税收体制调整

4.3.3.1 所得税分享体制调整

分税制改革时就曾经设想按照建立社会主义市场经济体制的要求，打破企业隶属关系，对企业所得税实行分率共享或比例共享，但是由于当时条件尚未成熟，暂维持原划分格局。随着政府机构改革的实施、企业改革的深化以及地区间经济发展格局的变化，按企业隶属关系划分所得税收入的弊端日益显现：强化了政府干预，不利于深化企业改革，不利于公平竞争；收入混库问题日益突出，不利于征收管理；不利于扭转地区间财力差距扩大的趋势。在深入调查研究和广泛征求地方意见的基础上，国务院决定，从 2002 年 1 月 1 日起，对企业所得税和个人所得税收入超过 2001 年的增量部分实行中央和地方按比例分享：2002 年按五五比例分享；2003 年按六四比例分享；2003 年以后年份的分享比例按实际收入情况再行考虑。并明确中央因改革所得税收入分享办法增加的收入，全部用于对地方主要是中西部地区的一般性转移支付。

4.3.3.2 增值税分享体制调整①

（1）增值税分享体制。

在 2012 年实行服务业营改增前，按分税制财政体制，对工商业征收的增

① 《国务院关于印发全面推开营改增试点后调整中央与地方增值税收入划分过渡方案的通知》（国发〔2016〕26 号）

值税为中央与地方共享税，由国税机关征收，在中央与地方之间按 75：25 的比例分成；对服务业和房地产业征收的营业税为地方税，营业税主要为地税机关征收，收入也基本归地方。地方营业税收入 13504.44 亿元，作为地方税的主体税种，占地方税加上中央与地方共享税中归地方分享部分构成的地方税收收入 41106.74 亿元的 32.85%，占由地方税务机关组织征收和管理的地方税收收入 25936.99 亿元的 52.07%。而增值税作为中央与地方共享税的主体税种，其收入占到全国税收收入的 27.04%。

将服务业征收的营业税改为增值税，首先涉及中央与地方的财政关系及其处理。如果将服务业营业税改为增值税，不改变增值税收入归属和分享比例，就意味着会将地方全额征收的营业税转变为地方只能分享 25% 的增值税，地方本已处于财权小而事权大的不匹配状态，如果以增值税代替营业税就更加剧了财权的上移，从而极大地影响地方财政利益，使改革无法顺利推进。为了减少营改增对地方财政利益冲击，使改革能顺利推行，在涉及营改增后的增值税收入归属上，采取新的收入归属处理办法。根据财政部、中国人民银行、国家税务总局联合下发的《关于营业税改征增值税试点有关预算管理问题的通知》，营改增扩大试点地区改征增值税后，试点期间收入归属保持不变，原归属试点地区的营业税收入，改征增值税后仍全部归属试点地区，改征的增值税税款滞纳金、罚款收入也全部归属试点地区。改征增值税收入不计入中央对试点地区增值税和消费税税收返还基数。因营业税改征增值税试点发生的财政收入变化，由中央和试点地区按照现行财政体制相关规定分享或分担。根据改革设计，营改增后，税收将由国税机关统一负责征收，收入仍归地方。

虽然，营改增后营业税收入归属不变，但从长远来看是不可持续的，因为服务业由征收营业税改为征收增值税，不仅仅是税制本身改革，更是事关中央与地方财政利益关系的财政体制改革，需要重新思考和探讨营改增后的财政体制。

（2）增值税分享体制改革实施。2016 年 4 月 29 日，国务院发布《全面推开营改增试点后调整中央与地方增值税收入划分过渡方案》，按照保持原有中央和地方财力格局总体稳定，结合税制改革，考虑税种属性，进一步理顺中央和地方收入划分的要求，同时考虑到税制改革未完全到位，推进中央与地方事权和支出责任划分改革还有一个过程，国务院决定，制定全面推开营改增试点后调整中央与地方增值税收入划分的过渡方案。

基本原则：一是保持原有财力格局不变，既要保障地方既有财力，不影响地方财政平稳运行，又要保持目前中央和地方财力大体“五五”格局；二是注重调动地方积极性，适当提高地方按税收缴纳地分享增值税的比例，有利于调动地方发展经济和培植财源的积极性，缓解经济下行压力；三是兼顾好东中西部利益关系，以2014年为基数，将中央从地方上划收入通过税收返还方式给地方，确保既有财力不变。调整后，收入增量分配向中西部地区倾斜，重点加大对欠发达地区的支持力度，推进基本公共服务均等化。同时，在加快地方税体系建设、推进中央与地方事权和支出责任划分改革过程中，做好过渡方案与下一步财税体制改革的衔接。

主要内容：一是以2014年为基数核定中央返还和地方上缴基数；二是所有行业企业缴纳的增值税均纳入中央和地方共享范围；三是中央分享增值税的50%；四是地方按税收缴纳地分享增值税的50%；五是中央上划收入通过税收返还方式给地方，确保地方既有财力不变；六是中央集中的收入增量通过均衡性转移支付分配给地方，主要用于加大对中西部地区的支持力度；六是实施时间和过渡期限，方案与全面推开营改增试点同步实施，即自2016年5月1日起执行。过渡期暂定2—3年，届时根据中央与地方事权和支出责任划分、地方税体系建设等改革进展情况，研究是否适当调整。

调整中央对地方增值税返还办法。2016年12月11日，国务院发布《关于实行中央对地方增值税定额返还的通知》，从2016年起，调整中央对地方原体制增值税返还办法，由1994年实行分税制财政体制改革时确定的增值税返还，改为以2015年为基数实行定额返还，对增值税增长或下降地区不再实行增量返还或扣减，返还基数具体数额由财政部核定。

（3）增值税分享体制改革延续。2019年，中国实施更大规模减税降费，以应对经济下行压力。同时，调整中央与地方收入划分改革，以保障减税降费政策实施落实。2019年10月9日，国务院印发的《实施更大规模减税降费后调整中央与地方收入划分改革推进方案》指出，保持现有财力格局总体稳定，建立更加均衡合理的分担机制，稳步推进健全地方税体系改革，建立权责清晰、财力协调、区域均衡的中央与地方财政关系，为减税降费政策落实创造条件，确保让企业和人民群众有实实在在的获得感。延续改革强调三方面措施：

一是继续保持增值税“五五分享”比例稳定不变。即中央分享增值税的50%、地方按税收缴纳地分享增值税的50%，进一步稳定社会预期，引导各地因地制宜发展优势产业，鼓励地方在经济发展中培育和拓展税源，增强地方财政“造血”功能，营造主动有为、竞相发展、实干兴业的环境。全面推开营业税改征增值税后，地方主体税源营业税退出，地方财力缺口如何填补成为焦点。由于增值税收入中央和地方按照“五五分成”后，新的分成比例使中央预算收入增加，为此，以2014年5—12月收入为基数计算，2016年中央一般公共预算收入增加部分用于对地方的税收返还。将中央预算新增收入全部返还地方，有利于保持中央和地方现有财力格局不变，也让财力与支出责任相适应。

二是调整完善增值税留抵退税分担机制。建立增值税留抵退税长效机制，结合财政收入形势确定退税规模，并保持中央与地方“五五”分担比例不变。为缓解部分地区留抵退税压力，增值税留抵退税地方分担的部分（50%），由企业所在地全部负担（50%）调整为先负担15%，其余35%暂由企业所在地一并垫付，再由各地按上年增值税分享额占比均衡分担，垫付多于应分担的部分由中央财政按月向企业所在地省级财政调库。合理确定省以下退税分担机制，切实减轻基层财政压力。

三是后移消费税征收环节。按照健全地方税体系改革要求，在征管可控的前提下，将部分在生产（进口）环节征收的现行消费税品目逐步后移至批发或零售环节征收，拓展地方收入来源，引导地方改善消费环境。具体调整品目经充分论证，逐项报批后稳步实施。先对高档手表、贵重首饰和珠宝玉石等条件成熟的品目实施改革，再结合消费税立法对其他具备条件的品目实施改革试点。改革调整的存量部分核定基数，由地方上解中央，增量部分原则上将归属地方，确保中央与地方既有财力格局稳定。

4.3.4 分税制地方税收体系

规范意义上的收入分享应包括三个方面的含义：税种的全部或部分收入归某级政府；税种的管理权限划归某级政府；把确定税种的税基和税率的权限划归某级政府。具体地讲，确定一种税是中央税还是地方税，主要取决于五个因素：由谁确定征税还是不征税；由谁确定税基；由谁确定税率；由谁确定征收管理；由谁最终获得税收收入。

4.3.4.1 地方税体系建设目标[①]

我国作为幅员辽阔、区域间经济社会发展不均衡的单一制大国，需要构建

① 张斌．深化税收制度改革 健全地方税体系．经济日报．2017.12.18

既符合市场经济一般规律，又具有中国特色的中央和地方收入划分体系。而且，完整的中央和地方收入划分体系不仅包括中央与省级政府间的收入划分，还要因地制宜、合理规范划分省以下政府间收入。因此，如何健全地方税体系，实现中央和地方的财力协调是关系到区域均衡发展的重大课题。

党的十九大报告中对加快建立现代财政制度提出了“建立权责清晰、财力协调、区域均衡的中央和地方财政关系”的要求。时任财政部部长的肖捷在《加快建立现代财政制度》一文中也提出“结合财政事权和支出责任划分、税收制度改革和税收政策调整，考虑税种属性，在保持中央和地方财力格局总体稳定的前提下，科学确定共享税中央和地方分享方式及比例，适当增加地方税种，形成以共享税为主、专享税为辅，共享税分享合理、专享税划分科学的具有中国特色的中央和地方收入划分体系。因地制宜、合理规范划分省以下政府间收入”。由此可见，健全地方税体系需要充分考虑中央与地方财政关系调整的现实制约。

在市场经济条件下，为保证资源在全国范围内的自由流动，中央在税收征收方面天然具有较大优势。因此，在保持中央和地方财力格局总体稳定的前提下，应科学确定共享税中央和地方分享方式及比例，形成以共享税为主、专享税为辅的中央和地方收入划分体系。目前，增值税、企业所得税、个人所得税是主要的共享税，应在统筹兼顾维护市场统一、促进区域均衡、充分发挥地方积极性等因素的基础上，充分考虑经济结构优化升级和新兴业态发展的影响，科学确定上述主要税种的分享方式与分享比例。

4.3.4.2 地方税体系主体税种

根据税种属性，将适合作地方税的税种划归地方；选择合适的地方税主体税种；主体税与辅助税以及独享税与共享税的收入占比合理。其中，地方税主体税种的选择是优化地方税制结构的关键。可以作为中国地方主体税的税种主要包括：零售环节课征的消费税、资源税、房产税。房产税作为受益税，具有税基非流动性特点，符合地方税的选择标准，最适合作地方税主体税种。但短期房产税很难成为地方税主体税种。将个人住房纳入房产税征税范围存在诸多障碍，主要包括：一是对国有土地上的房产征税是否具有法理依据没有形成共识。二是中国当前的房产市场状况比较复杂。三是涉及房地产的租税费混杂，房地产租税费体系不合理。四是房地产评估方面的法律、人才和技术等方面的不足严重影响评估价值的客观公正。消除以上障碍是对个人住房征收房产税的前提，这需要一个过程。不仅如此，有关研究测算表明，即使对个人住房征收房产税，短期内房产税的收入占比也不高。因此，选择房产税作为地方税的主体税种，只能是一个远期目标。近期地方税制结构优化的重点是，在对现行税制中的某些税种进行整合的基础上，在中央与地方政府间重新划分税种，并且通过调整共享税的分成比例，使地方税收入规模处于合理水平。近期可以选择一种共享税，调整该税种的地方分成比例，使之成为地方税主体税种。从其他国家的情况看，并不是只有独享税才可以作为主体税种。

4.3.4.3 地方税体系税收权限

全面落实税收法定原则，还需要在中央统一立法和税种开征权的前提下，根据税种特点，通过立法授权，适当扩大地方，主要是省级的税收管理权限，同时在规范管理、严格监督的前提下，适当下放部分非税收入的管理权限。地方人大作为立法机构在落实税收法定方面发挥应有的作用，将为健全地方税体系奠定更为坚实的制度基础。我国的地方治理结构有很大的区域异质性，地方的经济社会以及自然状况差别较大，应适当扩大地方的税收管理权限，赋予地方因地制宜的能力。同时，下放地方适当的税权，保持地方税体系的差异性和灵活性，既可以符合地方差异性要求，提升地方治理的质量与效率，又可以提升地方公共品供给水平和增强应对风险的能力。我国现行税收法律、行政法规已授予地方政府一定的税收管理权限，包括税目和税率的调整权、税收优惠的选择权等。未来需结合国内全面落实税收法定原则的进程，扩大地方税权还需要坚持在中央统一立法和税种设立权或开征权的前提下，根据税种特点，通过立法授权，适当扩大地方税收管理权限，包括更大范围地在地方税种上对地方下放税目和税率调整及税收优惠选择等权限。

4.3.4.4 地方税体系非税收入

完善地方非税收入制度，理顺地方税与非税收入之间的关系，对于健全地方税体系也有着重要的作用。国内目前已经在完善非税收入制度、清理规范行政事业性收费和政府性基金、减轻企业负担等方面取得了不少进展，但非税收入制度和管理还存在着一些立法级次低、管理体制有待理顺、缺乏有效监督机制等问题，亟须统筹推进政府非税收入改革。

一是加快非税收入立法进程，建立健全非税收入管理的法律体系。立法确定和授权是非税收入的地位保障和得到认可的关键，也是强化非税收入管理的基本前提。通过立法，使非税收入的征收依据、程序、标准以及资金管理和使用等都遵循法定原则。同时，在公布中央和省两级收费目录清单，打造全国政府性基金和行政事业性收费“一张网”的基础上，进一步提高收费等非税收入的透明度，实现从收费项目设立到实际运行的全过程、全方位的信息公开，接受多方面的监督。

二是结合立法，进一步理顺现行非税收入管理体制。我国非税收入由各部门分散管理，导致财政职能割裂，也降低了国家治理的有效性。非税收入与税收一样，应统一由财政集中管理，在非税收入全面纳入预算管理的基础上，非税收入的项目、标准、程序的设立等方面也应集中到财政部门，不宜分散。这样有利于统一政府收入管理政策，协调税收与非税收入的关系，增强政府调控能力。

三是深化清理收费改革，继续推进费改税。国外强调税与费的差异，以及明确政府服务具有直接受益人方可设立收费等非税收入的管理经验表明，针对国内部分收费和基金没有特定受益人和具有准税收性质的情况，一方面需要进一步清理规范收费项目，废止已经实现预期目标的收费和基金；另一方面，对性质上属于税收的收费和基金实施费改税。但值得注意的是，清理规范收费需要避免一种倾向，即不考虑政府提供服务的成本和政府支出负担而实行所谓的“零收费”。

四是明确非税收入归属，适当下放部分非税收入管理权限。有必要结合国内中央与地方财政事权和支出责任的合理划分，进一步明确中央与地方，以及省以下在税收和非税收入的划分，构建起各级政府间支出责任清晰、符合各级政府需要的非税收入制度。与地方税权的扩大类似，在规范管理、严格监督的前提下，也可以适当下放部分非税收入管理权限。健全地方税体系不是一个独立的问题，具有综合性、全面性和复杂性，相应的改革也需要有全局观念，统筹考虑，分步推进。

5　税收生态系统治理沿革

当前我国的税收生态系统，是随着社会主义市场经济不断发展而逐步形成和进化而来的。从“一员进厂、各税统管”的税收专管员，到“征管查”两分离或三分离；从“以纳税申报和优化服务为基础，以计算机网络为依托，集中征收，重点稽查，强化管理”“34 字方针”的税收管理员制度，到强调信息管税和税源专业化管理；再到党的十八大以后，全面推进建设税收管理现代化六大体系，税务部门管理模式之发展变化，折射出税收生态系统的发展变化。与之相适应的是，改革开放四十多年来，我国的税收征收管理法律制度逐步完善，从最初散落在单个实体税法或税收条例中的征管办法到国务院出台专门的税收征管条例，再到进一步统一规范全国税收征管办法进而上升到由全国人大立法规范，并顺应形势发展不断修正、修订和完善，形成了以《税收征管法》为主、其他相关法律法规规章为辅的较为完备的税收征收管理法律制度体系。《税收征管法》制定和修订的历程，印证了中国税收征收治理发展的进程。

5.1　税收生态系统治理起步[①]

自新中国成立以来，我国税收治理改革发展大致上经历了两个历史时期：第一个时期是新中国成立至 1978 年，即计划经济时期，这是新中国成立以后税收治理建设起步和曲折发展的时期。特别是 1958 年至 1978 年，税制几经简化变革，税务机构大量简政撤并，导致税种越改越少，税制越改越简，极大地

① 魏志梅. 20 年来税收征管制度的改革与完善. 中国税务报. 2015. 11. 11

限制了税收在经济领域中的活动范围，影响了税收职能作用的正常发挥。第二个时期是 1978 年以来，即改革开放时期，这是中国税收治理改革逐步展开和深化的时期，初步建立了适应社会主义市场经济体制和新时代需要的新的税制体系和税收治理体系。我国税收生态治理开始步入建设正轨，是我国税收生态治理的起步阶段。

5.1.1 起步改革

5.1.1.1 “一员进厂、各税统管”

从新中国成立到 20 世纪 80 年代中期，我国税收征管实行以“一员进户，各税统管”的税收专管员为核心、下户收税、各税统管和征管查合一的传统税收征管模式。此时没有税务稽查的专门机构与职责，一般是每年度有一次年终纳税清算或财政、物价、税务等部门联合开展的财税大检查。从技术上说，专管员对企业的纳税事宜实行统一负责办理，收税、开票、记账等征收环节都是手工操作。改革开放以前，我国所有制形式单一、经济结构简单，税制简易，纳税人数量有限，“税收专管员”模式和当时我国的税收制度与经济发展情况基本相适应。

5.1.1.2 “征管查”两级三分离

随着经济体制改革的深入发展，多种经济成分和复合税制的出现，这种“一员进厂、各税统管”模式的弊端也日益突出：一是征纳双方职责不清，专管员上门收税，实行保姆式管理，扭曲了征纳双方的权利义务关系；二是税务部门内部也不能形成有效的权责制约，专管员集征、管、查于一身，权力过分集中，缺乏有效监督制约，容易滋生腐败现象；三是专管员各自为战，互不沟通，信息分散，难以形成管理合力，税收征管效率低下。

党的十一届三中全会以后，随着对外开放、对内搞活经济政策的推行，经济主体出现多元化趋势，税收征收管理出现了许多的新特点。一是纳税户急剧增加，全国纳税户由 1978 年的 162 万户增加到 1985 年年中的 720 万户，这还没有将为数众多的无证商贩包括在内。二是税种增加，1980 年至 1986 年，我国初步形成了一套基本适用的财政税收制度，税制逐步由简单税制转变为复合税制。其间，为适用对外开放和引进外资的需要，先后通过了《个人所得税法》《中外合资经营企业所得税法》和《外国企业所得税法》三部税法；以“两步利改税”为中心，实施了 1984 年税制改革，发布了产品税、增值税、盐税、营业税、资源税和国营企业所得税等六个税收暂行条例草案，并通过《海关法》在其中设专章对关税基本制度进行了规定；三是税源更加分散，表现为由主要对国营、集体企业征收，转变为面向成千上万的个体工商户征收；四是税收征管难度大大增加，税收与纳税人利益关系日益密切，各种偷税、欠税、抗税现象不断出现。

为此，从1985年开始，陆续进行征管改革试点，主要是改“统管”为“分离”，将税收征管全过程划分为征收、管理、检查“三分离”或征收管理与检查“两分离”，设置相应业务职能机构，分别承担征收、管理、检查业务，尝试进行税收管理职责划分，设立专门的稽查管理事项。1988年，税务总局在吉林、河北、湖北、武汉三省一市进行以征收、管理、检查“三分离”为主要内容的税收征管改革试点。这一模式的特点主要是分解专管员权力，形成征、管、查两分离或三分离，形成内在的监督制约运行机制，实现征管机构的调整和业务重组，逐渐改专管员上门收税为纳税人申报纳税，为建立责权明确、科学严密的纳税申报体系奠定了基础。但这种税收管理模式仍然存在不少问题，征管查衔接不紧，没有彻底摈弃对纳税人的保姆式管理模式，征纳双方权利与义务划分不够清晰，形式上的分离与实质中的共管交叉，弊端较多，真正意义上独立的税务稽查尚未成形。

5.1.2 改革成果

1978年12月28日，党的十一届三中全会拉开了我国波澜壮阔的改革开放的序幕，也催生了现代意义上财税法的诞生。为了配合税制改革，针对税收征管工作中出现的新情况，1985年5月，全国第一次税收征收管理工作会议召开，拉开了我国税收征管立法的序幕。这次会议确定了建立科学严密征管体系的战略目标，并修改了工商税收征管条例。1986年《税收征收管理条例》颁布后，初步实现了税收征管制度的专门立法；1992年通过《税收征收管理法》，基本实现了税收征管制度法律化。

5.1.2.1 1986年《税收征收管理暂行条例》施行

为适应这一阶段的征管改革需要，同时也为改变税收征管制度分散、不规范的状况，1986年4月21日，国务院制定发布了我国第一部独立的税收征管行政法规——《税收征收管理暂行条例》，同年7月1日起开始施行。《税收征收管理暂行条例》把分散在各税种法律法规中有关税收征管程序性的内容进行了梳理、整合和补充完善，规范了税务登记、纳税鉴定、纳税申报、税款征收、账务和票证管理、税务检查、违章处理等程序。同时规定，对于国务院制定的税收法规中规定由税务机关负责征收的各个税种，其征收管理，除国家法律另有规定者外，都应当按照该条例规定执行。这一法规的颁布实施，为税收征管提供了比较系统、规范的标准和方法，初步建立了税收征管制度，对于进一步加强税收征收管理、防止涉税违法行为和保障国家税收收入增长具有重要意义。《税收征收管理暂行条例》的实施，统一了税收征管制度，推进了当时进行的“征管查分离”的税收征管改革。但由于该条例仅适用于当时对内资企业和个人税收的征收管理，而涉外的征收管理则按照各个单行涉外税法的有关条款执行，使得这两套税收征管制度在征收管理的具体要求和违章处罚标准等方面存在明显的差异，不仅带来了解释和执行上的困难，也在事实上造成了适用税法的不平等，有悖于税收公平原则。随着以法治税的推行和税制改革的发展，该条例明显严重落后于市场经济的需要。

5.1.2.2 1992年《税收征收管理法》颁布

进入20世纪90年代，每年由税务部门组织的税收收入占国家年度财政总收入的90%以上；税收直接参与国民收入分配和再分配，已广泛地介入经济、社会的各个领域；税收处于各种利益分配矛盾焦点上，偷税与反偷税、避税与反避税的斗争十分尖锐、复杂。这种形势对税收征管提出了更高的要求，1986年发布的《税收征管暂行条例》已不能完全适应这种形势的要求。因此，从1989年开始，国家税务局着手研究通过立法解决税收征管中存在的问题。经过几年的准备，在不可能一下子将主要税种都立法的情况下，先行出台《税收征收管理法》是一个积极的举措，它将使税收征收全过程从此有法可依。1992年9月4日，第七届全国人民代表大会常务委员会第二十七次会议通过了《税收征收管理法》，同时废止1986年颁布的《税收征管暂行条例》。《税收征收管理法》自1993年1月1日起开始施行。《税收征收管理法》对税收的征收管理法律、法规、制度等进行了归纳与完善，是我国第一部税收征管方面的法律，也是我国第一部统一的税收程序法。

同《税收征收管理暂行条例》相比，1992年《税收征收管理法》具有以下突出特点：一是统一了对内税收和涉外税收的征管制度，实现了一切纳税人在适用税收征管法上的平等；二是强化了税务机关的行政执法权，增强了税法的刚性；三是完善了对税务机关的执法制约制度；四是完善了对纳税人合法权益的保护制度；五是完善了法律责任制度；六是确立了税务代理制度。《税收征收管理法》的出台是新中国成立以来以法治税的重大突破，它结束了长期以来我国缺少税收征管法律的历史，并在加强税收法制建设、适应改革开放新形势中逐渐显现其重要性。《税收征收管理法》的颁布实施是当时改革开放不断深入、国民经济快速发展的必然产物，标志着我国税收征管步入了法制化的轨道，并推动我国税收工作更上一个新台阶。

5.2 税收生态系统治理形成①

1993 年 11 月，党的十四届三中全会通过了《关于建立社会主义市场经济体制若干问题的决定》，正式确立了市场经济体制的改革目标。1997 年 9 月，党的十五大明确提出了“依法治国，建设社会主义法治国家”的治国方略，并于 1999 年载入宪法，从而开启了我国社会主义市场经济财税改革和财税法治建设的征程。在税收生态治理上，这一阶段无论是税收征收管理体制还是税收征收管理实践，无论是税收制度的变革，还是税收规范的完善，都达到了一个新的高度。毋庸置疑，这一阶段的税收治理奠定了我国税收治理的基础，是我国税收生态治理的形成阶段，在我国税收治理的过程中意义重大。

5.2.1 形成改革

在我国建立社会主义市场经济体制的大背景下，税收治理随之也出现了很多重大的改革。

5.2.1.1 体制改革

财税体制在整个财税制度体系中具有支柱性的地位，也始终是我国财税改革的重点。为了彻底改革计划经济下的统收统支财政体制，1993 年国务院颁布了《关于实行分税制财政管理体制的决定》，自 1994 年 1 月 1 日实施，我国正式实施与市场经济和现代法治相适应的分税制财政管理体制：划分中央政府与地方政府的事权和支出；按照事权与财权相结合的原则，按税种划分中央与地方的收入，将税种统一划分为中央税、地方税和中央地方共享税，分设中央

① 施正文．迈向繁荣成熟的财税法：四十年的回顾与前瞻．税务研究．2018（10）：22－30

与地方两套税务机构分别征管；实行中央财政税收返还和转移支付制度；建立健全分级预算制度，从而初步建立了“分事、分税、分管”相结合的分税制。这是我国税收法治史上具有里程碑意义的大事件。

5.2.1.2 税制改革

自1994年1月1日实施的具有里程碑意义的新税制改革，旨在适应建立社会主义市场经济体制的要求，遵循“统一税法、公平税负、简化税制、合理分权”的原则，是我国历史上规模最大、时间最为集中、影响深远的一次税制改革，其主要内容是推行以增值税为主体的流转税制度，对少数商品征收消费税，对大部分非商品经营继续征收营业税；将国营企业所得税、集体企业所得税和私营企业所得税合并为一个统一的企业所得税，实现了内资企业所得税的统一；另外对《个人所得税法》进行了第一次修订，将原来主要适用于外籍个人的个人所得税和城乡个体工商业户所得税、个人收入调节税合并为统一的个人所得税。可以说，这次税制改革基本奠定了延续至今的市场经济体制下的税制体系。另外，2001年12月11日我国正式成为WTO成员国，以降低关税税率为中心的关税和进出口税收制度改革取得重要突破。

5.2.1.3 征管改革

2000年3月通过的《立法法》确立了财政、税收的基本制度只能制定法律的财税法定原则。于此新阶段，我国税收治理也发生了很多重大的变革。1997年1月，国务院办公厅转发《关于深化税收征管改革的方案》，提出了税收征管改革的任务是：建立以申报纳税和优化服务为基础，以计算机网络为依托的新税收征管模式，集中征收、重点稽查，被称为“30字征管新模式”。

（1）征管改革内容。一是建立纳税人自行申报纳税制度，确立科学简便的纳税申报办法，规范纳税表格；二是建立税务机关和社会中介组织相结合的服务体系，包括建立税法公告制度，合理设置办税服务场所，积极、稳妥地发展税务代理服务；三是建立以计算机网络为依托的管理监控体系，包括建立统一的纳税人识别号，开发、完善征管监控应用系统，抓住重点加强监控，建立四级计算机监控管理网络；四是建立人工与计算机结合的稽查体系，包括建立分类稽查制度，建立科学的稽查规程，建立与公安机关联网的重要情报信息通报制度；五是建立以征管功能为主的机构设置体系，包括机构设置改革以及人力分配需要，与此要求相适应，建立健全税收征管法规；统一制定计算机系统的建设规划；抓好业务培训，提高整体素质；切实加强部门合作，坚持专业管理与社会监督相结合；加大对征管改革的投入。

（2）征管改革措施。1994 年以前，税收专管员是税收征管的主要力量。1994 年 8 月，国家税务总局提出，取消专管员固定管户制度。1994 年对税收专管员制度实施了系统性改革，改上门收税为纳税人自核自缴，成立独立的稽查机构，税收专管员的征收和检查职能实现了分离。1997 年税收征管改革取消了税收专管员固定管户制度，实现了由专管户向专管事的职能转变。2000 年税务总局提出科技加管理的改革方向：

第一，税务稽查方面，这一阶段的税务稽查体系也清晰地展现在人们面前。各级税务部门均成立了专门的税务稽查机构，明确划分了税收征管与税务稽查的职责，各稽查局设立选案、检查、审理、执行部门，分别实施选案、检查、审理、执行工作，四环节既合理分工相互制约，又高效有序运行。1994 年各地建立稽查机构时大多实行区级和市级二级稽查体制，1997 年稽查管理方式改革实行县级局一级稽查，2001 年 10 月税务总局提出在市（地）、县（市）两级逐步实行一级稽查体制。

第二，征管技术方面，1994 年下半年，防伪税控系统和交叉稽核系统逐步在全国范围内推广使用。1997 年金税工程被确立为国家信息化建设重大项目。1998 年 6 月原国家计委对金税工程二期正式立项。2001 年底从税务总局到省、市、县国税局的四级网络全部联通，金税工程在 31 个省区市开通运行。

第三，征管信息方面，1999 年税务总局决定在与世界银行合作开发项目上，开发第一套基于广域网运行的税收征管主体软件，此后委托开发了涵盖基层操作层、省市级监控层和总局决策层三个应用层面的税收征管信息系统（简称 CTAIS）。

第四，发票管理方面，1994 年税制改革后，“以票管税”使发票具有了重要的税收意义，成为实施税源监控和维护税收秩序的重要工具。1993 年 12 月经国务院批准，财政部发布施行了发票管理办法，随后税务总局根据授权颁布了实施细则。

第五，纳税服务方面，1993 年，我国提出纳税服务理念。纳税服务工作大致经历了基础建设、规范化建设、专业化规范化建设三个阶段。在这一阶段，纳税服务的制度创新主要包括：一是构建充分沟通的事前服务机制。从 1992 年开始每年的 4 月份全国税务系统都会组织税收宣传月活动，并通过规章制度对宣传咨询等服务作了明确规定。二是构建便捷高效的事中办税机制。对办税服务厅具体服务标准以及税务机关和税务人员向纳税人提供的服务事项、服务制度等作了规定。三是构建快速响应的事后维权机制。完善税务行政处罚听证和行政复议等制度。另外，在业务上的创新则主要包括：多次统一简并、修改和取消部分涉税资料；简化纳税流程；实行一窗式、一站式服务，优化办税服务结构。在服务方式上，创新宣传咨询和个性化服务；建立对外服务网站及时传递税收法律法规和税收政策；改进办税服务厅建设；积极拓宽办税渠道。

第六，税务代理方面，1994 年税收征管改革后，税务代理行业在各级税务机关支持下得到较快发展。主要表现在，第一，清理整顿和脱钩改制。至 2000 年底全国清理整顿和脱钩改制工作基本完成，税务代理机构真正成为独立的社会中介服务组织。第二，改革管理体制和行业协会。1995 年 2 月 28 日中国税务咨询协会成立。1997 年 11 月税务总局成立注税管理中心。第三，规范其他管理。如规范收费管理，开展内部专项检查，建立公告制度等。

总体而言，在这一阶段，初步实现了税收征管的五个转变：即由分散粗放型管理到向集约规范型管理转变；由传统手工征管方式向科学征管方式转变；由上门收税向纳税人自行申报纳税转变；由专管员包办式管理向专业化管理转变；纳税服务由简单化向规范化转变。

5.2.2 改革成果

1994 年以后，完善了以税收征管法为核心、以实施细则为辅助、以法规规章和其他规范性文件为补充的征管法律体系。

5.2.2.1 《税收征收管理法》1995 年修订

随着形势发展，1992 年的《税收征收管理法》已不能完全适应我国税收征管工作的实际需要，体现在：一是税务登记和纳税申报等基础管理环节还存在一些漏洞；二是税收征管工作面临的一些新情况在现有法律中找不到法律依据；三是税务机关的征管行为和执法措施不够规范，对纳税人、扣缴义务人合法权益的保护力度不够；四是对逃税、抗税等违法行为没有规定处罚的下限，导致税务机关的自由裁量权过大；五是与其他法律的衔接需要加强等。

1993 年《税收征收管理法》实施以后，伴随着税制改革的落地和管理理念的转变，在国家税务总局的统一部署下，全国范围内逐步实现了从税务专管员上门收税到纳税人自行申报纳税的转变，初步实现了征收、管理、检查各项权力的分权制约，积极利用现代信息技术手段促进税收征管，征管工作科技含量明显提升。以金税工程为代表的信息化建设的突破性进展，使现代信息技术在税收管理领域得到广泛利用。

1994 年税制改革方案实施后，税收征管体制发生了很大变化，原有的税务机关在省以下已经分为国家税务局和地方税务局，由此在税收征管实践中面临的一个突出问题是对发票印制的管理。国家税务总局在总结经验和研究论证的基础上，为适应新税制的需要，草拟了《税收征收管理法修正案（草案)》，在经国务院常务会议讨论通过后提交第八届全国人大常委会审议。1995 年 2 月 28 日第八届全国人民代表大会常务委员会第十二次会议决定对《税收征收管理法》作第一次修正。

5.2.2.2 《税收征收管理法》2001 年修订

随着时间的推移，《税收征收管理法》本身存在的一些问题和不足，迫切需要修改，以适应不断发展变化的经济社会形势、体制机制、管理理念和管理手段。自 1996 年下半年起，国家税务总局开始着手进行《税收征收管理法》修订的调研工作，1999 年 2 月上报国务院，2000 年 7 月国务院常务会议审议通过，提交全国人大常委会。经过全国人大常委会四次审议，2001 年 4 月 28 日，九届全国人大会常委会第二十一次会议修订通过了《税收征收管理法》。由于修改的内容比较多，全国人大法律委员会决定不再用修正案，而直接用修订案发布一部新法，并以中华人民共和国主席令第四十九号公布，自 2001 年 5 月 1 日起施行。此后，税收征管方面的法律法规更加完善，初步形成了“税收法律—行政法规—行政规章—规范性文件”相互配套、互相补充、便于实际操作的税收征管法律体系。

同 1995 年修正的《税收征收管理法》相比较，2001 年修订的《税收征收管理法》不仅增加了法律条文，而且对原法进行了 90 多处修订。一是堵塞税收漏洞，强化了税源管理；二是完善执法手段，加大了对纳税人合法权益的保护力度；三是进一步完善法律责任，增强了可操作性；四是明确规定了纳税人权利，使纳税人的法律主体地位得到确认；五是将税收信息化和现代化写进法律，国家税务总局明确提出要充分利用高科技，尤其是以计算机和网络为核心的现代信息技术，为税收管理提供现代化手段，在管理理念、管理体制、管理方法上创新，使之成为依法治税和从严治队的重要依托。

5.3 税收生态系统治理修正①

1994至2011年，我国根据总体规划，分步实施推行，遵循“简税制、宽税基、低税率、严征管”的原则进行了一系列重大税制变革。与之相对应，这一阶段的税收生态治理相对平缓，进入税收生态治理的修正阶段。

5.3.1 修正改革

5.3.1.1 税制改革

这一阶段的税收制度变革较多，力度也相对较大。一是增值税方面，2003年改革出口退税机制。2004年7月启动了增值税从东北开始由“生产型”向“消费型”的转型试点改革，于2009年在全国实施，允许抵扣机器设备等固定资产进项税额。二是个人所得税方面，2005年9月27日全国人大常委会委员举行个人所得税法修订听证会，听取社会公众对基本费用扣除标准（起征点）的意见。三是企业所得税方面，《企业所得税法》自2008年1月1日起施行，实现了内外资企业所得税制的统一，适当降低了税率，取消了外资超国民待遇，减少了过多不合理的税收优惠，有力地促进了市场公平竞争，具有里程碑意义。四是农业税方面，自2006年1月1日起废止《农业税条例》，我国延续2600年的农业税退出历史舞台。五是房产税方面，2011年11月28日上海、重庆开展房产税试点改革，地方税改革迈出实质性步伐。六是消费税方面，按照发挥消费税调节功能的原则，消费税的征税范围和税率进行了多次调整。2008年12月实施成品油价格和税费改革，取消养路费改征消费税；以后又对卷烟、成品油等税目的税率多次进行调整，取消和新增若干税目。

5.3.1.2 征管改革

在这一税制改革背景下，我国税收征管不断调整，不断改革。在征管模式上，为了加强税源管理，2004年建立了纳税评估和税收管理员制度，明确了税源管理在税收征管中的核心作用和基础地位，推动税收征管工作不断向科学化、专业化、精细化方向迈进。2006年，提出了“坚持属地原则，实施分类

---

① 魏志梅．20年来税收征管制度的改革与完善．中国税务报．2015.11.11

管理”的税源管理新模式，即是在按行政区划实行属地管理的基础上，对辖区内纳税户根据生产经营规模、性质、行业、经营特点、企业存续时间和纳税信用等级等要素以及不同行业和类别企业的特点，实施科学合理的分类管理，也即税源专业化管理（新税源管理模式）。

（1）税源管理方面。2005 年 3 月总局印发《税收管理员制度（试行）》，确定了管户与管事相结合、管理与服务相结合、属地管理与分类管理相结合的原则等。2008 年全国税务工作会议提出：大力推行税收科学化、专业化、精细化管理；在属地管理的基础上，以大企业和重点行业税收管理为突破口，大力推进专业化管理，标志着税源专业化管理制度正式实施。此外，税务总局提出要与税源专业化管理改革相结合，建立税收风险管理机制。

（2）企业税收方面。2009 年 5 月印发《大企业税务风险管理指引（试行）》，选定 45 户企业作为总局定点联系企业，提出建立大企业税务风险防控体系，逐步建立并完善税收风险管理指南、重点行业税收风险特征库和税收风险管理建议书等。2011 年 7 月印发《大企业税收服务和管理规程（试行）》。2012 年 10 月税务总局与中国海洋石油、中国人寿、西门子三家企业签订了税收遵从协议。此后各地陆续开展了税收遵从协议签订工作。2014 年税务总局与中国烟草总公司签署《税收风险管理合作备忘录》，开启了新常态下税企合作遵从的新篇章。

（3）纳税服务方面。2008 年国家税务总局成立纳税服务司和大企业管理司，纳税服务机构在全国税务系统自上而下成立，对原税收征管模式构成了直接冲击。税务机关在征管实践中摸索出更加符合时代要求的税收征管模式，即在属地管理的基础上，按行业、规模为主，兼顾风险等因素对企业进行科学分类，逐步形成“以纳税人自主申报纳税为前提，以促进税法遵从为目标，以风险管理为导向，依托专业、信息化管理方式，优化服务，加强评估，集约稽查，依法征收”的专业化管理模式。通过税源的分级分类，重点加强大企业管理，推行税务机关扁平化管理，进而实现税务资源优化配置，体现了税务管理理念的与时俱进。2011 年在全国开展税源专业化管理试点并启动了新一轮深化税收征管改革。

（4）税收信用方面。2003 年 7 月税务总局颁布《纳税信用等级评定管理试行办法》，使我国第一次有了衡量纳税信用的统一标准。

（5）税务稽查方面。2003 年《国家税务总局关于稽查局职责问题的通知》明确稽查局的职责，从税收征管法对税务稽查机构的执法主体确认到授权国家税务总局对稽查职责明确划分，税务稽查的法律地位凸显。税务稽查作用从收入型向打击型转变，其职能定位更加准确。2003 年以全国税收征管软件 CTAIS1.0 及 CTAIS2.0 的上线运行为标志，征管数据信息量发生了巨大变化，各地通过建立数据模型，以风险管理为导向，划分风险级别，确定稽查案源，稽查选案的精准性大幅提高，震慑力增强。2011 年税务总局提出，充实省、市两级稽查力量，全面推行地市级一级稽查制度。

(6) 税务代理方面。进一步规范了行业管理。2005 年《注册税务师管理暂行办法》明确了总局和各省级注税管理中心行使行政管理职能并监督指导税协工作。2005 年《注册税务师管理暂行办法》对注册税务师协会的性质、基本职能和要求等作了规范。

5.3.2 改革成果

2004 年国务院关于印发全面推进依法行政实施纲要的通知发布后，税收法制工作得到进一步加强，税收征管工作逐步走向依法行政轨道。税收征管制度建设一直是我国税收程序立法的重点。

5.3.2.1 《税务稽查工作规程》2009 年修订

1995 年公布的《税务稽查工作规程》在运行 14 年后完成了历史使命。2009 年 12 月 24 日正式出台了新《税务稽查工作规程》，于 2010 年 1 月 1 日起施行。此次规程修订体现了公正文明的执法理念，基本制度不断完善，更加具体和科学。新规相对于旧规程，主要在以下几方面作了调整：

(1) 明确税务稽查的职能定位。《征管法》及其实施细则从法律上对稽查局职能给予了明确定位，即专司偷税、逃避追缴欠税、骗税、抗税案件的查处。这次《稽查工作规程》的修订，进一步强调了“执法型稽查”的理念，即“为了保障税收法律、行政法规的贯彻实施，规范税务稽查工作，强化监督制约机制”。

(2) 进一步规范税务稽查工作。制定税务稽查工作规程的主要目的是规范税务稽查工作。经过十多年的探索和总结，新规对规范税务稽查工作提出了更高、更全面的要求。一是在“总则”部分增加了条款，明确了稽查局的主要职责、税务稽查的工作原则与工作模式以及稽查人员的行为规范。二是专门设立一章，进一步规范税务稽查的管辖。明确了税务稽查的职权管辖、地域管辖、级别管辖；更加清晰地规范了税务稽查管辖争议的解决方式。三是进一步规范了选案工作。四是进一步规范检查环节的相关问题。五是在旧规定的基础上进一步规范了审理程序。六是在旧规定的基础上进一步规范了执行程序。七是在旧规定的基础上进一步规范了案卷的管理。

（3）更加注意保护纳税人的合法权益。随着人们对税收法律关系的认识不断深入，税收立法和税务行政执法实践越来越重视纳税人权益的保护。新规也顺应了社会发展的规律和潮流，在强调税务稽查的职能、规范税务稽查工作的同时，注重并强调对纳税人权益的保护，体现了保护纳税人权益的精神实质。

5.3.2.2 《关于纳税人权利义务的公告》发布

2009年国家税务总局发布《关于纳税人权利义务的公告》，纳税人权利保护工作进一步推进。在这一公告中，纳税人所享有的权利包括知情权、保密权、税收监督权、纳税申报方式选择权、申请延期申报权、申请延期缴纳税款权、申请退还多缴税款权、依法享受税收优惠权、委托税务代理权、陈述与申辩权、对未出示税务检查证和税务检查通知书的拒绝检查权、税收法律救济权、依法要求听证的权利、索取有关税收凭证的权利。纳税人需要履行的义务包括依法进行税务登记的义务、依法设置账簿、保管账簿和有关资料以及依法开具、使用、取得和保管发票的义务、财务会计制度和会计核算软件备案的义务、按照规定安装、使用税控装置的义务、按时、如实申报的义务、按时缴纳税款的义务、代扣、代收税款的义务、接受依法检查的义务、及时提供信息的义务、报告其他涉税信息的义务。

5.4 税收生态系统治理完善①

近年来，世界银行发布的《营商环境报告》显示中国税收营商环境持续改善，纳税次数、纳税时间以及企业所得税更正申报等方面均处于全球较为领先水平，制度性改变显而易见。税务机关积极探索，勇于担当作为，在努力培养为纳税人服务的文化、加深税企双方的理解与互信方面所作出的努力也是有目共睹。

① 施正文．迈向繁荣成熟的财税法：四十年的回顾与前瞻．税务研究．2018（10）

5.4.1 完善改革[①]

5.4.1.1 完善改革重要机遇

2012年，党的十八大提出国家治理体系和治理能力现代化。2013年，十八届三中全会通过的《关于全面深化改革若干重大问题的决定》（以下简称《决定》）吹响了全面深化改革的号角，对我国全面深化改革作出了顶层设计和全面部署，此后我国便进入社会经济变革的新时期。

（1）财税改革被列为重中之重。“财政是国家治理的基础和重要支柱，科学的财税体制是优化资源配置、维护市场统一、促进社会公平、实现国家长治久安的制度保障。必须完善立法、明确事权、改革税制、稳定税负、透明预算、提高效率，建立现代财政制度，发挥中央和地方两个积极性”。具体到税收制度而言，《决定》指出，要深化税收制度改革，完善地方税体系，逐步提高直接税比重。推进增值税改革，适当简化税率。调整消费税征收范围、环节、税率，把高耗能、高污染产品及部分高档消费品纳入征收范围。逐步建立综合与分类相结合的个人所得税制。加快房地产税立法并适时推进改革，加快资源税改革，推动环境保护费改税。按照统一税制、公平税负、促进公平竞争的原则，加强对税收优惠特别是区域税收优惠政策的规范管理。税收优惠政策统一由专门税收法律法规规定，清理规范税收优惠政策。完善国税、地税征管体制。2014年6月30日中央政治局审议通过了《深化财税体制改革总体方案》，对深化财税体制改革的意义、基本思路、原则、重点工作和任务进行了全面部署，我国深化税制改革进入攻坚阶段。此外，《决定》也首次将“落实税收法定原则”写入党的文件。2015年3月15日《立法法》修订通过，对税收法定原则进行了明确和细化。2015年3月中央审议通过了《贯彻落实税收法定原则的实施意见》，对2020年前完成相关税收立法作出了安排，为推动国家治理体系和治理能力现代化、全面推进依法治国而作出重要战略部署。

（2）税制改革有了重大突破。

第一，增值税改革。2012年1月1日在上海市实施“1+6”增值税“扩围”改革试点，2016年5月1日推行全面营改增，实现了货物和服务税制的统一，转型改革也得以最终完成，营业税退出历史舞台；以后又进行了简化税率档次、降低税率水平等改革。

---

① 贾康，苏京春．现阶段我国中央与地方事权划分改革研究．财经问题研究，2016（10）：71－77

第二，个人所得税方面。2018 年 8 月 31 日第十三届全国人大常委员会第五次会议通过了《关于修改〈中华人民共和国个人所得税法〉的决定》，建立综合与分类相结合个人所得税制取得实质性突破，将工资、薪金所得，劳务报酬所得，稿酬所得，特许权使用费所得等作为综合所得，按纳税年度合并计税；扩大部分税率级距；综合所得基本减除费用标准由每月 3500 元提高到 5000 元，设立子女教育支出、继续教育支出、大病医疗支出、住房贷款利息或者住房租金、赡养老人支出等专项附加扣除；增加反避税条款等。

第三，资源税方面。自 2011 年开始推行资源税从价计征改革，到 2016 年 7 月 1 日全面推进资源税改革，清费立税，将水资源等其他自然资源纳入征税范围。

第四，环境保护税方面。推动环境保护费改税，2016 年，我国通过了《环境保护税法》，2018 年 1 月 1 日开征环境保护税，不再征收排污费，绿色税制建设取得标志性突破。

第五，在其他税收立法方面。2017 年，我国通过了《烟叶税法》和《船舶吨税法》；2018 年通过了《车辆购置税法》和《耕地占用税法》；2019 年通过了《资源税法》；2020 年通过了《契税法》和《城市维护建设税法》。至此，我国 18 个税种中已经有 11 部立法。

在这样的大背景之下，税收征管改革面临新的形势和机遇。税收征管作为国家治理体系的有机组成部分，税收征管能力是国家治理能力的重要体现，这是新时期深化财税改革的逻辑起点。深化税收征管改革关键在于税收征管模式的构建，其基本要求就是全面深化税收征管改革，通过构建科学严密的税收征管体系，全面提升税收征管能力。同时，《税收征收管理法》的修订尽快落地，为税制改革保驾护航，也备受社会各界期待。

5.4.1.2 完善改革重大举措①

（1）推进现代税收六大体系。2013 年 12 月 26 日，全国税务工作会议提出全面推进税收现代化，以六大体系、六个差距和六个创新全面阐述了我国税收现代化的宏伟愿景、现实差距和解决路径。未来税收工作的六大体系包括：建立完备规范的税法体系、成熟定型的税制体系、优质便捷的服务体系、科学严密的征管体系、稳固强大的信息体系、高效清廉的组织体系，到 2020 年基

① 刘佐．中国税制改革 40 年的简要回顾（1978～2018 年）．经济研究参考，2018（38）：3－12

本实现税收现代化。另外，新时期的税收征管改革需要进一步推动职能转变，着眼于服务税制改革和社会经济改革的大局，推进税收治理体系和税收治理能力现代化建设，从完善税收征管立法、深化税收征管模式、税源管理、大企业管理制度、纳税服务、税务稽查、征管信息化、发票管理、税收信用体系、征管绩效管理和税务代理改革等方面入手，建立和完善能促进市场规范发展、社会公平和科学严密的现代税收征管体制。

（2）国地税从合作走向合并。在税收征收管理体制方面，这一阶段最大的改革是国地税合并。尽管分税制之下国地税分立为我国财政体制改革做出了巨大贡献，但二机构之间的矛盾成为我国推进国家治理体系和治理能力现代化的掣肘，征收管理体制中的职责不够清晰、执法不够统一、办税不够便利、管理不够科学、组织不够完善、环境不够优化等问题，必须加以改革完善。

2015 年，中共中央办公厅、国务院办公厅印发《深化国税、地税征管体制改革方案》（以下简称《方案》）的通知，明确要在 2020 年建成与国家治理体系和治理能力现代化相匹配的现代税收征管体制，降低征纳成本，提高征管效率，增强税法遵从度和纳税人满意度，确保税收职能作用有效发挥，促进经济健康发展和社会公平正义，建立国税、地税合作规范化常态。2014 年 10 月，在国家税务总局制发的《关于进一步加强对地税工作指导和服务的若干意见》（税总发〔2014〕126 号）中，明确提出要大力推进国地税合作，完善国税、地税征管体制。2015 年国家税务总局下发的《全国税收工作要点》中，提出要通过推进国地税合作，优化纳税服务，强化税收征管。从 2015 年 7 月 1 日起，《国家税务局地方税务局合作工作规范（1.0 版）》开始实行，并陆续出台 2.0 版、3.0 版、4.0 版，持续对国地税的合作进行规范。2016 年 6 月，国家税务总局在全面总结各地开展联合稽查经验做法的基础上，印发了《国家税务局地方税务局联合稽查工作办法（试行）》。通过一系列的合作方式，国地税联合办税成效初见，税源协作共管稳步前进，不仅为纳税人减轻负担，也减少了税务机关不必要的重复劳动。

2018 年 3 月 13 日，十三届全国人大一次会议在北京人民大会堂举行第四次全体会议，通过“改革国税地税征管体制，将省级和省级以下国税地税机构合并，具体承担所辖区域内的各项税收、非税收入征管等职责。国税地税机构合并后，实行以国家税务总局为主与省（区、市）人民政府双重领导管理体制。”2018 年 6 月 15 日，全国各省（自治区、直辖市）级以及计划单列市的国税、地税合并且统一挂牌，标志着我国税收征管体制改革迈出阶段性关键一步。2018 年 7 月 20 日，全国省市县乡四级新税务机构全部完成挂牌。中央印发的《国税地税征管体制改革方案》强调："通过改革，逐步构建起优化高效统一的税收征管体系，为纳税人和缴费人提供更加优质高效便利服务，提高税法遵从度和社会满意度，提高征管效率，降低征纳成本，增强税费治理能力，确保税收职能作用充分发挥，夯实国家治理的重要基础。"这是继二十世纪八十年代"利改税"和 1994 年分税制改革以来，顺应新时代发展要求，我国税收征管体制的第三次重大改革。这一改革是政府构建规范、高效、统一的税收征管体系和纳税服务体系的前提，将对深化税制改革、推进税收治理现代化产生深远影响。税务组织机构由原来的国税、地税，合并为一个税务机构，税务机关职责范围扩大到所辖区域内各项税收、社会保险费和非税收入征管等领域。

（3）全面深化"放管服"改革。2013 年 5 月 13 日，李克强总理在国务院职能转变电视电话会上强调，该放的权坚决放开、放到位，激发市场主体的创造活力。该管的管住、管好，创新政府管理。2013 年以来，我国开始在税收领域积极推进"放管服"改革以优化税务营商环境。国家税务总局在 2017 年 9 月发布《国家税务总局关于进一步深化税务系统"放管服"改革优化税收环境的若干意见》（税总发〔2017〕101 号），明确提出 30 项措施来深化税收治理，改善营商环境。在"放管服"改革中，各地税务机关也不断在局部试点简政放权——加大力度在简政放权上做好"减法"，在后续管理上做好"加法"，在优化服务上做好"乘法"，在问题短板上做好"除法"，打出便利化办税"组合拳"。"放管服"作为简政放权、放管结合、优化服务的简称，是一场政府的自我革命。地方政府的"放管服"改革，是地方治理现代化的重要内容。2017 年 4 月 27 日国家税务总局发布《关于转变税收征管方式提高税收征管效能的指导意见》，提出"以推行纳税人自主申报纳税、提供优质便捷办税服务为前提，以分类分级管理为基础，以税收风险管理为导向，以现代信息技术为依托"的现代税收征管方式。

（4）征管技术全面升级。顺应"互联网 +"的蓬勃发展势头，税务部门将互联网、大数据等信息技术引入税收征管领域，开发全国统一的核心征管软件，建设全国统一的税务云等，税收征管也步入了一个全新的时期——"互联网 + 税务"时期。以互联网、物联网、大数据、云计算、人工智能等为代表的新技术，催生了新的经济业态，新业态加大了税收征管难度，而新技术则为税收征管创造了机遇。2016 年 6 月，全国首个"省级电子税务局"在广东正式上线运行。作为国家税务总局第一批“互联网 + 税务”试点示范工作，广东省电子税务局在实现办税全流程电子化的同时，也简化了税务机关的文书归档业务流程，涉税事项办理各环节不再需要按户进行手工归集、整理、入盒、归档等，显著提升了工作效率，大幅降低了管理成本。当前，税务机关与纳税人通过互联网交互，绝大多数涉税业务都可以在互联网上完成。税务部门之间的任务下达、结果反馈、信息共享也完全通过数据交换。省、市、县（区）多级涉税信息实现互联互通，税务部门还进一步与其他政府部门开展数据共享合作，通过涉税数据收集与分析实施数据管税，提高税收现代化治理的能力。另外，2013 年 2 月金税工程三期的核心征管等系统率先在重庆市国税、地税系统单轨上线。金税工程三期的总体目标是建立“一个平台、两级处理、三个覆盖、四个系统”。2014 年 4 月第一阶段工作进入验收期。

（5）税务稽查方面进行重大改革。在税务稽查方面，一系列重大稽查制度在这一阶段出台。2012 年 8 月，税务总局启动稽查管理方式改革。作为试点，河北、河南、安徽、湖南 4 省分别设立直属第一稽查局，业务上由省局稽查局统一领导；青岛市国税局设立第一、二、三稽查局，业务上由市局稽查局统一领导。省局设立直属稽查局是改革的重要环节，目前这一模式仍在探索中。2014 年，国家税务总局制定了《税务稽查案卷管理暂行办法》和《税务稽查案卷电子文件管理参考规范》，稽查案卷从传统纸质案卷归档过渡到纸质、电子数据存储系统化管理的并行，案卷管理质量发生质的飞跃。2015 年至 2016 年，稽查案源建立起随机抽查制度，开展案头风险分析评估，再采取定向稽查的模式，同时推行随机案源与稽查人员的双随机办法，提高选案的公正性，增强稽查的精准性。2017 年，全国税务稽查规范（1.0 版）实施，稽查体制更加完善，基础更加夯实。同之前几个阶段相比，现代税务稽查职能作用更为突出。从税务稽查对所辖区域纳税人独立检查到对集团企业及跨区域分支机构的联动检查，从上级稽查局对下级稽查局的业务指导到国家税务总局开展的全国范围内专项联动整治，从各级稽查局的自选案源到国家税务总局从海量大数据中筛选推送案源，稽查局间垂直纵向稽查协作越来越紧密，单兵作战向集团化演进。特别是 2015 年以来的跨省区的重点集团企业检查，建材、医药、废旧物资等行业的税收专项整治，效果尤为明显。

（6）税务绩效管理工作全面开展。在税务绩效管理改革方面，2013 年 12 月，税务总局印发《关于实施绩效管理的意见》（以下简称《意见》），各地绩效管理工作全面开展。《意见》明确“打造一条索链、构筑一个闭环、形成一种格局、建立一套机制”的主要目标，提出“一年试运行、两年见成效、三年创品牌”的规划。根据绩效管理工作部署，2014 年 6 月税务总局制定了《全国税务系统绩效管理全面试行工作方案》《绩效考评指标 2.0 版》《税务系统绩效管理加分减分项目考评细则》和《税务总局机关绩效管理加分减分项目考评细则》等规范，全国税务系统的绩效管理全面展开实施，初步形成了良好的绩效管理工作局面。

（7）其他方面的税收征管改革措施。在涉税专业服务方面，2017 年 5 月 5 日国家税务总局发布《涉税专业服务监管办法（试行）》，统一、开放、规范的现代涉税专业服务市场基本建立。在税收信用体系建设方面，2014 年 6 月国务院发布《社会信用体系建设规划纲要（2014—2020 年）》，明确税务领域信用建设要求。2014 年 7 月税务总局颁布《纳税信用管理办法（试行）》和《重大税收违法案件信息公布办法（试行）》，规范了税收信用管理和信息公开，使其制度化、社会化和常态化。2014 年 8 月颁布《纳税信用评价指标和评价方式（试行）》，规范统一了纳税信用评价标准和评价方式。

5.4.2 改革成果

5.4.2.1 《税收征收管理法》修正

随着经济全球化、信息化和我国社会主义市场经济快速发展，税收征管面临的形势发生了深刻变化：中国特色社会主义法律体系进一步完善，纳税人的法律意识和维权意识不断增强，企业经济活动、经营方式日趋复杂，信息技术和税收信息化日新月异，征纳双方信息不对称状况加剧，税源管理面临高度的复杂性和诸多不确定性，传统的人海战术、以票控税等税源管理方式已难以适应信息化社会的迅猛发展。《税收征收管理法》与税收征管工作实际需要之间的矛盾日渐突出，对《税收征收管理法》进行再次修正势在必行。2013 年 6 月 29 日，十二届全国人大常委会第三次会议通过了相关决定，对《税收征收管理法》作第二次修正。此次修正简化了纳税人办理税务登记流程，税务机关不再需要在三十日内对纳税人的税务登记申报进行审核，而应在当天办理登记并发放税务登记证件。

随着我国改革开放的不断深化，经济社会生活已发生深刻变化，经济全球化、社会信息化趋势日益明显，纳税人的涉税活动更为复杂，纳税人权益意识不断增强，现行税收征管法已经难以适应税收征纳环境的变化。而且，随着中国特色社会主义法律体系的形成和进一步完善，现行《税收征收管理法》与相关法律法规不衔接的问题也日益突出。为了进一步增强立法的公开性和透明度，进一步提高立法质量，国务院法制办公室2015年1月5日公布国家税务总局、财政部起草的《税收征收管理法修订草案（征求意见稿）》，征求社会各界意见。2015年4月24日，第十二届全国人民代表大会常务委员会第十四次会议通过相关决定，对《税收征收管理法》作第三次修正。此次修正后，纳税人可以直接依照法律、行政法规的规定办理减税、免税，不再需要向税务机关书面申请、经税务机关审批。

5.4.2.2 《税收征收管理法》修正内容

为适应新形势下税收征管工作需要，规范税收征收和缴纳行为，保护纳税人合法权益，国务院法制办公室于2013年9月2日发布了《中华人民共和国税收征收管理法修正案（征求意见稿）》（以下简称《征求意见稿》）公开征求意见。《征求意见稿》是在党的十八届三中、四中全会的两个《决定》和中央政治局通过的《深化财税体制改革总体方案》的宏观部署下展开的，是新一轮财税体制改革的重要组成部分。在此次《征求意见稿》中，新增了很多具有创新性的规定，包括以下五方面的内容：一是增加对自然人纳税人的税收征管规定。具体制度包括明确纳税人识别号制度的法律地位、明确纳税人自行申报制度的基础性地位、强化自然人税收征管措施、建立税收优先受偿权制度。二是进一步完善纳税人权益保护体系。具体包括：完善纳税人权利体系；减轻纳税人负担；取消先缴税后复议的规定；引进预约裁定制度。纳税人可以就其预期未来发生、有重要经济利益关系的特定复杂事项向税务机关申请预约裁定。纳税人遵从预约裁定而出现未缴或少缴税款的，免除缴纳责任。三是进一步规范税收征管行为。具体可以从三个方面加以完善：规范税收征管的基本程序；规范税收征管的时效；增强税务机关获取涉税信息的能力。四是实现与相关法律的衔接。特别是与行政强制法相衔接，与刑法修正案（七）相衔接，与预算法相衔接。五是健全争议解决机制的内容。涉税争议的解决机制是我国税收治理中的重点内容，此次征求意见稿中对涉及税款的税收争议实行复议前置，同时规定鼓励通过和解、调解解决争议。《征求意见稿》内容的变化说明，我国的税收征管法律制度正在向功能更为多元、理念更为先进、细节更为明确、操作更为便捷的现代化目标迈进。

6　税收生态系统挑战应对

税收生态治理是国家治理体系的重要组成部分，也是国家治理能力的重要体现形式。现代化的税收生态治理是优化资源配置、维护市场统一、促进社会公平、实现国家长治久安的制度保障。可以说，没有税收治理现代化，就难以实现国家治理现代化。在新时期，税收生态面临更多更复杂的因素（全面深化改革与税制改革、经济放缓与逆全球化、互联网信息技术变革、税费征管业务及组织重构等），也造成我国的税收生态治理面临着巨大的挑战和机遇。

6.1　经济发展挑战税收应对

6.1.1　国内经济挑战应对

6.1.1.1 经济发展新趋势[①]

进入新时代，我国经济已由高速增长阶段转向高质量发展阶段，从简单的规模扩张，转向更注重质量、效率、效益、效能的发展。从 2014 年开始，我国经济增速逐渐下降趋于平缓，为了有效应对这种变化，国家提出供给侧结构性改革，完善优化供给侧机制、简政放权，有效释放各类经济主体的活力，构建我国经济持续稳中前进的新环境，以激发市场的活力。2015 年中央财经领导小组围绕“供给侧结构性改革”，指出一方面要合理增大总需求，另一方面要有效推动供给侧结构性改革，提高企业效率，提升产品质量，促进经济持续有效增长。响应去产能、去库存、去杠杆、降成本、补短板供给侧结构性改革

① 许思雨，薛鹏．中国经济高质量发展的理论释疑与实现路径：一个文献综述．对外经贸，2019（2）：114－117

要求，积极的财政政策主要着力点在于“降成本”和“补短板”。经济新常态，揭示了中国经济潜在增长率的新变化，中国经济正由高速增长向高质量发展转变。以贯彻新发展理念为引领，以供给侧结构性改革为主线，以构建协同发展的产业体系为生产力基础，以推动国家治理体系和治理能力现代化为长效机制，以建立高质量发展配套政策体系为重要保障，抓住建设现代化经济体系这一战略目标，贯彻质量第一效益优先原则，着力构建市场机制有效、微观主体有活力、宏观调控有度的经济体制，推动我国经济在实现高质量发展上不断取得新进展。新时代实现经济的高质量发展需要推动经济发展质量变革、效益变革、动力变革。

（1）质量变革。是一场从理念、目标、制度到具体领域工作细节的全方位变革。要把提高供给体系质量作为主攻方向，向国际先进质量标准看齐，显著增强我国经济质量优势，使中国制造和中国服务成为高质量的标志；通过充分有效的市场竞争，逐步形成一批有长期稳定国际竞争力的高质量品牌企业和产品；营造有利于创新的环境，推动创新要素的流动和集聚，使创新成为质量提高的强大动能。

（2）效率变革。就是要找出并填平在以往高速增长阶段被掩盖或忽视的各种低效率洼地，为高质量发展打下极具效率和竞争力的稳固基础，从整体上提高生产要素配置效率和产业生产率。市场竞争，归根结底是投入产出比较的竞争、效率高低的竞争。必须深化行政性垄断问题依然突出领域的改革，进一步实质性放宽市场准入，提高开放型经济水平，稳步提升我国产业在全球价值链中的地位。

（3）动力变革。是高质量发展的关键，是实现质量变革、效率变革的前提条件。实现动力变革的途径主要包括从要素驱动转向创新驱动、从投资拉动转向消费拉动、从不均衡发展转向均衡发展等方面。尤其要重视以投资、消费、净出口为需求动力结构，以要素投入、制度创新和技术进步的相互作用为供给动力结构的动力体系。

6.1.1.2 税收应对新挑战

新时期为更好地应对我国经济增长进入新常态，由高速增长向高质量转变，对于税收生态治理提出了新的要求。

（1）减税降费激发经济活力。减税是我国近年来最有效的经济政策之一。为了缓解企业经营压力，自 2012 年以来，我国推出了一系列“减税降费”政策或措施。我国实行了营改增、直接降低税率、税收减免、固定资产加速折旧、投资税收抵免、税收返还等一系列的减税改革。2018 年 7 月 23 日，国务院总理李克强主持召开国务院常务会议，会议聚焦减税降费，在确保全年减轻市场主体税费负担 1.1 万亿元以上的基础上，将企业研发费用加计扣除比例提高到 75% 的政策由科技型中小企业扩大至所有企业，最终全年减税降费近 1.3 万亿元。2019 年我国实施了更大规模的减税降费政策，全年减税降费 2.36 万亿元，超过原定的近 2 万亿元规模。2020 年为应对新冠肺炎疫情冲击，更是将全年减税降费目标提高到 2.5 万亿元。实施大规模减税降费，极大减轻了微观市场主体的税费负担，特别是制造业和小微企业受益最多，有力支撑了宏观经济的平稳运行，实现稳就业、稳增长、稳外贸、稳外资、稳投资和稳预期目标。

第一，稳定经济预期。宏观经济分析认为税收是调节经济运行的重要杠杆，在经济周期性下行时期，政府可通过减税、扩大政府支出以及用税收调节收入分配等手段以提高有效需求，实现宏观经济的稳定增长。我国实施更大规模的减税降费，在稳定经济发展、激发创新创业活力，尤其在推动民营经济加快发展等方面收到了日益突出的效果，成为应对当前复杂经济形势的关键着力点，对冲和缓解经济下行压力，使经济保持在合理区间稳定运行，发挥着逆周期调节和稳定经济发展预期的重要作用。

第二，激发市场活力。2019 年深化增值税改革是降成本、补短板、促进供给侧结构性改革最为实在有效的举措。它通过有效降低企业成本，激发市场活力，增强内生动力，起到支持创新、创业以及小微企业发展的积极作用，对于发展新经济、培育新动能具有重要意义，为经济保持中高速增长、迈向中高端水平打下坚实基础。2019 年深化增值税改革的意义不仅是节省企业税费，更多的还在于整个产业链价格下降，共同提升竞争优势，携手共进，实现共赢发展。深化增值税改革政策红利也不断地从产品生产环节向消费环节传导，商品价格应声下降，反哺市场，吸引了更多的消费者，产销连锁反应激发了新的市场活力。

第三，缓解资金压力。当前，受市场需求疲软、出口增长放慢、人口红利减少以及劳动力成本上升等影响，企业面临税费负担相对较高，利润下降，经营困难压力加大的局面。通过大幅降低增值税税率，加大减税降费力度，有利于减轻企业税费成本负担，增加企业利润，提高企业经济效益，激发微观主体活力。留抵退税政策的实施进一步缓解了企业扩大生产的资金压力，增强了企业的投资能力，激发了投资信心。

第四，促进转型升级。中国经济已由高速增长阶段转向高质量发展阶段，减税降费紧扣高质量发展要求作出了一系列政策安排。聚焦于实体经济，加大对制造业的减税力度，对部分先进制造业放宽留抵退税条件并加大退税力度，已成为进一步促进经济结构优化、推动经济高质量发展的重要举措。2019 年减税降费为企业扩大研发和生产，加快技术改造和产品升级，加快新旧动能转换，促进新产业、新业态、新平台发展进一步打下坚实基础。

第五，抵御贸易风险。随着外部经济环境变化，国际竞争加剧，我国出口面临严峻挑战。通过实施积极减税政策，以降低企业生产经营成本促进供给，增加居民可支配收入，拉动消费需求。使得我国出口企业产品成本降低，国际竞争力增强，达到增加出口、扩大外需目的，为企业抵御国际贸易风险增添信心和动力。

第六，助力社会稳定。就业是民生之本，也是安国之策，稳定就业已列为六稳之首。大力推进深化增值税改革，在宏观经济方面除了拉动经济增长外，对降低物价水平、刺激投资需求和增加劳动就业等方面也会产生重要影响。2019 年深化增值税改革对劳动就业的影响主要是通过对经济的带动以及促进产业结构调整来实现的。因此，深化增值税改革为我国稳定就业、保障民生也作出积极贡献。

（2）精准施策应对疫情冲击。2020 年，应对疫情冲击，我国实施了更大规模、更有力度的减税降费，助力保就业、保民生、稳经济等政策目标的实现。

第一，应对疫情的政策内容。继续执行 2019 年出台的下调增值税税率和企业养老保险费率政策，新增减税降费约 5000 亿元；为应对新冠肺炎疫情而出台新的应对性减税降费政策，包括免征中小微企业养老、失业和工伤保险单位缴费，减免小规模纳税人增值税，免征公交、运输、餐饮、住宿、旅游、娱乐、文化、体育等服务业增值税，减免民航发展基金、港口建设费；对于 2020 年小微企业、个体工商户应缴纳所得税时间可延迟至 2021 年首个申报期内一并缴纳。上述延续性、新出台和延缓性三大政策，预计全年为企业新增减负高达 2.5 万亿元以上。并呈现以下特点：

一是减税降费力度加大。不同于前些年已实施的减税降费政策，2020 年减税降费规模、力度进一步加大。财政部数据显示，2016—2019 年，减税降费分别为 6000 多亿元、超过 1 万亿元、1.3 万亿元和 2.36 万亿元，4 年减税降费累计已超 5.26 万亿元。2020 年，继续执行 2019 年出台的下调增值税税率和企业养老保险费率政策，新增减税降费约5000亿元，预计全年为企业新增减负超过2.5万亿元，是历年减税降费中规模、力度最大的一年。

二是减税降费方式多样。针对地域广、面积大，不同地区受疫情影响差异大等特点，有针对性地出台了实施更大力度、更有针对性、更具实效，涉及税种全面、方式多样的减税降费政策应对措施。税种上主要涉及增值税、消费税、关税、企业所得税、个人所得税、社保缴费等多项税费；优惠方式上既有持续性减税降费政策，又有应对疫情的阶段性税费减免政策，综合使用增值税留抵退税、固定资产一次性扣除、延长亏损结转年限、扩大税前扣除范围、延期缴税等多样化政策工具组合，更好地体现了应对复杂多变经济环境的税费政策导向。

三是减税降费精准施策。应对疫情冲击，根据不同对象，在不同时间施以不同政策，具有针对性强、精准施策的鲜明特点。税费政策支持对象涵盖防护救治、物资供应、公益捐赠和复工复产四个方面，体现了疫情防控和经济社会发展的共同需要。从政策制定出台顺序来看：第一批减税降费政策主要针对支持疫情防控工作；第二批减税降费政策主要针对减轻企业社保缴费负担；第三批减税降费政策主要针对减轻小微企业和个体工商户负担；第四批减税降费政策主要针对提高出口退税率以稳定外贸。这些政策对应疫情发展不同阶段和企业需求不同方面，有计划、有步骤、有重点，层层递进。

第二，应对疫情的政策目标。2020年，应对新冠肺炎疫情冲击，我国先后推出旨在有效控制疫情、维护经济增长和社会稳定的税费优惠政策，具有短期性、精准性、阶段性政策特点，着力防控新冠肺炎疫情，减轻企业负担，保障劳动就业。

一是着力防控新冠肺炎疫情，确保物资充分供应。自新冠肺炎疫情暴发以来，在延续上一年度普惠性、实质性减税降费政策的基础上，新推出了21项针对疫情的防控税费优惠政策。其中包括：助力疫情防控、支持企业复工复产，主要出台了支持医疗救治、物资供应，鼓励公益捐赠，保障医疗物资供应等系列政策；针对生产、运输、进口疫情防控，主要出台重点保障物资实行税收减免，以及对受疫情影响较大行业免征增值税等减税降费政策措施。

二是着力减轻税费负担，帮助企业渡过难关。针对受疫情冲击影响较大的交通、运输、餐饮、住宿、旅游等服务性行业，实施税收优惠政策；针对与群众生活密切相关的公交运输、生活服务、快递收派等生活服务行业，实施免征增值税政策。通过减税降费降低成本、减轻负担、增加利润等一系列政策措施，有效降低了企业生产经营成本，减轻了资金压力，激活了企业活力，有助力企业轻装上阵，对于尽快恢复正常运行起到了极大支持作用。

三是着力保障劳动就业，有效拉动消费投资。中小微企业尽管规模不大，但数量众多，与经济发展、增加就业、保障民生、社会稳定关系紧密，是市场经济活力之源泉、劳动就业主渠道。2020 年，千方百计稳定和扩大就业，已成为“六保”之首，重中之重。保住企业才能保住市场、保住就业、保住民生。为此，在 2019 年对小微企业实施普惠性税收减免的基础上，进一步实施更大力度的阶段性税费减免，重点减轻中小微企业、个体工商户和困难行业企业税费负担，帮助中小微企业渡过难关，以稳定就业基本盘。

6.1.2 国际经济挑战应对

6.1.2.1 经济全球化发展新趋势

（1）经济全球化。经济全球化是在新科技革命和社会生产力发展到更高水平的推动下而形成，是世界经济发展的内在要求和重要趋势。

一方面以信息技术革命为中心的高新技术迅猛发展，不仅冲破了国界，而且缩小了各国和各地的距离，使世界经济越来越融为整体；另一方面社会生产的各个环节和各种资本形态运行超出国界，社会分工得以在更大的范围内进行，资金、技术等生产要素可以在国际社会流动和优化配置。经济全球化的形成，有利于资源和生产要素在全球的合理配置，有利于资本和产品在全球性流动，有利于科技在全球性的扩张，有利于促进不发达地区经济的发展，是人类发展进步的表现，是世界经济发展的必然结果。20 世纪 80 年代改革开放以来，中国及时抓住全球化浪潮带来的历史性发展机遇，深度参与全球产业链和供应链分工，通过吸收外资、外来先进技术和管理经验，经济增长得到大幅提升，成功分享全球化经济利益。

但是，经济全球化在带给当代世界积极变化的同时，其迅速发展又不可避免地伴随和产生了一系列严重问题。首先，世界经济两极化。由于全球化加强的是世界市场经济体系，而这个体系通行的是竞争、资本、技术和创新的逻辑，所以，任何国家内部和国家之间的贫富鸿沟都在加大。其次，经济危机风险增大。在经济全球化过程中，各国经济的相互依赖性空前加强，任何一个国家的内部失衡都会外化成为外部失衡，进而很快影响到与其具有紧密贸易和投资关系的国家，最后极有可能将所有国家不同程度地引入失衡与危机的境地，从而形成地区性，以及全球性经济动荡和危机。第三，生态环境持续恶化。市场化、城市化、财富不合理分配、资源不合理开发、社会不合理消费是地球环境退化和恶化的主因，而发展中国家则成为工业制成品和资源密集实物产品的主要生产地，成了全球环境代价的主要承受者。

（2）逆经济全球化。经济全球化是大势所趋，但由于世界各国在自然资源、生产力和科技水平、政治经济制度和民族文化等方面存在着巨大的差异，以及受到资本主义经济政治发展不平衡规律的作用，经济全球化对不同的国家会产生不同的影响，利益得失也自然不同，个别国家不但没有得反而有所失，因而逆全球化思潮也就程度不同地存在。

近些年，逆全球化和保护主义势力猖獗，并对包括中国在内的新兴市场经济国家和发展中国家的未来发展有着直接的影响。特别是2015年以来，贸易保护主义、民粹主义、孤立主义开始大行其道，从美国、英国、欧盟等发达国家和地区兴起的“反全球化”浪潮逐步席卷全球。据英国经济政策研究中心发布的《全球贸易预警（GTA）》报告显示，2015年全球实施的贸易限制措施数量为736个，较2014年增加50%。从实施国别来看，由G20国家实施的贸易保护措施数量为599项，占到81%，而美国采取了90项贸易歧视措施，位居世界之首。联合国贸易与发展会议（UNCTAD）发布的《2019年贸易和发展报告》指出，当今全球经济环境正朝着错误的方向前进：宏观经济的默认选项为紧缩政策，推动结构性变化的首选工具为自由化，增长的主要引擎为债务。

近些年来，由于世界整体经济发展低迷，加上一些地区受社会动荡和国家战乱影响，居民失业增加、贫富差距扩大，降低了全球化的正面效应。2020年以来，突如其来的新冠肺炎疫情对世界各国和全球秩序带来了前所未有的冲击和影响，加剧了百年未有之大变局。逆全球化思潮得以明显强化，人为设置全球经济壁垒严重程度空前，不同形式的贸易保护主义席卷全球。一些国家实行保护主义，退出原有的世界各大组织，不再进行国际合作、履行国际合作义务，对世界经济秩序形成极大冲击。从整体上看，全球经济贸易增长放缓、贸易和投资争端加剧、地缘政治冲突频发，保护主义、单边主义持续蔓延，给世界经济带来诸多不稳定不确定影响。经济学家普遍认为世界经济运行风险和不确定性显著上升，支持增长的动力明显不足。

6.1.2.2　经济全球化发展新挑战

（1）挑战应对。各国纷纷进行税收改革，一方面以越来越低的所得税税率来吸引资本投资或资金回流，另一方面采取开征新税或设立“安全港”等政策以应对美元回流、货币贬值，扶持本土制造业发展，以至于有人将2018年称为“全球税改年”。

第一，美国。发达经济体通过对内减税和对外加税的举措，加剧了国际贸易的不确定性。伴随新一轮贸易保护主义出现，关税成为威胁国际贸易的主要工具。目前美国政府再次把关税作为维护自身经济利益的武器，同样遭到了经济学家和企业界的普遍反对。美国政府不断利用301法案等对贸易伙伴——无论是传统盟友，还是新兴市场经济国家，都动辄挥舞关税的大棒，以贸易制裁为威胁要求签订新的贸易协议，也就是所谓的对美国有利的公平贸易协议。客观而言，国际逆全球化趋势一定程度上增加了我国经济的外部风险和下行压力。特别是中美贸易摩擦中，美国将增加关税作为贸易战工具是一项“损人不利己”的行为，极大可能产生负面示范效应，扰乱整个国际经济秩序。高额关税产生的负担最终将转嫁到本国企业和消费者头上，使企业的生产成本与民众的生活成本大大增加。对于我国而言，在全球外部不确定性上升的情况下，经济企稳需更多依赖内需，因而逆周期政策需要再度发力。

第二，欧盟。与此同时，随着美国政府宣布大规模的减税计划，新一轮的国际减税风潮涌动。美国《减税与就业法案》实施后，企业所得税率从之前的35%降低到21%，个人所得税的起征点也有一定幅度上调。法国2017年7月宣布，2018年该国强制性征税金额将减少约70亿欧元。此前，德国和英国已经开始减税改革，德国更是为企业和其他经济主体减税150亿欧元。上述国家减税政策所引发的全球性减税浪潮，无疑将对中国产生叠加影响。尽管资本喜欢向低税率国家流动，但税率并不是唯一考虑因素。因此，在积极应对国际逆全球化的同时，加强税收法定化、优化税制结构、提升税收征管效率、降低隐形税负等方面的积极举措是我国未来税收治理中的着力点。

（2）中国应对。作为全球新兴大国、第二大经济体、第一贸易大国与第一制造业大国，中国是经济全球化与贸易自由化的主要推动者和受益者。应对逆全球化挑战，中国需要正确把握自身在全球经济体系中的位置，发挥内需市场大、产业链完整的优势，全面提升自主创新水平，对内推进经济高质量发展、对外推进全球价值链升级，打造新型全球化和对外开放合作互利共赢新格局。全球经济分化及退化的趋势会持续加剧，对我国税收生态治理必将有新的挑战和机遇。“逆全球化”促使我国转变为净资本输出国，大量企业走出国门，因此既要制定加强涉外税收征管的税收政策，还要制定能吸引国际资本重新流回我国的税收政策。应对国际国内经济环境的迅速变化，作为重要经济调控手段的税收，其调节作用的发挥也需要适时转换手段和方向。因为，近年实施的增值税改革主要是减税基和降税率，随着这些改革措施逐步到位，增值税作为间接税的偏中性特征越发显现，其对经济的促进影响将逐渐减弱。而企业所得税的改革还没有一个全面系统的规划，国际税收利益的竞争优势已不明显。个人所得税的新政也还处在改善中低收入者税负阶段，对于真正实现调节收入差距、引导经济良性发展距离甚远。

6.2 深化改革挑战税收应对

6.2.1 全面深化改革①

财政制度在治国安邦中发挥着基础性、制度性、保障性作用。由于全面深化改革不是对某一个领域的改革，也不是某几个领域的改革，而是全面的涉及所有领域的改革。全面深化改革涉及到许多领域、许多问题，必须有强大的财政做保证。财税体制改革始终承担着“先行军”的使命，发挥着突破口的作用，因此必须扎实有序地推进税制改革，才能更好地完成全面深化改革的目标和任务。

6.2.1.1 深化体制改革

党的十八届三中全会通过了《中共中央关于全面深化改革若干重大问题的决定》，从推进国家治理体系和治理能力现代化，优化资源配置、维护市场统一、促进社会公平、实现国家长治久安的高度，对深化税制改革作出全面部署，为更好发挥税收在服务发展大局中的作用指明了方向。决定中提出：改革税制，稳定税负。完善地方税体系，逐步提高直接税比重。推进增值税改革，适当简化税率。调整消费税征收范围、环节和税率，把高耗能、高污染产品和部分高档消费品纳入征收范围。逐步建立综合与分类相结合的个人所得税制。加快房地产税立法并适时推进改革，加快资源税改革，推动环境保护费改税。坚持使用资源付费和谁污染环境、谁破坏生态谁付费原则，逐步将资源税扩展到占用各种自然生态空间。完善以税收、社会保障、转移支付为主要手段的再分配调节机制，加大税收调节力度。

---

① 高培勇．财税体制改革发挥着突破口的作用．光明日报，2015.1.14

2014年6月，中共中央政治局会议审议通过了《深化财税体制改革总体方案》，提出了2020年基本建立现代财政制度的目标，吹响了新一轮财税体制改革的进军号。以“建立现代财政制度”为目标，明确重点推进三个方面的改革：一是改进预算管理制度，强化预算约束、规范政府行为、实现有效监督，加快建立全面规范、公开透明的现代预算制度；二是深化税收制度改革，优化税制结构、完善税收功能、稳定宏观税负、推进依法治税，建立有利于科学发展、社会公平、市场统一的税收制度体系，充分发挥税收筹集财政收入、调节分配、促进结构优化的职能作用；三是调整中央和地方政府间财政关系，在保持中央和地方收入格局大体稳定的前提下，进一步理顺中央和地方收入划分，合理划分政府间事权和支出责任，促进权力和责任、办事和花钱相统一，建立事权和支出责任相适应的制度。

2016年3月，第十二届全国人大审议通过《国民经济和社会发展第十三个五年规划纲要》。纲要中提出：按照优化税制结构、稳定宏观税负、推进依法治税的要求全面落实税收法定原则，建立税种科学、结构优化、法律健全、规范公平、征管高效的现代税收制度，逐步提高直接税比重。全面完成营业税改增值税改革，建立规范的消费型增值税制度。完善消费税制度。实施资源税从价计征改革，逐步扩大征税范围。清理规范相关行政事业性收费和政府性基金。开征环境保护税。完善地方税体系，推进房地产税立法。完善关税制度。加快推进非税收入管理改革，建立科学规范、依法有据、公开透明的非税收入管理制度。深化国税、地税征管体制改革，完善税收征管方式，提高税收征管效能。推行电子发票。降低增值税税负和流转税比重，清理规范涉企基金，清理不合理涉企收费，降低企业税费负担。建立矿产资源国家权益金制度，健全矿产资源税费制度。加快建立综合和分类相结合的个人所得税制度。将一些高档消费品和高消费行为纳入消费税征收范围。

6.2.1.2 深化税制改革①

2018年9月公布的十三届全国人大常委会立法规划，提出了增值税、消费税和房地产税等10个税种的立法和修改税收征管法等规划。这一时期深化税制改革已经采取的主要措施如下：

（1）完善货物和劳务税制。自2012年起，经国务院批准，财政部、国家

① 刘佐．中国税制改革40年的简要回顾（1978～2018年）．经济研究参考，2018（38）：3－12

税务总局逐步实施了营业税改征增值税的试点。其中，2016 年全面推行此项试点，2017 年废止了营业税暂行条例，修改了《增值税暂行条例》。此外，调整了增值税的税率、征收率，统一了小规模纳税人的标准。在消费税方面，经国务院批准，财政部、国家税务总局陆续调整了部分税目、税率。在关税方面，进口关税的税率继续逐渐降低。2018 年，全国人民代表大会常务委员会通过了《车辆购置税法》。

（2）完善所得税制。在企业所得税方面，2017 年和 2018 年，全国人民代表大会常务委员会先后修改了《企业所得税法》的个别条款。经国务院批准，财政部、国家税务总局等单位陆续作出了关于部分重点行业实行固定资产加速折旧的规定；提高企业研究开发费用税前加计扣除比例的规定；购进单位价值不超过 500 万元的设备、器具允许一次性扣除的规定；提高职工教育经费支出扣除比例的规定；小微企业减征企业所得税的规定，而且减征的范围不断扩大，等等。在个人所得税方面，2018 年全国人民代表大会常务委员会修改了《个人所得税法》，主要修改内容是调整居民个人、非居民个人的标准，部分所得合并为综合所得征税，调整税前扣除和税率，完善征管方面的规定。此外，经国务院批准，财政部、国家税务总局等单位陆续联合作出了关于上市公司股息、红利差别化个人所得税政策，完善股权激励和技术入股有关所得税政策，科技人员取得职务科技成果转化现金奖励有关个人所得税政策等规定。

（3）完善财产税制。逐步调整资源税的税目、税率。2016 年，根据中共中央、国务院的部署，财政部、国家税务总局发出《关于全面推进资源税改革的通知》，扩大了征税范围和从价计税方法的适用范围。2017 年和 2018 年，全国人民代表大会常务委员会先后通过了《船舶吨税法》、《耕地占用税法》。2019 年 8 月 26 日，十三届全国人大常委会通过了《资源税法》。

党的十九届四中全会提出，在“坚持和完善社会主义基本经济制度”方面，“健全以税收、社会保障、转移支付等为主要手段的再分配调节机制，强化税收调节，完善直接税制度并逐步提高其比重”。体现了税收作为再分配调节机制在经济制度中的基础性重要地位，要完善制度逐步提高直接税比重，真正强化税收调节收入分配的功能。

《中共中央关于制定国民经济和社会发展第十四个五年规划和二〇三五年远景目标的建议》提出，建立现代财税金融体制。完善现代税收制度，健全地方税、直接税体系，优化税制结构，适当提高直接税比重，深化税收征管制度改革。

6.2.2 改革挑战应对[①]

（1）优化税收营商环境改革。2020年5月，政府工作报告中指出，2019年“放管服”改革纵深推进，并强调2020年在常态化疫情防控下，要持续深化“放管服”改革，调整措施、简化手续，促进全面复工复产、复市复业，持续打造市场化、法治化、国际化营商环境。特别是随着涉及个人的直接税改革逐步推进，纳税人群体将在现有企业、个体工商户的基础上增加数量庞大的自然人。这既会使税收征管面临更直接、更尖锐、更繁多的矛盾和问题，又将有效倒逼税务部门加快提高管理的集约化水平，改进税收管理方式。经济发展动力由要素驱动、投资驱动转向创新驱动，将催生一批新业态、新产品、新商业模式，对税收征管提出新的挑战。国家税务总局党组书记、局长王军对税务部门提出新要求，“税务部门要自觉把税收置于经济发展新常态中去谋篇布局，用新的税法体系、税制机理、税收政策、服务水平，为国民经济的持续健康发展提供支持，为全面建成小康社会助力添彩”。税务部门是执法部门，更是窗口服务单位，直接服务着几千万企业纳税人和上亿自然人纳税人以及十多亿缴费人。近年来，税务部门深入推进税收领域“放管服”改革，通过持续开展税收宣传月、“便民办税春风行动”等活动，加快建立税务系统政务服务“好差评”制度体系。切实推动各地税务机关依法履职担责，对企业反映的合理诉求，依法依规积极主动处理好，避免层层请示影响服务管理效率，不断优化纳税服务，助推我国营商环境大幅改善。

（2）优化税收营商环境措施。近些年税务部门围绕“放管服”，主要从三个方面持续优化税收营商环境：

第一，优化税收营商环境。持续落实好深化税收领域“放管服”改革和优化营商环境两个五年工作方案，推动各地税务部门贯彻落实好《纳税服务规范》，进一步拓展电子税务局功能，把“便民办税春风行动”推出的措施落实落细、抓出成效。税务部门在“审批制”改为“备案制”的基础上，这两年进一步从“备案制”向“备查制”方向改革。仅2019年，税务总局分两批共取消40项税务证明事项。74%的事项实现纳税人只需“最多跑一次”，66%的事项可通过电子税务局网上办理。同时，税务总局使用升级后的《税收征管操作规范》和《纳税服务规范（3.0版）》，精简业务事项50%，减少纳税

① 王军．发挥税收职能作用 服务经济发展新常态．求是，2015（7）：31－33

人资料报送48%，压缩纳税时间21%。

第二，推动服务提质增效。不断扩大新办纳税人免费领取税务UKey试行地区，下大力气解决税控设备第三方收费问题，加快增值税专用发票电子化进程；持续扩大"非接触式"办税缴费范围，在目前推出的185项"非接触式"办税缴费事项基础上，实现更多税费业务从实体办税服务厅向网上转移；在发票领用方式的改进上，加大"网上申领、邮寄配送"的力度；积极拓展第三方支付渠道缴纳税费业务，使纳税人、缴费人有更好的服务体验。

第三，优化税务执法方式。严格依法依规进行税费征收，牢牢坚守不收"过头税费"的底线，切实保障纳税人、缴费人的合法权益；继续会同公安部、海关总署、人民银行开展打击虚开骗税违法犯罪专项行动，严厉打击没有实际经营收入只为虚开发票的"假企业"，没有实际出口只为骗取退税的"假出口"，以及没有具备条件只为骗取疫情防控税费优惠政策的"假申报"行为，维护好公平公正的税收经济秩序。

6.3 技术变革挑战税收应对

以移动互联网、大数据、云计算、人工智能、区块链、5G为代表的信息技术发展必然对社会经济发展的各个方面都将产生深远影响。毋庸置疑，互联网信息技术的发展，催生了新技术适配业务，新技术不仅驱动业务变革，也将给税收治理现代化带来许多挑战，但同时也将提供难得的发展机遇。

6.3.1 技术变革发展

从1980年到90年代初期，计算机、互联网技术的进步带来了一波较长的经济繁荣，并随着"互联网泡沫"而起伏。不过，在经济起伏之下，信息技术不断创新发展。经过近40年的发展，以移动互联网、云计算、大数据、人工智能、区块链、5G等为代表的新一轮信息技术革命蓬勃兴起，对全球经济社会结构、生产体系组织带来深刻影响。

（1）移动互联网。移动互联网是指移动通信终端与互联网相结合成为一体，用户使用手机等无线终端设备，通过速率较高的移动网络，在移动状态下随时、随地访问因特网以获取信息，使用学习、商务、娱乐等各种网络服务。在互联网早期，有线是其主要形态，台式机是传统的主要终端。而移动互联网时代，智能手机、平板电脑、电子阅读器等已经成为重要终端，电视机、冰箱、空调、洗碗机、吹风机、扫地机器人……甚至眼镜、手表等穿戴之物，都将成为泛终端。

（2）云计算。云计算是什么？通过高速网络，云计算将大量独立的计算单元相连，提供可扩展的高性能计算能力。它的主要特点是：资源虚拟化、服务按需化、接入泛在化、部署可扩展、使用可计费。简单说，就是用户的计算需求不必在本地计算机上实现，而是只要把计算需求交给“云平台”，“云平台”会把巨量数据分解成无数个小任务，分发给众多服务器，最后汇总出计算结果，返回给用户。云计算解放了人们对硬件的依赖。云计算时代，不再让人们过多关注终端设备的硬盘有多大、内存有多高，内容存储都可以上云。云端备份让数据更放心。PC 互联网时代，硬盘坏了，“数据全部丢失”这样的事情时有发生。数据备份成为人们工作、学习乃至娱乐等日常生活中的必需事项。云存储改变了这一情况，“随时存取，随时取用”，正渐渐成为现实。云计算有巨大的计算能力，像“双 11”购物节、春运期间的火车票发售、综合所得个人所得税年度汇算等难以准确预估业务负载和技术需求的典型状况时有发生，超融合技术、边缘计算技术应运而生，凭借其巨大的计算和传输能力，有效解决相关问题。据中国信通院统计，全球云计算市场规模总体呈稳定增长态势，未来几年市场平均增长率在 20% 左右。预计到 2022 年，全球市场规模将超过 2700 亿美元，我国云计算市场规模将达到 1731 亿元人民币。

（3）大数据。电信大数据监测人员流动、电力大数据助推复工复产、医疗影像大数据加快疫情诊断和药物研发、公安大数据紧盯疫情防控，税务大数据支持企业复工复产……突发的新冠肺炎疫情让人们与大数据如此靠近。可以看出，数据中心是互联网、云计算和人工智能等技术的通用支撑领域。建设数据中心，不仅能够创造新型信息消费市场，为经济增长提供更多动能，也具备战略意义。中共中央政治局常务委员会指出，要加快新型基础设施建设进度。其中，数据中心被列为七大重点领域之一，将成为“大家都能用得到，也能用得起”的基础设施。未来，大数据将在各行各业快速推广，成为国家治理体系和治理能力现代化建设的基础支撑能力。根据前瞻产业研究院的数据，2018 年我国 IDC 市场规模为 1228 亿元，2019 年将达到 1560. 8 亿元，同比增长 27. 1% ，按照该统计口径，且考虑到政策支持力度的加大，预计 2020 年数据中心的市场规模将达到 2000 亿元。

（4）人工智能。人工智能是研究、开发用于模拟、延伸和扩展人的智能的理论、方法、技术及应用系统的一门新的技术科学。人工智能是计算机科学的一个分支，它企图了解智能的实质，并生产出一种新的能以人类智能相似的方式做出反应的智能机器，该领域的研究包括机器人、语言识别、图像识别、自然语言处理和专家系统等。“不仅精于算，还会因精于算而精于创造。”人工智能从诞生以来，理论和技术日益成熟，应用领域也不断扩大，可以设想，未来人工智能带来的科技产品，将会是人类智慧的“容器”。人工智能可以对人的意识、思维的信息过程进行模拟，人工智能不是人的智能，但能像人那样思考、也可能超过人的智能。当前，新一代人工智能技术正从“感知智能”迈向“认知智能”，让机器实现“理解、推理、决策、可解释”的认知智能正成为人工智能研究的热点和趋势。人工智能开始创建新的竞争环境，不断地为组织当前的业务结构提供解决方案，并为消费者、产品、服务以及它们之间的关系提供更深入的见解。各行各业的公司都在使用人工智能来改变其工作方式。成功扩展人工智能使公司受益良多，如客户体验得到改善，工人的生产力得到提高等等。据《中国新一代人工智能科技产业发展报告2020》指出，中国人工智能科技产业发展已经步入融合产业部门主导的新阶段。人工智能和实体经济的深度融合正在成为驱动中国经济转型升级和可持续发展的动力源泉。

（5）区块链。从本质上讲，区块链是一个共享数据库，存储于其中的数据或信息，具有“不可伪造”、“全程留痕”、“可以追溯”、“公开透明”、“集体维护”等特征。基于这些特征，区块链技术奠定了坚实的“信任”基础，创造了可靠的“合作”机制，具有广阔的运用前景。2019年1月10日，国家互联网信息办公室发布《区块链信息服务管理规定》。2019年10月24日，在中央政治局第十八次集体学习时，习近平总书记强调，“把区块链作为核心技术自主创新的重要突破口”，“加快推动区块链技术和产业创新发展”。“区块链”已走进大众视野，成为社会的关注焦点。区块链在促进数据安全共享、优化业务流程、降低运营成本、提升协同效率、建设可信体系等方面作用显著，对于推动经济高质量发展、提升国家治理体系和治理能力现代化水平，具有非常重要的意义。

（6）5G技术。5G是最新一代蜂窝移动通信技术，特点是广覆盖、大连接、低时延、高可靠。和4G相比，5G峰值速率提高30倍，用户体验速率提高10倍，频谱效率提升3倍，移动性能达到可以支持500公里时速的高铁，无线接口延时减少90%，连接密度提高10倍，能效和流量密度各提高100倍，能支持移动互联网和产业互联网的各方面应用。5G技术目前主要有三大应用场景。一是增强移动宽带，提供大带宽高速率的移动服务，主要面向3D/超高清视频、AR/VR（增强现实、虚拟现实）、云服务等应用。二是海量机器类通信，主要面向大规模物联网业务，智能家居、智慧城市等应用。三是超高可靠低延时通信，将大大助力工业互联网、车联网中的新应用。需要看到，5G商用处在大数据、人工智能、云计算、区块链等新技术发展势头正旺时期。信息技术作为通用技术已经渗透到社会生活和生产的方方面面，其中移动通信技术使用普及率最高，而5G作为新一代移动宽带传输技术，构成各种信息技术与各类垂直产业技术无缝融合的通道，大大扩展移动通信的应用广度与深度，成为新技术应用的关键基础设施和新技术发展的催化剂。据估计，到2025年中国将拥有4.3亿个5G连接，中国移动用户使用5G比例将达到28%，将占全球5G总用户量的1/3，中国将成为全球最大5G市场。据国际知名咨询公司预测，到2035年，5G会带动全球GDP增加7%，带动中国GDP增加超过1万亿美元，还会使中国新增将近1000万个就业岗位。①

移动互联网、云计算、大数据、人工智能、区块链、5G等组建了新一轮信息技术天团。其中，云计算、5G、数据中心是基础，也是“新基建”的核心。人工智能、区块链等不同技术在基础支持上得到更大的进步，也被赋予更大的应用空间。移动终端是渠道，也是信息的最终载体，连接技术与受众。它们之间紧密相连，彼此促进，紧密融合，再加上与传统行业协同融合，让经济业态和发展模式都发生了改变。一方面可以作为业务推广的一种手段；如食品、餐饮、娱乐、航空、汽车、金融、家电等传统行业的APP和企业推广平台；另一方面也重构了业务模式，如医疗、教育、旅游、交通、传媒、商品流通等领域的业务改造。随着信息技术的不断发展，大幅丰富数字产业的业态和数字终端的类型催生新的应用模式。这些新的业务模式，被总结为数字经济。我国数字经济持续高速增长，正成为助力经济高质量发展的新引擎。

6.3.2 技术变革挑战②

数字经济时代，生产经营主体、经营形式更加复杂多变。互联网信息技术及其衍生品深度参与财富创造，给税收税收治理现代化带来的挑战毋庸置疑。

（1）居民身份的认定遇到困难，纳税人的真实身份与纳税地位难以识别和确。比如，个人可以通过网络通信联系，并从事商业和经济活动，不在一国

① 邬贺铨．5G，当代移动通信技术制高点．人民日报．2020年2月4日20版

② 何杨，陈琍，刘金科．经济数字化的所得税挑战与中国应对策略．财政科学，2019（2）：20－27

构成居民但是取得所得。同时，在对法人居民身份的认定上，由于跨国公司能够通过互联网进行价值链管理，难以确定总机构所在地。甚至还会出现“不知道管谁、应该管谁”的问题，比如平台经济，是该管平台企业呢，还是该管理平台上交易的个体？目前尚无非常好的解决办法。

（2）与数字化产品销售有关的所得的来源地也难以认定。在数字经济的运营模式下，许多产品都是在线提供，营业活动不一定与其所在地相关联，数字经济时代大量的销售行为可以在没有当地应税实体存在的情形下实现。

（3）税务机关对纳税人的主要经营活动难以监管。数字经济时代，经济业态创新频出，经济业务的性质难以确定，一些经济成果难以获知，移动支付的普及使用，也为管控“现金流”增加了难度，这都给当前的税收治理带来挑战。

（4）难以认定利润归属地。消费者在获取数字化产品的过程中需要提供个人数据，企业则自动收集并通过分析这些数据来改进或开发新的产品。在这一交互行为中，消费者通过提供数据也创造了价值。虽然因此产生的利润都为企业所有，但是在对这部分利润征税时，应如何在消费者所在地和企业所在地之间进行分配是一个难题。

（5）协同共治越来越重要。新的经济业态往往会出现税务一家“管不过来”的新问题，需要工商、税务、银行、社保等机构的协同与配合。

（6）随着信息技术的飞速发展，纳税人的经济活动日益纷繁复杂，税收违法手段逐步趋于隐秘化、智能化、网络化和多样化，进一步增加了税收执法的复杂性和艰巨性。比如，加剧税务机关稽查的难度与成本，难以及时有效地确认应纳税所得额，包括纳税人相应的纳税义务范围与课税方式等；又比如由于在数字经济背景下纳税者逃税行为被查出的概率降低，便会纵容一些纳税者的避税、逃税行为，削减税务稽查对逃避税款行为的惩处力度，降低税务稽查的权威，弱化纳税者的税法遵从度。

6.3.3 技术变革应对

推进“互联网 + 政务服务”工作是党中央、国务院作出的重大决策部署。当前各地区各部门积极推进网上政务服务平台建设，开展网上办事，有效优化了政府服务、方便了企业和群众，为大众创业、万众创新营造了良好环境。其中，“互联网 + 税务”、智慧税务便是当中的代表。移动互联网、云计算、大数据、人工智能、区块链、5G 等现代化信息技术带来的机遇，要根据业务特性，选择最合适技术，大力推动税收治理体系和治理能力现代化，进一步增强税收在国家治理中的基础性、支柱性、保障性作用。

（1）不断拓展“掌上办”，“移动办税”成常态。随着信息技术快速发展，智能手机广泛普及，移动办税缴费大有可为。国家税务总局局长王军指出，我们要积极拥抱移动互联网时代，完善手机APP功能，优化应用场景，打造“指尖上的办税缴费”，以更大的便利提升纳税人、缴费人的获得感。在各地的实践中，将涉税业务纳入到移动端，让纳税人真正实现“少跑腿”，使“外出办事、异地出差，办税都不受影响”成为可能，只要打开手机即可随时随地完成。比如，以纳税人为中心、以提升纳税人合规能力为理念、践行预填申报制度的个人所得税APP受到了广大纳税人的广泛青睐，与12306成为政务APP的两大巨头和典范。与此同时，借助微信、支付宝等大众日常交流、应用工具，移动办税也日渐普及，如掌上开票、税企互动、精准服务、智能办税等逐渐普及。

（2）人工智能，科技强税。人工智能对税务的强力加持，正让税收业务的办理越来越简单、便捷。

第一，智能画像，秒懂你心。通过人工智能技术，税务部门为纳税人量身定制“税务体检报告”和基于纳税人信息形成“纳税人画像”。企业负责人可通过人脸识别或身份证验证方式，打印纳税人体检报告，查询企业涉税指标的健康状况，当窗口叫号时，窗口人员会收到简易的纳税人画像，包括纳税人与办税人基础信息、办税行为习惯、身份识别、历史办税记录等，窗口人员可基于画像迅速判断纳税人需求，提供更精准的服务。

第二，智能导税，人机交互。税务部门突破以往单设备单功能的技术瓶颈，整合大厅所有涉税业务。纳税人通过智能自助机器，就可以办理新办纳税人信息确认、发行认证、发票申领、发票代开、社保缴费等业务。与此同时，人脸识别、语音语义识别等技术也被利用，便于纳税人输入信息或者与税务服务人员即时交流。

第三，智能辅助，无人办结。税务部门通过机器人智能辅助程序实现流程自动化，全流程无人操作即时办结；针对跨部门转办业务，直接将办理结果通过短信的形式予以反馈，方便纳税人即时掌握事项办理进度。

第四，智能咨询，精准服务。税务部门通过有效归集和利用数据资源，创新提供智能咨询与精准服务，快速解答纳税人的疑问，并根据提问信息推送相关学习内容。

（3）挖掘大数据“富矿”，多层次推广应用。税务大数据是一个“富矿”。目前税收大数据的应用已初具雏形，以数据生产要素为对象，以数据标准化为基础，以释放数据价值为目标，以守住数据安全为底线，以建立健全数据全生命周期秩序规则为核心，以推动数据有序管理和流转为策略。在系统支撑上重点建设数据支撑平台，实现“依数据办税、用数据服务、靠数据管理、聚数据决策”。主要表现在以下几个方面：

第一，提供经济决策参考。各地税务机关利用税收大数据研判疫情对企业的影响，阶段性统计、分析企业增值税发票领用、开具户数、金额等数据，为政府推动企业复工复产提供决策参考；与此同时，各地党委、政府收到越来越多的来自税务部门的税收经济分析报告。

第二，共享数据便利服务。与政府、行业协会、非政府组织、事业单位等建立信息交互机制，共享涉税数据，便利各项服务开展。如向商务局、交通运输管理局等部门推送涉税数据，精准定位困难企业，助力做好深度帮扶和补贴发放工作。

第三，赋能实现产销对接。各地税务部门深挖细掘税收大数据，充分利用增值税发票等税收大数据平台，从供销两端全面分析，精准匹配供应商。在征得供需双方同意后，向需求方推送商品供应方信息，在供需双方自主自愿前提下，实现产销对接。

第四，千人千面精准服务。税务部门打造“实时”税收大数据平台，实现实时数据整合，通过分析企业历史现金流量表、工薪支出总额、社保费缴费情况等相关数据，及时筛选多缴税款或者应享未享税收优惠的企业，主动进行“千人千面”的个性化辅导并快速办理退税，又快又准落实优惠政策。

第五，精准解决融资需求。税收数据不仅是联通起企业产销链的“粘合剂”，还是能够反映企业生产经营情况的“晴雨表”。资金是企业发展的血脉，税务部门通过税收数据的分析应用，精准帮扶、精准施策，持续优化银税合作机制，拓展线上银税互动普惠范围，将企业纳税信用等级、纳税数据与金融服务相结合，切实为市场主体“输血补血”。

第六，为企业提供“靶向服务”。通过大数据分析，为企业提供精准的“靶向服务”，指导企业转型升级。

第七，数据驱动平台支撑。以数据生产要素为对象，以数据标准化为基础，以释放数据价值为目标，以守住数据安全为底线，以建立健全数据全生命周期秩序规则为核心，以推动数据有序管理和流转为策略。在系统支撑上重点建设数据支撑平台，实现“依数据办税、用数据服务、靠数据管理、聚数据决策”。

(4) 区块链探索与应用不断发展。区块链的探索从电子发票开始，并进一步扩大区块链应用范围。

第一，区块链电子发票大大便利发票开具。在得到国家税务总局同意开展应用试点工作的批复后，深圳市税务局抢抓机遇、积极探索，于2018年8月在全国率先试点，先行示范，推动区块链电子发票系统项目在深圳落地生根。2018年8月10日，全国首张区块链电子发票在深圳国贸旋转餐厅开出，深圳由此成为全国首个应用区块链电子发票的城市。区块链电子发票便利、易保存的特点以及不限额、不限量在线用票等优势极大地方便了个人和企业。2018年8月至2020年6月，深圳市税务局累计开出区块链电子发票2440万张，开票金额267亿元，覆盖公共交通、政务民生、金融保险、零售餐饮、教育医疗等领域116个行业17000户纳税人。区块链电子发票实现了从注册、领票、开票到报销的全流程线上化，全面助力深圳市纳税人疫情期间“非接触式”办税。在云南，区块链也得到极大的运用。自2019年7月20日，“一部手机游云南”平台开出全国第一张区块链电子冠名发票以来，截至2020年5月，已实现区块链电子发票向云南省主要景区、昆明市地铁、丽江市“数字小镇”、普洱市普洱茶产业和零售、住宿、交通、餐饮等行业共2232户纳税人的推广应用，开具区块链电子发票9.8万张，开具金额共计3592.55万元，为纳税人使用发票实现了开具简便、不可篡改、全程追溯、成本降低的目标。

第二，打造“税务——产业”联盟链，进一步扩大区块链应用范围。在区块链电子发票推广应用基础上，2020年5月9日，深圳市税务局与已拥有企业区块链的腾讯集团、平安集团、中装建设集团、欣旺达电子股份有限公司等企业签署合作框架协议，共同打造“税务——产业”联盟链。在深圳市税务局发布的《关于建设“税务——产业”联盟链支持实体经济、服务中小微企业的十项措施》中，该局明确提出将为上链企业提供批量查验发票、直接开具区块链电子发票、完成一键申报、开具税务证明等便利功能，并开放链上税收数字钱包、链上“银税互动”等系统模块，进一步扩大了区块链在税企之间的应用范围。合作框架协议签署仪式上，现场连线了中国社会科学院副院长高培勇，他对联盟链的建设表示充分肯定：“‘税务——产业’联盟链能够打通税务链、金融链、产业链的联通壁垒，实现区块链和实体经济深度融合，促进城市间离散信息更大规模的互联互通以及生产要素在区域内有序高效流动。”①

（5）税收生态治理与税收大数据建设。随着大数据技术成熟与推广，税收大数据在服务政府决策、推动经济发展方面发挥着重要作用。把科技创新作为改革的重要引擎，顺应新科技革命孕育突破的大趋势，充分运用云计算、大数据、移动互联等新技术，加快金税三期工程建设和优化步伐，让信息化的技术支撑、信息保障、业务引领作用得到充分发挥。通过释放改革红利、开放红利、科技红利，让税务系统一切创新活力竞相迸发。近些年，国家税务总局紧抓大数据、云计算等新技术发展机遇，积极推进新时代“智慧税务”建设，着重做了三个方面的工作：②

一是打造“智慧”服务平台。在“智慧”服务平台上坚持以纳税人为中心，推进“互联网+税务服务”，建设全国统一高效的网上税务局，建成了基于交易云的自然人电子税务局，提升全方位的，无论是自然人还是法人，个体工商户还是跨国集团的纳税申报、办理税务事项和缴费办理水平。6000多万法人机构、8亿自然人在网上申报率都可以达到95%以上，有8亿多的人在网上进行各项缴纳业务，就个人所得税2019年的改革而言，个人下载的APP用户就接近七千多万。在一些省市运用AI技术人工智能，实现了语音智能咨询服务，在一些省市日均咨询量已超过3万人次。

二是建设“智慧”税收平台。通过“金税三期”税收征管系统的建设，将总局、省、市、县、乡五级3万多个税务机关、80多万工作人员的税收行政管理工作规范起来。

三是实施“智慧”数据平台。我国目前已在税务总局层面和20多个部委实现了信息的互联共享，积极发挥了税收在服务国家治理方面的作用。在落实减税降费中，都能依托税收大数据平台，精准识别每户纳税人应享受的优惠，实现“减免资格自动识别、减免金额自动计算、申报表自动生成”。通过这样的数据平台，为所有纳税人生成了“动态信用、动态风控”的画像，对纳税人实施分类分级管理，通过这种风险画像识别违法纳税人准确率高达99%以上。利用大数据在推动解决“贷款难”特别是中小企业“贷款难”方面发挥了积极作用，通过联合银保监部门，运用税收信用信息开展“银税互动”，对纳税信用良好的企业专门推出信用贷款。截至2019年6月，累计向小微企业发放贷款达到了143.6万笔，金额1.4万亿元，有利促进国家经济社会发展，

① 深圳：区块链发票项目获市长质量奖金奖．中国税务报．2020.7.7

② 任荣发．积极推进新时代“智慧税务”建设．人民网，2019.10.20

也促进了社会诚信体系建设。以税收大数据为依托的“智慧税务”的实践和探索，有力促进了税收改革发展，服务了国家经济社会发展大局，也为政府部门在推进智慧社会建设中，提供了“税务样本”。

（6）进一步发挥数据要素最大生产力效能。税收大数据让数据成为重要的生产要素，服务于经济发展。例如，山东省税务局为进一步发挥数据要素最大生产力效能，首创了山东税务税收经济指数体系（以下简称“税收指数”），通过税收指数看经济运行，实现对宏观经济、税收走势和税收征管的先导性、指向性研判。目前，山东省税务局已从税务登记、增值税发票和企业盈利这三个关键数据入手，通过建立相关数据与基期、去年同期、本年上期等对比关系，构建了纳税主体活力指数、纳税主体发展指数和纳税主体盈利指数首批三个税收指数。①

第一，纳税主体活力指数，是通过新增纳税主体、存量纳税主体以及开票纳税主体的变化趋势，综合反映纳税主体活跃度情况，衡量未来产生税收贡献可能性的指数。指数越高，代表当期纳税主体生命力越强，未来持续作出税收贡献的可能性越大。

第二，纳税主体发展指数，是通过纳税主体一定时期开具发票金额与基期、去年同期、本年上期的对比，反映纳税主体直接参与市场交易活跃程度和变动趋势的指数。纳税主体发展指数大于100，说明市场交易总量有所扩大，经济活跃度增强，纳税主体发展程度有所提升，整体经济走势向好；纳税主体发展指数小于100，说明市场交易总量有所下降。通过建立税收指数动态机制，能有效挖掘税收数据的服务价值，最大限度、最快速度、最高精准度帮助纳税人降成本、享优惠、防风险，推动经济社会发展。

第三，纳税主体盈利指数，通过一定时期的盈利面与基期盈利面的对比，反应纳税主体一定时期的盈利变化趋势。

6.4 组织重构挑战税收应对

党的十九大报告进一步提出，“统筹考虑各类机构设置，科学配置党政部门及内设机构权力、明确职责”。2018年2月，党的十九届三中全会专题研究

① 马建，可感可用的税收指数．中国税务报．2020.9.11

机构改革问题，审议通过《中共中央关于深化党和国家机构改革的决定》和《深化党和国家机构改革方案》。在税务系统方面，改革国税地税征管体制，合并省级和省级以下国税地税机构，划转社会保险费和非税收入征管职责，构建优化高效统一的税收征管体系，为高质量推进新时代税收现代化提供有力制度保证，更好发挥税收在国家治理中的基础性、支柱性、保障性作用。

6.4.1 组织重构深远意义①

这次由顶层设计、自上而下推进，国税地税协同落实的税务机构改革，是顺应新时代发展要求的重要制度变革，是全面提升税收治理能力和治理水平的制度保障，是进一步理顺税收体制机制的重要制度基石。

6.4.1.1 是顺应新时代发展要求的重要制度变革

国税地税征管体制改革作为国务院机构改革的重要组成部分，是顺应新时代转变政府职能、优化机构设置、提升运行效率，构建职责明确、依法行政的税收治理体系要求而进行的税收征管体制的重要变革。这次改革涉及两套税务机构合并、税费管理制度和中央与地方税务行政管理体制三大方面，其中，最为重要的是国税地税机构合并改革。1994 年，为适应分税制财政体制改革要求，在地方层面将税务征收机构分设为国家税务局和地方税务局，分别履行中央税、中央与地方共享税和地方税征收管理任务和职责。在历经 24 年运行后，顺应新时代经济和社会发展对政府职能转变和机构设置要求，中央作出了国税地税机构合并改革的战略部署，将两大独立运行的税务征收管理机构合并为单一税务机构，统一履行税收征收管理任务和职责。国税地税机构合并作为战略性、全面性、系统性改革，涉及国家与企业、中央与地方、国税与地税、征税与收费等复杂利益关系调整，是一项力度大、涉及面广、情况复杂、推进异常艰难的税收征管体制重大变革。

6.4.1.2 是提升税收治理能力的重要制度保障

以合理机构设置、优化职能配置、提高运行效率为主旨的国税地税征管体制改革，目标是构建系统完备、科学规范、运行高效的税务管理机构职能体系，为全面提升国家治理能力和治理水平提供重要制度保障。

---

① 胡怡建，严才明．国税地税机构合并改革需统筹协调处理好四大税收关系．中国税务，2018（9）：15 - 17

（1）有利于合理机构设置。我国现行国税地税机构是基于1994年分税制改革对机构要求而设置的。在实行分税制改革前提下，在地方层面将国税地税机构分设分管，各司其职，分别履行中央税、中央与地方共享税和地方税的征收管理职责，能在保障地方税收利益，调动地方政府税收征收管理积极性的前提下，维护中央收入的统一性和完整性，增强中央财政收入配置和调控能力，使分税制改革得以顺利实施。然而，随着经济向纵深发展，全面深化改革推进，国税地税分设的背景条件发生变化。一方面，国税地税机构分设所产生的征纳成本增加、征管效率降低、影响公平竞争等弊端逐渐显现；另一方面，进入信息化时代税收征收管理手段和方式也发生重要变化，在互联网和大数据支持下，税收征管信息系统能够自动生成国地税收入归属，国税地税部门分设的必要性下降。从合理机构设置，提高组织体系运行效率出发，国税地税机构合并改革为大势所趋。

（2）有利于优化职能配置。我国现行政府收入体系以税收为主，同时包括各种类型基金、收费等形式收入。在这些收入项目当中，除了税收由国地税部门征收外，非税的基金、收费等其他各类收入，主要由各基金和收费主管部门自行征收和管理，部分委托税务部门代理征收管理。由各部门自收自支、自行管理的非税收入征收方式虽然具有适应各类收入不同特点管理要求的优势，但存在增加征收成本、降低征收效率等问题。同时，由于大量非税收入没有纳入统一预算，不公开、不透明、不规范的矛盾也较突出。从优化职能配置考虑，国税地税机构合并改革除了有利于优化国地税机构职能配置外，将现有非税收入主要由非税收入部门分别征收管理改为税务部门统一征收管理，也有利于规范征收管理、有效运营使用。

（3）有利于提高运行效率。首先，降低征纳成本。从征税主体的税务征收成本来看，由两套独立机构改为单一机构，会减少征收机构办公场所、设备配置等固定成本，以及人员成本和运行成本。从纳税主体的纳税成本来看，可避免分别向两个税务机关报送财务报表、纳税申报表，接受两个税务机关的征收、管理和检查，减少纳税人的纳税遵从成本。其次，提升征管效率。国税地税机构合并不仅可以避免纳税人向两个税务机关申报纳税、接受检查，而且可以消除因两大机构在征收管理中，对同一税基认定标准不一致、税种归属口径不统一、信息不互通从而影响征管效率等诸多问题。最后，促进公平竞争。国税地税机构合并后，使涉税信息互通、征管统一、处理一致、优惠透明，促进企业在地区间的正常、合理流动，资源得到更为有效合理配置。

6.4.1.3 是理顺税收体制机制的重要制度基石

国税地税征管体制改革，注重解决事关长远的体制机制问题，为理顺税收体制机制，构建更为有序、合理、完善的税收制度、财政体制提供重要制度基石。

（1）推进税收制度改革。我国经济正处于经济转型发展、全面深化改革的关键时期。深化税收制度改革，对于更好地发挥市场在资源配置中的决定性作用，优化营商环境，激发各类市场主体活力和创新潜力，推动高质量发展具有重要意义。首先，有利于推进税制改革，在全面实施营改增后，个人所得税制由分类向综合与分类相结合方向改革，以及择机推出房地产税制改革等直接税改革，相对于以往以增值税为主体的间接税改革，对征管能力提出了更高要求。而国地税机构合并有利于提升税收征管能力，更能顺应税制改革对征管能力提升的要求。其次，在国税地税机构合并改革后，税务机构在征税以外还将承担征收非税收入的职责，这不但有利于提高征管效率，也为未来统一税费制度改革创造了条件。最后，在我国经济转型时期，为支持企业转型、升级和发展，出台了一系列税收优惠激励政策，国税地税机构合并也有利于税收优惠政策得以统一、规范实施，更好发挥其应有的激励作用。

（2）推进财政体制改革。1994 年，在分税制改革时实施的国税地税机构分设，以及国税系统实施垂直管理，很大程度上激发和调动了中央与地方双方在征收管理上的积极性。但由于国税地税分设，导致国地税之间在税收征管流程、执行标准上存在一定差异。另外，游离于国家预算的税外收费、基金增长较快，地方之间差异大。深化分税制改革，不但要合理确定中央与地方政府间事权和支出责任划分，也要在全国范围统一税收征管流程、执行标准，确保税收执行中的统一、规范和公平，并将税收和非税收入统一纳入分税制财政体制。国税地税机构合并改革，将为未来税收上的集中管理，财政上的分级管理提供基础性条件。

（3）推进税收法治建设。国务院机构改革的目的在于着力推进重点领域、关键环节的机构职能优化和调整，构建起职责明确、依法行政的政府治理体系。国税地税机构改革不但有利于加快推进税收立法进程，更为重要的是通过合理机构设置，整合征管资源、统一执法标准、完善执法程序、严格执法责任、完善办税流程、规范税务行政、共享社会信息，使税法体系更完备规范、税制体系更成熟定型、服务体系更优质便捷、征管体系更科学严密、信息体系更稳固强大。推进税收法治建设，可避免或减少无序税收竞争，保障税法的统一性、权威性和严肃性，建立公平、公正、法治的营商环境，确保全面推进依法治国。

6.4.2 组织重构应对挑战

这项旨在全面提升税务系统税收治理能力和治理水平的重大制度变革，力度规模之大、涉及范围之广、触及利益之深前所未有，不仅事关组织机构整合，履行职责调整，管理方式转变，而且要破解诸多现实难题。应对税收征管体制改革的特殊性、复杂性和挑战性，需要统筹协调，全面把握，处理好纵向征管体制、横向协调机制、内部运行机制和外部适应机制等四大税收关系。

6.4.2.1 理顺纵向征管体制

税收征管体制改革，首先涉及中央与地方税收征管体制调整。在现行税收征管体制下，原国税系统实行垂直管理，省级税务局领导干部任命、机构人员编制、运行经费拨款均由国家税务总局直管。原地税系统实行由税务总局协同省级人民政府对省级地方税务局实行双重领导，省级地方税务局干部在地方政府任命前由税务总局提出意见，机构人员编制、运行经费拨款均由地方政府下达。根据国务院机构改革方案，省级和省级以下国税地税机构合并后，实行以税务总局为主与省（区、市）人民政府双重领导管理体制。垂直管理总体上有利于提高系统纵向运行效率，比较适合用于技术性、专业性较强的业务管理体系，特别是在信息技术时代，确保政令通畅、上情下达、一竿插到底。全国范围内“书同文、车同轨”，一个税制、一把尺子，也有利于提高税收执法的统一性、规范性。但由于我国幅员辽阔，地区间差异较大，发展极不平衡，实行垂直管理需要协调处理好上下层级税务机构之间的权责关系，让上下级之间事权边界清晰、信息对称、政令畅通，注意防止权责关系上的权力上收、责任下移，政令传递中层层加码问题，充分发挥税务系统纵向垂直为主双重管理体制优势。

6.4.2.2 构建横向协调机制

新税务机构成立后，离不开当地党委政府支持和监督。税务部门不但要履行税收征管职责，还将履行社保等非税收入的征管职责。为此，需要构建税务部门与地方政府之间，以及税务部门与社保、基金、收费等诸多部门之间协调机制。

（1）加强机构运行保障。在实行税务总局为主的垂直管理体制下，税务机构运行保障所涉及的人员编制、运行经费应主要由税务总局下达，但地方党委政府在制度上保障配套经费和富裕人员的疏解还需要多方协调。虽然自上而下、按标准设置的模式具有统一性和规范性优点，但由于在现行体制下，由地方政府下达的原地税系统机构人员编制有行政编制、事业编制和非行政事业编制，情况较为复杂，运行经费则取决于地方经济发达程度、财政财力情况，差异也较大，原国税系统机构运行经费虽由国家税务总局下达，但不足部分仍需由地方政府补充。为此，需要以税务总局管理为主，充分发挥地方政府领导的互补优势。在制度层面上规定税务系统人员编制和运行经费由中央标准下达的前提下，地方政府根据地方经济和财政情况予以差异化分担、共同管理模式，更有利于保障税务干部职工切身利益和机构运行经费，充分调动税务干部工作积极性，提升税务机构运行效率。关键是需要有相应的激励机制及制度，来保障地方政府承担相应经费支出。

（2）加强税费征管协调。实行税收征管体制改革后，将非税收入和社会保险费纳入税务部门征收管理，无疑将使非税收入和社保收入在制度上更具规范性，在执行上更具刚性，不但有利于降低征管成本、提升征管效率，而且将为未来税费制度改革，统一政府收入体系、规范收入分配秩序创造条件，夯实国家治理现代化基础。但由于社保、罚没等非税收入涉及大量的自然人，划转后纳税人数量将呈几何级数增长，将如此规模庞大的征管任务由社保、基金、收费征管部门转移到税务部门，无论是缴费人还是税务部机关都有个适应过程。为此，需要协调处理好税务部门与社保、基金和收费征管部门的有关事权、财权、人事权等利益关系调整，以及与社保、基金、收费等主管部门合作关系。税收征管体制改革，以及非税收入征管职责划转的横向协调将成为考验基层税务机关领导力的重要内容。

6.4.2.3 完善内部运行机制

国税地税机构合并，不是物理上的简单机械式加减组合，而是征管体制的优化，是征管职能整合、征管数据系统契合和征管人员融合。这种融合也不是形式上的简单结合，而是结构、功能、文化上的深度融合。应该说，国税地税本为一家，近年来在信息共享、资质互认、征管互助、联合稽查、电子税务局建设等方面建立起的合作机制，为合并打下了良好的基础。但两大机构相互之间由于所处地位不同，在认识看法、身份认同、经验方法、考核任用、机构设置、经费保障等方面存在一定差异，在全方位合并后，两者若要深度融合，需要抛弃原有部门之分，做到你中有我、我中有你，实现身份认同、文化认同和价值认同，让各自的经验和履历在合并中得以互补。对外一块牌子、一支队伍、一个口径，对内只是统一机构的内设分工。因此，合并后的内设机构设置除了税种可按专业管理外，综合部门、征收管理、收入核算、数据分析等专业部门均应统一设置、融合管理。人员安排也是交叉融合，按新的职能岗位进行分工，每一类事项由一个部门统筹，每一件事情都有人牵头负责，达到“1 +1 >2”的改革效果。

6.4.2.4 形成外部适应机制

税收征管体制改革，建立统一的网上办税系统，创新税务行政管理方式，有利于增强税务机构的公信力和执行力，更方便了纳税人缴税，可以提升税务机构的服务水平和纳税人满意度。近年来，为切实有效降低征纳成本，提高征管效率，增强税法遵从度和纳税人满意度，通过简政放权上做“减法”、后续管理上做“加法”、优化服务上做“乘法”的放管服改革，税收征管质量得以提升和优化，使纳税人已切实感受到了改革红利。税务机构首先是税收征收管理机构，其基本职责是税收的征收管理，在依法征收管理前提下提供更好的纳税服务是应有职责。但税务机关的纳税服务是有边界的，需要在法治理念上予以明确和界定。税务机关和纳税人是两个平等的法律主体，为国聚财和为民收税是统一体。对纳税人而言，纳税义务是依法形成、依率计缴的确定性义务，不能少缴迟缴也不需要多缴早缴；对税务人员而言，不能收过头税也不能越权减免税。在法治社会，税务机关维护纳税人的合法权益与为国聚财、为民收税一样重要。因此，合并后的征纳关系应清晰界定纳税服务与奉行义务的界限，使税务机关服务职能范围与纳税人奉行义务范围法定化，营造既亲又清的征纳关系。

国税地税机构人员众多、情况复杂，通过税收征管体制改革，理论上能发挥提高征管效率，降低征管成本功能作用，但要立足长远，不能急于求成。实现改革预期效果还需尊重规律、统筹规划，理顺和协调好税收征管体制改革征程中的四大关系，使改革能平稳过渡，新的体制机制能顺畅运转，在伟大的改革实践中焕发出体制创新的精神力量。

中篇 >>>>

税收生态系统治理体系

7　完备规范税法体系

法律是治国之重器，是国家治理体系和治理能力的重要依托。经过多年不懈努力，我国已初步建立了一个适合我国国情的多层次、多税种、多环节的税法体系。但是由于我国经济体制改革中的复杂多变和不稳定性以及税收立法的滞后性，现行税法体系还存在一些与经济发展不相适应的问题，构建完备规范税法体系，还需在改革立法相融共进、落实税收法定原则，提升税收立法质量方面与时俱进。

7.1　改革立法相融共进

7.1.1　税收改革与立法关系①

改革与立法是一对矛盾体。立法是把稳定的、成熟的社会关系上升为法，把社会关系用法的形式固定下来，它追求的是稳定性，所以立法的特点是“定”。改革恰恰是对原来定下的但不适应经济社会发展的制度、做法进行改变，是制度自我完善的一个手段，所以改革的特点是“变”。在处理两者关系上用特点是“定”的立法来适应特点是“变”的改革，可以说是改革开放40年来立法工作当中的一条主线。但究竟应先改革再立法，还是先立法再改革，抑或是改革和立法同步进行，关于利弊得失，众说纷纭、各抒己见、莫衷一是。

我国税收改革和立法既有其自身特点，又有其时代特点。从税收改革来看：一是改革空间大，我国税法体系虽然已经很庞大，但还很不完善，体系也

① 张松，张瑞杰．税制改革要落实税收法定原则．地方财政研究．2015（10）：4－7

很不完整；二是改革涉及面广，任何改革不仅会牵涉广泛的市场主体，而且涉及相关的法律也多；三是改革持续性强，改革要不断适应经济形势发展快、结构调整力度大、市场主体变化多等多重特点。从税收立法来看：一是立法主体多样性，包括各级人大、政府和部门；二是立法形式多样性，不仅有程序法，还有成文法，有法律，还有各种规章、解释等；三是立法内容多样性，有经济的，又有行政的等。从我国税收改革和立法关系实践来看，改革开放 40 多年来经历了"先改革后立法""边改革边立法"，到最终"先立法再改革"几个阶段。深刻理解和把握立法与改革的正确关系，对于当前和未来的改革具有至关重要的意义。尤其是当前改革在很多领域已经进入深水区、敏感地带，把握和梳理好两者关系更有其特殊意义。

自 1978 年国家实施改革开放以来，利改税、分税制改革、营改增等历次重大税制改革一直采用由最高行政机关制订改革方案，并通过局部地区"试点"加以验证，修正后以法规形式加以肯定并普遍适用的办法。在中国经济改革进入"摸着石头过河"阶段，"先改革，后立法"已经逐渐成为税制改革的思维定式，并取得巨大改革成效。但是由于税收法制意识薄弱，多个税种长期以来都是通过税收暂行条例等形式实施的，也极大地影响到了整个税制的严肃性和规范性。经过 40 余年改革发展，国家宏观经济体制改革的基本方向、目标、模式与路线图已经比较清晰。随着近些年税收立法进程提速，科学立法、民主立法机制日益完善，随着税收立法与民众切身利益关系贴近，越来越多的公众通过各种民主方式参与立法，使与经济体制改革相配套的税制改革"先改革，后立法"模式的弊端逐渐显现。

税收立法优先改革，从长期利弊关系来看，也必然是弊大于利。首先，先改革后立法是特殊时期的特别需要。先改革后立法，只能是在法律法规不健全的特殊时期的一个权宜之计，在法律法规日益健全的条件下，先改革后立法，即使是最好的改革，也会出现违法、遭到掣肘和难以落实等难题，从而使改革效果大打折扣。其次，立法优先是依法治国的客观需要。依法治国是实现强国之梦和走向现代化的必由之路，任何改革都必须在合乎法律（上位法）的框架下进行，尤其是得到法律的保障，从而能够更好地推动改革的发展，有助于改革沿着正确方向发展，避免走入歧途，甚至倒退，更不会留下任何后遗症。再次，立法优先有助于推动改革取得成功。任何一项改革，都需要创新，都会遇到各种难题。在本位法改革之前，上位法优先立法，不仅可以使本位法改革合乎法律，也可以在上位法中规定相关的同位法立法主体协调配合本位法的改革，要求下位法立法主体积极自动调整下位法，从而使改革得以顺利开展，最终取得改革的预期成果。

7.1.2 税收改革与立法原则[①]

党的十八届三中、四中全会分别对全面深化改革、全面依法治国作出总体部署，使立法与改革的关系有了新的时代内涵。全国人大及其常委会坚持立法决策与改革决策相衔接，立法主动适应改革开放和经济社会发展需要，发挥立法的引领和推动作用，综合运用立改废释等多种方式，在法治下推进改革，在改革中完善法治。

（1）改革与立法关系原则。在依法治国的大背景下，处理改革与立法关系应遵循以下原则：一是坚持改革决策与立法决策相统一，充分发挥立法的引导、推动、规范和保障作用。二是高度重视运用法治思维和法治方式，发挥法治的引领和推动作用，坚持重大改革要于法有据，加强对相关立法工作的协调，确保在法治轨道上推进改革。需要修改法律的先修改法律，先立后改；可以通过解释法律来解决问题的应当及时解释法律，先释后改；需要废止法律的要坚决废止法律，先废后改，以保证各项改革依法有序进行。三是坚持在现行宪法和法律框架内进行改革，充分利用宪法和法律预留的改革空间和制度条件，大胆探索，勇于创新。对确实需要突破现行宪法和法律规定的改革试点，可以采取立法授权试点改革的方式，经有权机关依法授权批准，为改革试点工作提供合法依据。

（2）税收改革与立法关系原则。根据改革与立法总原则，处理好税收立法和税制改革的关系，遵循以下原则：一是先立法、后改革，立法先行、立法引领改革应当成为常态，“试点”不能成为常态，“试点”只有在对于税制改革具体项目成败影响巨大且不确定性较大时才可作为特例实施。二是税收立法是为了更好地引领和规范税制改革成果，同时也为未来的改革预留空间。因此，税制改革应当在立法框架下实施，涉及重大改革的税收立法可以通过试点探索经验，但也要完善相应的法律程序，实施必须获得全国人大常委会的明确授权。一旦“试点”需要在全国普遍推开实施，即要走正式的立法程序，尽快完成修法。三是税收立法不是简单地从“条例”变成“法”，而是要在立法要素确定上凝聚社会共识、倾听民意。授权要符合《立法法》的规定，即授

---

① 李林．全面深化改革应当加强立法能力建设．探索与争鸣，2017（8）：24－28

权要有明确的目的、事项、范围、期限及应当遵循的原则，用立法形式巩固改革成果。

(3) 税收改革与立法关系实施。税制改革在立法框架下实施，无疑有助于凝聚共识。同时，税制改革也为税收立法提供了鲜活支撑，改革的目标和立法宗旨精神严格贯穿，实施税收立法也是实施改革的过程，两者是相互促进的过程。全面推进依法治税不仅要“有法可依、有法必依”，还要坚持在法治框架内深化税收改革、推动税收发展，坚持运用法治思维和法治方式调整税收关系、规范税收秩序、化解税收矛盾，使税收现代化建设始终沿着法治化轨道顺利前行，为经济发展新常态提供有力的税收法治保障。特别是在全球新一轮国际税收竞争大背景下，我国全面深化税制改革，应重点加快主要税种立法，全面提升我国税收法治化水平。

7.1.3 税收改革与立法推进

党的十八大以来特别是十八届三中、四中全会以来，我国税制改革已经步入税收法治的新常态。经中央批准的《贯彻落实税收法定原则的实施意见》，对 2020 年之前将税收暂行条例上升为税收法律、完成现有税种立法工作的时间表和路线图作出了具体安排。如果说十八届三中全会为税制改革部署了改革的路线图和时间表，即 2020 年应当完成重点领域的税制改革任务（即增值税、消费税、个人所得税、房地产税、资源税、环境税和税收征管法等“六税一法”），“形成系统完备、科学规范、运行有效的制度体系”。那么，十八届四中全会则为完成这一任务提出了方向与路径，即“全面推进依法治国，建设中国特色社会主义法治体系，建设社会主义法治国家”。

1978 年以后，全国人大及其常委会出台税收法律的进度虽然仍然较慢，但制定和修改的税收法律数量总体上呈上升趋势：2000 年前通过了《个人所得税法》(1980 年)、《中外合资经营企业所得税法》(1981 年)、《外国企业所得税法》(1981 年)、《外商投资企业和外国企业所得税法》(1991 年) 等四部税种法税收法律及一部税收程序基本法律《税收征管法》(1992 年)；2007 年 3 月 16 日第十届全国人大第五次会议通过了《企业所得税法》，不仅统一了内外资企业所得税，结束了自 20 世纪 80 年代中期开始形成的内外资企业所得税并立的局面，而且首开税种法税收行政法规上升为税收法律的先河。

2013 年，党的十八届三中全会通过的《中共中央关于全面深化改革若干重大问题的决定》中提出，落实税收法定原则。按照这一原则，新开征的税种应制定相应的税收法律，现行的税收条例应通过修改上升为法律。近年来，我国多项财政法律、法规制定工作蹄疾步稳。尤其是自 2018 年下半年以来，几乎每次人大常委会会议都有相关税收法律审议内容，税收法定步入快车道。此后，全国人大常委会又先后出台了 6 部税种法税收法律，其中，除《环境保护税法》为新设税种的税收法律外，其余 5 部均是在国务院制定的相应税收行政法规的基础上“上升”为税种法税收法律的。

2019 年 8 月 26 日，经十三届全国人大常委会第十二次会议表决，资源税法正式通过，于 2020 年 9 月 1 日正式实施。此外，继土地增值税法征求意见稿发布后，财政部陆续公布了增值税法、消费税法的征求意见稿。尤其是作为我国第一大税种的增值税立法迈出实质性步伐，被业内视作我国落实税收法定的关键一步，对于健全我国现代税收制度体系具有积极的意义。2019 年的税收立法保障了减税降费成果，增强了税收确定性。随着 2019 年税收制度加快落实税收立法，一些短期性的政策性减免将转变为法定式减免，通过落实税收法定来巩固和拓展减税降费成效，将深化税制改革与落实税收法定原则相结合，及时以法律形式体现税制改革成果，有效增强税收确定性，从而形成了协同作用，在振兴实体经济、激发市场活力、助力创新创业、推动高质量发展方面发挥了重要作用。

2020 年，契税法、城市维护建设税法已通过立法。印花税法列入 2021 年拟提请全国人大常委会审议的法律案范畴。最值得关注的税种包括增值税、消费税也已进入公开征求社会意见阶段，力争在未来两年取得突破性进展。增值税由于适用面广并且是最大的税种，因此其立法工作对于我国建立现代税制而言十分关键。消费税改革广受关注的重点在于其对于收入分配机制的影响。而关税的立法由于与国际贸易及经济开放紧密相关也十分重要。根据《贯彻落实税收法定原则的实施意见》对原来的 15 部税收暂行条例上升为法律或者废止“时间表”的安排，随着《十三届全国人大常委会立法规划》中所列的各税种法税收法律的陆续出台，截至 2020 年底已有 11 个税种立法。

7.2 落实税收法定原则

税收法定原则，又称税收法律主义，是指由立法者决定税收问题的税法基本原则。即如果没有相应法律作依据，政府不能征税，公民也没有纳税的义务。征税主体必须依且仅依法律的规定征税；纳税主体必须依且仅依法律的规定纳税。它是依法治国理念在税收领域的具体表现。税收法定原则的基本内涵有以下三个方面。一是税收必须有法律依据，即纳税人、征税对象、税率等税收要素要有明确的法律规定。二是税收要素规定要清晰，即在税收法律中要明确税收要素的定义，要准确用词，避免出现漏洞和歧义。三是税收的征税程序要有明确规定，即纳税、征税流程要有法可依。

7.2.1 坚持税收法定原则意义①

中共十八届三中、四中全会将依法治国上升到“坚持和发展中国特色社会主义的本质要求和重要保障，是实现国家治理体系和治理能力现代化的必然要求，事关我们党执政兴国，事关人民幸福安康，事关党和国家长治久安”的高度，法治建设将成为今后一个时期各项工作的重要依托和侧重点。在强化依法治国的大背景下，以税收法定推进、保障、落实税制改革目标有很强的现实意义。税收法定原则不仅具有推进民主法治、保护纳税人权利的功能，还有助于凝聚和提升人民对税收的认同和遵从度，增强政府的公信力，化解潜在的社会矛盾，成为国家治理现代化和依法治国战略的关键举措。

（1）是落实依法治国的重要支点。法律是治国之重器，法治是国家治理体系和治理能力的重要依托。提升政府的治理能力，并非指提升政府治理的强制力，而是提升为民服务的能力。这就要求政府在依法行政的轨道上治理国家，建设法治政府。在税收领域，只有坚持税收法定，才能使税务机关的税收征管行为有法可依，依率计征，不偏离税制限定的税收负担；同时提供高质量纳税服务，不给纳税人带来额外侵扰，在保证纳税合法权益的基础上实现税款及时足额征收。依法治国要求完善国家治理结构，改进国家权力配置的方式与手段。税收问题的一个重要内容是不同层级政府间的税收利益分配，对此在税收法定的基础上配置税权，而不是简单地依靠行政命令，能够使各级政府财政资源的获得更为稳定、均衡、充裕，提高各级政府掌握的人、财、物与其职责的匹配程度，实现真正的分税制。

（2）是维护公民权利的基本保障。税收法定原则强调税收基本问题的民主化和法定化，其核心就是人民的同意。作为税法领域的基本原则，税收法定原则的实质便在于通过民主程序来规范征税活动，进而保护纳税人的权利，维

---

① 张松，张瑞杰．税制改革要落实税收法定原则．地方财政研究．2015（10）：4－7

护人民的尊严和主体性。税收的征收是将私人财产转化成公共财产的过程，与每个纳税人的切身利益息息相关，税收法定实现了在政府有效提供社会公共服务前提下，对公共产品的需求与对公民财产权最小侵害之间的平衡。在既有的政治与法律制度下，最大限度地反映人民的意愿，是人民当家作主、人民意志的集中体现，是在税收领域对宪法“尊重和保障人权”和“公民的合法的私有财产不受侵犯”条款的有力落实和基本保障，由此实现了课税的正当性与合法性。而且其制定程序更为严密、规范，质量更高，更为稳定，从而使税制改革更具权威性，更易于为广大纳税人所接受和遵守。

(3) 是完善税法体系的精神引领。一方面，全面推进依法治国，需要在新的高度和构架下完善法律体系，税法是国家法律体系的重要组成部分，应当与之协调、匹配，而不能成为独立王国；另一方面，税制改革不能脱离税收法定原则的要求而单纯追求其经济效益。经过改革开放40多年的努力，我国税法体系基本形成并趋于完整，但与依法治国、依法治税的要求仍然存在许多不适应之处。因此，今后的税制改革、税法体系完善，必须以税收法定为最高指导原则，规范税收立法，提升立法层级，构建结构合理、科学有效的税收法律体系，正确处理税制改革与税收立法的关系，实现从形式法定到实质法定的转变。

总之，全面落实税收法定原则，能够更有效地规范征税权，使行政机关“有权但不任性”，保障纳税人权利，维护公共利益，进而构建现代化的税法治理格局。

7.2.2 阐述税收法定原则内涵[①]

税收法定原则的基本内涵，可以归纳为三个方面：一是税收要素法定；二是税收要素确定；三是征税程序合法。

(1) 税收法定原则之法。税收法定原则中的法，是指立法机关通过法定程序制定的法律文件。在我国，就是指全国人大及其常委会制定的法律，而不包括行政机关制定的行政法规、规章及其他规范性文件。之所以强调法律是因为立法机关是民意代表机关，能够最好地实现对征税权的规范。同时，法律制定过程本身具有规范、公开、透明的特点，能够以严格的程序保证征税权的规范运行，使其具有基本的形式理性和程序正义。强调税收法定的法特指法律的

① 刘剑文．落实税收法定原则要多立良法增强可执行性．澎湃新闻，2017.9.7

重要现实价值在于明确税收首先是一种财政收入的形式，本质上是国家对于纳税人财产的“分享”，将体现人民整体“同意”的法定原则置于最重要的地位。

（2）税收法定原则之税。税收法定原则要求所有税收基本要素都由法律规定。税种的设立、税率的确定和税收征收管理，以及纳税人、征税对象、计税依据、税收优惠等税收基本要素都属于税收基本制度，只能由法律规定。其中“税率法定”的明确规定意义重大，因为税率是决定纳税人税负轻重的核心要素。应当注意的是，明确税率由法律规定，并不排除税收单行法律可以确定一个合理的税率幅度，同时授权国务院或地方在该幅度内来确定和调整具体适用税率。这种对税率的立法方式是科学、合理的，且符合我国国情：既通过在法律中明确设定一个税率幅度，确保了统一性和基本范围，又运用规范的税收立法授权，有利于因地制宜，发挥地方的自主性。

（3）税收法定原则之税法。基本的税收要素和征管制度关系到公民的财产权、平等权等基本权利，只能由法律规定；当尚未制定法律并且制定法律的条件不成熟而经济社会发展现实又确实需要立法时，全国人大及其常委会有权授权国务院对其中的部分事项先制定行政法规，但必须做专门的税收立法授权决定，明确授权的目的、事项、范围、期限以及被授权机关实施授权决定应当遵循的原则等。这表明，落实税收法定原则并不意味着绝对地否定和排斥税收授权立法，而是强调在法定范围内，按法定程序并通过法定方式来行使税收授权立法权。

7.2.3 落实税收法定原则定位

落实税收法定原则是现阶段我国税收生态治理各项工作的重中之重。在税收法定原则之下，我国税收法律体系的基本定位是“目标明确，作用科学；法治完备，征管到位；体系完善，功能健全；结构合理，税负公平；运行稳定，机制有效”。

（1）目标明确，作用科学。在税收立法中，税制设计应基于中国经济社会的发展需要有科学而明确的收入目标和调控目标，科学设计税收作用领域和作用运行机制，准确发挥税法制度的作用。

（2）法治完备，征管到位。要求税收制度从立法、执法、司法等各个环节都有完备的法律制度和法律实施机制，落实税收法定原则，推进依法治税，做到有法可依、有法必依（从法律规范、法律程序、法制建设的角度，赋予税收应有的法律地位、法律作用、法律约束力、法律效力等等）。建立科学的税收征管机制体制，依法推动税收征收管理的现代化、法治化，提高征管效能和税法遵从度。

（3）体系完善，功能健全。从税收不同功能作用的角度，建立完善税收体系，包括：收入体系、调控体系；中央税体系、地方税体系；直接税体系、间接税体系；所得税体系、商品税体系、财产税体系；税基体系、税负体系；法律体系、征管体系等。只有税收体系的科学完善，才能使税收制度避免功能缺失，充分发挥税制应有的收入和调控功能。

（4）结构合理，税负公平。从不同角度形成合理的税制结构，包括科学设定税系结构、税种结构、税负结构、税基结构、税源结构、税率结构等。只有税制结构科学合理，才能在宏观税负稳定的情况下合理分配税收负担，达成不同纳税人、不同行业、不同产业、不同区域、不同行为等方面的税收负担大体公平，进而促进经济公平和社会公平。

（5）运行稳定、机制有效。税收制度的设计与运行应当能够适应经济社会发展的长期趋势，政策与制度的实现机制符合客观情况，适应政府组织收入和宏观调控的需要，使税收制度的运行取得符合政府目标与期望的效果，并保持税收制度的稳定运行，使之成熟定型。

7.3 提高税收立法质量①

立法是执法的前提和基础，立法质量的高低直接影响着执法效果。当前税收执法中暴露出来诸多问题，在很大程度上都与税收立法质量不高有着直接关系，提高税收立法质量已经成为税收法治建设中的关键环节。党的十九届四中全会强调，完善立法体制机制，坚持科学立法、民主立法、依法立法，这为提高立法质量指明了方向。科学立法体现了立法活动的科学属性，民主立法突出了立法活动的人民属性，而依法立法则是强调了立法活动的合法属性。三者密不可分、相辅相成，形成严密的立法逻辑，体现了立法活动内在的政治性、科学性、人民性和合法性。

① 李万甫．提高税收立法质量的思考．中国税务，2011（7）：28－29

7.3.1 税收依法立法

近年来，税收法律制度体系不断健全，税收执法行为逐步规范，税收管理方式日趋科学，法治从治税手段发展成为税收治理的基本方式。但是，同税收现代化目标相比，税收治理中仍然存在税法权威性不足、税收法治环境亟待改善等问题，须按照加快建设法治政府的要求，在更高层次、更高水平上推进依法治税。

（1）完善税法体系。落实税收法定原则，加快税收法律的制定和修改，建立健全符合我国国情、适应国际发展趋势、与国家治理体系和治理能力现代化相匹配的科学完备的税收法律制度体系。一是结合税制改革进程，主动配合，将成熟稳定的单行税种法规上升为法律，完善税收基本法律规范。二是规范和清理各种各类税收优惠，从根本上解决我国税收优惠政策过多过滥问题，以形成公平竞争的良好市场环境，维护税制税法的统一性。三是进一步规范税务部门规章和规范性文件的制定管理行为，强化合法性、合理性以及世贸规则合规性审查，建立程序化、规范化的税收政策动态调整机制等。四是加快修订《税收征管法》，建立纳税人识别号制度、进一步规范税收征管基本程序、明确自然人税收征管和服务制度安排、建立涉税信息共享制度、完善纳税人权益保护体系。

（2）提升立法层次。一是厘清税收立法权的配置和归属，理顺立法机关立法与行政机关执法、中央与地方各级国家机关之间各司其职的关系，以及纳税人依法纳税，税务机关依法征税，国家依法取得财政收入的纳税人与国家、税务机关之间的法律关系。二是税收立法权主要由全国人大及其常委会行使，作为起草税收立法草案的税务主管部门，应当把握现行税收暂行条例修改上升为税收法律这一有利时机，积极评估现行税收暂行条例的运行实效，提出更加可行的税收法律草案，提交全国人大进行审议，确保提升法律级次后的税法质量。三是发挥人大及其常委会在立法工作中的主导作用，实现税收立法的精细化，扭转“宜粗不宜细”的惯性思维，恪守明确性原则，实现税收立法的精细化，增强税收法律规范的可操作性和可预测性。四是基本的税收要素和征管制度关系只能由法律规定，当尚未制定法律，并且制定法律的条件不成熟而经济社会发展现实又确实需要立法时，全国人大及其常委会有权授权国务院对其中的部分事项先制定行政法规，但必须做专门的税收立法授权决定，明确授权的目的、事项、范围、期限以及被授权机关实施授权决定应当遵循的原则等。

7.3.2 税收科学立法①

科学立法是全面依法治国的基础，其要义是税法立法应立足中国国情和实际，尊重并体现社会发展的客观规律，使其符合国情、符合实际、符合时代发展要求，把握税收立法规律。正确认识和把握税收分配的内在规律性是做好税收立法的重要前提。只有在全面客观总结税收分配实践活动的基础上，把握运行的规律性，才能确保税收法律规范的立法质量。

（1）税收科学立法理念。科学立法就其理念而言，就是要反映和体现客观规律，遵循法律体系自身的内在规律。只有符合法律自身的内在规律，才能有效规制社会生活、调整社会关系，建构起理想的社会秩序。不能超越社会、经济的发展规律，不能盲目制定不合实际、无法实施的法律，要把符合规律、通过实践证明是好的做法固定下来。所以，税收立法是否科学关键是看税收法律、政策、制度、体制是否符合经济社会发展的客观要求，是否符合广大人民群众意愿，是否体现与时俱进的时代精神。

（2）税收科学立法内容。科学立法就其内容而言，就是科学合理地规范公民、法人和其他组织的权利与义务，科学合理地规范国家机关的权力与责任。税收科学立法主要处理好以下几方面的关系：一是处理好税收权益与纳税人权益的关系，税收权益是国家经济利益的重要体现，属于公共利益的组成部分，税收立法必须强调税收权益，同时也要注意维护纳税人的合法权益，努力实现税收权益与纳税人合法权益的平衡。二是处理好实体与程序的关系，税收立法中不管是实体设定还是程序规定，是相辅相成的有机整体，要切实解决税收立法实践中“重实体，轻程序”的问题，着力研究如何通过设定程序制度约束权力的行使，保障权益的实现。三是处理好立足现实与改革创新的关系。税收立法中要注重将立法进程与改革进程结合起来，既要立足现实，着眼未来，又要体现改革精神，用法律规范引导、推进和保障税收改革顺利进行。四是处理好立“新法”与改“旧法”的关系。这里涉及税收法律规范的稳定性与适应性的关系问题。

（3）税收科学立法方法。税收科学立法就其方法而言，立法是否科学，要看立项是否科学，立法项目的合法性、必要性、可行性、前瞻性、合理性等问题研究得是否充分、透彻。一是结合自然条件、社会经济条件，围绕带有普

---

① 田成有．科学立法的三个维度．人大研究，2018（7）：46－49

遍性、全局性、根本性的重点问题，进行充分的调查、研究、论证，真正制定出具有地方特色的、可操作的、管用的立法。二是按照条件成熟、突出重点、统筹兼顾的原则，科学合理制订税收立法计划。制订计划时要对税收立法项目进行可行性分析，探索建立成本效益分析制度，不仅要考虑立法过程成本，还要研究其实施后的执行成本和社会成本。三是建立健全税收立法的论证和评估制度。立法机关和实施机关应当定期对税收法律规范的实施情况进行评估，立法机关应及时研究解决评估意见报告中的问题，及时修改、废止税收法律规范中不符合经济社会发展要求的相关规定。四是在税收立法过程中发挥专家学者的积极作用，实现税收立法的科学化。客观而言，立法机关的组成人员在税收、税法层面的知识储备相对有限，需要通过法律顾问、税收立法咨询专家库等渠道弥补立法机构在税收法律专业知识中的不足。

7.3.3 税收民主立法

民主立法的核心在于立法要为了人民、依靠人民，充分发扬民主、广泛凝聚共识，切实反映人民的意志和利益。

（1）在税收基本法律中，确立纳税人权利的法律地位，实现权利和义务的统一。一是建立纳税人的专门监督制度，赋予纳税人监督政府财政收支的基本权利，这是保证国家与人民之间权利义务对等性的基本要求。二是加强各级人大对各级政府的预算监督，包括对预算本身的科学性、合理性及其执行情况进行监督与约束。确定人大预算审批权范围，明确预算修正权归属。三是落实人大预算委员会行使预算职权；明确预算被通过或被否决的法律后果及责任，督促编制机关认真履行职责。四是提高预算安排的公开性、透明度，使人大便于监督进而更好地行使质询权、建议权。

（2）在税收立法程序中，在制定不同层级的税收法律规范时，应当建立起不同程度的民意机制，将正当程序理念引入涉及纳税人实质利益的法规、规章和规范性文件的制定过程中。要强调立法全过程的公开透明，保障社会公众对于税收立法的广泛参与和监督。起草和审议税收法律规范要采取多种形式广泛听取意见，对重大的税收立法草案，要采取听证会、论证会、座谈会等形式听取社会意见，尊重多数人的意愿，充分反映广大公众的根本利益。通过聘请法律顾问、设立税收立法咨询专家库等方式，发挥专家学者的积极作用。采取公开听取税收立法意见制度，是税收公开化、透明度的内在要求，同时社会公众在税收立法进行中的广泛参与既是宣传税法，为税法实施奠定基础的有效渠道，也是尊重人权的重要体现。

（3）在税收立法过程中，既要广泛公开征求听取意见，更要建立对公众意见的吸纳和反馈机制。强调税收立法全过程的公开透明，在各个环节设置必要的征求意见机制，探索创新征求意见的方式方法，重视对公众意见的反映，在立法草案广泛征求公众意见后，要将公众的合理诉求加以吸纳，并通过立法予以体现，从而融入法律条文中。通过立法过程的透明、公正来保证立法质量。税收立法中征求意见反馈机制的建立，将会极大提升和调动社会公众参与的热情，也将为税收立法质量的提高创造条件。

8　成熟定型税制体系

税收既是政府履行职能的收入保障，奠定了国家治理的财力基础，又是政府弥补市场失灵的重要政策工具，能够在资源配置中矫正外部性，维护市场的公平竞争，促进收入分配的公平与公正，对国家长治久安具有重要意义。从完善国家治理体系、提升治理能力、推进“五位一体”改革的全局出发，基于激励创新、协调发展、扶持创业、绿色持续、公平正义以及对外开放发展需求的税收制度政策目标及其运行机制，结合社会经济正常运行趋势，建立高质量发展税制体系。

8.1　经济发展方式转变

我国经济由高速增长向高质量发展正经历四大转变：一是由追求规模、数量，向追求数量、质量和效益协同转变；二是由依靠资源要素、环境牺牲和资金投入，向依靠科技进步、创新驱动和人力资源投入协同转变；三是由依靠投资、出口拉动向依靠消费、投资和出口协同转变；四是由依靠第二产业向依靠第一、第二、第三产业协同转变。促进经济发展方式转变的税制改革主要有以下几方面。

8.1.1　深化增值税改革

营改增后的增值税成为中国在商品和服务领域唯一普遍征收的消费类税种，不仅对筹集政府收入具有支撑作用，而且对人们消费行为具有重要影响，因此，科学发挥增值税中性、规范制度功能至关重要。2016 年，中国已全面实施营改增，2017—2020 年，又对增值税适用税率、进项税抵扣以及留抵退税作了重大调整，使制度趋于合理。但未来还须从战略高度和长远眼光，推进完善税制。我国增值税制度的目标应是集筹集财政收入和调节收入分配功能于一身，兼顾公平与效率，建立一个更加公正、简明、高效的增值税制度。

8.1.1.1 优化增值税税率结构

税率是增值税的核心和灵魂，传统增值税和现代增值税的焦点就是围绕实行单一税率还是多档税率而展开。从理论分析，单一税率更符合增值税中性原则要求。任何货物进口、生产销售以及劳务提供都按同样税率计征增值税，可以避免销项和进项使用不同税率产生替代效应，不会干扰生产经营者和消费者的经济决策。同时，有利于降低税务机关的征管费用和纳税人的遵从成本，减少逃避税的动机和机会。

根据各国增值税制度的特点，国际上将增值税划分为传统增值税模式和现代增值税模式。前者以欧盟为代表采用多档税率以及多种免税优惠；后者以澳大利亚（10%）和新西兰（15%）为代表，主要采用一档税率并严控免税优惠。自20世纪90年代以来，新西兰单一税率的增值税模式逐渐风行。由于其实现了理论上理想的增值税所应达到的财政和经济目标，被普遍认为是“完美”的增值税。OECD、国际货币基金组织（IMF）等国际组织和专家学者强烈推荐使用新西兰模式。从全球170余个开征增值税的国家（地区）看，设置单一税率和多档税率的数量基本持平，但引入增值税较早的国家（地区），税率档次往往较多，而近年引入增值税的国家（地区），更多选取的是单一税率。这也从一个侧面反映出国际上简并税率、简化税制的发展趋势。

从大部分国家实行增值税单一税率的发展趋势看，随着市场完善，税率结构将趋向简单。中国增值税简并税率已是未来改革基本趋势和主要抓手，未来可随着征税范围扩大，逐步简并税率档次，并将总体税率下调，从而实现产业总减税。依照现代增值税模式，将三档基本税率向二档税率甚至单一基本税率简并，同时设有两档调节税率，绝大部分商品服务适用基本税率，少数需要调节或照顾的商品和服务适用高税率或低税率。但问题关键是基本税率设定，提高基本税率还是降低基本税率需要同时考虑财政承受力和社会承受力。其中，提高基本税率主要取决于社会承受力，而降低基本税率则主要取决于财政承受力。

8.1.1.2 完善增值税抵扣范围

健全的抵扣制度能否消除重复征税，是影响增值税中性作用的最主要因素。增值税抵扣制度的差异，会直接影响到各环节纳税人承担的税收负担。由于税制模式选择及税收征管的原因，即使是较早实行增值税的发达国家也难以做到完全的分摊和抵扣，做到应抵尽抵，这反映了增值税制度及其抵扣制度的有限性。随着中国增值税征收范围全覆盖，增值税可抵扣范围面临着量大、面广、点散的复杂局面，这给增值税抵扣制度的设计和征管增加了难度。为最大限度发挥增值税抵扣制度的作用，同时规避管理风险，可以仿照一些 OECD 国家的做法，在下一步抵扣制度设计中采用限制抵扣清单、例外条款等方法，对招待费、交通费等难以区分商用还是私用的抵扣，采用“打折”的形式予以确认。

8.1.1.3 清理增值税优惠政策

为了减轻企业负担，确保所有行业税负只减不增，在制订全面推行增值税改革方案时，对原税收优惠政策原则上予以延续。对老合同、老项目实行政策平移，对特定行业采取过渡性优惠措施，适用简易计税办法的应税项目进一步增多，同时对融资租赁、联合运输、广告服务等有关项目实行按差额征税。中国在全面实施营改增时，增值税的优惠政策在不同程度上实现了政策目标，对经济的发展起到了一定的积极作用，但由于增值税本身的特性和机制，增值税优惠政策过多带来的问题也逐渐凸显。从理论上来讲，增值税并不适合减免税政策，因为如果减免税政策不在最终环节，增值税抵扣链条上一道环节减免税，意味着下一道环节增税。从实践上看，大量临时性、过渡性和特殊性增值税优惠政策，不仅有违增值税中性、规范、统一原则，导致增值税制碎片化，而且使得增值税政策和管理更加复杂，征纳成本有所增加。

从增值税制度发展比较成熟的国家情况看，对商品的免税，除挪威、瑞典免税范围较宽外，德国、比利时、法国的免税范围都较窄，奥地利甚至没有对任何商品给予免税待遇，新西兰对商品和服务的免税范围是最小的，仅对金融服务和住宅便利设备免税。而免税项目少和实行单一税率，正是新西兰成为增值税运作最成功的范例之一的基本原因。从对增值税免税的国际比较，不难得出免税应该控制在最小范围，而且尽量杜绝中间环节免税的结论。为减少增值税对市场经济行为的扭曲、降低征纳成本，应取消所有优惠政策措施。因此，未来深化改革应全面清理过渡性减税、免税优惠政策措施，尽可能减少增值税减税免税政策安排。对于确有必要的一些产业政策，可通过所得税等税种和财政支出等政策工具来实现。即使要实施特定的增值税优惠政策，也应当更多集中在终端消费品领域，如对生活必需的商品和服务实行免税等优惠政策，以利于提高增值税中性特征。

8.1.1.4　改进留抵改退税政策

增值税留抵税是增值税当期进项税大于销售税时，无法通过销项完全抵扣的税额，按增值税暂行条例规定，应结转下期继续抵扣。长期以来，我国执行的是留抵税额只能结转抵扣而不能退税政策。当增值税进项税大于销项税时之所以要实施留抵税，主要出于便利税收征管，也有稳定财政需要考虑。但客观上增加了企业投资成本，加重了税收负担，增加了资金压力，也降低了创业、投资预期收益，不利于企业提升竞争力。2019 年 4 月 1 日起，我国在 2018 年对装备制造等先进制造业和研发等现代服务业，以及电网企业的增值税期末留抵税额予以退还基础上，扩大范围，不再区分行业，只要增值税一般纳税人符合规定的条件，都可以申请退还增值税增量留抵税额。这从根本上改变了现行留抵税制度，但全面试点的留抵退税制度受多项基本条件约束。

世界各国的增值税制度在设计时大多数会采用当即退税的方法。这是建立现代税制、减少税金在企业层面沉淀的重要举措。从长远来看，我国应通过渐进式改革的方式，逐步将允许增值税留抵退税的范围扩大。当前，要把已明确的增值税留抵退税政策制度实施好，下一步应随着税收征管能力提升，放宽留抵退税条件、优化留抵退税流程，尽可能做到应退尽退，让企业真正享受政策红利。对于增值税留抵税款可从存量和增量两个维度考虑，分步解决历史留存的留抵退税问题。存量留抵税款是指上期遗留下来还未进行抵扣的部分，增量留抵税款指本期尚在处理产生阶段可能增加或者已经发生的部分。考虑到留抵税产生原因复杂多样，各项留抵规模大小不一，应根据财政承受能力和征管能力，有针对性地分步推进留抵退税政策制度。首先，考虑将增量留抵税款进行解决。这样处理的目的在于尽量减少本期增加产生的留抵税额，利用货币时间价值来减轻叠加效应。对于增量留抵税款，主要是放宽退税条件，简化退税流程，缩短退税时间。其次，对于存量留抵税可根据制造业和非制造业、高新技术产业和普通产业，以及留抵税时间长短和占销售额比例，实行差异化退税政策。对于制造业，尤其是先进制造业和高新技术产业，以及留抵税超过一定期限，占销售额比超过一定比例限额的先行退税处理。分步实施，稳步推进，使增值税制度由留抵税向留抵退税进行历史性转变。

8.1.2 调整消费税征收制度

自 1993 年《消费税暂行条例》发布以来，我国消费税仅在税目和税率上有过微调，整体变化不大。随着经济发展、社会进步、国民消费能力提升，大众消费观念逐步转变，环保意识增强，实施消费税改革已是水到渠成、大势所趋。一是改革现行消费税征收对象，由价内税改为价外税。可先对高档手表、贵重首饰和珠宝玉石等条件成熟的税目实施改革，然后逐步扩大到烟、酒、油、车等税目。二是扩大消费税征收范围。我国现行消费税中有相当部分是针对资源消耗、环境污染征税，未来可进一步扩大消费税征收范围，以进一步发挥消费税在促进资源节约利用和环境保护方面的作用。三是调整征收环节。由现行生产环节征税为主逐步转向消费环节征税为主，通过征收环节后移，更好发挥消费税在促进合理消费方面的作用。

8.1.3 优化企业所得税政策

中国于 2008 年实施了新企业所得税法，通过统一内外资企业所得税制，规范税前扣除，调整了税收优惠政策导向，大幅度下调税率，来使税制变得合理，减轻企业所得税负。从长期看，面对国际竞争、世界性税制改革，企业所得税仍面临扩大税基、调整税率、创新优惠政策、强化征收管理改革任务，以更好发挥企业所得税在促进科技进步、管理创新作用。

（1）扩大课税基础。中国企业所得税深化改革核心和重点应是扩大税基，主要通过以下途径推进：一是扩大课税范围，落实税法规定的非企业性单位所得征税；二是完善收入确认，严格税法规定利息收入、租金收入、特许权使用费收入确认；三是合理税前扣除，为企业生产经营发生的正常、合理、必要开支得以足额扣除提出更为具体、指导性操作办法；四是控制减免优惠，控制行政性税收减免规定。通过扩大税基以有效增加收入、减少税收扭曲、公平税收制度、简化税务管理。

（2）调整税率结构。2007 年企业所得税改革已将企业所得税税率由 33% 降为 25%，小型微利企业税率由 27% 降为 20%。进一步调整税率可从税率水平和税率结构两方面着手：一是应对以降低公司所得税税率为主要手段的国际税收竞争，研究进一步降低企业所得税税率，以提升企业国际竞争力。二是对于中小企业，尤其小微企业，由于规模较小，抗市场风险能力较弱，有必要继续实施更为优惠的小型微利企业所得税优惠政策，并力求将短期优惠政策发展为长期优惠制度。

（3）创新优惠政策。从促进产业转型和科技进步出发，需要创新企业所得税优惠政策，实现优惠政策转变：在优惠目标上，基于创新导向实行税收激励政策，即将税收政策作为促进动能转换和战略新兴产业发展的加速器。通过系统、多元、动态的税收优惠政策，对新兴产业、科研行为、人力资本投资、成果转化和应用、平台孵化等给予不同形式的税收优惠，鼓励企业加大科技投入，促进全社会的技术进步。激发创新主体活力，发展壮大培育创新动能。在优惠方式上，由降低税率的税率型优惠转向扩大税前扣除的税基型优惠。在优惠重点上，由企业产出营利税收优惠转向企业研发投入税收优惠。在优惠导向上，由鼓励企业引进消化先进技术优惠转向激励企业自主创新优惠。通过降低税率、扩大税前扣除、建立科技创新基金等方式来促进科技进步。

（4）强化税收管理。现行新企业所得税制趋于合理，大幅改革空间不大，重点应由制度改革转向征收管理改革。核心是在完善立法基础上进行有效管理：一是加强费用扣除管理，防范同企业生产、经营无关支出和非必要支出的税前扣除；二是加强关联交易管理，对关联企业之间业务往来价格、费用标准实行强化管理，防范关联企业在业务往来时，利用关联方的不同所得税政策以及盈亏情况，通过不合理转让定价和分摊费用来规避税收；三是防范避税管理，加大对转让定价、资本弱化、受控外国公司等不同形式避税行为的管理。

8.2 收入财富公平分配

共享是发展的最终目的，是经济发展的落脚点和社会进步的终极目标。党的十九大报告指出，新时代的发展理念就是要解决社会公平正义问题，让人民共享发展成果。税收体系要进一步实现公平正义，助力发展成果的共建共享。随着经济发展，中国居民收入水平提高，财富积累增多，收入水平差异和财产占有差异矛盾越来越突出。中国税收虽然收入功能强化了，但分配功能却有所弱化。如何让税收在收入分配和财产合理配置上发挥应有作用，需要综合推进个人所得税由分类征收向分类综合个人所得税制改革，加快房地产税立法，建立社会保障税制度，以建立公平税制体系。

8.2.1 个人所得税改革

2018 年 8 月 31 日，新的个人所得税法在十三届全国人大常委会第五次会议表决通过，这是个人所得税法自1980年出台以来第七次修订。基于改善民生、调节收入、完善制度的需要，提高了起征点，新增专项附加扣除，由分类征税改为分类和综合征税，完成了个人所得税历史性突破，是一次具有里程碑意义的改革。但是，新的个人所得税仍有待进一步完善。

（1）完善课税模式。分类与综合所得税制改革应当以二元所得税制为目标。二元所得税制是将个人来自不同经济活动的所得分为劳动所得和资本所得两部分，作为个人所得税的两个独立税基已成为越来越多国家的选择。下一阶段我国个人所得税课税模式应当进一步完善：一是扩大综合所得税范围。按照二元所得税制的两个独立税基，先确定资本利得的范围，凡不属于资本利得的，不论税法是否列举，均纳入综合所得。二是将属于资本利得的所得项目合并成为一个独立税基，实行按年计税，年度内盈亏轧抵，体现量能负税。三是将资本利得的最高边际税率提高到30%，实行10%、20%、30%三级超额累进税率，在保持资本利得宏观税负水平不增长的前提下，缩小与劳动所得的税率差。

（2）优化税率结构。我国改革后的个人所得税依然实行最高适用税率45%的七级累进税率，相较于其他国家和地区，我国个人所得税边际税率高、税率级次多的特征较为明显。高边际税率着眼于对高收入者多征税，以体现税收的累进性。实行高边际税率虽然有利于收入公平分配、缩小税后收入差距，但其税收负面效应也显而易见。不但会对适用高边际税率的个人产生减少工作和努力的反激励效应，而且会增加个人税收不遵从和逃税，同时不利于人才国际正常合理流动。从国际上个人所得税税率改革来看，有降低高边际税率、改善个人所得税效率的趋势。为此，有必要根据国际大多数国家个人所得税的适用边际税率，来制定我国适用边际税率，使个人所得税适用税率保持国家间横向平衡，以减少个人所得税反激励效应，以及因税率偏高而导致的税收不遵从，并使人力资源在国际不受税收影响而自由流动。同时，由于我国个人所得税税率档次多达七级，在国际上也属于税率级次偏多的国家，由于税率级次过多，也增加了税收制度复杂性。为此，在降低个人所得税边际税率的同时，减少税率级次，使七级税率减为三至五级，从而进一步优化税率结构，简化个人所得税税制。

（3）合理税前扣除。个人所得税改革将月免征额额从3500元提高到5000元，并增加子女教育、继续教育、大病医疗、住房贷款利息或者住房租金、赡养老人等6项专项附加扣除，大幅减轻了中低收入者的个人所得税负担。但个人所得税税前扣除仍存在一些不尽合理部分，有待进一步完善。

第一，现行个人所得税无论是基本扣除还是专项附加扣除，采取全国统一扣除标准。全国统一标准虽然可以简化税收流程和操作程序，体现政策制度统一性，但由于不同地区经济发展水平不同，基本生活标准支出差异较大，全国统一标准不能准确反映各地实际支出。应参考不同地区平均收入、基本生活成本水平，综合考虑各个城市的发展水平和经济情况，结合居民收入和消费支出的情况，对全国城市进行划区分档，以对不同地区制定适用差别化费用扣除标准，实现个人所得税地区平等。

第二，现行个人所得税无论是基本扣除还是专项附加扣除，均实行定额扣除或者限额内扣除，一般往往几年不变。然而，由于我国作为一个经济增长迅速的发展中国家，无论是居民收入增速还是通胀速度，均要明显超过发达市场经济国家，这表示我们更加需要建立指数化的自动调整机制。调整机制应是多种多样，可提前确定每几年修订一次，避免长期得不到修订的情况发生。还可制定根据通货膨胀率、居民收入增速、经济增速等指标实行指数化调整的机制，可制定完全调整机制，也可制定部分调整机制。

（4）增加特殊扣除。尽管从全世界主流国家看，课税单位已经从家庭、夫妻转向个人，但是以家庭为单位课税的长处，对于我国转型中的个人所得税税制还是有很多有益的借鉴的。以个人为课税对象，两个总收入一样的家庭，一个家庭夫妻都有收入来源，而另一个家庭则一人失业在家，按照现行税制会导致相同收入的两个家庭却要承担不同的税负，从而会影响到社会的公平。鉴于家庭成员失业或者丧失劳动力会对家庭负税能力产生重大影响，我们建议：第一，增加“配偶失业扣除”项，纳税人配偶失业的，纳税人可双倍扣除基本扣除项目数额；第二，将现行的残疾人本人劳动所得减免税政策改为“丧失劳动力扣除项”，即纳税人家庭成员为残疾人的，该纳税人可在其收入中专门扣除该项扣除项。这样的好处是，残疾人能够参加劳动的毕竟是少数，因而能够享受原政策的也是少数。将其改造为“丧失劳动力扣除”，可使减免税惠及所有残疾人家庭。

（5）加强税收征管。修正后的新个人所得税法，首次提出针对个人的纳税人识别号，规定纳税人有中国公民身份号码的，以其中国公民身份号码为纳税人识别号；没有中国公民身份号码的，由税务机关赋予其纳税人识别号。纳税人识别号的设立为个人所得税统一代码制度的实现奠定了良好基础。纳税人识别号是每个公民唯一且终生不变的代码，构建完善的统一代码制度可从以下两个方面切入：一方面，在纳税人从事与取得收入相关的涉税活动时必须填报该代码，纳税人办理报税、缴税、退税、申报费用扣除时也必须填报纳税人识别号；另一方面，税务部门依据纳税人识别号整理、汇总、分析各纳税人的收入，以全面地掌握纳税人的收入来源及金额，防止纳税人采用隐匿收入、分拆收入等方式少缴或不缴税款，保证税收的公平性。对于广大人民群众而言，收入渠道逐渐多元化，收入来源有转账收入及现金收入。

8.2.2 社会保障费改税

中国现行社会保障采取收费为主、地区差别的社会保险筹资模式，实施社会保障费改税，建立全国统一社会保障税制度，是适应深化市场经济发展内在要求，优化社会保障筹资模式，提升社会保障层次，建立稳定、可持续的社会保障运行机制的必然选择。

（1）统一社会保障税收。中国现行养老、医疗和失业等社会保障支出，主要实施以收取社会保险费形式的社保基金方式，大多在省级统筹，由于各省市经济发展水平不同，筹集和发放标准差异较大。实行社会保障费改税，就是要将现行针对不同地区、同一地区城市和农村、同一城市不同就业群体在社会保障收费缴纳和使用上实行差异化制度，改为统一的社会保障税制度。

（2）提升社会保障层次。实行统一的社会保障费改税，面临的现实问题是由于中国现行社会保障基金在省一级统筹，地区之间经济发展以及生活水平存在较大差异，社会保障收费和支出标准在各省之间也差异较大。如何建立全国统一的社会保障税水平和支出标准面临诸多难题，存在较大分歧和争议。其核心问题是由社会保障基金的地区统筹，上升到社会保障税的中央统筹，以有效发挥社会保障税在全社会范围内的统筹保障作用。

（3）强化社会保障管理。中国现行社会保障由于地方统筹，采取了不同地区分别由地方税务局和劳动人事部门征收二元模式。社会保障基金收费改为征收社会保障税后，为提高社会保障税征管水平、降低征收成本，将改为由税务机构统一征收管理。对于雇员应纳税款由雇员所在公司实行源泉扣缴，而雇主应纳税款由公司直接缴纳；而对于自营业主及其他社会成员应缴纳的社会保险税，则由纳税人自行申报缴纳。

8.2.3 房地产税改革

党的十八届三中全会就完善房地产税制，提出了“加快房地产税立法，并适时推进改革”的改革思路。从房产税转向房地产税，房地产税由先试点再推行转向先立法后推进，阐明了房地产税改的基本思路和改革路径。

（1）从控制需求转向保障供给。长期以来，我国对房地产宏观调控的主要思路是以控制需求为主，无论是限购、限贷，还是提高利率，增加开发和交易环节税收，出发点都是希望通过限制需求来平抑供求、稳定房价。但控制需求政策是一把既控制需求，又抑制供给的双刃剑。因此，实施由控制需求转向扩大供给，寄希望通过增加土地供给，建立为中低收入者提供保障房，和为中高收入者提供商品房的多元住房体系，保障房地产供给，来平抑房地产供求。

（2）用房地产持有税替代开发税。我国现行房地产领域涉税可分三个环节：一是开发环节，房地产开发企业取得土地开发权、从事房地产开发销售时要缴纳增值税、附加税、企业所得税、土地增值税、印花税和契税和印花税；二是转让环节，旧房转让要根据持有时间、交易价格有区别地缴纳增值税、附加税、契税、印花税、个人所得税或企业所得税；三是持有环节，企业房产需缴纳房产税和土地使用税，个人房产除上海和重庆试点外暂不征纳房产税。由于未来税制改革的基本原则是不增加新税，如果要增税必须先减税，因此适应供给管理的主要改革思路是降低开发、转让环节税收，提高持有环节税收。具体来讲就是提高持有环节房产税，降低开发转让环节相关税负。

（3）由先行先试转为先行立法。加快房产税立法，从而使房房产税改革路径由先行先试转为先税收立法，再扩围改革。然而，立法同样面临艰难的制度抉择：一是改革前提。房地产开发、转让、持有税收体系应整体考虑，在增加持有环节税负的同时，相应降低开发环节不合理税费，重点是应取消土地增值税。二是改革基础。我国现行房地产税收制度是对房产、土地实行分离型征税，在商品房市场化体系形成和房地产价值一体化的前提下，房地产税立法时应将房产和土地一并加以评估考虑。三是改革核心。房地产税改革的核心是征税范围的变化和确定，主要涉及纳税主体由企业向个人拓展，地域范围由城市向农村拓展，征税对象由商品房向非商品房拓展。

8.3 经济社会持续发展

长期以来，中国经济发展更多依靠资源消耗、劳动力投入，以及牺牲环境为代价而取得。随着中国资源消耗、生态环境问题日趋严重，中国依赖资源消耗、环境污染的发展方式受到代表未来绿色环保、低碳经济的发展方式的高度挑战。高质量发展要遵循绿色发展理念，要通过加快构建生态文明体系，确保到2035年，生态环境质量实现根本好转，着力建设资源节约、环境友好型社会，促进经济社会、人口资源和自然环境协调，走可持续发展模式，要求通过资源税和环境税改革，来促进资源节约、环境保护，实现可经济持续、稳定发展。

8.3.1 资源税改革

从改革内容看，总体上遵循清费立税、合理税费改革后的资源税负担和实施促进资源开发利用优惠政策的思路。在现有改革的基础上，未来资源税进一步改革的主要内容为：

（1）重构资源税体系。对现行资源相关的资源税、矿产资源补偿费、探矿权、采矿权使用费和价款制度等税费进行合理定位，归并调整，来重新构建资源税费体系。一是以税代费。适时进行资源税费制度改革，在统一资源税基础上，进一步将资源补偿费和相关收费基金改为资源税，由税务部门统一征收，并停止征收已并入资源税的煤炭、原油和天然气的矿产资源补偿费和矿区使用费。二是清理收费。目前，对矿产企业不但税、费并存，而且收费名目繁多，多头收取，有必要把目前保留的行政性收费，根据重构以后资源税费框架，区分不同属性，分别归入相应税、费体系。

（2）改革资源税制度。中国现行资源税主要是对原油、原煤、原气、原矿和原盐等资源开采征税，作为级差收益资源税，并没有强调税收对资源节约的激励和过度开发使用的限制，存在征税范围窄、绿色程度低、税率不合理等问题。为促进资源能源节约利用，应对现行资源税进行调整和改革。一是扩大征税范围。近期主要是将相对成熟的水资源纳入费改税范围；从中长期看，在条件逐具备前提下，将森林资源、草场资源、耕地资源等资源也纳入征收范围。二是调整征收方式。资源税的征收方式应由从量定额调整为从量定额和从价定率并存方式。即保留对一些价格波动不大的资源品按照开采量从量定额征收，对于市场价格涨价趋势明显的资源产品按销售收入从价定率计征。从价计征范围可以在现有原油、天然气和煤炭征收基础上，逐步扩大到金属和非金属矿产品等其他重要资源品。三是适度提高税率。资源税开征目的主要是资源补偿，以及级差收益调节，适当提高部分矿产资源品税额标准，可以有效提高资源使用成本，限制过度开发，达到节能降耗、构建资源型节约型社会目标。在现有政策基础上，进一步提高稀缺性资源、高污染和高能耗矿产品的资源税税负，并结合能源产品价格调整和收费制度改革，理顺能源产品的价格形成机制。四是规范税收优惠。对综合利用、开发利用替代资源等节约资源使用行为实施减免税优惠政策，以激励引导产业资源使用向循环经济和现代能源利用发展。

（3）合理化资源定价机制。在深化资源税改革基础上，以市场化为导向，建立由市场供求决定的资源价格形成机制，以及煤、原油、天然气和电价格联动机制。合理资源定价机制，实行全成本覆盖，以使煤、电、油、气、水、矿产等资源类产品价格体现资源开发成本，从而保证资源可持续开发和使用。

8.3.2 环境保护税改革

2016 年 12 月 25 日，《环境保护税法》在十二届全国人大常委会第二十五次会议上获表决通过，并于 2018 年 1 月 1 日起施行。

（1）环境保护税基本制度。中国现行《环境保护税法》是对在中国境内直接向环境排放应税污染物的企事业单位与经营者征税，应税污染物包括大气污染物、水污染物、固体废物和噪声四类。征税对象具体划分为三类：一是直接排放污染物的单位；二是超过国家规定污染物排放标准的依法设立的生活垃圾集中处理地与污水集中处理厂；三是不符合国家标准的处置废物企事业单位与其他经营者。环境保护税法以多排多缴、少排少缴的规定促使企业减少排污量，达到保护和改善环境的目的。

（2）环保税与排污费比较。征税类目大致相同，但环保税征收范围大于排污费，主要是将噪声污染细分为建筑噪声污染与工业噪声污染。税率依据不同计量单位采取定额税率，水污染与大气污染的征收标准有所升高，噪声污染的标准略微降低，而固体废物污染的征收水平基本不变。征收总体水平与排污费基本保持平衡。税收优惠方面，环保税基本保留了排污费的农业生产、城镇污水处理厂与流动污染源的税收优惠政策，并结合不同企业的排放标准设计新的优惠政策，旨在激励企业从多方面降低排放量。

（3）环保税深化改革研究：一是逐步扩大征税范围。当前，我国的二氧化碳排放量位居全球前列，已有部分国家开始征收碳税，而我国环境保护税并不包含相关污染税费，原因在于如果此次新政策直接将碳税列入征税范围会大范围大幅度地加重企业负担，不利于新政策推行。然而，从长期而言我国终究应该将二氧化碳的排放列入征税范围。二是逐步提高征税标准。基于当前我国环境污染问题日益严重的现状，在环保税推出前，排污费的征收标准一直在逐步调整。环境保护法的征税标准与前期排污费的征收标准相比，体现了我国针对相关税务法律改革的循序渐进的改革方式。可允许地方政府在标准税额基础上，自行选择征收标准，适当上浮应税污染物的适用税额。

8.4 国际贸易投资协调[①]

世界正处于大发展、大变革、大调整时期，经济复苏缓慢，增长动能不足；贸易保护主义盛行，给世界经济带来的不稳定性、不确定性有增无减。为应对逆全球化思潮挑战，我国应加强国际税收合作，促进新型全球化，实现互利共赢。

8.4.1 调整进出口贸易税收政策

通过优化调整出口退税率结构，降低进口商品关税、取消服务贸易出口增值税，促进我国从出口导向型贸易向进出口平衡型贸易转型。一是调整出口退税政策。废除由政府下达出口退税指标的制度，逐步实施更为有效的征退一体化出口退税管理办法。二是调整进出口关税政策。一方面，调整出口关税政策，提高对高耗能、高污染产品出口关税征税力度，发挥更大产业引导作用；另一方面，调整进口关税政策，降低与民众生活密切相关生活用品的进口关税，充分利用国际资源服务国内经济发展和人民生活，降低先进技术设备、关键零部件进口关税以促进产业升级。

8.4.2 完善对外投资税收制度

一是为更好鼓励对外投资，可制定相关政策，明确对外投资所得征税对象、税率、计税依据、征税时间等税制要素以及税收抵免、亏损结转和减免税审批等管理要点，在保持相对中性的前提下，支持企业对外投资。二是将抵免限额、抵免方法上由分国不分项抵免改为综合限额抵免。三是建立境外投资风险准备金并允许税前扣除，用于冲减境外投资亏损。四是适度放宽亏损结转等限制，以增强我国境外投资企业国际生存、发展和竞争能力。

---

① 胡春，郝晓薇. 国家治理视角下的新一轮税制改革路径解析. 税收经济研究，2014 (3)：7－11

8.4.3 完善数字经济税收政策

应对数字经济，主要应做到以下几点：一是要加快税制改革，保障我国数字经济健康发展。当前，我国的税收制度还存在不适合数字经济发展的部分。比如，增值税多环节征收、层层抵扣、按增值额纳税的特点，使其更适用于实体经济而不适用于数字经济。为此，我国还需要加快税制改革，使税收制度全面适应和促进数字经济发展。二是要加强国际税收合作，化解数字经济国际化面临的税制壁垒。在大力发展互联网经济和高新技术产业的进程中，我国“走出去”企业面临各国相继单边开征数字服务税的情况。为此，一方面，我国应加强与开征数字服务税的国家进行税收协调，依托 20 国集团（G20）、经济合作与发展组织（OECD）等国际组织开展多边、双边对话，加强国际税制沟通合作，避免我国企业遭受不公平对待；另一方面，应审时度势、精心谋划、超前布局、力争主动加强最低有效税率理论和实务问题的研究，支持并推动最低有效税率成为国际社会普遍认可的解决数字经济税收问题的方案。

9 优质便捷服务体系

纳税服务是税收征管的基础环节，是衡量税收征管效能和水平的重要指标，对于提高纳税遵从度、减少税收成本、加强征纳双方沟通等意义重大，直接影响现代税收征管新格局的构建。党的十九届四中全会明确了坚持和完善中国特色社会主义制度、推进国家治理体系和治理能力现代化的总体要求、总体目标和重点任务，提出要把制度优势更好转化为国家治理效能。转变服务思路，规范征纳行为，建立现代纳税服务体系是提升国家税收治理能力重要基础。①

9.1 纳税服务体系内容

纳税服务将征纳双方法律平等和以纳税人为中心作为服务宗旨，是税务机关依据税收法律、行政法规的规定，在税收征收、管理、检查和实施税收法律救济过程中向纳税人提供的服务事项和措施。

9.1.1 纳税服务宗旨

纳税服务宗旨是指在纳税服务工作中应该树立的价值观。新时代赋予了税收在国家治理中基础性、支柱性、保障性的职能定位。纳税服务的理念应该与国家治理的职能定位相匹配，体现税收治理的属性和特征。

（1）坚持征纳双方法律地位平等。征纳双方法律地位平等是指在税收法律关系中，征纳双方在法律地位上互为权利和义务的支配者。征纳双方法律地

① 王秀芝．税收能力提升的必由之路：税收征管现代化建设．中国人民大学学报．2015（6）：27－36

位平等是由税收法律关系决定的。对税务机关来说，既是税收征管者，又是提供服务者、接受监督制约者；对纳税人来说，既是接受管理者，也是享受服务者、实行监督制约者。任何一个国家和任何一个时期的税收征纳关系，实际上都是建立在这种权利和义务关系的基础之上。纳税服务是税务机关行政行为的组成部分，是促进纳税人依法诚信纳税和税务机关依法诚信征税的基础性工作。因此，牢固树立征纳双方法律地位平等的理念，是现代化税收治理体系和治理能力建设中体现法制属性的必然要求。

（2）坚持以服务纳税人为中心。以纳税人为中心是指税务机关在税收管理过程中，以税收法律关系为基本依据，以保障纳税人的合法权益不受侵害为基本原则，进一步规范纳税服务制度体系，完善纳税服务机构设置，广泛运用现代化的纳税服务技术和手段，降低税法遵从成本，加强税法宣传广度和力度，更好地保护纳税人的权利，充分体现和维护纳税人在遵从税法过程中的主体地位。树立“以纳税人为中心”的服务宗旨，是“以人民为中心”发展思想的内在要求，是实现税收治理现代化的价值追求，是转变政府职能的必然要求。树立“以纳税人为中心”的纳税服务宗旨，就是要把纳税人的需求作为一切工作的出发点，以纳税人满意度的提升来作为纳税服务工作质效的评判检验标准，提升税法遵从度，实现程序能简则简、优惠应享尽享、风险无险不扰、体验能优则优、全程线上自助服务目标。

9.1.2 纳税服务内容

（1）涉税咨询。涉税咨询是指税务机关依据税收法律法规及相关规定，通过多种渠道为纳税人和社会公众提供的税收政策、办税流程等咨询需求的服务，包括电话咨询、网络咨询以及面对面咨询等。电话咨询，纳税人通过拨打税务机关对外公开的咨询电话提出涉税咨询需求，税务机关为其提供免费咨询服务。网络咨询，纳税人通过互联网提出涉税咨询需求，税务机关为其提供免费咨询服务。面对面咨询，纳税人提出面对面涉税咨询需求，税务机关为其提供免费咨询服务。

（2）办税服务。办税服务是纳税服务的重要内容，包括发票办理、申报纳税、优惠办理、税收证明、税务注销等。发票办理是税务机关为纳税人办理发票印制、领用、开具、取得缴销等业务过程中所提供的服务。申报纳税是指税务机关和税务人员依照税收法律法规及相关规定，受理纳税人、扣缴义务人、委托代征人申报、缴纳解缴退还税费等业务过程中所提供的服务。优惠办理是指税务机关和税务人员在为符合条件的纳税人办理部分减少或全部免除纳税义务的过程中提供的服务。证明办理是指税务机关为纳税人办理开具税收证明过程中提供的服务。税务注销，是指纳税人、扣缴义务人由于法定的原因终止纳税义务、扣缴义务时，持有关证件和资料向主管税务机关申报办理税务注销手续。

（3）纳税人权益保护。纳税人权益是指纳税人依法行使的权利和享受的利益。纳税人权益受宪法和法律法规保障，税务机关应采取切实措施维护纳税人权益，保护纳税人利益。纳税人权益保护的措施包括以下内容：一是纳税人涉税信息查询。纳税人涉税信息查询包括社会公众涉税公开信息查询、纳税人涉税信息查询、第三方涉税保密信息查询等。二是纳税服务投诉。纳税人认为税务机关及其工作人员在履行纳税服务职责过程中未提供规范、文明的纳税服务或者有其他侵犯其合法权益的情形，向税务机关进行投诉，税务机关进行接收受理、调查、处理、反馈等服务。三是法律救济服务。法律救济是指行政相对人对行政机关作出的决定，依法享有申请行政复议、提起行政诉讼、请求税务行政赔偿、请求税务行政补偿以及国际相互协商等权利。

9.1.3 纳税服务体系

在“互联网+税务”背景下，纳税服务不但要发挥好传统功能，还应构建纳税服务新型生态体系。建立以纳税人为中心、以风险管理为主线、以智慧决策为导向，安全可靠、协同高效的信息化现代纳税服务体系。

（1）税法遵从的信用体系。积极推进信用动态监管制度：一是借助电子税务局对纳税人开展事前、事中、事后三级提醒，实现动态评分，促进纳税人自主纠错，提升税法遵从度；二是营造公平、良性的税收环境，搭建“纳税信用第一，纳税服务至上”的工作平台，将纳税信用等级评定数据与政府和金融机构共享。让诚信纳税人拥有更多获得感，失信纳税人付出更多代价，在维护税收环境公平的同时，使信用体系促进纳税遵从走向自觉、自律的新生态环境。

（2）严密完善的制度体系。一是规范办税服务厅建设，着重致力于本地化服务，结合“放管服”和“转方式、提质效”的工作要求，简化办税流程，将更多事项前移到办税服务厅，把办税服务厅建设成为“迷你税务局”，对于不能实现网上办理的业务，做到“窗口接件、后台流转、统一出件”。二是拓展办税服务厅功能，提倡以自助办税为主、办税服务厅办税为辅的办税服务新模式，配备自助办税机。同时，将“互联网+税务”信息数据的统计、分析、监管、共享等功能综合运用到纳税服务工作中，切实用好办税服务厅办税可视化、无纸化、信息化、智能化服务与管理为一体的操控系统。

（3）人工智能的应用体系。一是提供自助机智能终端服务，利用大数据和信息技术研发智能化的自主办税终端，实现代开发票、缴纳税款、受理申报等实体办税服务厅的功能，实现纳税人与税务人员语音互联的人工智能体验，在线帮助纳税人解决实际问题。二是加强咨询辅导，增设咨询辅导人员，引导纳税人通过电子税务局或办税APP（手机应用软件）办理业务。同时，逐步启动办税服务厅外移工程，将智能办税终端装设在政府行政服务大厅、银行网点、房产交易大厅、商业中心等社区服务场所，以方便纳税人就近办理业务。三是提供互联网智能办税服务。要以优化税务机关门户网站功能为推手，借助税务服务类软件搭建的平台，把为纳税人服务的缴税、查询、开票、欠税、流程、算法等内容，通过服务软件直接提供给纳税人，满足纳税人个性化需求向信息化与智能化转变。

（4）信息融合的共享体系。税务机构加强与内、外相关部门的信息沟通，在充分调动自身工作积极性的同时，争取获得最大的外部支持。一是对内以纳税服务为主线，优化税务机关的机构设置，梳理纳税服务流程，制定辅导和质量监控等工作规则。二是对外加强与工商、社保、海关、银行等部门的协作配合，利用“互联网+”信息技术搭建数据共享平台，建立与地方政府各部门及纳税人数据相关的交换机制。三是遵循成本效益的原则，重视专业社会中介和其他组织为纳税人提供的税收筹划、政策咨询、法律帮助等纳税服务，鼓励纳税人自我服务，构成政府、社会组织、纳税人等主体共同参与的纳税服务体系，并加强监督管理。

（5）风险控制的监管体系。一是纳税人涉税风险事前提醒。在涉税风险发生前，税务机关要以电子税务局的信息推送为主、电话提醒兜底的方式，提醒纳税人及时了解政策变化，防止纳税人非主观错误引发的涉税风险。二是纳税人涉税风险事中点醒。在涉税风险发生时，税务机关要根据纳税人涉税数据和风险控制资料，通过各种联系手段及时告知纳税风险点，帮助纳税人提升自身的风险控制能力，降低风险成本。三是纳税人涉税风险事后警醒。当纳税人涉税风险发生后，税务机关要通过纳税服务分析系统及时发现纳税状态、税收减免以及税额异常等问题，提醒相关部门实施纳税评估或税务检查，同时给予纳税人以警醒，增强纳税人的税收风险防范意识。

9.2 纳税服务管理创新

税收是国家治理体系的重要组成部分；税收治理效能是国家治理能力的重要体现形式。国家税务总局立足经济社会发展现状，深入研究当前税收工作与全面深化改革、落实“放管服”和优化营商环境等要求的差距，配合税收法制化进程，应用信用社会建设和风险管理理念，充分吸纳现代科技发展成果，在税收实践中摸索打造以征管规范2.0为主体，“信用动态监控”和“风险动态监控”为核心，电子税务局为主要形态，线上线下融合、规则智能驱动的全新税收治理模式，实现税收治理能力的全面提升。

9.2.1 规范服务管理

为更好适应国税地税征管体制改革后的新形势、新要求，进一步规范税费业务办理，解决纳税人、缴费人反映强烈的痛点、难点、堵点问题，提高税费征管效率，国家税务总局先后推出征管规范2.0版和征管规范3.0版。

9.2.1.1 征管规范2.0

征管规范2.0是在对业务规范基础上的提升，是以系统集成的方式对碎片化政策的整合，以构建新的税收征管业务体系为目标。实现税费业务的统一化、规范化和标准化。

征管规范2.0运用一以贯之的“信用动态监控”和“风险动态监控”理念和思想，通过运用科学的方法论和技术实施分类分级管理，以“三简”（简事项、简表单、简资料）促“放”，以“三强”（强信用、强风控、强监督）促“管”，以“三通”（通标准，通信息、通渠道）促“服”。目前，征管规范2.0标准版精简了49%的业务事项、50%的报送资料、25%的表证单书；将税务即时注销等5个业务事项嵌入信用和风控动态监控功能，使“两个动态”初步进入实操阶段。

征管规范2.0以问题为导向，在执行中实现治理能力的提升，发现并促进政策制度的不断修正和完善，逐步解决现行业务体系与服务当前经济社会发展之间的矛盾。在标准版的基础上，征管规范2.0以问题为导向、以满足个性化需求为目的，试点升级创新版，以“两个动态”为支撑，对纳税人和业务事项进行分类分级，实施差异化管理和服务。

9.2.1.2 纳服规范3.0①

纳服规范3.0从三个方面进一步提升纳税人的体验感和获得感。一是纳税人负担更“轻”，减少纳税人报送资料1895份，精简42%。二是办税时间更“短”，148个事项“最多跑一次”，占比74%，提前达到国务院2019年底实现70%以上的办税事项“最多跑一次”的要求；对标世界银行营商环境指标，纳税次数由7次减为6次；减少纳税时间30小时，同比减少21%。三是办税渠道更“广”，有131个事项在基本规范中明确可以通过电子税务局、移动端或自助终端办理，占比66%，其余事项在升级规范中鼓励各地探索创新。

纳服规范3.0从三个方面有效解决纳税人新办难、注销难问题。一是在整合涉税事项方面，纳服规范3.0将原国税地税98个共有办税事项由“两次办”“联合办”变为“一次办”，对附加税（费）申报、房产交易申报等34个关联事项实行“串联办”；同时简化办税流程，提供操作指引，整体提升办理效率。二是在规范业务流程方面，纳服规范3.0将业务流程分为受理、办理、反馈、存档4个环节，明确各环节执行步骤；严格落实“窗口受理、内部流转、限时办结、窗口出件”等要求，加强前后台衔接，消除办理流程差异，有效规范纳税服务工作。三是在拓展办税渠道方面，纳服规范3.0加强电子税务局建设，提高网上办税、自助办税比重，明确通过电子税务局、移动端或自助终端办理事项，为纳税人提供多元化办税渠道。

总而言之，纳税服务规范3.0聚焦纳税人、缴费人的新需求新期盼，新版纳服规范进一步优化调整，鼓励各地创新办税方式，进一步提高办税服务质效，最大限度便利纳税人，最大限度规范税务人。

9.2.2 改进服务方法

“信用动态监控”和“风险动态监控”（简称“两个动态”）通过对纳税人信用和风险的动态评价，实施差别化的服务和管理，这是征管规范2.0、纳税服务3.0的核心，是新时期新阶段与时俱进实现税收治理现代化的创新方法论。

---

① 国家税务总局. 新版纳税服务规范发布. 人民网，2019.9.3

“两个动态”因事而举，紧紧抓住税收生态“动态循环”的鲜明特点，创新融入动态信用和动态风险管理，推动征管方式转变，实现信用管理与风险管理的良性互动。有利于对信用低、风险高的纳税人、缴费人实施精准监管，对信用高、风险低的纳税人、缴费人在少打扰甚至不打扰基础上提供更便捷的办税缴费服务。“两个动态”因时而进，是经济社会、技术发展条件下应运而生的智慧税务管理，是互联网、移动互联、大数据、人工智能等技术进步给管理提升带来的新思路和新可能，是紧跟而上对新生产力的高度应用。“两个动态”因需而新，是管理理念的彻底转变：从基于有罪推定思维的全面防范，转变为基于无罪推定的信任加服务；从人工自由裁量，转变为以机器与规则替代。既维护了纳税人权益，也保护了税务人员，更加有利于诚信社会建设与公平正义。

目前，信用动态监控同时关联到法人、财务和办税人员，共设置 127 个评价指标（包括法人及其他组织、个体户类 80 个，自然人类 28 个，严重失信类 19 个），提炼动态信用积分计算规则 1088 项。风险动态监控对疑点待办业务判定风险等级，采取事前告知、事中提醒改正、业务中断等三种应对措施，目前共设置 352 个监控指标，包括一级风险指标 100 个、二级风险指标 235 个、三级风险指标 17 个。

9.2.3 转变服务模式

电子税务局是落实征管规范 2.0、纳税服务 3.0 和“两个动态”、转化税收治理效能的主要载体，不仅是服务纳税人和税务人员的平台，更是纳税人履行义务享受权利、税务人员履行工作职责的智能化工具。目前，征管规范 2.0 创新版，正在上海、宁波等省市进行试点，试点效能转化比较理想。通过在税费业务办理流程中嵌入动态信用相关数据和业务处理规则，对高信用、低风险纳税人实行提示提醒式、确认式、数据预填式办税，完成了服务方式的重大转变。具体效能转化表现在以下三个方面：

一是低风险纳税人办税时间明显缩短。以误收退税业务办理为例，风险动态监控无疑点问题、信用动态监控获得积分较高的纳税人，办理时间比上线前平均缩短 50% 左右。

二是智能办税水平和工作效率同步提高。以发票票种核定为例，80% 以上纳税人可通过智能核定规则，由计算机系统自动核定、自动办结，办理时间平均缩短了两个工作日。

三是通过自动处理，降低了对人工判断的依赖性，减少了执法标准差异，在提高效率的同时，彰显了公平公正。宁波市税务局实时监测和抓取企业开办信息，智能判断新办纳税人需求并作出审批决策，自动完成税（费）种认定，通过模型计算发票种类和数量等，实现企业开办涉税业务自动化、标准化处理，全程无人工干预和自由裁量。

9.2.4 拓展服务渠道

2020 年，新冠肺炎疫情突如其来，为切实降低疫情传播风险，税务部门按照“尽可能网上办”的原则，积极拓展“非接触式”办税缴费服务，为支持企业复工复产，税务部门利用大数据平台为企业提供信息服务。

9.2.4.1 拓展非接触式办税①

优化办税缴费服务，降低疫情传播风险。税务总局共梳理了 185 个涉税缴费事项可在网上办理，制作了“非接触式”网上办税缴费事项清单，并逐渐将这一“非常”措施发展为常态工作，为纳税人、缴费人提供安全、高效、便利服务，广受纳税人、缴费人好评。

“非接触式”办税采取了“四步走”的办法。第一步，根据疫情防控需要，延长申报纳税期限；第二步，按照“尽可能网上办”的原则，优化电子税务局功能；第三步，通过 12366 纳税服务热线、微信等渠道，耐心细致解答纳税人、缴费人个性化问题；第四步，对确需到现场办理的，先引到自助办税服务终端进行办理，同时采取主动预约服务、错期错峰办理等方式，在办税服务厅窗口提供服务。

“非接触式”办税通过“网上办、自助办、邮寄送、线上答”等方式，最大限度方便纳税人、缴费人办税缴费。“网上办”，即按照“尽可能网上办”的原则，积极拓展“非接触式”网上办税缴费范围，梳理发布了 185 个网上办税缴费事项清单。“自助办”，即对确需到办税服务厅办理业务的，税务人员主动引导纳税人到自助办税服务终端办理业务。“邮寄送”，即对于实物类的单证，积极引导纳税人通过“网上办、邮寄送”的方式获取。“线上答”，即对纳税人、缴费人在办税缴费过程中遇到的个性化问题和需求，通过 12366 纳税服务热线、微信等渠道给予耐心及时准确的解答。

---

① 王军. 让“非接触式”办税走向常态. 人民日报，2020. 4. 3

9.2.4.2 利用好大数据平台

纳税人供应链查询功能是在税务总局大数据平台中新增的模块，通过分析海量的增值税发票产销数据，为纳税人提供全国范围内的供应链上下游信息查询服务，登录用户可通过输入商品服务名称、选择商品服务编码查询潜在供应商或采购商名单，同时通过选择生产经营所在地、行业、纳税信用等级等选项设置过滤条件，查看双方匹配度。这项查询功能由税务总局大数据和风险管理局开发，已面向全国各级税务部门开放。

税务人员使用的运维监控平台，由税务总局电子税务管理中心研发，通过对核心征管、税库银、电子税务局运行的主要应用性能指标进行监控，能够及时掌握各地系统服务中断、运行卡顿、性能下降等情况和问题，并推动优先解决办税缴费相关系统运行问题。截至 2020 年 5 月，该平台监控对象覆盖业务系统 108 个、服务器 3027 台，中间件应用节点 5760 个、数据库实例 731 个，单日数据量采集超过 100 万条，为“非接触式”办税缴费的安全平稳运行提供了坚实保障。

金税三期还能够通过外部交换系统实现与外部门信息对接，目前已连通 12 个部委机关、2 个国家信息共享平台，通过加强部门间信息共享，有力推动了纳税信用体系建设，守信联合激励、失信联合惩戒长效机制得以建立，其中“银税互动”项目已为众多企业“贷”来生机。金税三期系统带来全国税收数据集中互联，税收大数据平台帮助复工复产企业抢时夺势，运维监控平台保障办税缴费安全……一系列税收信息化的建设成果，瞄准“非接触式”办税缴费中的关键点、风险点，增加了纳税人缴费人的获得感、安全感。

9.2.5 提升服务效能

提升税收治理能力的目的，在于将好的税收制度转化为税收治理的实际效能。税收治理的效能，主要体现在两个方面：一是形成全社会普遍自觉遵从税法的优良环境，税收违法行为受到高度制约，税款流失处于较低水平；二是税收治理体系适宜遵从，纳税人的遵从成本和税务机关的征管成本持续降低，纳税人的办税效率和税务部门的管理效率不断提升。

（1）大幅提升营商环境指标。按照国务院《优化营商环境条例》“精简办税资料和流程，简并申报缴税次数，公开涉税事项办理时限，压减办税时间，加大推广使用电子发票的力度，逐步实现全程网上办税，持续优化纳税服务”

的要求，实现有关税收环境指标大幅改善，促进经济持续稳定发展。一是在精简事项和资料的基础上，通过“两个动态”分类分级，服务管理+智慧化办税进一步减少办税时间，提升效率；对于能做到自动化办理的业务事项，原则上一律自动化办理，要像“发票核定”一样，将单一事项整体效率提升80%以上，所有事项整体效率提升20%以上。二是全面推行电子发票这一优化营商环境“杀手锏”，通过采用可协同签名证书替代现行税控装置的购置和安装，将目前世行营商环境评估指标的2天缩减为几分钟；实行发票电子化、核对自动化，将目前世行营商环境评估指标办税时间由138小时降至97.8小时，压缩40.2小时，效率提升约29%，其中：增值税业务压缩33小时，提升约71.7%；企业所得税纳税时间压缩7.2小时，提升约18%。

（2）开拓发票业务管理思路。一是结合电子发票的推行，在电子税务局集成和优化发票管理，实现“一网通办”，以“两个动态”对发票全流程实施精准管控，业务高效协同、数据及时互通、风险群防群控，高效遏制发票虚开等违法行为发生，预计可减少因发票虚开造成的税款流失5000亿—8000亿元。二是充分发挥发票作为经济交易信息载体的作用，拓展开票信息的增值应用，服务纳税人，服务税收治理，服务社会。典型的如设计科学的电子发票交易流程，通过信息的传递，可直接由纳税人财务软件获取并记账，降低开具和取得成本；以纳税人开具和取得的发票信息为基础，根据税法规定计算相关税种交易申报数据，供纳税人确认，扩展“预填式服务”的边界和内涵，提高办税效率，也有震慑、引导和促使纳税人遵从税法之作用。

（3）持续降低纳税办税成本。大力推广“非接触式”办税缴费服务，将90%的涉税业务纳入全程“非接触式”办税范畴。发票“非接触式”领用比例要提升到70%以上。窗口人员从线下向在线互动转变，大幅减少实体大厅办税人流量，办税服务厅业务量和纳税人流量较2019年减少幅度不低于25%。

（4）不断优化提升办税体验。采用“免填预填+精准提示提醒”等手段，大力推进“非接触式+预填确认式”办税模式，将业务处理方式从“表单+流程驱动”转变为“数据驱动+规则管理+流程自动适配”，从“人找事”转为“事找人”。大部分业务一键办结，少数业务最多跑一次，根本性解决系统“卡慢堵”问题，对确定的网上办税好评率要达到95%以上。充分发挥数据优势，对能够确定符合政策的纳税人，探索变纳税人申请享受或申报为税务机关推送政策优惠、退税等信息给纳税人的路径，由纳税人选择是否享受优惠或退税，缩减业务环节，提高信息利用效率，优化纳税人体验。

（5）提高科技征管服务效率。业务办结时间压缩 20% 以上，大厅单项业务办理时长原则上不超过 10 分钟；逐步提升管理事项线上办理率，征管效率整体提升 20% 。通过业务规则化、机器学习模型的应用，对重点区域、重点行业、重点对象、重点事项逐步实现智能化处理；通过“两个动态”开展分类分级管理，实现高效自动化、差异化管理和辅助决策等，发挥科技第一生产力的作用，全面提升服务和征管效率。

9.3 纳税服务体系融合

纳税服务不仅是税务部门提供服务，也包括社会化专业纳税服务机构提供服务。涉税专业服务机构，作为纳税服务体系的一个重要组成部分，与税务机关的纳税服务既彼此独立，又相互依存、互为补充，共同构成整个纳税服务体系。

9.3.1 纳税服务国际趋势

OECD 税务管理论坛于 2016 年发布的《重新思考税务服务》报告，参与的国家包括澳大利亚、加拿大、中国、芬兰、德国、卢森堡、新西兰、新加坡、南非、西班牙、瑞典、瑞士、英国和韩国，比利时、爱沙尼亚、法国、希腊、匈牙利、意大利、墨西哥、挪威、俄罗斯、土耳其和美国也参加了会议。《重新思考税务服务》从税收生态系统的视角，论述各利益主体在其中发挥的作用，以及相互之间的关系。基于涉税专业服务的核心业务（记账、税务合规性服务、税务咨询服务），结合技术环境、制度环境和经济环境的发展变化，直接或间接对税收生态系统的各利益主体及其业务关系的影响，在服务概念、互动模式、合作伙伴、营收模式和组织模式等五个方面呈现新的发展趋势。

9.3.1.1 新的服务概念

新的概念为涉税专业服务提供了不同的可选模式：一站式综合服务模式和精品店服务模式。采用一站式综合服务模式，中小企业（SMEs）可以在一个屋檐下找到所需的综合性的商业服务和建议，涉税专业服务只是综合商业服务的一部分。比如，在记账服务中融入税务合规性专业服务；精品店服务模式则是为规模小得多的客户细分市场提供高度专业化的涉税服务。新的服务概念要求将纳税人置于服务设计中心，并由税务部门会同涉税专业服务机构一起设计。荷兰税务和海关总署（NTCA）的合规合作方案是该模式范例。

NTCA 实行横向监控合作合规方案，为大型企业和 SMEs 提供不同的方案。对于为 SMEs 服务的涉税专业服务，NTCA 着眼于涉税专业服务机构质量体系的设计和结果。此外，NTCA 还会评估涉税专业服务机构的合作意愿，信任、透明和理解是合作的基础。如果涉税专业服务机构愿意合作并能够保证涉税专业服务的质量，则双方签署协议。随后，涉税专业服务机构选择能够并愿意加入合作合规方案的 SMEs。这样，NTCA、涉税专业服务机构和 SMEs 就建立了合作伙伴关系。

通过合作合规方案，NTCA 既避免了与纳税人的直接冲突，又大大减少了监督 SMEs 税务合规性的工作量，仅需有限数量的随机抽查以保证涉税专业服务的质量体系，SMEs 则以最小的合规成本获取了可靠的涉税专业服务；而涉税专业服务机构则通过提供征纳双方均可信赖的服务和质量赢得合作伙伴的地位和利益。重要的是新的纳税服务概念及其方案的实施显著提升了纳税人对税务管理部门的正面评价。

9.3.1.2 新的互动模式

在新技术发展的推动下，涉税专业服务机构的服务得以创新，并重塑了税务管理部门的合规性战略。税务部门采取新的战略，侧重于上游干预（即事前事中干预）和更多的合作办法以促进纳税人的合规和遵从。这些变化蕴藏着巨大的机遇，因为它可以为 SMEs 创造更好的服务，提高 SMEs 的税收合规水平并显著降低合规成本；同样，带给税务部门和涉税专业服务机构的福利是效率的提升和管理成本的降低。技术的发展将从根本上改变 SMEs 和涉税专业服务机构与税务部门互动的模式。如果通过涉税专业服务机构的桥梁作用，允许税务机关利用各种交易数据，允许 SMEs 利用各种税务数据，而业务流程变得更加实时，那么无论哪方，税务部门、涉税专业服务机构和 SMEs 都将从中分享技术发展的红利。

云技术使这一方案成为可能。随着商业业务软件如记账软件越来越多地“上云”，使企业与税务管理部门与涉税专业服务机构之间进行实时交互，税务体验也更加轻松。通过业务软件，企业在生成业务记录的同时也自动生成税务事务的数据。税务部门和企业或涉税专业服务机构都能够同时查看业务和税务信息，从而改善沟通和参与服务。在这样的模式下，任何错误或遗漏都能够被实时发现，从而降低税务申报或合规性的风险。数据分析和计算机程序越来越多地取代处理服务和业务咨询中的人为因素。因此，无论是个人还是企业，都将享受更快、更易获得、更易理解、更准确和更经济的税收服务。

9.3.1.3 新的合作伙伴

传统的由税务顾问、会计师和其他税务从业人员提供的税务服务格局正在发生变化，软件服务商、数据服务商等新型税收服务提供者正变得日益重要。为了反映不断变化的形势，FTA 的报告使用“涉税专业服务机构”一词来取代传统的“税务中介机构”，以便能够涵盖新型的涉税服务提供者。这种新型涉税专业服务机构可包括直接为纳税人或者为传统涉税专业服务机构提供软件、网络、数据等技术服务的涉税软件类科技公司，也包括移动支付系统、电子发票、收银机和在线会计系统的在线服务供应商。此外，银行、电信运营商和其他对税务服务有间接影响的公司等商业伙伴也需要考虑，他们可能参与开发基于现有金融服务和移动解决方案的更集成的解决方案。总之，所有在税务合规性整体业务流程中发挥作用的组织和个人都应被视为涉税专业服务机构。

新型涉税专业服务机构的强势介入，将促使传统涉税中介服务机构转型。传统的涉税中介服务机构可能寻求与软件公司合作，以启用新的解决方案。比如，在线会计系统已经在新兴经济体中的 SMEs 大规模使用，原因在于它相对传统会计服务成本更低、效率更高。而在线会计系统是否兼容税务合规性服务成为重要的竞争优势突破点。鉴于新型涉税专业服务机构天然具有的与税务部门及纳税人之间的实时互动的技术优势，税务部门将非常乐于与新型涉税专业服务机构结为伙伴，也乐见传统涉税专业服务机构与新型涉税专业服务机构的合作。

9.3.1.4 新的营收模式

新服务视角和技术选择的转变将极大改变涉税专业服务机构营收模式。随着云会计、SaaS 软件的普遍使用，传统的按服务时间收费的模式将被标准订阅费取代。税务监管部门必须清楚的是，营收模式的变化可能导致涉税专业服务的变化，可能提高效率，也可能影响质量。因此，监测服务质量是税务部门在与涉税专业服务机构的关系中需要考虑的重要内容。

对于软件服务商来说，新的营收模式可能意味着从传统的基于产品销售的方法转变为基于所提供的在线服务的类型和数量（SaaS）的模式。支撑软件服务商采用 SaaS 模式的更为重要的原因在于增值服务，这些增值服务是基于其服务的 SMEs 大量数据而派生出来的新的知识服务，这可能是软件服务商最为重要的生存和发展资源。如何管理并鼓励软件服务商运用这些资源提供增值服务，是税务监管部门在通过政府驱动构建税收生态系统时必须要慎重考虑的问题。

9.3.1.5 新的组织模式

这里的组织模式指的是组织交付模式，即管理合作伙伴的模式，包括跨组织合作能力，以及将用户体验作为设计起点的能力。新的税收服务概念，例如荷兰的合作合规方案和越来越多国家采用的预填申报模式是重新思考组织交付模式的很好范例。通过开放税务应用程序接口，税务部门将涉税专业服务机构视为分担税务合规共同目标的“合作伙伴”。

从用户体验角度，涉税专业服务机构希望将纳税人的软件与税务管理部门的软件对接起来，从而帮助纳税人更轻松履行税务义务。税务管理部门通过提供开放式应用程序接口（API），使税务服务能够嵌入第三方商业软件中。在这种情况下，税务管理部门与涉税专业服务机构以及纳税人之间就能无差错地进行实时信息交换。如此一来，就可以成功实现交互式合规性服务和快速实时的一键式处理。

通过合作伙伴计划，在帮助绝大多数纳税人更容易、更准确纳税的同时，税务管理部门可以将精力聚焦到少数故意踩踏红线并从中获利的高风险人群身上。

9.3.2 纳税服务发展战略

在税收生态系统经济环境、制度环境、组织环境和技术环境的影响下，涉税专业服务机构的发展呈现出上述五个方面的特征。事实上，近年来影响涉税专业服务机构国际发展趋势的最显著的因素是技术发展。互联网、云技术和大数据等技术性方案的大规模使用不可避免地影响着税务管理、涉税服务和纳税遵从。因此，对于税务管理部门如何与涉税专业服务机构进行合作，如何构建税收生态系统，基于当前的技术环境，《重新思考税务服务》给出了四种网络驱动战略。

9.3.2.1 网络战略选择因素

税务管理的主要目标是依法征收税款。事实上这一目标与纳税人的需求，或者是涉税专业服务机构的职能，即纳税人的权利和义务必须明确和容易实现，它们是完全一致的。要实现这一目标，可以从“开放”和“治理”两个维度来设计税务管理战略。

（1）开放程度。即税务机关为了确保收入和纳税人合规，能够而且希望在多大程度上参与纳税人更广泛的商业环境。通俗地说，就是政府有多大意愿打开“篱笆”，拓宽税务事务与商务业务的融合。开放程度如果往封闭的方向发展，很大程度上会成为“孤岛”：将税务管理的重点局限在税务流程的整个周期：登记、申报、征收、税款确认。在自然人电子税务局出现之前的我国包括税制、信息、纳服、征管和组织体系总体上可以归入此类。这种将工作中心落在税收核心流程的合规性战略事实上一定程度地限制了涉税专业服务机构融入税收生态系统。另一个发展方向是构建税收生态系统，实现的路径是“更加开放”。税务部门将注意力关注到纳税人更广泛的商业环境，寻求为纳税人在确保合规的基础上创造价值，即以“共赢”的理念推进税务管理工作。采用这种方法意味着向涉税专业服务机构和其他利益攸关方开放。这种做法的核心驱动因素将是“使纳税人更容易遵守和开展业务”，采用以客户为中心的方法是更加开放的网络战略的一个关键特征。在这种开放的生态系统中，税务管理部门承担管理更加广泛的合作伙伴的职能，而税务管理流程的参与者不再局限于税务人员本身。

（2）治理选择。治理的维度指的是税务部门在涉税服务领域所发挥的作用，即税务机关是否应考虑发展涉税服务，涉税服务主要是由市场推动的，还是政府主动推动的？税务部门对允许或支持涉税专业服务机构在提高纳税人税收合规方面发挥多大的作用可以采取不同的做法，即倾向于政府驱动和分类分级制度，还是倾向于市场驱动和“一刀切”制度。

在市场驱动下，税务部门将利用市场上已有和新型涉税专业服务机构所创造的服务举措。税务部门可以促进并尽可能鼓励市场参与者将涉税服务作为其商业服务的一部分。这可能刺激传统的涉税专业服务机构或新进入者开发新的服务项目，并提出创新的解决方案，以支持纳税人的涉税业务流程。

在政府驱动下，税务部门定义了提供涉税专业服务的条件。例如，要求纳税申报表需要由经过认证的涉税专业服务机构编制或评估。更倾向于政府驱动的战略并不意味着涉税专业服务机构在涉税业务流程中没有任何作用，恰恰相反，涉税专业服务机构的作用并不弱于市场驱动，只是意味着他们的角色主要由政府界定和认可而已。

网络战略可以帮助税务部门确定相对涉税专业服务机构是如何定位自己的，从而间接地定位纳税人，即正确定位税务机关、涉税专业服务机构和纳税人的关系。战略的选择取决于税务部门希望如何应对技术和业务变化，以及对自我能力的定位，评估与涉税专业服务机构合作的可能性、合作的形式和预期效益。

9.3.2.2 网络战略方案比较

（1）受控网络战略。受控网络战略是税务部门备选方案中最具控制作用的战略，主要基于自身优势和能力，制定有助于纳税人遵守的税务法规。税务部门自行承担对提高和维护税务合规的责任，并负责核心征管流程的开发。为更好地适应技术发展，税务部门的努力方向是更好地利用第三方数据以及为纳税人开发更易于使用的应用系统。这种战略下，税务机关也有可能与涉税专业服务机构合作并让其发挥作用，但这种合作完全取决于税务部门的意愿。税务部门往往只希望涉税专业服务机构在可操作性税务流程中发挥作用，而不会积极寻求或主动适应涉税专业服务机构的涉税专业服务解决新方案，更不会涉及税收业务以外的商务服务。这一网络战略的优点是，税务部门保持对税务合规流程的高度控制，使纳税人清楚地了解哪些程序以及哪些方面可以获得官方指导。缺点是服务解决方案主要从行政部门的角度定义，内容往往仅限于税务合规，也就是说，实质上涉税专业服务机构的服务主要是为了满足税务部门的政策目标。因此，该战略使得征纳双方均无法从市场上的创新潜力中获益，这一网络战略的实施会在一定程度上阻碍市场寻求更好的涉税服务解决方案。

（2）自适应网络战略。与受控网络战略相反，在自适应网络战略下，尽管税务部门依然控制税务信息系统的运作，但他们会以更开放的税收生态理念，加强与涉税专业服务机构的合作。在这种战略下，确保税收法规得到很好的遵守，以及纳税人能够获得高质量的税收服务，被视为税务部门和涉税专业服务机构的一项共同责任。税务部门会有意识地鼓励涉税专业服务机构采取创新的涉税服务解决方案，因为它意识到，市场催生的技术方案可能更有能力为纳税人提供一体化和量身定制的服务。采取这一战略为纳税人提供了更多和更优的涉税专业服务选项。自适应网络战略下，税务管理的一个主要优势是全面挖掘和发挥涉税专业服务机构在涉税专业服务方面的创新潜力。对应的缺点之一是，纳税人会误以为税务部门不仅仅是税收信息系统的管理者，而且需要对外延至商务事务的整个税收生态系统中任何错误负责，即使这些错误是由其合作伙伴涉税专业服务机构造成的；可能的缺点之二是，由于允许各种服务方案同时存在，且标准不统一，会使纳税人的税务合规情况透明度不足，同时也增加了纳税人变更涉税专业服务机构的转换成本，即便发现有更适合自己的涉税专业服务机构和更好的服务，也难以重新作出选择。

（3）混合封闭网络战略。采取混合封闭网络战略，税务部门仍将自己定位为税务合规责任的主要承担者，但允许涉税专业服务机构提供涉税专业服务解决方案。在这种情况下，税务部门将允许市场有更多的自由度来发展涉税专业服务，帮助纳税人处理其税务问题。这种战略下，税务部门将制定标准和认证办法来监管涉税专业服务机构提供的服务，既可以针对提供涉税服务的专业人员的资格，也可以针对涉税专业服务本身。此战略的关键是税务部门如何指导和监督涉税专业服务机构服务于纳税人。相对于受控网络战略，采用这一战略使得涉税专业服务机构在创新涉税服务解决方案中有更大的发挥空间。但是涉税专业服务机构需要接受税务机关的监管，比如需要进行登记、向税务部门报告其服务的对象、服务的内容等。因此，采用这一战略，往往意味着对涉税专业服务机构的专业技能认证和服务质量检测的更高要求。

（4）混合开放网络战略。当税务部门清楚地意识到，它可以从税收生态系统的无数个积极参与者中获益时，往往会采用混合开放网络战略。混合开放网络战略是有控制的开放战略，“控制”体现在税收生态系统中需要并允许哪种类型的服务和哪些类型的服务提供者存在。这样的控制手段同样适用于税收生态系统中各种参与者提供的数据和信息流，这些数据和信息流既包括税务的，也包括非税的。“控制”还体现在，涉税专业服务机构可能在包括涉税专业服务的综合商业服务、数据服务、基础设施服务、平台服务等各个方面发挥作用，但这些举措都是税务部门积极组织和推动的结果。这种网络战略主要优点在于，税务部门对所提供的涉税专业服务拥有更多的控制权，但它也允许涉税专业服务机构为纳税人提供更加集成和更有针对性的服务，因而是税务机关、涉税专业服务机构和纳税人均能接受的。这一战略的缺点在于，它对税务部门的组织能力要求很高，很多情况下，税务机关可能需要联合其他政府部门共同实施。

9.3.2.3 专业服务战略选择

受控网络战略通常基于税务机关对自身优势的判断。在整个税收生态系统中，税务部门处于绝对核心和控制地位，并认为自己制定的业务规则和开发的信息系统能够在纳税人税收合规方面发挥巨大作用。换言之，就是税务部门决定需要什么和做什么。因此，战略的重点是税务部门通过制定规则和设定条件去影响涉税专业服务机构和纳税人。

在自适应网络战略中，税务部门将鼓励涉税专业服务机构在税务合规过程中发挥更大作用和更大自由度。税务部门扮演了相对超脱的角色，只需确保税收合规的最低要求，而将更多的纳税人需求交给市场上出现的各种各样的涉税服务解决方案。这些解决方案可以来自传统的涉税专业服务机构，也可以是新型的涉税专业服务机构和其他利益相关者。政府的立场是，由市场来决定何种类型的涉税专业服务机构和何种类型的解决方案。采用该战略的重点是税务部门的业务流程是在保证基本合规的基础上，对市场因素开放并受其影响，从而更好地满足纳税人的偏好。

混合开放和混合封闭网络战略介于前两种战略之间。在混合开放战略中，在政府推动下，税务部门与涉税专业服务机构和其他利益相关者一起，勾勒出如何实现税收合规的大蓝图。关键在于，政府对这些组织采取更为包容的态度，无论是传统的涉税专业服务机构，还是新型的涉税专业服务机构，都视其为“合作伙伴”。在混合封闭网络战略中，税务部门会允许税收合规流程的某些部分由涉税专业服务机构负责，但这样的合作合规受到税务部门严格的约束和监控，涉税专业服务机构在税务合规的常规性业务中将发挥很大作用，但创新性发挥的空间较小。

10　严密规范征管体系

站在新时代建设高质量新经济、构建新发展格局和提升国家治理现代化水平的高度，着眼党中央和国务院“放管服”改革和改善营商环境，建设严密规范的税收征管体系，强化税收征管基础，健全税收征管机制，优化税收监管模式，提高税法遵从度和税费征收率。

10.1　强化税收征管基础

强化税收征管基础的主要内容包括：健全实名办税制度，建设全国统一涉税实名信息库、法人数据库和自然人数据库，实现纳税人信息“一户式”“一人式”归集和部门间共享共用。构建纳税人特征识别标签和涉税业务标签，建立纳税人数字标签。建立动态“信用 + 风险”监管机制，开展差异化服务与管理。创新“数据 + 规则”业务驱动模式，推进电子资料、电子签章等的全面应用。

10.1.1　健全实名化认证体系

10.1.1.1　建立健全实名办税制度

推进实名办税立法，修订完善《实名办税规范（试行）》等制度办法，对实名办税采集、验证、应用等环节作出制度性安排。

10.1.1.2　建立统一实名信息系统

统一税务系统实名信息采集标准，整合各地税务机关采集的纳税人实名信息，应用新技术提高实名信息采集能力和实名认证效率。建成税务部门全国统一的法人和自然人实名信息库，有效支撑税务网络可信身份服务，实现电子发票等涉税业务办理实名化、业务授权精准化。

10.1.1.3 推进实名信息共享共用

利用全国统一的纳税人实名信息库，实行不同应用系统间统一实名认证，规范调用模式。推进实名信息一次采集，多场景、多环节共用，各地区、多部门通用，减少跨区域、跨系统多头采集、认证。加强与市场监管、公安等部门的实名信息互认与共享，加强与微信、支付宝、政务 APP 等第三方实名认证结果共享，确定认证方式和标准，规范认证信息和结果传递，明确税务应用范围，协同各部门有效提高对各类涉税重点人群的实名认证和管理水平。

10.1.1.4 提升实名办税应用水平

强化实名办税标准，不断拓宽实名制业务范围，持续推进全员、全业务网上实名办税进程，实现涉税业务办理留痕，人员实名信息、单位实名信息同纳税人信用记录和评价挂钩。加强实名办税信息分析与应用，将实名信息应用于优化纳税服务，风险业务阻断，违法犯罪打击等领域，充分发挥实名办税作用。

10.1.1.5 建设统一身份管理体系

（1）统一用户体系。规划设计全国税务系统统一的用户体系，构建全国统一用户信息库。实现全国信息化系统用户身份统一的注册、审核、存储和审计等管理，确保每个用户身份真实有效，确保用户身份全系统的唯一性。实现对全国用户信息统一管理、对用户身份统一识别，根据不同身份统一授权、集中管理。实现用户和身份统一身份标识，供各个税务应用系统之间共享使用，实现一次登录多系统乃至多中心使用，提高用户办税体验。

（2）统一组件标准。采用标准认证协议和标准的认证组件（实名认证、数字证书以及电子签章等），构建全国标准的统一认证体系。在现有国密、商用密码技术的基础上，发展以税务数字证书为核心的认证核心架构，通过提供多种标准认证接口和接入标准实现多种认证模式兼容和互认，实现不同规模的应用在安全性、隐私保护等方面的差异化需求。

（3）统一安全策略。提供统一的安全接入和安全认证标准，实现不同用户安全接入和安全管理要求。大胆探索多种安全等级的身份安全管理策略，解决多种认证体系间互认和安全防护要求，满足不同类型、不同规模的应用在安全性、隐私保护等方面的差异化需求。

10.1.2 实行数字化标签管理

落实数据要素驱动理念，对纳税人和涉税事项进行数据化设计，将纳税人特征、业务事项的定义和处理逻辑提炼为各类数字化标签。

一是构建纳税人特征识别标签。分析纳税人各类静态和动态信息及行为特征，构建多维度的纳税人数字标签，勾勒纳税人立体全景画像，反映纳税人经营情况、涉税风险、税收贡献、纳税习惯等特征，为开展差异化管理和服务提供支撑。

二是建立多维度涉税业务标签。对发票电子化改革后重构的涉税业务事项进行数字标签化处理，从适用对象、发起方式、业务环节、报送信息、数据要素等方面赋予不同的数字标签，做好分析提炼，为开展智能化业务规则设计和构建集成化“场景式”办税奠定基础。

10.1.3 推行全方位立体画像

实施“一户式”“一人式”信息归集。为巩固“多证合一”改革成果，突出注册登记源头管理，制定涉税信息归集业务规则，建立全国统一的法人数据库和自然人数据库，将同一纳税人在不同地区税务机关管辖下的涉税信息和数字标签进行整合，实现纳税人全生命周期主要涉税信息的汇总归集以及在全国范围的统一管理应用，逐步形成一套可查、可看、可管、可用的涉税数据资产。

扩大信息归集范围。持续完善法人数据库和自然人数据库，在税务部门现有采集和生成信息的基础上，积极利用第三方系统数据、公开披露信息、境外交换数据等相关信息，不断拓展纳税人有效信息的归集范围。

勾勒纳税人个性画像。科学整合纳税人各类标签信息，将纳税人特征识别标签、办税痕迹、动态“信用+风险”信息、生产经营状况及其他第三方信息进行合理归集，运用一定模型和规则，形成展示“个性特征”的纳税人画像。纳税人画像将贯穿运用在纳税人涉税事项办理和税务机关管理、服务的全过程。

10.1.4 建立动态化信用管理

10.1.4.1 建立动态信用管理

建立全国统一的法人纳税人和自然人纳税人动态信用积分账户，运用税收大数据和信用分析模型，及时生成纳税人、扣缴义务人的动态信用积分，通过综合评价积分结果，为纳税人提供差异化管理和服务。

以不减损纳税人法定权益为前提，对信用好的纳税人，大幅缩减制度中的约束性要求，提供容缺办理、快捷通道、按需供应等服务；对信用良的纳税人，遵循既有制度中的一般性要求；对信用差的纳税人，实行管理约束，遵循既有制度中的严格要求；对严重失信纳税人，实施最严格管理措施，限制其涉税业务的办理平台和渠道，涉税行为全部在税务机关严格监管下开展。

10.1.4.2 建立动态风险监控

运用税收大数据和风险分析模型，对纳税人进行事前—事中—事后的全链条风险分析，实时发现风险疑点，建立事前服务提醒、事中更正提示或业务阻断、事后快速应对的管理机制，进一步增强事前事中征纳互动水平，实现税收征管从依靠事前审批、审核校验向监控预警、风险应对转变。

10.1.4.3 建立信用风险机制

改变传统依靠手工和主观经验、流转审核控制式的管理方式，以风险管理为导向，以分类分级管理为基础，充分运用税收大数据，实现对纳税人、缴费人快速的信用和风险画像。依据纳税人、缴费人动态信用状况和风险等级，开展风险预测、监控、防范和应对等全景式动态管理，构建动态“信用 + 风险”与税收管理服务深度联动融合、优化协同高效的新型税收监管方式，进一步提升税收监管的整体性、协同性和有效性。

10.1.5 构建规则化业务模式

10.1.5.1 梳理和设计差异化监控业务规则

立足业务顶层设计，全面分析涉税业务各类相关数据项存在的逻辑关系，梳理各税费、各业务间的关联关系，确定自动计算规则和逻辑监控规则；根据动态“信用 + 风险”结果信息，设计差异化的监控规则和业务处理规则；根据审核审批事项特点，在部分审批环节设置机器替代人工处理的自动审核规则。

10.1.5.2 构建统一协同业务规则运行机制

在税务总局建设全国公共业务规则库，提炼税收业务通用处理规则和各省个性化业务处理规则，构成总局共性规则，逐步形成“总局规则与省局规则协同一体，跨部门跨区域跨层级联动创新”的运行机制，逐步支撑全国各类业务系统、应用功能、服务组件、数据资源的统一运作。

10.1.5.3 推进数据规则智能驱动业务办理

依托海量大数据、强大的运算能力和 AI 算法，运用机器深度学习、人工智能构建智能规则引擎，实现数据驱动、事件驱动各类业务差异化办理和业务流程智慧决策。

结合动态“信用 + 风险”管理和数据治税理念，将传统业务办理模式由流程驱动转变为数据事件驱动和业务规则控制，实现从事项、流程、人脑驱动模式向数据、规则、机器驱动模式的转化。将数据服务贯穿全业务、全环节，从“单一按税种、按规模、按行业、按业务事项分类设置业务”的征管模式，转化为“综合考虑办税主体不同信用和风险的动态变化状况，实施差异化管理和服务”的征管模式，形成对纳税人更加实时、智能、精准的管理和监控，进一步提升监控管理质量和过程管控能力。

10.1.6 加强电子化资料应用

推动电子资料全面应用、科学管理，实现纳税人各类资料从采集到归档全面电子化、全程“不落地”，支持纳税人办理相应涉税事项时，智能关联和复用系统中已采集的电子资料。

（1）明确电子资料法律效力。以制度和规范保障电子资料使用效力，实现电子资料形成的程序合规、要素合规，结合智能识别及人工辅助，推动电子资料科学管理，确保电子资料可信可用。

（2）探索资料数据的要素化采集。对于确需纳税人报送的资料，按照数据要素化采集原则，研究提炼报送关键要素，去除重复采集和无须采集的信息，实现将非结构化资料逐步转化为相关结构化数据，推进纳税人报送资料无纸化、数字化、关联化进程。

（3）按户归集电子资料。基于“一户式”“一人式”原则，归集并分类存储基础信息、发票信息、申报信息等结构化数据形式的电子资料信息，以及图片、文档等非结构化数据形式的电子资料信息，为纳税人提供个性化的涉税电子资料库，支持纳税人日常查询、下载以及在办理涉税事项时关联调用自身的电子资料信息。

（4）分类管理电子资料。按照事项类型、事项频度、事项重要性等方面对电子资料的归集口径进行分类，实现对电子资料的数字化管理。

10.1.7 扩大电子化签章范围

（1）完善电子印章使用机制。建立健全相关制度，保障电子印章在申请、制作、使用和保管等方面的规范管理。强化电子印章信息安全保护。建立和完善电子印章管理使用信息保密制度，采取必要措施，确保电子印章相关信息的安全。

（2）推动电子印章应用。扩大税务电子印章系统使用范围，统一全国五级税务机关电子印章格式，明确电子印章使用范围和业务适用标准，对电子文书全面使用电子印章。切实发挥电子印章在推进业务规范化、提升业务办理效能、扩大非接触办税业务上的积极作用。

（3）扩大电子签名应用。结合实名办税工作推进，依据《中华人民共和国电子签名法》制定税务系统电子签名相关制度及应用方案；确定电子签名的使用范围，明确使用标准；整合现有的各类数字证书和数字签名系统，推进电子签名在网页端、移动端、自助终端等的应用，实现每笔业务办结都有相关纳税人、税务人的数字签名，确保数据信息不可篡改。

10.1.8 消除内外部数据壁垒

一是打通内外部数据壁垒，推进各部委（办、局）数据实时共享，逐步增加企业纳税人数据获取范围，获取海关、财政、统计、发展改革委、国资委、银行等外部门企业涉税数据。

二是强化对企业各类内外部涉税数据信息的综合应用，研发有针对性的智能化、可视化数据分析工具，持续在数据综合应用的深度、广度上下功夫，真正实现“以数管税”。

三是在符合安全要求的前提下，自动关联归集企业增值税发票、纳税申报、财务报表和外部交换获取的各类涉税数据，逐步实现人工采数向自动取数、加工和汇总的转变，打通和构建税企对接通道。

10.2 健全税收征管机制

10.2.1 转变税源的管理方式

10.2.1.1 优化日常税源管理

（1）加强税源信息一致性管理。健全与市场监管部门的数据交换和对账机制，完善市场监管登记中涉及税务需求的相关信息，实现登记、变更信息的实时推送和共享。优化市场主体状态信息管理，通过创新制度和信息共享，实现对异常市场主体状态信息的自动比对调整。进一步丰富“筹建”和“停业”等状态标签，准确定义市场主体经营状况，逐步解决两部门对市场主体状态认识不一致、数据不统一等问题。

（2）完善税费认定流程。按照还权还责于纳税人的总体思路，将税费认定调整为纳税人申请事项。改革人工认定方式，转为通过获取纳税人身份报告信息，开票信息以及税收征管工作中依法取得的其他相关信息，依托数据模型，由系统自动形成税费认定提示信息推送纳税人确认。

（3）加强核定征收管理。全面清理各地核定征收执行情况，对不符合核定征收条件的全部转为查账征收。优化完善企业所得税核定征收相关制度，对一定规模以上企业一律实行查账征收。开展规模以下个体工商户实行综合征收率的可行性研究，推动取消个人所得税事前核定征收、个体工商户定期定额征收制度。

（4）完善欠税规范管理。一是完善欠税管理法律规范。进一步明确税收征管法和行政强制法中有关强制执行前置条件“责令限期缴纳”和“催告”有关要求，统一“滞纳金”的法律内涵和加收标准。细化强制执行“中止执行”和“终结执行”适用情形。增加滞纳金减征、免征规定。打通税银壁垒，实现纳税人银行开户账户和存款余额线上查询，破解税收执行难问题；进一步简政放权，取消或下放延期缴纳税款审批。二是完善欠税管理业务规程。强化新欠管理，以“数据＋规则”为驱动，自动生成欠税确认、催缴、公告、强制执行等待办任务，推送到相应岗位，做到新欠发生有人管。努力压减陈欠，对陈欠纳税人生产经营情况、大额资产转让和合并分立情况，以及法人出境意向等进行跟踪管理，并采取相应应对措施，做到陈欠税款有人问。

（5）完善欠税处理机制。加大“放管服”改革力度，对国家支持和鼓励的产业、行业，特定经济类型（老国有企业、改组改制国有企业等），有条件地豁免历史欠税（费），切实减轻纳税人欠税负担，促进企业转型升级，实现轻装上阵。推进解决税务机关对历史遗留欠税难作为而带来的一系列监督追责问题。优化死欠核销管理，改进欠税核算办法，压实税务机关欠税基数，防范税收执法风险。

（6）优化催报催缴方式。依托“数据＋规则”驱动，在征期首日自动生成申报期服务提醒名单并主动推送给纳税人进行提示提醒，在申报期结束前自动生成即将逾期申报服务提醒名单，取代人工送达环节。建立征期后管理关联规则，对多次提醒仍未申报的纳税人，自动发起征期后催报催缴、限期改正、电子文书送达、简易处罚等任务，实现全申报周期线上闭环管理。

（7）取消非正常户认定。逐步取消“非正常户”状态标识，转为利用动态信用积分对纳税人实施差别化管理。对符合原非正常户认定条件的纳税人直接纳入信用严重失信名单管理。

（8）创新调查核实方式。改变走访、调查传统方式，由系统进行采集，实现机生机汇。运用大数据治税，现有数据从大数据平台自动获取，补充数据梳理相关需求后提交相关部门进一步获取；调查核实采集表通过电子工作平台任务中心和台账功能模块下发，推送给相关税务人员和纳税人，实时汇总统计展示，实施进度管控。

10.2.1.2 转变征收管理模式

（1）推动分类分级与属地协同管理。在服务事项提升通办层级、扩大通办范围、逐步实现线上办、云上办的基础上，保持税款入库级次和入库地点不变，按照规模、行业、特定类型等标准对纳税人进行科学分类，实施部分征管事项跨层级、专业化管理。

（2）建立差异化管理机制。一是实施对纳税人的差异化管理。改革现行以税种、企业类型、属地和行业类型为核心的征收管理模式，兼顾税收集中度、税源结构差别、区域经济发展水平、征管资源状况及风险特点等因素，通过大数据分析、动态“信用＋风险”和标签化管理，对纳税人（缴费人）和税费事项等进行细化分类，制定差异化管理策略。二是建立税务人员岗责的差异化管理机制。将税务人员的岗位职责在各层级、各部门之间进行科学分解，合理分工，重构与新征管制度流程相配套的岗责体系。充分发挥不同层级、不同部门的比较优势，实施规范化、专业化、差异化的岗位职责管理，推动实现事前审核向事中事后监管、固定管户向分类分级管事、无差别管理向风险管理、经验管理向大数据管理的转变。

（3）建立一体化管理模式。加强征管基础环节的税源专业化管理，整合基础管理事项、后续调查核实事项、风险分析扫描事项、执法内控提醒事项，建立新型税源监管体系。加强税源结构分类分析，统筹推进税收基础管理、税收专业化管理、税收风险管理。加强一人多户、一址多户管理，加强业务管理与风险内控的融合，实施前后贯通的一体化管理。

(4) 实行税务人员任务集成管理。利用统一标准，构建税务端一体化的业务处理和大数据支撑平台，整合并优化税务人端事项、流程和标准，根据岗位职责不同，自动调整工作界面，实现各事项审核、应对、查询、统计的集成管理。加强任务统筹，对各类纳税服务、基础管理、风险管理事项及其流程、方式实施扎口管理，对各业务部门提出的业务事项进行统筹整合，形成任务推送下发，并协调解决机构间、部门间的职责安排、流程运转、责任落实等问题。

(5) 推行税收权力和责任清单制度。全面推行税收权力和责任清单制度，依法对税收征管事项实施动态化清单化管理，税务机关不得在清单之外实施面向纳税人的执法活动。梳理现行税费种管理制度，凡能通过风险管理有效防控税收风险的，不再另行安排征管措施。

(6) 改革税收管理员工作模式。改革属地固定管户模式，修订税收管理员制度，合理分解税收管理员工作职责，对应由纳税人自主承担的事项，予以取消。属于宣传咨询等纳税服务事项的，主要由基层纳税服务部门承担。属于户籍管理、税源调查等基础管理事项的，主要由基层税源管理或纳税服务部门承担。属于风险分析识别、风险应对等风险管理事项的，由各级税务机关相应职能部门承担。税收管理员由属地固定管户转为分类分级管户，各级税务机关按照权责一致原则履行税源管理职责。

(7) 深化零散税源委托代征管理。根据区域内零散税源分布特点和办税服务网络资源状况，对委托代征代开现状进行全面摸底分析，进一步规范和优化委托代征点设置，推进税收委托代征点、社保网格化委托代征点资源整合，推进政府单位委托代征点进驻各级政务服务中心，纳入“一门”服务体系，引导委托代征向协同征管、社会共治和代理代办转变。进一步明晰税务机关和委托代征单位法律关系，细化委托代开发票的业务、范围、发票种类、开具条件等，加强对代征单位业务指导和监督检查。依托发票电子化改革，科学引导零散经营自然人、自由职业者通过发票公共服务平台自主开具发票和履行纳税义务。整合代征税款明细数据采集和申报，实现税收现金票证开具、代开发票处理、代征税款实时结报等委托代征规范化操作，全流程信息化管理。

(8) 规范新经济新业态征收管理。一是建立自主办理为主，代理办理为辅的交易各方涉税事项办理机制。分析各种新经济、新业态的业务实质，准确识别和确认平台经济等新业态中交易各方的纳税主体信息，并适用相应的管理模式。引导新经济中的交易各方特别是个人更加便利地自主完成涉税事项办理。建立适应新经济、新业态的涉税代理制度，平台企业可在交易各方授权的一定范围内代理开具电子发票和缴纳税款等涉税事项。二是建立与业务实质相适应、更加灵活的税款预缴和结算制度。在平台方、扣缴方所在地预缴税款，在交易各方常住地申报结算税款，并合理确定预缴税款的比例，使跨区域业务的税款分配与业务实质趋于一致。

10.2.2 推进发票电子化改革

秉承“标签管理、去版式、要素化、授信管理”新理念，全面推进发票电子化改革。确立电子发票主体地位，转变发票管理模式，实施发票“授信制”限额管理；创新发票开具方式，自动填充商品编码，逐步取消代开发票，探索“交易即开票”，最终实现从纸质发票增值税管控向电子发票多税种数据管税转变。制定电子发票管理办法，修订相关规范性文件，建立健全电子发票监管模式和服务保障体系，规范第三方电子发票服务平台建设和接入，营造开放有序的发票应用生态。

10.2.2.1 简并发票种类样式

一是简并发票种类，逐步将各类发票简并为统一的电子发票，确立“电子发票”主体地位。二是取消发票版式文件，全面推行“去版式”“要素化”的电子发票，由税务机关明确发票的基本要素和格式规范，纳税人按此向税务机关报送基本要素信息。纳税人可根据所属行业特点和生产经营需要，自行设计发票打印样式并对应增加发票数据要素。

10.2.2.2 实施发票授信管理

取消发票票种核定，实施发票开具“授信制”限额管理。一是自动授信额度。电子发票服务平台根据纳税人基本信息、动态“信用 + 风险”等情况，向纳税人自动推送可开具发票总金额的信用额度，并根据纳税人信息变化对授信额度进行临时或定期调整。二是人工授信额度。一方面纳税人因经营原因，需要长期或临时调增授信额度且不符合系统自动授信标准的，可通过电子发票服务平台提出调增授信额度的申请。另一方面，纳税人存在违反相关法律法规情形的，可以对其开票采取限制措施，通过人工授信调低其发票授信额度或者将其授信额度调整为零，达到限制或暂停其开具发票的目的。

10.2.2.3　创新发票开具方式

（1）“无专用介质”开具发票。推进纳税人无需领取专用税控设备，即可通过PC网页版、移动端、客户端软件和开票服务接口等多种渠道开票。探索为自然人提供更加便捷的发票开具渠道，实现在线缴税并自行开具电子发票。

（2）自动填充商品编码。健全商品编码库，完善商品编码智能识别和填充机制。通过自然语义识别、机器学习等人工智能技术，纳税人在发票开具时输入“商品名称”汉字信息后，实现系统自动填写“税收分类编码”，无须在海量编码中进行人工选择，有效提高编码录入效率和填写准确性。

（3）发票开具自动赋码。通过电子发票服务平台对纳税人录入的开票信息进行逻辑校验和后台确认，完成开票信息固化，并在发票开具环节自动生成发票代码和号码，实现一票一码。同时自动按纳税人归集发票数据，为后期分析利用提供便利。

（4）逐步取消代开发票。实现小规模纳税人全面自开电子发票，推进自然人纳税人在线自行开具电子发票，实时在线缴纳税费，不再前往税务机关申请代开发票，最终全面取消发票代开制度。

（5）探索“交易即开票”。完善电子发票技术标准和数据规范，推进电子发票服务平台与企业ERP系统、第三方交易及支付等平台对接。充分发挥经济循环链条中核心企业对发票电子化的作用，在大型产业链核心企业、主要电子交易平台中率先开展“交易即开票”试点，将发票开具操作融入日常资金交易过程，支持纳税人发生交易后实时开具、即时交付电子发票，促进市场交易便捷、便利，然后逐步向产业链两端延伸，最终解决“开票难”“受票难”等问题。

10.2.2.4　实现发票便捷使用

一是实现多渠道发票用途确认。纳税人可通过PC端、移动端、接口等方式，查询电子发票服务平台发票信息，勾选完成各交付渠道［如：电子版文件、二维码、接口、ITS系统（自然人端）］的发票用途确认，支持修改有效税额及分期抵扣进项，申报完成前可取消确认用途。

二是推动发票电子化报销入账。依托“一人式”“一户式”发票信息管理，为纳税人提供手工、批量等方式查验各交付渠道电子发票信息的服务；为纳税人提供手工录入、手机扫码或接口接入等方式校验“待报销”正常发票票面信息的服务。纳税人可根据报销类型，对“待报销”的正常发票选择成本、费用等，完成电子化入账报销。打通企业财务管理系统与电子发票服务平台的数据获取通道，大幅度提高企业涉票管理效率，降低运行成本。

10.2.2.5 推进电子发票改革

（1）推进电子发票要素化管理。以数据要素作为构成电子发票的最小单元，用于电子发票生成、交换、归档和凭据利用等环节，根据发票基本属性和特定应用场景，将电子发票要素分为基本要素和特殊要素两类。基本要素主要包含发票代码、号码、购方信息、销方信息、开销日期、商品、金额、税率、税额等数据项；特殊要素根据特定行业标签等分为九组，如建筑服务标签包含建筑服务发生地和项目名称两个要素；货物运输服务标签包含起运地、到达地、车种车号和运输货物名称等要素。

（2）推进电子发票标签化管理。通过纳税人开票、用途确认、申报及退税等行为，在电子发票中赋予开具类别、开具方式、发票状态、发票来源、结算方式等不同类型的数字标签，方便税务机关、纳税人对发票数据进行分类管理，充分发挥发票数据的使用价值。

（3）推进电子发票联动化管理。从按票种进行单向管理转变为标签式联动管理，实现发票数据从增值税专用到流转税、所得税等多税费种共用。结合税费种分类，赋予发票不同的标签（如带有增值税抵扣标签即可用于增值税抵扣、带有已入账标签即可用于所得税税前列支、带有不动产标签即可作为契税计税依据），以发票数据作为纽带，实现各税费信息互联互通和协同共用。

（4）推进电子发票制度化管理。一是清理规范性文件。对不符合发票电子化改革要求的规范性文件，进行废、改、立工作。比如修订《增值税专用发票使用规范》中关于抄报税、扫描认证等工作的相关条款。二是制定电子发票管理办法。对电子发票的生成、赋码、开具、使用、监管等事项作出制度性安排。三是推动修改相关法律法规。结合发票电子化改革进程、总局改革的成熟方法和举措，形成制度性安排，适时推动修订《中华人民共和国发票管理办法》《中华人民共和国刑法》等相关法律法规。

10.2.2.6 电子发票服务保障体系

伴随发票电子化改革，税务机关将为海量纳税人提供“7×24小时”开票服务，提供基本、智能的公共服务，实现纳税服务从“被动式接听”向“主动式推送”转变。

一是建立互联网在线服务。通过税务网站、电子税务局、手机 APP 等渠道，为纳税人提供“点对点”“一对一”“面对面”的在线咨询服务。

二是完善智能咨询服务。探索利用智能语音、自然语义识别技术，将大水漫灌式的税收政策和发票开具操作辅导，全面升级为精准推送和智能提醒。

三是提供场景化嵌入服务。在纳税人发票使用的各个阶段，嵌入场景化的税收政策和发票开具操作辅导，进一步提升服务的针对性和有效性。

10.2.3 推进集成式办税平台

围绕发票电子化改革，将业务改革范围辐射至纳税人全生命周期所有涉税事项。根据税费业务特点和关联性，实行业务事项整合、办理流程重构、资料报送精简，为纳税人提供场景式办税服务。打通数据共享通道，实现跨部门业务联合办理、跨区域事项一体化办理。合并信息报告事项，精简行政许可事项，简并税费申报期限，研究推行综合征收率申报应用，推进优惠备案改备查，优化税费退抵流程，推行税收证明电子化，支持多渠道快捷支付。提升征纳互动和纳税服务水平，注重纳税人权益保护，提升社会税费服务水平。在建成全国统一的电子税务局的基础上，充分利用 12366 纳税服务平台已有数据搭建集成式智慧办税平台，构建电子税务局与 12366 纳税服务平台“四通八达”的服务体系。

10.2.3.1 推行场景办税服务

以“办成一件事”“零门槛办税”为导向，根据业务事项特点及相关性进行多业务集成、多表单整合及业务流程重构，集成办理一件事所经过的各类流程，从政策宣传到操作指引，再到咨询服务、主动推送，为纳税人提供一体化办税服务场景，实现电子税务局“一事通办”“一事通问”。

（1）纳税人开办一体化业务场景。对标世界银行要求，放宽企业开办限制，缩短开办办理时间，税务机关根据市场监管部门推送的信息，一次性自动为纳税人办结税费种认定、存款账户账号报告、财务会计制度及核算软件备案、发票授信等多个单项业务，助推开办经营便利化。

（2）银行账号报告与委托划缴协议一体化业务场景。对未办理存款账户账号报告和委托划缴协议的纳税人，税务机关信息系统通过标签检索推送网上集成办理服务。探索实现税务机关自动接收银行推送的纳税人银行账户信息实现自动更新。

(3) 增值税一般纳税人登记一体化业务场景。纳税人申请增值税一般纳税人登记时，税务机关信息系统根据纳税人注册资本、从业人员及动态“信用+风险”推送结果，自动判断其是否符合增值税一般纳税人条件，对符合条件的，系统自动完成登记，并向纳税人推送税费种认定、发票授信等关联业务办理。

(4) 税费申报一体化业务场景。根据税费种特点及关联性，将现有单税费种申报组合为多税费种一体化申报。根据纳税人标签、历史涉税行为及第三方数据等，采用“自动预填+递层推进+信息补充”方式，自动生成申报表，推送至纳税人确认，实现多税费种同要素一次采集、多税费种场景集成一次申报。

(5) 财产行为税一体化申报业务场景。纳税人进行财产行为税申报纳税时，通过与纳税人财产变化或纳税人行为相关的数据标签，主动引导纳税人完成当期的房产税、土地使用税、资源税、水资源税、土地增值税、耕地占用税、环保税、印花税、车船税、烟叶税、契税申报。以城镇土地使用税和房产税申报为例，通过绘制税源地图，确定征收范围，在纳税人购置或变更房产信息时，系统自动同步数据，自动登记核定税源信息。

(6) 房产一体化申报业务场景。纳税人办理增量房或存量房房产交易、土地出（转）让等业务时，充分利用公安、民政等部门第三方共享数据，实现与房产交易行为相关的多项税费种申报一体化办理。

(7) 自然人一体化申报业务场景。自然人进行个人税费申报纳税时，通过自然人申报类标签判断，主动引导自然人完成当期的个人所得税、社保费申报等个人相关税费申报。通过个人所得税申报历史数据判断缴费人是否存在任职受雇单位，若存在任职受雇单位，阻断社保费灵活就业人员社会保险费申报流程。拓展自然人涉税信息跨部门共享范围，自动获取人社局或医保部门社保费缴纳记录和应缴信息，由纳税人确认结果。

(8) 月度一体化申报业务场景。纳税人进行月度申报纳税时，通过“一户式”中按月申报税费种标签，主动引导纳税人完成其当期应申报的所有税费种及其附加等申报，包含增值税、消费税、企业所得税、个人所得税、资源税、城市维护建设税、印花税、教育费附加、地方教育附加、文化事业建设费等税费种的申报。

(9) 小规模纳税人季度一体化申报业务场景。小规模纳税人进行季度申报纳税时通过“一户式”中按季申报税费种标签，主动引导纳税人完成其当期应申报的所有税费种及其附加等申报，包含增值税、珠宝零售业的消费税，城市维护建设税、教育费附加、地方教育附加、文化事业建设费、资源税、环境保护税、印花税、生产经营个人所得税申报。

（10）年度一体化申报业务场景。纳税人进行年度申报纳税时，通过纳税人按年申报税费种标签，主动引导纳税人完成企业所得税年度申报、关联业务往来年度报告申报、残保金申报、财务报表报送等所有年度申报及报表报送。

（11）环境保护税税源信息采集变更及申报一体化业务场景。环境保护税纳税人进行按季（或按次）申报时，将环境保护税税源采集及变更业务和环境保护税申报业务进行整合，形成一体化办税场景，实现统一采集和一次性办结，提高申报效率，并实现关联监控。

（12）小额税款退（抵）税一体化业务场景。纳税人实际缴纳税款大于应缴纳税款，税务机关信息系统根据纳税人标签和申报征收信息，综合应用动态“信用＋风险”信息，自动计算纳税人多缴税款，属于小额税款范围的，由税务机关主动启动退（抵）税程序并推送至纳税人确认，经确认后按照缴税渠道原路及时退回，不需要纳税人自行判断并单独发起退税申请。

（13）清税注销一体化业务场景。整合现行办理清税申报及注销税务登记流程，将与清税注销相关的未申报处理、欠税税（费）缴纳、结存发票验旧、税控设备缴销、企业所得税清算报备等业务，为纳税人提供业务跳转服务，在结清所有监控事项后启动清税注销，实现多税费种场景集成一次申报。

10.2.3.2 简并信息报告事项

推进税收资格备案或报告制。梳理各类税收资格的前置条件，推进税收资格由审核准入制改为备案制或报告制，为纳税人提供更加简化的信息报告服务，降低纳税人获取各类税收资格的难度，减少纳税人纳税准备时间。

合并信息报告事项。将变动频度低、稳定性强和共享程度高的身份信息、资格信息、制度信息、税源信息、状态信息等报告事项进行合并，提升业务便利性。

提升信息变更便利化。以关联业务自动变更、宣传辅导引导变更、主动提醒信息变更等多种手段提升纳税人信息变更便利化，促进税务机关获取更加准确有效的纳税人信息。

10.2.3.3 改革纳税申报模式

优化纳税申报期限。根据各税费种性质，统一同一纳税人不同税费种纳税期限；对增值税小规模纳税人，原则上各项附加、企业所得税、个人所得税、房产税、城镇土地使用税等各税费实行按季申报缴纳（预缴、扣缴）。梳理各税费种征期，对同属于按月或按季申报缴纳的，统一确定征期，原则上月末或季末15日内。

探索推行有税申报。探索对部分行业、部分税费种实行无税费不申报。改革税费种认定机制，改变应申报清册生成规则，纳税人在未产生应税收入之前，不再办理相关税费种的零申报。分步取消个体工商户定期定额管理，由纳税人自主判定，无税的个体工商户无须申报；生产经营超过税法规定减免标准的，由纳税人自行申报缴纳；开票金额超过税法规定减免标准的，实行推送确认式申报或自动批量扣税。

推进申报要素简化和自动预填。以发票电子化为契机，全面开展各税种申报表优化工作，推进纳税申报表分类设计、要素采集。探索对增值税申报表或附表累计数栏等系统中已有的或能够加工运算获得的数据项，不再要求纳税人填报，依托申报表智能辅导填写服务，大力推行推送确认式申报。加强跨部门数据共享应用，依托商品编码税费规则，将发票数据自动归集，并预填到增值税、消费税、资源税、车辆购置税、契税等申报表，对可列支项目自动预填到所得税申报表。依据税源登记信息预填房产税、城镇土地使用税、车船税等申报表。以发票数据为基础，推行车辆购置税全流程无纸化申报。研究取消增值税申报中的"一窗式比对"等前置性审核或强制性校验，提高纳税人网上申报效率和准确率，减少纳税人上门次数。

推进税费集成申报。推进除城市维护建设税外的10个财产行为税实行"一表申报"。探索与发票关联度高计税依据一致的增值税、消费税、资源税、印花税及相关附加税费一表集成申报。整合定期定额申报，推进相关税费种一表申报。优化跨区域涉税事项报验管理，推进集成办理相关税费种预缴申报，加强预缴数据及时传递和比对。

研究综合征收率申报。针对无须办理纳税人身份信息报告的单位和个人及自然人纳税人，研究劳务、房产出租、司法拍卖等临时应税行为场景，按综合征收率缴税，降低纳税人办税负担和税务机关行政成本。

10.2.3.4 便捷税收优惠享受

逐步取消优惠前置核准。梳理未纳入行政审批的优惠核准相关规定，将税务机关核准转变为备案、报告制，或取消优惠事项的前置核准。

推进优惠备案改备查。对需要纳税人备案或报告的优惠事项，实现申报环节由纳税人自主选择享受，相关辅证资料留存备查。同时，推进将优惠事项的享受条件进行量化、标准化、标签化设计，根据行业、规模以及纳税人经营数据自动赋予可享受的优惠事项，供纳税人在纳税申报时自主确认。

实施税费优惠过程监控。在纳税人税费申报和享受各项优惠流程中，嵌入过程监控，保证后续相关申报数据的真实性和优惠政策的适用性。在税收优惠“应享尽享”的基础上，确保税费“应收尽收”。

10.2.3.5 拓宽税费支付方式

在安全可控的前提下，积极为纳税人在网页端、移动端、自助终端等渠道提供三方委托支付、移动支付等多种税收缴纳支付方式。全面推行社保费三方支付、移动支付，便利广大城乡居民和灵活就业人员全天候方便缴纳社保费。

10.2.3.6 精简涉税资料报送

在目前已经精简四分之一纳税人报送资料的基础上，整体上再减少四分之一以上要求纳税人报送的资料。在确保风险安全可控的前提下，扩大报送改备查范围。对无法由报送改为备查的资料，探索基于动态“信用 + 风险”为支撑的容缺办理。对于纳税人确需报送的资料，根据历史档案及数据，统筹管理报送资料，转化为电子数据，实现同一涉税事项资料“一次多用”。

10.2.3.7 健全承诺办税机制

对税务机关需要纳税人提交的证明事项，以书面（或电子）形式将证明义务和证明内容一次性告知纳税人，纳税人书面承诺已经符合告知的条件、标准、要求，愿意承担不实承诺的法律责任的，税务机关不再要求提供有关证明材料，依据纳税人的书面（或电子）承诺办理相关涉税事项。

10.2.3.8 优化退抵税费流程

减少审核确认环节。对税款确定性强、计算简单、无须发起调查巡查的退抵税费申请，推进一次审核即可办结；需要经过多个审核确认环节的退抵税费申请，减少复核环节，加快税务机关内部传递效率。

关联税费同步退抵。在多税费一体化申报的基础上，探索实现多税费一体化退抵。纳税人申请退抵税费时，统筹协同多税费退抵，实现关联税费一次性退抵，减轻纳税人办税负担。

推进征退便利办理。深入推进退税全面“去纸质”，实现退税申请、退税审核、退库办理业务全流程电子化办理。优化核算规则，打通征税与应退税数据互用通道，逐步实现两者在一般情形下互相抵冲。

探索推进智能退税。以动态“信用＋风险”为基础支撑，将审核内容要素化、标签化。建立审核机制与规则，增加预警指标，根据事项与税种不同，对纳税人进行分级分类管理，逐步实现“人审”向“机审”转变，对于存在风险的纳税人，进行智能预警，实现系统自动阻断，做到即办与风险防控两手抓。

10.2.3.9 实现跨区业务办理

创新跨省迁移办理模式。改变现行跨省迁移先注销再新办的模式，实现迁入地税务机关可自动调用跨省企业信息，可根据纳税人实际情况在原数据基础上进行变更。

优化跨区域房、土两税申报。存在跨区域税源信息的纳税人，在进行房产、土地等信息采集时，根据纳税人标签属性、基础信息以及外部门房产、土地等信息，实现数据预填，自动形成跨区域身份主体。根据注册户和跨区域税源户的房土税源信息完成房产税、城镇土地使用税一户式申报，并根据税源信息的归属地自动拆分生成正常户和跨区域税源户的申报表。

实现跨区经营相关事项一体化办理。跨区域经营纳税人一体化完成跨区涉税事项报验登记、建筑业项目报告、增值税预缴申报、税款缴纳、打印完税凭证、跨区域涉税事项延期、建筑业项目变更、注销建筑业项目报告、跨区域涉税事项信息反馈、申报结果查询、税费种认定等事项，实现经营地税务机关对跨区域涉税事项全链条式管理。

推动大企业跨区域税务事项集中办理。在不改变税款缴纳方式和入库级次的前提下，实现大企业涉税信息在全国范围内信息共享，试点实施以集团为单位的大企业跨区域集中办税、集中申报、分别入库，减轻大企业纳税人办税负担。

10.2.3.10 推进税收电子证明

简化各类电子证明开具办理流程，制定各类证明电子模板，依托实名信息和动态认证，支持纳税人通过网页端、移动端、自助终端等多渠道，随时查询展示、下载使用电子证明。

10.2.3.11 促进便利清税注销

根据纳税人基础信息、发票使用情况及历史涉税行为等信息，综合应用纳税人动态“信用+风险”信息，扩大注销即办范围：未办理过涉税事宜的或办理过涉税事宜但未领用发票、无欠税的纳税人，免予办理清税证明；未处于税务检查状态、无欠税、已缴销发票且符合特定条件纳税人，取消二次确认环节，提供注销即时办结或承诺制税务注销。对省内纳税人简化清税要求，实现省内跨区域迁移快速办理。加强与法院互动及数据交换，力促纳税人依法破产清算便利化。

10.2.3.12 精简税务行政许可

根据发票电子化改革工作进度，推进取消企业印制发票审批；推进增值税专用发票最高开票限额审批事项调整为其他权力事项；逐步推进对纳税人变更纳税定额核准、采取实际利润额预缴以外的其他企业所得税预缴方式核定调整为其他权力事项。

10.2.3.13 推进部门业务联办

一是打通税银关联通道。打通税务机关和各银行系统的数据通道，纳税人新设或者变更银行账户信息（包括三方协议信息）时，开户银行将账户信息及时传递至税务机关，税务机关自动更新，无需纳税人再次到税务机关办理相关业务。探索建立税务端在线发起、银行端实时反馈银行账户余额工作机制，为欠税追征、缓缴审核奠定数据基础。

二是优化不动产交易税费征收。打通税务机关和不动产管理部门的数据关联通道，纳税人网上签订交易合同并缴纳不动产交易税费后，税务机关自动将纳税人税费缴纳信息传递至不动产部门，不动产部门即时完成房产证办理，实现买房办证一次性全程网上办。

三是推进股权转让信息互通。打通税务机关与市场监管部门的数据通道，纳税人在市场监管部门办理股东变更后，及时将信息传递至税务机关，完成相关的登记信息变更，并由税务机关对信息进行分析应用。借助信息系统互通，推动市场监管部门便捷查验股权转让完税凭证。

10.3 优化税收监管模式

优化税收监管模式的主要内容包括：建立电子发票监管模式，深化税务稽查改革，完善重点领域监管，加强反避税管理，实施全方位协同监管，完善法制追责与救济。

10.3.1 建立电子发票监管模式

10.3.1.1 加强上下游协同共管

在对开票方的管理基础上，利用电子发票数据加强对受票方的协同管理，建立自动化的发票抵扣风险处置机制。

一是提供受票方风险预警服务。将开票方风险等级第一时间推送至受票方，提醒财务人员对高风险企业所提供的票据加强审核。

二是强化受票方后续管理。对取得疑点发票或异常凭证金额占比畸高的受票方纳税人调整其风险评级，并限制疑点发票的使用。

三是建立救济机制。纳税人对系统自动风险评定事项有异议的，可以通过发起人工调整申请，由税务机关对纳税人的异议事项进行重新核实认定。

10.3.1.2 强化交易环节发票监管

通过交易双方及其主管税务机关、资金结算银行六方信息共享，并借助银行流水数据与交易双方的发票数据精准比对，实现双方交易、资金结算、税收监管协同，强化交易真实性监管，全面掌握纳税人的发票流、资金流、货物流，管控发票虚开、代开，推动发票从控税属性向交易凭证属性的转变。通过大力推广电子化报销记账，即扫描发票信息即可报销费用和查询应税项目的来龙去脉，让每一笔交易有迹可循，记录发票全生命周期状态，避免重复报销。

10.3.1.3 建立发票管理联动机制

积极推动将发票管理纳入社会信用体系，破除税务部门与征信机构、金融机构、行业协会商会等组织的信息壁垒，与全国信用信息共享平台建立互联互通和信息共享机制，实时传输发票使用数据，及时推送发票守规、发票违章、发票违法等与信用评价相关的信息，接收各类社会信用信息并作为发票分类管理的依据，把发票使用的情况与个人征信、企业信用、机关事业单位财务管理相结合，真正形成信息共享、征信互认、联合约束的发票管理联动机制。

10.3.1.4 建立可视化监控流程

充分运用人像识别、手机定位等技术手段，赋予纳税人合理的发票开具授信。即时验证、记录具有潜在风险的开票行为，通过机器学习，智能研判开票行为风险，建立分级预警机制，采取差别化应对措施，对虚开行为进行精准打击，震慑虚开骗税行为。

10.3.1.5 建立数字化的出口退税发票风险防控

一是打造精准防控体系。依托发票电子化的数据功能为出口退税风险防控构建精准防控体系。二是构建数字化比对分析系统。依托发票信息，对出口企业的进项构成、来源地信息与出口、内销等进销存数据进行全面分析比对和风险预警。三是实现退税风险实时提醒。对供货企业及其“四员”属于虚开、走逃失联、重大税收违法案件等情况，实时风险预警提示。

10.3.1.6 建立全国统一的发票库

推动建立全国统一的发票数据库，利用发票数据对纳税人发票使用行为进行分析监控，积极开展纳税人行为风险研判，预测经济走势，为智慧决策和风险监控提供数据支撑。

10.3.1.7 推进发票风险联动

一是构建“风控+稽查+督审”联动的发票风险管理机制，对发现的风险事项，由风控、稽查、督审部门同步落实、相互监督、一体防控。二是建立税费间横向协作机制，发票风险线索，各税费管理部门同步接收、延伸分析、一体应对。三是建立系统间纵向互动机制、信息系统按照数据共享需求及权限管理要求，完成查询后按规定流程反馈，用数据支撑基层开展风险管控。四是以发票电子化为契机，优化跨地区发票函调、协查等工作流程，实现智能高效的协同互助。

10.3.2 深化税务稽查改革

10.3.2.1 优化稽查执法方式

完善“集中管理+跨区稽查”的税务稽查管理体制，强化总局稽查局与特派办联合办案，促进主管税务局与跨区稽查联动，提高稽查的社会震慑力。完善税务稽查“双随机”制度，稽查部门在风险管理框架内，将大数据风险分析和“双随机”选案相结合，增强稽查的针对性和有效性。

10.3.2.2 深化稽查信息化应用

打造贯通上中下三级、联结执法场所和设备的税务稽查指挥管理链条。充分利用现有稽查信息化基础，集成建设“一个应用系统”，逐步建成“三个执法场所”，全面装备“一个办案工具包”，分步实施、压茬推进。

10.3.2.3 筑牢税务稽查情报管理

健全稽查情报的搜集、分析、输出、运用、内控、考核、建议等机制。拓展稽查情报信息获取范围，积极获取互联网、政府职能部门和社会第三方的数据信息。

10.3.2.4 探索实行智能处罚

运用法人库和自然人库，从信用体系、风险体系的视角，运用发票流、资金流等相关内容的关联关系，进行智能分析，找准风险点，进行全息画像，锁定被查对象。运用大数据、人工智能等手段，探索实行智能处罚裁量，促进执法标准公平统一。

10.3.2.5 构建移动智慧执法

优化税务执法全过程记录，追踪记录执法行为中每一环节的具体执法人员信息，实现执法音像记录的存储、传输、调用和归档。将移动终端技术、通信技术、地理信息技术、卫星定位技术与税务执法信息化建设紧密结合，执法人员可以现场进行拍照、摄像、录音、定位、查询、打印执法文书等操作，构建“移动智慧执法”新模式。

10.3.2.6 完善违法公布机制

适时修订税收违法案件公布制度，对优惠政策假申报等类型的新类型案件进行公示。

10.3.3 完善重点领域监管

10.3.3.1 推进大企业专业化管理

（1）完善大企业制度机制。构建科学立体的大企业税收服务和管理制度体系。制定《大企业税收服务和管理工作规范》，修订《千户集团税收风险管理工作规程》《深化大企业纳税服务若干工作措施》等制度。建立大企业税收服务和管理工作机制，打造总局、省局、地市局、区县局四级联动的大企业税收工作流程和岗责规范，明晰区县税务局大企业工作的职责和范围。强化重点城市大企业税收服务和管理工作职能。

（2）创新大企业服务举措。升级大企业纳税服务内容，突出大企业纳税服务特色。建立大企业互联网办税“一键直达”绿色通道，实现大企业政策咨询、诉求办理、处理反馈、互动沟通等业务的网上直办。加强大企业跨区域涉税事项协调。分行业建立省市两级行业服务团队，帮助企业准确理解和执行好各项税收政策。推进涉税事项事先裁定制度落实。实行大企业集团涉税诉求集中通办。有条件的省份要为大企业集团配备首席联络员，高质量做好定向政策咨询和解释工作。强化大企业税务遵从管理。

（3）提升大企业管理效能。持续优化大企业风险管理方式。提升大企业风险分析专业化水平。完善税收风险分析，实施集团全成员、全税种、全环节风险分析。建立总局、集团总部所在省局、成员企业所在省局联动开展税收风险管理工作机制，做到统一部署、同步分析、集中评审，在行业集中度较高的省份建立风险分析区域中心，形成分行业专业团队。实施大企业风险任务扎口管理、统筹应对。发挥首席联络员信息情报优势，积极做好风险应对的政策辅导、信息沟通、后续执行等工作。组建大企业税收经济分析专业小组，以问题为导向，以服务为引领，强化大企业税收风险管理与纳税服务的高度融合。将风险管理中发现的低风险事项及时推送至大企业，引导大企业开展自我评估和纠正，不断提高大企业税法自我遵从能力。明晰大企业税源监控工作内容。夯实大企业税源监控信息基础。深入推进大企业指标模型体系建设。

（4）实施大企业专业管理。打破属地征管模式，持续提高信息化应用水平，着力提升涉税数据保障能力，对大企业实施全场景、全过程监管，建立跨地区服务联动机制。打破分税种管理模式，推进税企数据直联，实现税企数据线上互通、税务风险实时预警，切实提高企业税务内控能力。聚焦大企业跨区域、重组等涉税事项，拓展大企业涉税诉求办理渠道，提升大企业跨区域涉税事项协调处理能力。着力打造大企业税收经济分析精品。运用 XBRL（可扩展商业报告语言）数据开展大企业国际比较分析。

10.3.3.2　完善自然人税收管理

充分利用“一人式”信息，扩展自然人相关税费办理功能，加强个人所得税与企业所得税、社会保险费、财产行为税、国际税收情报交换等方面的有机结合，形成通畅的交互链条。

（1）完善自然人税收征管相关制度。完善自然人管理相关法律法规。推动新征管法对自然人纳税人的针对性管理服务要求、自然人信用管理体系建设、自然人涉税信息共享保障制度、自然人涉税违法行为惩戒制度等内容的修订，为完善自然人征管服务制度奠定法律基础。

优化自然人纳税主体信息确认，改革现有个体工商户征管制度，研究自然人自行申报制度及相关配套纳税服务制度、措施。逐步取消税务机关代开发票，税务机关对个人收入按类别配置相关的税费种，支持全税种申报。个人取得收入时，可根据收入类别申请开具发票，系统在线自动生成增值税电子发票，支持在线缴纳相关税费。

（2）构建新型自然人税收征管方式。集成自然人的纳税申报、税款缴纳、税收减免等数据，建立“一人式档案＋风险共治＋信用引导＋分类分级管理”征管方式，逐步健全以高收入、高净值人群为重点的自然人税收管理体系，加强高收入、高净值个人、一人跨多税种等方面的税收征管，推进自然人跨境税源、交易信息汇集，整合归集境外投资信息并动态更新调整。

（3）建立自然人税费分析监控机制。完善信息共享机制，构建“税源监控样本库”“高收入、高净值人群数据库”，实现“人—房—车”、个人及其家庭等数据关联，开展信用运用和风险管理，形成个人所得税税收分析与监控机制。实现自然人业务办理高度集成、办税体验智能便捷、事项处理精准高效、税种管理充分融合、数据价值深度挖掘、信用体系全面构建的个人所得税管理新格局。引导自然人规范履行纳税义务，促进全社会纳税遵从。

（4）实现自然人涉税信息系统化集成。按照纳税人分类、归并、整合的指导思想，将现有金三系统登记的个体工商户（含个人独资企业）归类为自然人纳税人，优化、梳理、整合管理职责、系统功能、模块（含相关计会统）、数据，原则上统一并入相应系统一体化管理。围绕“数据治税”，通过多渠道、全方位采集自然人、扣缴单位申报数据，整合自然人各税费种信息、第三方和网络涉税数据、跨境税源涉税数据、国际情报交换数据，借助财政部主导的个人收入财产信息系统建设，实现自然人相关税费种信息的内部整合，对个人基础信息、税费申报信息、专项附加扣除核验结果、风险指标筛选情况、个人执法、税收稽查等信息进行“一人式”归集，逐步实现对自然人涉税信息的系统化集成。

（5）推进自然人信用管理和社会共治。建设自然人纳税信用体系，系统自动对纳税人进行纳税信用动态调整，对逾期未缴纳税款，经责令限期缴纳仍未缴纳的，降低纳税信用等级，形成便民高效与守信激励、失信严管的良好纳税氛围。以专项附加扣除信息共享为契机，协助加快推进个人收入财产信息系统建设，不断拓宽部门间税收合作与协同管理。

10.3.3.3 构建出口退税风险防控体系

（1）实施风险智能预警和联防联控。一是对出口企业进项构成、来源地信息与出口、内销等进销存数据进行全面比对，实现智能预警。二是对供货企业及其“四员”属于虚开、走逃失联、重大税收违法案件等情况，进行实时风险提示。三是强化联防联控，对接稽查“黑名单”，实现退税稽查打防联动。

（2）加大重点领域打击力度。积极开展打击虚开骗税违法犯罪专项行动，严厉打击没有实际经营业务只为虚开发票的“假企业”和没有实际出口只为骗取退税的“假出口”。组织开展打击税收违法犯罪专项行动，对涉案金额大、社会影响恶劣、严重破坏税收秩序的，依法从严从快查处，形成全面震慑效应，切实维护税法权威和公平。

10.3.4 加强反避税管理

10.3.4.1 加强反避税基础数据管理

探索中国市场优势对企业利润贡献和无形资产价值贡献的量化分析，尝试价值贡献等方法在反避税领域的实践运用，构建关联交易风险模型和指标体系，自动识别风险信息，实现反避税智慧化管控，有效防范跨国企业转移境内利润、侵蚀中国税基。

10.3.4.2 实现 CRS 数据接入总局数据平台

做好 CRS（国际共同申报准则）数据接入总局数据平台，改变当前 CRS 信息孤岛现状，打通 CRS 数据和个税信息链条，参与制定数据接入模式和接口标准，根据国际协定要求提出 CRS 数据安全管理需求。

10.3.4.3 加强跨境税源管理

围绕跨境交易企业和跨境交易个人，加强数据集成，实现国际税收由事项管理向对象管理的转变。加强特别纳税调整监控管理，构建关联交易风险监控管理体系，从价值链分析，交易流、资金流和职能风险承担的角度，看全球、看中国、看企业和个人，有效开展跨境税源监控，应对税基侵蚀和利润转移风险，做好分析应对。创新反避税方法在反避税领域的实践运用。加强对关联业务信息的后续应用。依托关联业务往来报告表等基础数据，深入挖掘信息风险点，筛选反避税案源。完善个人所得税反避税工作流程，实现对居民个人、非居民个人身份标识区分，以数据共享、职能优化为主要手段，增强非居民个人所得税管理精准度，加强外籍人员所得税集中管理。

（1）自动归集跨境税源信息。境内企业或个人在境外企业（或分支机构）达到一定持股比例的，统一赋码并设置唯一标识，按照同一纳税人（中国居民企业和居民个人）整合归集境外投资信息并动态更新调整，优化数据展现形式。

（2）建立“全景式跨境税源数字账户”。明确统一的数据标准、口径，全面规范数据采集、应用。设置风险指标，开展大数据分析和管理服务工作。可按照纳税人识别号、公司名称等索引进行查询，关联纳税人的登记信息、对外支付信息以及海关、工商、银行、公安等部门信息，支持对同一企业内部各信息互联比对分析和关联企业之间的业务往来分析。通过导入第三方信息、公开披露信息、境外相关信息等，实现各类信息的有效归集。

（3）勾勒关联交易网络图谱。在法人信息库和自然人信息库间建立关联交易数据联动分析机制，进行 360 度纳税人画像描摹，深度挖掘跨国集团架构、价值链、关联交易网络及自然人与法人纳税人间的关联关系和交易互动，掌握跨国集团关联交易整体图景，据此为纳税人进行风险预判和积分，按照风险评分结果制订风险计划，推送风险事项。

10.3.5 实施全方位协同监管

10.3.5.1 推进跨税费协同监管

（1）贯通跨税费业务流程。梳理不同税种、事项、事务的关联关系，以“扁平化、协同化、高效能”思维模式对税收业务流程实施整合、简化、改造，消除系统、部门间壁垒，按数据管税思维开展业务重整重组，做到业务贯通、部门协同，税收管理风险联防联控。

（2）加强税费数据协同管理。在法人库和自然人库建设的基础上，归集、反映、分析跨税费种的相关数据，明确数据规则与数据属性，打通各层级税务机关、部门间数据共享，对税费收入全过程进行核算反映和监督，多税费种数据交互印证，实现不同业务的上下级税务部门、各部门之间的协作共通，各税费风险分析的一体联动。

（3）构建税费协同管理场景。一是对科技创新四个时期、绿色税制九个税种、涉及个人多个税种的关联数据分析；二是以不动产权属变化过程为管理链条，实现税费种联动一体化管理；三是深化车船税与车辆购置税、增值税发票的联动管理，完善车辆代收代缴、船舶委托代征等协同共治模式，实现车辆和船舶全周期税收管理；四是加强资源税、环境保护税与增值税、企业所得税等税种联动管理，开展趋势性风险分析研判；五是利用个税等税费信息，提高社保费征缴率。

10.3.5.2 推进跨地区协同监管

（1）深化跨区税源协同管理。通过税收管理体制机制创新，建立京津冀、长三角、粤港澳大湾区等国家战略区域的税收保障机制，加强区域内省市税务局在税收政策、纳税服务、税收监管、权益保护等方面的工作协作，深化跨区税源协同管理，进一步发挥税收促进经济发展的职能作用，促进区域创新能力和竞争能力的提高。进一步明确区域性税收优惠适用条件和执行标准，堵塞利用区域财税政策差异逃避税的漏洞。

（2）加强“一带一路”国际合作。加强国际交流，对荷兰、美国、俄罗斯等国的先进做法进行分析和借鉴。对标国际货币基金组织7条标准等国际标准，为未来中国向国际介绍经验作准备，在“一带一路”国家范围内建立知识共享平台，树立国际化视野，体现中国特色，打造中国方案，分享中国经验，体现现代化和国际化两个重要特征。

10.3.5.3 推进跨部门协同监管

积极融入国家“互联网+监管”体系，建立健全跨部门、跨区域执法联动响应和协作机制，实现违法线索互联、监管标准互通、处理结果互认。

（1）逐步建立税收共治新格局。逐步建立以税务机关为主导、社会广泛参与的税收共治新格局。依托智慧税务大脑的开放性，实现跨平台、跨部门、跨领域的信息数据共享，将税收征信纳入社会信用体系的大环境中，建立企业信用与自然人信用挂钩机制，规范认定并设立市场主体信用“黑名单”，强化跨行业、跨领域、跨部门失信联合惩戒，对失信主体在行业准入、项目审批、信贷资格、发票授信、出口退税、出入境、高消费等方面依法予以限制。加强与发展改革委、文明办等社会信用体系建设牵头单位的密切协调，联系公安、人民银行及市场监管等有关部门，及时共享税收违法违规信息，由相关单位分别纳入各自的诚信管理系统，实施联合惩戒，在全社会形成褒扬诚信、严惩失信的合力。

（2）强化社会力量监控力度。建立政府主导、部门协作的互动机制。由政府牵头，各职能部门参与，共同建立第三方涉税信息交换机制，明确涉税信息交换的时限、内容、应用、保密等，使税务部门能多渠道、快捷、全面、准确了解各类涉税情况。税务机关与政府各职能部门合作，共同利用从银行、国有大型企业等单位获得的涉税信息，将采集到的信息进行收集、整理、分析，对纳税人纳税申报、发票使用、证明开具等行为进行监控、比对、分析，提高对纳税人的监控力度，促进税源精细化管理，提升综合治理水平。

（3）加强政务信息资源共享。发挥各部门现有信息系统效能，减少信息重复采集，实现数据“一数一源”，提高数据的准确性和权威性，提高政府部门科学决策的能力和水平。积极推动同发票电子化改革相配套的其他改革，推动有关部门完善会计档案电子化制度。推动修订相关法律法规，在内部控制、外部审计、证明材料等非税收管理领域，为发票电子数据应用提供法律依据。推动政府转变职能，更好地履行经济调节、市场监管、社会管理和公共服务的职责。

10.3.6 完善法制追责与救济

10.3.6.1 完善简易处罚快速处理机制

推进对逾期申报、逾期缴纳税款、发票遗失等易判断税收违法行为的处罚标准统一，明确“首违不罚”清单。简化系统操作流程，加快实现行政处罚类税务文书电子送达。推进简易处罚线上线下融合办理、非接触式办理，开通网上缴纳罚款服务，逐步实现简易处罚全程网上办。

10.3.6.2 完善税收法律救济机制

一是在立法、执法和司法各环节突出对纳税人权利保护地位，提升纳税人在税务行政复议、税务行政诉讼、税务行政赔偿、税务行政补偿等方面的维权和法律救济处理效率。

二是完善我国跨境税收争议解决机制，落实税收协定相互协商程序，引入国际税收仲裁机制。

10.3.6.3 健全投诉举报办理机制

落实“接诉即办”。建立联络机制，实现各部门上下联动，快速响应处理投诉，及时反馈受理结果。以信息化管理效能做好任务派分和绩效跟进，既保证纳税人权益得到保护，又不对税务人员简单化一票否决，避免恶意投诉举报产生负面影响。

11 稳固强大信息体系

伴随着国民经济的发展，我国的科学技术水平也有了飞速发展，信息技术利用已经处于世界领先，国家即将进入5G时代。近年来“互联网+”、大数据、云计算、物联网、人工智能、人脸识别、数据中台、区块链等新技术新理念迅猛发展，对传统业务模式产生了巨大冲击，使社会的生产、生活方式发生剧变，这种剧变不可避免地波及政务领域。在当今数字化的风口浪尖，割舍传统应用、实现政务“上云”，与其说是政府职能转变、制度创新的要求，不如说是在共识之下的公共服务部门突围。充分利用新时代信息技术大发展所带来的历史性机遇，以互联网应用思维突破为先导，依托大数据和云计算，建立稳固、强大的信息体系，引领税收治理现代化发展，是时代赋予我们的重任。

11.1 税收信息体系基础

税收是政府与纳税人之间的经济利益分配关系，是公共权力对私有财产的剥夺。具体的表现就是纳税人向政府缴纳税款，而这个纳税的过程又是通过一系列与税收有关的信息流转（包括各主体内部的以及主体之间的信息）来实现的。因此，税收在从纳税人向政府转移的过程，其实也是信息和利益的传递过程。在现代社会，税收的表现或参与形式已经基本上以信息为主了。税收生态系统的运行基于涉税信息的流转，各个参与者通过对信息的生产、加工和应用，共同完成整个税收活动。

11.1.1 税收信息类型

根据不同用途，从不同角度，税收信息可以作出多种分类（见图11－1）。

比如，从信息反映税收活动过程，可以分为申报信息、缴库信息、征管信息；从信息的获得方，可以分为来源于纳税人的信息、来源于税务机关信息、来源于第三方信息；从信息载体看，包括文字信息、声像信息、实物信息；从信息类型看，包括宏观信息、行业信息以及微观信息；从信息来源看，包括由三个主体本身产生的以及与环境作用所产生的内部信息，以及一切与税收有关银行、工商、社会信用、产权外部信息；从信息时间看，包括历史信息、现时信息和预测信息；从信息价值看，包括有用信息、无害信息以及有害信息。

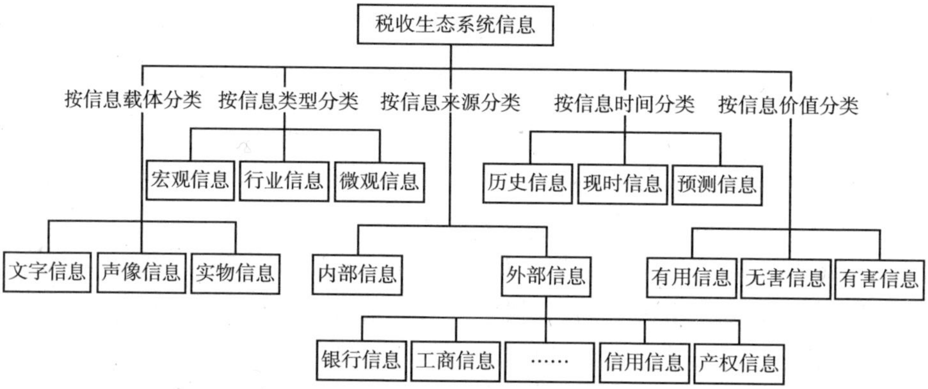

图 11-1　税收生态系统信息类型

11.1.2　税收信息应用

基本的税收信息流转过程分为两条线索：一条是纳税主体根据法律履行申报义务，报告应税信息——在规定期限内，根据应税信息缴纳税款；另外一条是征税主体根据众多纳税主体报告的应税信息，针对其不恰当的部分要求作出更正或调整，并对违反法律规定的行为和纳税主体进行处理。在健康的税收生态系统中，税收信息的产生和应用应该是这样的：一是各种涉税信息合理且全面地得以收集，征税主体根据信息客观评价纳税人遵从税法情况，并据以实施更具针对性的服务和管理；二是纳税人根据制度或征税主体告知等信息，正确准确地履行义务行使权利，并合理安排符合环境的经营策略以满足自身发展需要；三是其他部门或组织积极提供或建设履行涉税义务行使涉税权利所需的信息，合法合理利用公开的涉税信息改进或完善本身的职能；四是中介（服务）机构按照制度要求，帮助纳税人履行义务行使权利，社会公众普遍认同税法遵从，监督和督促税收权利义务的履行，形成互相促进互相督促的良性循环。随着税收服务理念的深化和信息技术的进步，信息流转和服务模式又产生新的变化。税务机关自纳税人或第三方获取的税费相关信息，可以按照法定的规则初步计算出应税情况并推送纳税人确认提交，以替代传统的申报过程，减轻减少纳税人自行申报的负担和失误。这种对信息的扩展应用和服务模式在自然人税费管理上颇受欢迎，商品税和所得税方面也值得借鉴。整个生态系统运行中，环境因素随着内外部情况变化及时修正，各参与主体充分发挥自身属性，通过信息的产生和顺畅流转，富有效率地完成履行义务或享受权利的活动，并不断完善、不断进化，进而为整个国家和社会生态富有活力而提供支撑，呈现出一派物竞天择、万类霜天竞自由的生动局面。

11.1.3 税收信息流转

人类社会进入信息化时代，税收信息及其流转产生了巨大的飞跃，也改变了传统的税收服务和管理方式，引发了不断的创新与变革，数次税收管理模式之变即是源于信息流转之变。管理理念、模式、技术等各方面的融合也需要一个渐进的过程。

（1）信息开放性。生态的健康源于开放提供的能量，信息系统的发展也一样需要开放和能量。随着云计算、人工智能、区块链等信息技术的不断发展完善，大量的人类生活和交易事务及其安全监控将交由电子设备自动实施。人类应该将更多精力解放出来做两级的工作：基础制度和基础设施环境等的建立及完善，大数据分析为基础的风险评估和决策优化。业务规则化、规则数据化、数据智能化，将成为包括税务生态系统在内的诸多社会生态系统的前行方向。

（2）信息系统性。巨量、复杂、多变的纳税人经济和税收业务需求，给税务管理职能和信息系统带来严峻挑战，在业务事项从手工向信息化转化的过程中，割舍传统应用，实现政务“上云”统筹信息和流转。梳理到底需要哪些信息，这些信息的源头是哪里，应该从什么渠道获取是最准确和最权威的，怎么使用这些信息，这些信息的质量、加工、应用应该怎么处理，由管理部门统筹、设置，使信息和流转整体相协调。

（3）信息时代性。进入信息化时代，税收管理模式和运行方式需要作出应有变革。以个人所得税管理为例：一是间接管理模式与自行申报要求如何匹配，现行税务机关通过以扣缴义务人间接管理为主的模式，和接收全量的纳税人自行申报直接管理的税制需求之间，存在较大的差距；二是属地管理模式与一人式管理要求如何匹配，当前税收的属地化管理模式，既与“一人式”个人所得税数据的全国集中要求不匹配，也与主管税务机关的可动态确定要求不匹配；三是流程管理模式与海量业务要求如何匹配，当前的流程化管理模式，是对具体业务的管理，能够承担的工作量是有限的，沿袭到个人所得税的管理要求上则根本无法实现税制设计需要。必须从业务设计、管理模式等各方面统筹考虑，重塑岗责体系以适应信息化时代对税收管理的要求。

11.1.4 税收信息发展

信息和流转体现整个税收生态的运行状况，在这个方面应该更多地向电商借鉴与参考新技术的运用，使智能化、人性化、简单化、贴身化来为税收生态健康发展服务，创新的根本目的仍然是业务，不能为了技术而技术、为了创新而创新。

（1）注重信息管理建设系统集成。信息是管理的基础和支撑，涵盖整个税收管理和服务，乃至整个社会参与的税收治理过程。对于相关的信息管理与建设，应该遵循系统性原则，统筹考虑各方面的需要和可能，不能孤立割裂地对待。要从建设健康的税收生态角度，综合考虑政策制度、经济调控、组织架构、纳税人情况等各因素的前提下，设计业务模式、信息采集、综合应用的信息，以数据资产为核心进行全流程、全要素管理；要把税务信息化连成一个整体来看待，注重整体规划和顶层设计，建成全国上下整体联动、前后环节整体衔接、内外部门整体协调的业务支撑体系。要建立信息与业务的动态协调机制，以信息系统建设倒逼税收管理制度、运行机制、组织职能转型升级，保障制度环境、组织环境与技术的互相促进，推动生态和谐。

（2）注重信息管理建设开放共享。在保证安全的前提下，互联性、开放性是根本。信息的获取和使用，需要广泛调查研究和征求意见，不能闭门造车，要破除自行其事的旧习，要有“生态建设不是一个部门的事，涉及所有参与者”的观念。在系统建设上也是如此，既需要技术体系的联通开放，也需要数据的访问开放和全方位、全角度利用。在业务设计上，更要在征税主体的组织单位之间、纳税主体之间、纳税主体与征税主体之间广泛互联互通，全方位参与税收生态建设活动。每一个参与者都是税收活动的实践者，也都是数据资产的不同角度的使用者，这样才能共建共享税收信息，共同建设健康税收生态。要秉持为税收参与者服务的理念，而不是仅仅局限于旧的执法者观念。吸收所有对信息管理和建设有益的参与者进来，共同建设，共同维护，保持竞争向上的生态环境，有利于信息管理和建设，也有利于整个税收生态的健康。

（3）注重信息管理建设不断进步。信息的管理与建设理所当然地需要依赖于技术进步，需要与之相适应的思维和管理模式。在注重数据层面的建设与管理，充分实现税收数据的聚合、流动、共享和应用的同时，还要有“不断更新、不断创新”的进步观念。打造服务所有参与者的智能化、人性化、简单化、贴身化服务和管理平台，必然要不断适应各方的不断变化的需求，除了业务的变更，信息与技术的变化也是重要一环。信息管理和建设要有快速迭代的需求能力、开发能力以及深度学习能力，以快速迭代的技术能力响应需求，又以快速的需求创新能力促进技术迭代。信息系统应该是精简的、实用的，可以灵活增加新功能，以此满足快速变化的工作需求。要认真学习和借鉴比如“微应用”“轻应用”的新方法，也要学习借鉴“预填申报”“税收裁定”等新机制，只有参与者和信息、业务和技术完美融合、同生共进，才能促进健康税收生态的形成与不断进化。

11.2 税收业务云化思维

11.2.1 税收业务云化背景

随着我国经济社会的快速发展，自然人的税收业务日渐增多。据统计，目前有十二个税费种类与自然人有关，其中100%的个人所得税、个人住房房产税、社保费与自然人有关；72.33%的车船税、70.13%的车购税、60.98%的契税与自然人有关；另外，房产税、增值税、土地增值税、印花税、城市维护建设税和城镇土地使用税亦不同程度地与自然人有关。而自然人税收有以下特点。

（1）海量数据高频交易。海量数据高频交易是自然人税收的主要特点。个人所得税税制改革，将自然人办税业务推向井喷状态。根据公开数据，2019年前三季度，个人所得税改革新增减税4426亿元，累计人均减税1764元。说明2019年前三季度个税申报人数2.5亿人。2020年3月1日至6月30日，我国数千万个人纳税人首次通过线上或线下申报方式自主完成个人所得税综合所得年度汇算。

（2）强流动低专业高敏感。与企业税收相比，除了体量上的云泥之别外，自然人税收还存在着以下特点：

第一，流动性更强。与企业的相对固定性相比，流动性是自然人的天然属性。流动性强意味着纳税人对办税空间的自由度要求非常高，传统的纳税人注册地与实体办税服务厅对应的办税模式完全不能被接受；流动性也体现为构成自然人税收的要素信息可能分散于不同的雇佣单位或个人和不同的时间段，传统的以“表证单书”形式、限时、集中办理纳税申报的模式无法与之匹配；流动性更体现为纳税人对办税渠道多样性的要求，而移动端成为其首选。为了将税务应用软件搬上移动端，就必须要对传统的表格式、一体化申报方式进行改造，以适应移动载体的操作界面。

第二，专业性更低。与企业有专门的机构，专职从事自财务核算、申报准备、纳税申报、缴退税，到申报后事项一条龙工作的专业人员相比，自然人普遍缺乏税收的专业知识和办税的专业技能。现行法律也没有规定自然人可以享有自行申报的“办税假期”，限定纳税人在专门的时间段办税殊不现实。而我国当前针对自然人的专业中介纳税服务市场尚在萌芽之中，供给与需求两不旺，活跃市场仅限“四大”和“境外人员”这一狭窄地带。如此种种，都要求对自然人办税业务设计必须考虑“去专业化”，除了要将抽象化了的税收要素数据项还原为具象化的涉税事实描述、进行从“阳春白雪”到“下里巴人”的转变外，还需要在办税便捷度和办税成本方面充分考虑普通群众的可承受度。

第三，敏感性更高。对税收痛感的敏感度不同，是自然人税收与企业税收的另一重要差异。对企业税收而言，办税人员与企业之间通常没有直接的利益关系，税收痛感不强。作为专职人员，办税是其职责，办税成与不成、效率高与不高都构成其工作内容，因此，除非紧急事项，否则办税焦虑感也不会强烈。而自然人税收则不同，办税人员通常是纳税人本人。自然人税收一般是直接税，体现为对其私有财产的直接剥夺，税收痛感本来就特别强烈。如果办税过程效率低、体验差，办税的焦虑感就会强化税收痛感。因此，在运维方面，需要通过停机来升级的传统税收应用软件是不可接受的；在申报后事项方面，对整体办税事项进行一次性更正的方式也是不可接受的；而在办税体验方面，不考虑个性化需求的方式同样不可接受。

总之，以服务于税务机关内部管理为导向的传统税收应用软件，越来越不适应海量、复杂的自然人办税需求。在此背景下，以服务于纳税人为中心的新型的、云化的税收应用软件应运而生。从这个意义上讲，自然人税收业务井喷才是税收业务云化的主背景，而大数据、云计算等新科技的运用则为税收业务云化提供了条件，属于次要背景。

11.2.2 税收业务云化本质

评价税收征管质效的核心指标是遵从度和效率。OECD 国家特别是美国三次税收现代化的实践证明，以纳税人为中心、优化服务是提升税收征管质效的唯一有效路径。

（1）维护业务自然状态。“以纳税人为中心”就是要以满足纳税人的办税需求为出发点和落脚点，尊重纳税（办税）人的个性化体验，根本的路径就是要在业务规则设计中充分尊重业务的自然状态，尽可能不使之扭曲。这个问题在传统的税收应用软件设计过程中没有得到重视。传统的税收应用软件开发，其业务需求一般由总局业务司局提出，受立场和视角制约，业务需求往往较窄。由此，开发出来的税收应用软件，更倾向于服务税务机关内部管理。体现在两个方面：一是办税事项业务流程设计以构成应征税款数据项为逻辑起点；二是业务流程与税务机关内部组织架构和岗责体系对应。

（2）保证系统稳定可靠。以纳税人为中心，还需要保证税收应用系统的稳定可靠。所谓稳定可靠就是要让税收应用系统在纳税人面前没有“存在感”。但我国自然人税制体系尚未成熟定型，新政策的出台和老政策的调整频率很高，税收应用软件升级改造不可避免。传统的应用软件在面临这个问题时往往需要停机升级。甚至有时，税收应用软件扮演的角色超过了税收政策本身，因“存在感”太强而频遭吐槽。此背景下适应敏捷开发的微服务化的税收应用软件则能有效解决这个问题。殊途同归的是，微服务化的前提，恰恰也是业务场景细分。

（3）及时响应办税诉求。从另一个角度看，以纳税人为中心，就需要对纳税人的办税诉求及时作出响应。传统复杂的税收业务场景的处理，需要对资源进行集中调用，必然导致资源的“忙闲不均”。考虑到政务资源的利用效率，税务机关很难按照复杂业务场景的交易峰值配置资源，因此，因资源不足导致无法及时响应纳税人办税诉求的情况时有发生。唯一的解决途径，就是要将复杂业务场景细分，以适应税收业务信息化支撑体系对资源的弹性分配。

（4）细分税收业务场景。那么，何为场景化？何为场景细分？20 世纪 30 年代，美国政治学家拉斯维尔首提“5W 分析法”，后经过人们的不断运用和总结，逐步形成了一套成熟的“5W + IH”模式。该方法是将问题按照时间、地点、人物、事情、情节、背景细分开来，这样通俗易懂便于记忆理解。然后针对这六项逐步展开，逐步分析。循环往复，使得复杂的问题简单化，问题剖析的越来越有深度，直至找出根本原因，为科学决策提供基础。该方法主要运用于科学决策，其中“WHY”带有主观性和不确定性，属于价值判断范畴。而税收业务场景的价值标准是既定的，因此可以不需要考虑“WHY”。借用该科学分析方法，所谓场景化就是“4W +1H”，Who：谁，即操作主体；When：什么时间；Where：哪个空间；What：什么事项；How：怎么做。而业务场景细分，就是如何将已经抽象化了业务通过“4W +1H”转化为具象的业务，通俗地说，就是将一件复杂的业务按照“4W +1H”的方法以恰当的颗粒度拆解为若干件小业务。因此，税收范式的场景细分就是税收业务云化模板的基本内涵。而建立税收业务云化模板，要通过规范分析和实证分析两个步骤。

11.3 税收业务云化分析

11.3.1 税收云化业务规范分析

税收云化业务规范分析，就是以既定的价值标准为判断依据，先验地提出“应该是什么”的问题。

11.3.1.1 税收业务云化价值标准

党的十九大报告明确提出，各项改革和举措必须“坚持以人民为中心”，“必须坚持人民主体地位”。在税收法律上，正在经历从“国库主义”向“以人民为中心”的演变，“纳税人本位”正在成为法律修正的原则。《国家税务总局关于印发〈全国税务系统深化“放管服”改革五年工作方案（2018 年—2022 年)〉的通知》（税总发〔2018〕199 号）（以下简称《放管服五年方案》）明确规定：税收工作重要任务是构建自主遵从、优质便捷的纳税服务体系，税务机关依法为纳税人履行纳税义务提供便利，优化申报缴税。推进税种要素申报，逐步扩大申报表免填数据项范围，实现部分申报表由系统自动生成，推送给纳税人由其确认后报送。

“坚持以人民为中心”“纳税人本位”“纳税服务体系”“提供便利”“税种要素申报”构成税收业务云化价值判断的关键词。传统的应用基于纸质申报的基础，因此非常强调填报信息的完整性。无论哪个税种，纳税申报表都需要完整展示从税种要素到应征税款生成的全过程。个税征管系统之前的税务信息系统，均沿用了纸质申报表的思路，基本的策略就是将纸质申报表搬到网上。这种设计显然不符合放管服的价值标准。而《放管服五年方案》则是基于云平台、大数据的条件，依据其价值标准要求，重构了纳税申报的概念：一是将申报行为与应征税款生成分离开来变为时序逻辑关系的业务；二是将申报业务按照税种要素（即征税对象、纳税人、税目、税率、纳税环节、纳税期限等）拆解为细分业务。

11.3.1.2 税收云化业务主要内容

为了更加直观地展示云化业务与传统业务之间的差异，我们通过对比的方式来阐述税收云化业务模板的内容。需要重点强调的是，两者之间之所以存在着显著差异，与两者之间开发模式的差异不无关系：传统的税收应用软件开发过程中业务需求提出、需求分析、设计、实现与测试之间有着明显的界限，业务人员和技术人员“铁路警察各管一段”；而云化税收应用软件的开发，则需要业务与技术的高度融合，或者由兼通业务与技术的人员负责实施，或者是将业务与技术人员混编负责实施。

（1）操作主体（WHO）。传统的税收应用软件，比如金税三期，其开发项目管理规范中，业务需求撰写方（以下简称业务方）没有确定“操作主体”的权利。“操作主体”默认为局方，即设定的业务场景是固定的，默认为“税务人员受理纳税人提交的纸质申报表，并录入”。需求分析或开发人员（以下简称技术方）根据技术的可行性确定实际的“操作主体”。由于技术方对业务规则的熟知程度有限，为保险起见，传统税收应用软件的操作主体恒定为“局方”和“企业办税人员”。而云化税收应用软件的设计人员能够针对每个具体业务场景给出最合适的“操作主体”。所谓“最合适”，由底线标准和上线标准组成，底线标准是“操作必实名”，上线标准是“掌握信息即有权操作”。因而，云化税收业务的操作主体由具体业务场景确定，而非固定。

（2）时间（WHEN）。按照传统的思路，申报行为就是纳税申报表的报送行为，因此，报送时间被严格约束在申报期。而按照云化的思路，申报期只规定了纳税人确认应征税费的最后时点。至于申报行为，则可以是在申报期终了前的任何时点，既可以是一次申报，也可以是多次申报，既可以是部分申报、也可以是整体申报。比如《个人所得税法》第十一条规定的“需要办理汇算清缴的，应当在取得所得的次年三月一日至六月三十日内办理汇算清缴”，传统业务思路不会允许在次年三月一日之前报送任何与个人所得税年度汇算有关的资料；而云化业务规则则允许纳税人在业务发生之时到次年六月三十日间任何时点报送与年度汇算相关的任何信息。

(3) 空间 (WHERE)。传统的税收管理，首先是确定纳税主体，然后再确定该纳税主体的主管税务机关。一旦主管税务机关确定，则所有的涉税事项都由该税务机关管辖。通常地，纳税人的办税空间会被约束在该主管税务机关辖区。即便是所谓“通办”，相关信息也必须交换到主管税务机关进行处理。而云化的业务规则，则是按照事项来确定主管税务机关，同一纳税主体，不同事项可以有不同的主管税务机关。即便是到了年度汇算环节，将所有的涉税信息统一归集到纳税人的单一账号体系下，也必须由业务规则来确定主管税务机关。由传统的“事随人走”变为云化的“人跟事跑”后，纳税人的办税空间便不再受任何限制。单位的扣缴端，任一银行端、实体办税服务厅、ARM 机，或者是家庭 PC 端均可，当然最受欢迎的是移动端，只要是便于业务办理的，都可以成为办税空间的选项。

(4) 事项 (WHAT)。传统的申报业务规则，以税种要素的完整组合为一个办税事项。而判断“完整”的标准就是完成申报表或者申报表及其附表所有数据项的填报。因此，一般来说，在申报域，每个税种一般都只有两个事项：预缴和汇缴。而云化的业务，则是依据税种要素进行拆分，以能独立表达业务涵义的数据项为单位，不受表单或表单组合的限制。以个人所得税为例，可以按照图 11 - 2 进行细化拆分。

(5) 路径 (HOW)。传统的税收业务，严格遵循“税源管理、申报管理、风险管理”三段式管理路径。整个管理链条呈现单向性，不注重征纳互动。三个阶段的权利义务关系也是泾渭分明，税源管理抓共管，申报管理重自主，风险管理促遵从。其中税源管理和风险管理是税务机关的主要工作职责，因此税务机关主要以事前、事后管理为主，以管理促遵从。而云化的税收业务则是更多地采用互动方式，更多地强调服务，注重以服务促遵从。税务机关的工作职责更偏重于事前和事中管理。

税收业务云化采用税种要素单独申报方式，使税收业务“服务化”程度显著提升。一是在办税的各环节，来自纳税人、扣缴义务人和第三方的信息均能通过税务信息系统汇集起来，税务机关向纳税人提供了“通道服务”；二是无论是纳税人申报完成之前的税务登记、申报业务，还是申报完成之后的征收、缴退税业务，税务机关均能按照税种要素提供互动式的“税收政策风险预警服务”。对纳税人而言，传统税收业务下更多的是要关注及时“填制” + “报送”；在云化税收业务规则下，则需要关注的是“下载” + “确认” + “报送”。对税务

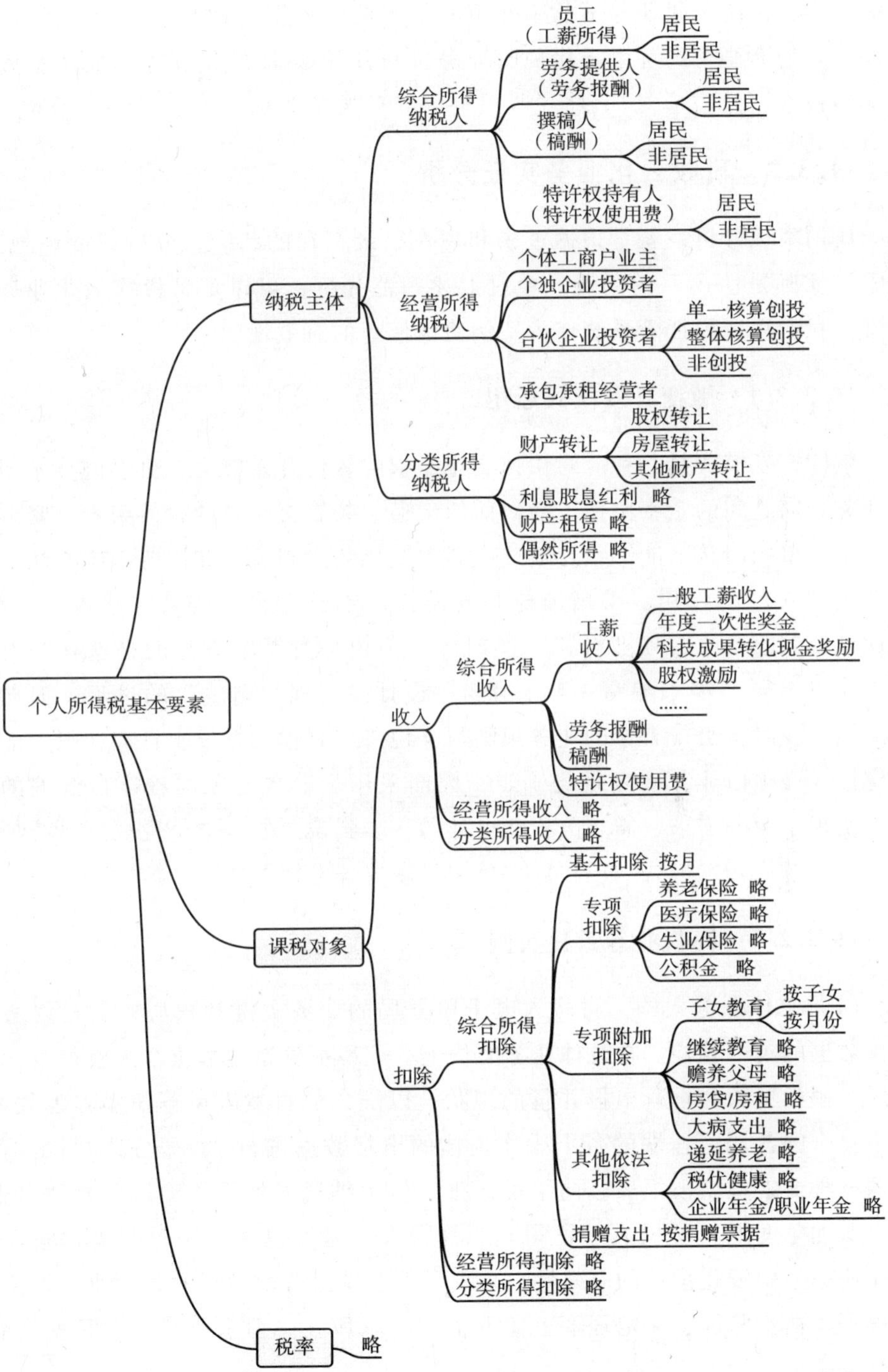

图 11－2　个人所得税要素图

机关而言，传统税收业务下的工作重心是事前的户籍管理和事后的风险应对，强调“以查促管”；而在云化税收业务下更注重事前、事中的“推送服务”，强调纳税人“自主应对”，将税收风险化解于既成之前。

11.3.2 税收云化业务实证分析

所谓实证分析，就是根据过去和现在已经存在的状态，分析或验证规律，回答“实际是什么”的问题。通过上述规范分析，可以定义税收云化业务的标准。我们以个税征管系统作为实例验证模板的有效性。

11.3.2.1 敏捷开发模式运用

敏捷开发模式是一种应对快速变化需求的软件开发能力，更强调技术团队与业务专家之间的紧密协作、面对面的沟通、频繁交付新的软件版本、紧凑而自我组织型的团队、能够很好地适应需求变化的代码编写和团队组织方法，也更注重“人”的作用。采用敏捷开发模式并不是个税征管系统建设的初衷。考虑到税制改革中各项业务确定的时序，个税征管系统选择的是迭代开发模式，严格遵循“需求编写—需求分析—设计—实现—测试”的过程。但在具体应用开发时，由于大量的业务规则与金税三期有很大差异，且存在很大的不确定性，必须由业务专家现场确定，因而采用了业务专家与程序员混编的方式，实现了业务需求、需求分析和设计的一步到位。所以，个税征管系统项目总体上是迭代开发模式，但在局部采用了敏捷开发模式。

11.3.2.2 税收业务云化实例

（1）总体业务架构。自然人电子税务局的业务关键和核心，就是要实现涉税数据的集中管控。在总体业务架构上，个税征管系统尊重个人所得税代扣代缴、预扣预缴和自行申报并行的现状，以唯一的自然人税务识别码为载体，对来自全国各地、各端的各个操作主体的申报数据进行“一人式”归集，并按照税种要素预填申报表，向纳税人推送，由纳税人修正、确认后办理申报。来自参加年度汇算纳税人“汇得全、算得准、退得快”的一致感受，验证了总体业务架构云化设计的有效性，个税征管系统对分散数据的集中业务管控功能得到了初步验证，一定程度上实现了“不求所在、但求所控”“形散神聚”的业务需求的初衷。

（2）具体业务场景。对于具体业务场景细分的过程，我们以个人所得税的基本要素为例，按照“掌握信息即有权操作”的上线标准，结合操作主体、时间、空间和实现路径进行阐述。

第一，纳税主体独立报送。在金税三期的业务规则中，个人所得税纳税主体被严格限定于《个人所得税基础信息表》（A、B 表）随同自行申报表或扣缴报告表，在申报期内，由办税人员通过实体办税服务厅或电子税务局报送。个税征管系统的业务规则中，纳税主体报送独立于申报表报送。除了必须满足“操作主体必须已经实名认证、纳税主体必须进行实名认证、纳税主体报送不得晚于申报表报送”这三个条件外，构成复杂业务场景的其他约束性条件都被解除。因此对于纳税主体的报送业务，操作主体可以是纳税人本人，可以是扣缴义务人的办税人员、HR、财税人员和其他经授权人员，也可以是第三方机构，如市场监管部门、金融机构、证券公司。在操作时间和空间上，可以是申报期终了前的任何时点、任何地点。在实现路径上，操作主体可实时得到是否报送成功的反馈信息。且一经报送，其他操作主体在任何端口都能够获取相应信息，无须重新报送。

第二，专项附加扣除独立报送。专项附加扣除是被细分得最为彻底的业务，之所以将专项附加扣除从传统的申报业务中拆离出来，是考虑到专项附加扣除信息来源于纳税人本人，未来也可能来源于第三方机构，但唯独不是扣缴义务人能够直接掌握的，按传统由扣缴义务人填报显然是难以完成的。个税征管系统按照每一项的基本构成要素将六项专项附加扣除设计成为单独的业务。比如，子女教育专项附加扣除，以每一“子女姓名、身份证号码、受教育信息（包括学籍、受教育起讫时间）”作为单独业务。根据经验判断，确定纳税人本人作为操作主体的首选，因此被个人所得税 APP 作为开发重点。而在时间上，则可以选择在年度汇算终了前的任何时点。由于与申报表的完全解耦，个税征管系统支持纳税人在年度汇算终了前的任何时点为自己“补扣专项附加扣除”。在实现路径上，纳税人可以选择在预扣预缴环节扣除，也可以选择在年度汇算环节扣除。若纳税人选择前者，则以纳税人与扣缴义务人身份信息“握手”为前提。无论是纳税人自行报送、扣缴义务人报送，还是未来由第三方机构推送，都实现了预扣预缴环节和年度汇算环节下载、预填功能。

第三，依法确定的其他扣除独立报送。依法确定的其他扣除中的“税优健康险”和“递延养老险”是个税征管系统上线前就已经存在的业务。按照政策原先的规定，由纳税人将相关信息提交给扣缴义务人，扣缴义务人填制相关附表和扣缴报告表后报送税务机关，最后由税务机关将相关数据与中保信平台的投保信息进行比对。实践证明，这种传统的方式难以保证政策的有效落地，一年多的申报数据表明比对相符率不足5%。业务专家分析评估后，给出了个税征管系统的解决方案：纳税人在中保信平台投保时，先实现纳税人信息与扣缴义务人信息的“握手”，由纳税人授权中保信向扣缴义务人推送投保信息，扣缴端实现下载、预填。从试点的四个城市的情况看，信息比对相符率从原来的不足5%上升为100%。“税优健康险”“递延养老险”的报送模式的成功，为税收业务云化探索出了一条新的路径。

第四，捐赠支出独立报送。同样的理由，掌握捐赠信息的是纳税人本人和受赠机构，原来由扣缴义务人填报的业务规则显然很不合理。个税征管系统对捐赠支出的设计，与专项附加扣除基本一致，报送既可以是纳税人本人，也可以是扣缴义务人。不同的是，捐赠支出，既可在综合所得扣除，也可在经营所得扣除，还可在分类所得扣除，因此更有理由成为独立于申报表的业务。

11.3.2.3 信息系统稳定影响

个税征管系统上线以来，成功地经受住了四次重大考验，个税征管系统初见成效，敏捷、弹性、开放的税收业务信息化体系起到了支撑作用，而云化税收业务规则也发挥了作用。

（1）经受住了手机用户注册爆点考验。手机APP注册，即纳税人作为操作主体报送并确认“纳税主体”身份。截至2020年6月30日，全国个人所得税APP用户已达1.64亿人。

（2）经受住了国地税数据并库考验。2019年1月初，按照国地税征管改革的部署实施国地税数据库并库。并库过程中，各个高频交易的税务信息系统都受到了不同程度的影响，而个税征管系统是唯一例外。特别需要说明的是，在此期间，是个人所得税专项附加扣除报送的高峰期，根据公开数据，2019年前两个月，超过4400万人报送了专项附加扣除。

（3）经受住了系统频繁升级改造考验。由于税制改革后大量原有的税收政策都需要在短期内进行调整，不可避免地要求个税征管系统进行频繁的升级改造。据不完全统计，自个税征管系统上线到2019年3月，个税征管系统发版29次、个税征管系统扣缴客户端系统发版24次、个税征管系统云平台系统发版14次。但这近70次的升级对纳税人办税的负面影响甚微，特别是个税征管系统云平台系统。最为典型的两个例子，一是手机 APP 对房租专项附加扣除中出租方的填报，从“必填”修改为“选填”；二是手机 APP 对指定扣缴义务人填报，由“可由操作主体输入”修改为“只能由操作主体选择”。从纳税人的角度，只感受到了政策的变化，而丝毫感受不到税务应用软件的变化。税务应用软件不再“喧宾夺主”，正是税收业务云化追求的目标之一。

（4）经受住了首次综合所得个人所得税年度汇算考验。由于新冠肺炎疫情的暴发，首次年度汇算全面在个人所得税 APP 上全面铺开的正式时间为 2020 年 4 月 1 日，声闻“可以退税”的纳税人蜂拥而至，成为自 2019 年 1 月初集中注册后的第二个高峰期。

11.3.2.4 用户使用意见反馈

实证分析，除了从开发者的角度分析软件是否达到预期外，更重要的是用户的反馈。对于用户的反馈，不仅要“听其言”，更要“观其行”。用户的反馈行为分为显性反馈行为和隐性反馈行为。显性反馈行为是指用户明确表示喜好的行为，或者体现为“好”与“不好”的语言评价，或者体现为“用手投票”还是“用脚投票”行为评价；隐性反馈行为指的是那些不能明确反馈客户喜好的行为。相比于显性反馈，隐性反馈数据量更大。虽然隐性反馈不够明确，但是可以作为衡量一个事物“至少不坏”的反向指标。

（1）显性反馈表明用户偏好云化业务。从用户行为评价看，以专项附加扣除的报送为例，由于载体的不同，业务云化的程度也不尽相同，手机 APP、扣缴客户端、WEB 端和实体大厅端，云化程度依次递减。云化程度越高，受纳税人喜好程度也越高。从媒体和有限的用户反馈作出“以正面评价为主”的判断来看，媒体上出现最多的热词是“个人所得税 APP”“专项附加扣除减税”“动动手指就能减税”“被入职”“被法人”等，且均以对 APP 的正面评价为主。而从纳税人直接反馈的信息主要是：“手机 APP 好用，报专项附加扣除方便、简单!”

（2）隐形反馈表明纳税人不反感云化业务。个税征管系统业务规则设计过程中，最大的担心也是争议最多的是将纳税主体信息单独报送能否被扣缴义务人接受，因为这改变了扣缴单位十多年以来的业务习惯。但实践表明，凡是符合规律的事物用户都是容易接受的。从所有的扣缴义务人均接受了纳税主体单独申报的业务规则，且鲜有负面评价，我们可以得出税收业务云化“至少不坏”的结论。

11.3.3 税收云化业务特征分析

通过外部表象的展示，有助于更好地理解税收业务云化。表象是事物的外部联系和表面特征，是事物的外在表现，是一种知识表征，这种表征具有鲜明的形象性。表象与感知者所处的环境、经验和视角有关。因此，征纳双方所感知的税收云化业务表象特征是有差异的。我们从税务视角与纳税人视角分别展示税收云化业务的表象特征。

11.3.3.1 “去表单化”和“轻流程化”

税收表单是税种要素和业务逻辑的平面化载体。与金税三期业务设计严格遵从业务表单的格式化要求相比，个税征管系统更加注重的是对数据项的规范性要求。税收云化业务要求税种要素按照“4W +1H”的细分要求进行重新编排，特别是要适应各端的操作界面，就必须去除表单格式的束缚。而业务逻辑交由数学模型来解决，数据项不与格式化表单捆绑，“表单名称 + 数据项”的金税三期的表达方式自然就不再适用。因而，个税征管系统对于数据项的规范性要求就更高，“同名不同义”或“同义不同名”的情况是绝对不允许出现的。作为服务于税务机关执法管理的税收应用系统，“流程化”是金税三期的典型特征，金税三期是一个“流程驱动”的应用系统。而云化业务虽然不否定流程的作用，但更重视数据的价值。因此，个税征管系统可以说是“数据驱动”的“轻流程化”的应用系统。比如，对于税优健康险的报送，金税三期强调的是只能由一个扣缴单位报送，每个月报送；而个税征管系统则以报送的数据与第三方一致为标准，而对报送主体和报送频率不予限制。又如，对于退抵税审批，金税三期以受理、审核、审批等每个环节的手续是否到位为标准。而个税征管系统更重视构成退抵税业务的各个数据之间、内部数据与外部数据之间是否存在合理关系。

11.3.3.2 “便利化”和“通俗化”

从纳税人的视角，“便利化”是税收云化业务的一个显著表象特征。税收业务按照“4W +1H”的解耦，使得纳税人实现全天候、“7 ×24 小时”随时报送，只要发生涉税业务事项，就能当场通过手机 APP 报送。解决了自然人税收“收集难、记账难、核算难、保管难、申报难”的老大难问题，真正实现了纳税服务“如影随形”。“通俗化”即“去专业化”，是“去表单化”的必然结果。摆脱了表单约束的数据项可以在统一规范定义的基础上，根据操作主体的专业化程度不同在各端“一义各表”。既可以在 APP 端用“下里巴人”来表述，也可以在扣缴客户端用“阳春白雪”来表述。另外，“通俗化”的第二个体现是，通过对“去表单化”后的数据项的重新编排以实现“傻瓜式”操作。例如，子女教育专项附加扣除，与纳税人的关系是否符合条件是该项扣除的关键数据项，因此，个税征管系统将该数据项作为第一顺位。假如有人误以为侄子可以作为子女教育专项附加扣除，当他在填写第一个数据项时发现没有“侄子”这一选项后，就不会进行下一次操作，避免了纳税人的无谓操作。业务场景细分，为场景记忆、场景识别、场景唤醒（Environmental Recalling）奠定了基础；业务场景细分，使得税收业务知识的颗粒度更细，也为绘就“像素”更高的税收知识图谱奠定了基础。因此，有理由相信，在不久的将来，“智能化”将成为税收业务云化的另一个表象特征。

11.4 税收云化业务推进

个税征管系统虽然已经上云，但从税收业务的角度看，个税征管系统还是一个传统的税收应用软件，是一个部分关键业务云化的传统税收应用软件。要支撑和加快推进税收业务的进一步云化乃至全面云化，必须要全力破解三大瓶颈制约。

11.4.1 厘清边界

云化之后的税收业务将主要按以下时序逻辑开展：一是发生涉税业务时，纳税人或扣缴义务人按税种要素向税务机关报送；二是税务机关将其存储；三是税务机关在应征税款确定的时点前将税种要素进行加工预填，并推送给纳税人；四是纳税人核实、补充、确认；五是纳税人向税务机关提交并完成申报；六是税务机关确定应征税款并开具缴款书；七是纳税人解缴税款入库。

（1）厘清公私服务业务边界。根据世行营商环境的纳税指标定义，上述前四项属于纳税申报准备阶段，后三项属于纳税申报缴税阶段。按照税收治理理论，纳税申报准备阶段隶属于私营部门的服务范畴；《放管服五年方案》也明确规定“纳税人自主进行纳税申报准备”，表明未将纳税申报准备纳入公共服务的范畴；而从直接税为主的 OECD 国家的实践经验看，为纳税人办理纳税申报准备是会计师事务所、税务师事务所等专业中介服务机构的主业。以"四大"为首的专业中介服务机构对中国个税改革为他们带来"业务红利"正翘首以盼。而个税征管系统业务云化的实践，税务部门却涉猎了上述第二、三项属于私营部门的服务范畴。虽然税务部门提供的是不收费的公共服务，但挤占了本来属于私营部门的业务空间，公私部门间的矛盾冲突将不可避免。

（2）以退为进化解矛盾。按照"放管服改革"的精神，"将市场的事推向市场来决定"。这是一条可行的路径。当然，"退"并非一"推"了之，而是要"利用新技术新体制加强监管体制创新"。一是税务部门承担建设税收业务云平台的责任；二是税务部门承担全国统一的税收应用软件的开发责任；三是税务部门承担制定税收业务云化标准的责任；四是依据《政府采购法》，创新观念和机制，将在云平台上运作的属于私营部门的业务，通过政府采购的方式，让资质良好的政府承包商或者政府承包商联合体来负责。

11.4.2 完善法制

税收业务云化，作为一种实践创新，不可避免地超前于现行的税收法律法规。为了给税收业务云化保驾护航，税收法律法规需要重点扫除以下几个实践中的障碍。

（1）明确操作主体的权利义务和法律责任。传统税收业务下操作主体只有一个，因此权利义务和法律责任都很明确。但在税收云化业务下，操作主体包括报送主体和接收主体。为了促进遵从，需要明确操作主体的权利义务和法律责任。

第一，报送主体的法律权利义务和法律责任。包括报送的义务、报送能够享受的权利、应报未报的法律责任和报送错误的法律责任。例如中保信向纳税人推送税优健康险信息，应明确中保信向纳税人推送的义务、履行推送义务后可享受的权利、未按规定推送的法律责任和推送错误信息的法律责任。

第二，接收主体的权利义务和法律责任。包括接收的义务、接收的权利、应接收未接收、接收而未申报的法律责任等。如扣缴义务人接收专项附加扣除，应明确扣缴义务人有按规定下载的义务、下载后按规定填报的义务，以及未按规定下载、未按规定填报的法律责任。

（2）明确通道服务的权利义务和法律责任。税收云化业务下，税种要素信息交互高频发生，包括纳税人日常报送信息给年度汇算环节的自己；扣缴义务人报送信息给年度汇算环节的纳税人；纳税人报送信息给预扣预缴环节的扣缴义务人。这些信息的交互，都需要用到通道服务。目前，个税征管系统绝大多数交互业务用的是税务云平台，也有部分是第三方平台（如中保信）。为了保障信息交互安全、顺畅、可持续，需要对通道服务提供者明确权利义务和法律责任。

第一，如果用的是第三方平台，需要明确通道服务提供者的准入资格，通道服务提供者的权利、义务和违反义务性规定的法律责任等。

第二，如果是税务云平台，则需要明确税务机关提供通道服务的义务性规定、违反义务性规定的法律责任和免责条款。

（3）明确税种要素申报的定义和法律地位。从一定的视角看，税收业务就是要将税收业务最小单元化，因此，“税种要素申报”是税收业务云化的内核。现行税法的规定只适用于税种整体申报，而针对税种要素申报的规范还是空白，亟待法律上予以明确。

第一，要明确什么是税种要素申报、税种要素申报如何办理、什么时间办理、纳税人的权利义务是什么、税务机关的权利义务是什么等。还要对现行的限制税种要素申报的规定进行修正。比如，现行税法规定的“次月15内”的解释要从“次月1日到次月15日”改为“业务发生到应缴税款的次月15日”；又比如，现行申报资料不全税务机关可以不予受理的规定也必须要修改。

第二，要明确税种要素申报和税种整体申报的关系。由于税种整体申报时，故意或过失填报错误都将直接导致税款多缴或少缴，因而法律有相应的责任条款。但税种要素申报则不直接导致税款的多缴或少缴，但会间接产生后果。因此需要明确两者关系如何处理，法律责任如何界定。

（4）其他需要法律法规明确的事项。在个税征管系统云化业务的实践中，还有其他需要法律法规予以明确的事项。

第一，文书格式送达问题。云化的税收业务存在大量的征纳信息交互，其中就包括税务文书。当前的法律法规规定的文书格式和送达方式均不支持网上送达，因此需要对电子税务文书格式和网上送达、签收方式作出明确规定。

第二，信息互认共享问题。税收业务云化，从流程驱动到数据驱动，外部数据对涉税业务办理的重要性不言而喻。但当前，对于外部数据的互认共享还依赖于中央政府的协调，亟待法律法规的长效机制保障。

第三，政策风险提醒问题。正如前文所述，税种要素申报将更频繁地使用政策风险提醒提示。政策风险提醒提示是将原来的事后风险管理前移至事前、事中，从而使税收风险在成为违法事实前被化解。这是一个实践创新，但在法律法规上没有明确。提醒提示属于“税务事项告知”还是“纳税服务提示”？如果税务机关已经提醒提示了，纳税人依然明知故犯，是否要加重法律后果？这些均需要法律作出明确。

第四，差错法律责任问题。比如，将预填报和推送服务作为政府承包商的商业服务，则一切纠纷均可依据民法解决；但若纳入公共服务的范畴，则需要法律法规予以明确规定。

11.4.3 重构组织

重构组织，为税收云化提供全方位的力量编成。“编成”，源于军事术语，是指军队的组织构成，包括组成的力量和编组形式。习近平总书记于2016年12月在中央军委军队规模结构和力量编成改革工作会议上指出，“当前，世界新军事革命迅猛发展，战争形态加速向信息化战争演变，一体化联合作战成为基本作战形式。与之相适应，军队的规模结构和力量编成发生新的变化，科技因素影响越来越大，精干化、一体化、小型化、模块化、多能化等特征越来越突出”。新科技浪潮对于税情的冲击不亚于对军情的影响，税务云化正是直面冲击的应对举措之一。与之适应的，税务的组织架构和力量编成也必须为之改变。

（1）组建敏捷开发力量编成。税收应用系统的敏捷开发要求以税种协同、事项协同、业务与技术协同的“多兵种联合作战”的力量编成为支撑。因此，组建从税收政策酝酿、税收政策制定、技术方案设计、技术方案选定、立项、招标，到需求编制、应用软件开发、运维全过程的精干化、小型化的“多兵种合成战斗群”，是开发云化税收信息系统的基本保障。个税征管系统项目的实践还表明，敏捷开发的力量编成，不能忽视另外一支重要力量——“民兵部队”，即政府承包商的全程参与。

（2）组建维护预警监控编成。云化以后的税收业务数据，相同的和关联的数据既可以在A地，也可以在B地；既可以在A税种，也可以在B税种；既可以A环节，也可以在B环节。因此，从预警监控能力的角度，要做到“不求所在、但求所控”“形散神聚”，需要打造一支兼具业务、技术能力，可实施全方位、全覆盖、无死角的全维预警监控的“雷达兵”队伍。

（3）组建快速反应编成。税收业务云化后，“事随人走”变为“人跟事跑”。比如，A省的纳税人举报自己的身份信息被B省的单位冒用，而C省又是该纳税人的年度汇算地。那么，接收该项申诉核查任务的工作人员，无论该项任务是谁派发的，都必须快速响应，不能以“我是某某局的工作人员，我只能听命某某局的负责人”为由拒绝接受。这就需要组建一支无所不在、直线指挥、单兵作战能力强的“快速反应部门”。这支部队的战斗员隶属于“中国税务”，而不是某某省局某某县局某个科的某个岗位。

（4）组建指挥力量编成。云化业务的全局性特点，要求从全国、全业务的视野，重构一体化、多能化的指挥系统。因此，有必要把内视型组织架构转变为外视型组织架构。实现的路径就是将当前按内部管理划分的按税种（即货劳税、所得税、财行税等）和按事项（即法规、国际、收核、纳服、征科、稽查等）为主线的内设组织架构，重构为以外部服务对象（即自然人、个体经营者、中小企业、大企业、机关事业单位和其他非企业单位）为主线的内设组织架构。当然，组织架构重构不可能一蹴而就。讨论优化组织体系时，传统思维习惯于围绕动机构、动人员来进行思考和设计。而“互联网+”能够消除空间距离、打破管理层次和部门界限，现在可以不动机构，用“互联网+职能转变+流程再造”的手段，优化征管组织体系，分配工作角色，推送工作任务。

12 公平正义文化体系

税收文化是指政府和公民构成的特殊社会群体，在公共产品再生产中所形成的具有稳定的信念、价值观和行为规范及其引导的，税收行为系统等正式和非正式制度的总和。不但包括人们必须遵从的有关税收法律、法规，而且包括那些未明确阐述出来的，却又可以规范和约束人们纳税行为的种种行为规范、行为准则、意识形态、道德观念、习惯惯例。税收文化随着税收的产生而产生，随着税收的发展而发展。当有了赋税，作为赋税活动在人们头脑中反映赋税的思想便应运而生，这种赋税思想是当时税收文化的主要组成部分，也是当时最重要的税收文化表现形式。随着社会的发展和变革，赋税思想不断得到发展，税收文化的内容也得到了丰富和扩充。治税思想、纳税心理、纳税意识逐渐表露，并融入税收文化当中。在继承中发展税收文化，在实践中创新税收文化。构建公平正义、进取向上的税收文化体系，引领税收事业发展是时代赋予的重任。①

12.1 税收文化功能特征

只有深入认识现代税收文化的内涵，才能为建设现代税收文化提供正确的指导，而建设现代税收文化，目的是在全社会范围内营造税收意识和税收法制氛围，构建正常有序周转的正式和非正式制度的税收文化系统，促成政府部门和全体公民准确进行角色定位和权责规范，推动社会公共产品再生产运动顺利而持续运行。

---

① 毛云芳，林擎国．现代税收文化内涵及其建设的再探讨．税务与经济．2005（1）24－26

12.1.1 税收文化要素①

从文化的基本定义上引申，税收文化本质上是一种围绕税收而形成的、通过税收行为来体现的观念文化和制度文化，是由税收环境文化、税收制度文化和税收认知文化等要素构成。

（1）税收环境文化。税收环境文化是影响税收文化形成的最重要因素，它包括税务机关的办公条件、征管手段和装备等硬件措施，同时也包括征税的外部环境。而税收文化则是税务机关在这种环境中征收税款所必须采取的全部策略的体现。

（2）税收制度文化。税收制度文化是征纳双方在长期税收实践活动过程中所形成的法律制度，它包括各种税收法律、法规和各种规章制度，用于调整税收实践活动过程中的征收和纳税关系。实践活动过程中形成的价值观是税收文化的基石。作为税务机关征收税款取得成功的核心，价值观为全体税务干部提供了对共同方向的认识和他们日常行为的准则。

（3）税收认知文化。税收认知文化是人们在长期的税收实践活动中形成的内在精神文化，体现社会群体的意识特征，由税收意识、税收态度、税收价值、税收观念及行为取向等构成。

12.1.2 税收文化特点②

围绕税收所形成的意识形态、思想观念、行为方式的税收文化是文化的一种，既有文化的共性，也有自己的个性。税收文化又是随着社会的发展而发展的，在社会的不同历史发展时期，不同的国家环境制度下，有不同的含义和表现形式。

（1）税收文化社会共存性。税收与政治、制度、经济、管理、文化心态交织在一起，体现为综合的文化特征。也就是说，税收文化制约着每个人在现实中的行为选择，它渗透于经济领域里的每一个层面、政治领域中的每一个角落，影响经济领域里的每一环节和流程，以及社会领域中每一组织和制度。

（2）税收文化历史延续性。在不同的历史时期成长的税收文化承载着极其深厚的文化传统，这些文化传统产生的税收精神，在每一历史时期都能保持

---

① 陈义荣．基于博弈视角的税收文化再造．山东社会科学．2010（7）：84－87

② 刘丽君．税收和谐论．博士学位论文．西南财经大学，2008：131－136

长期持续存在、发展成长，使基本税收精神得以“永恒”，来发扬光大，使税收文化具有某种稳定性，而得以历史延续。

（3）税收文化时代创新性。随着经济的发展以及税收环境的不断变迁，税收文化也要做出相应的调整和变化，来适应社会的不断发展。税收文化伴随着国家权力和社会政治、经济、文化，由低级到高级。因此，税收文化又打上时代烙印，使其能够符合时代的要求，体现了与时俱进的时代创新性。

（4）税收文化协同包容性。税收文化从属于社会文化，又相对独立，是新时期社会主义文化的重要补充。税收文化建设的重点在于发展税收精神文化，从税收意识、理念、精神、形象和职业道德等方面，着力开拓有中国特色的社会主义税收文化。真正践行税收“取之于民、用之于民”的公共性原则，形成以税收为核心的全民权益共同体。税收文化将把征税主体、纳税主体和协税主体融合进而形成一个共同创造财富、建设社会、相辅相成、协调共进的三位一体的大格局。

（5）税收文化法制规范性。税收文化是建立在经济基础之上的，依托税收法律、法规而构建起来的具有完整法制体系的税收意识形态，税收法制内容是其重要构成。随着税收立法、司法体系的健全，税收文化的法制特点就更加突出。税收管理从人治到法治，逐步走向自治，税收执法的透明度越来越高，税收执法体系趋于规范。与此同时，以法制为中心的依法经营、照章纳税的良好风气蔚然兴起，以协税护税为主体的依法管税网络日益健全。

（6）税收文化自我约束性。税收文化不是靠政策法规去强制性命令，而是通过税收哲学、价值标准、税收目标、行为规范等内容的实施对全体人员产生的一种潜移默化的作用，引导其产生“认同感”，自觉地接收税收文化的规范和约束，培养群体意识，是一种强调理性思考，目我约束，强调个性发挥、倡导锐意进取，适应社会、超越自我的管理方式。

12.1.3 税收文化建设①

（1）摆正征纳双方地位。从税收征纳关系看，纳税人应该是主体，政府应该是公仆。公民有对国家政府缴纳税款的义务和责任，国家政府也有将税款再分配到国防、科技、教育、公共福利等公共事业的权利和责任。纳税人

① 王飞，王娟．中西税收文化差异及我国税收文化建设研究．理论界．2005（5）：155－156

缴纳税款，同时也就购买到了监督政府再分配税款的权利。两者互为配合协作，人民才能生活在安全、幸福、和谐的生活环境中，社会也才可能稳定有序地向前发展。虽然政府的行为是“取之于民，用之于民”，但各级政府毕竟只是服务机构，纳税人是国家主人公，征税人是社会公仆。必须强化纳税人以主人翁地位，找回纳税人的主体意识。只有当社会成员秩序被安排得使个人的公民尊严和自豪感油然而生，只有当普通公民知道纳税人的钱是如何花的，以及钱花到哪里去了，花得好不好，才能优化征纳双方地位，以及政府与纳税人的关系。

（2）提升纳税人权利。诚然，我国税收法律关系包括了纳税人权利与义务的内容，但是以往我们对于纳税人权利的意识非常淡漠，在宣传中往往过多地强调纳税义务，而忽视纳税人权利的宣传。此外，税法中关于纳税人权利的规定大大少于对义务的规定，明示条款中的全部内容只有“多缴税款申请退还权、延期纳税权、依法申请减免权、申请复议和提起公诉权，如此简化的内容，其涵盖面偏窄，不能够充分体现对纳税人应有的尊重。因此，必须完善税法，充实有关纳税人权利的内容。尽快修订《税收征收管理法》，加入纳税人享有信息权、确定权、隐私权和保密权等相关条款，作为税务机关在征税工作中尊重纳税人的行为准则，切实保障纳税人的权利。

（3）实施优化纳税服务。国际货币基金组织专家把税收征管内容结构比喻为一座“金字塔”，从底部向上依次为“为纳税人服务——纳税申报处理——税款缴纳——税务审计——对违法行为的惩罚和税务诉讼”。“为纳税人服务”处于“金字塔”最底层，可见税收服务在征管中的重要基础地位。无论是何种形式的税收，对纳税人而言都是一种负担，关键是要消除纳税人的反感心理，使他们心甘情愿地纳税，以减少税收征管的阻力。在这一过程中，“为纳税人服务”能起到春风化雨之效果。现实中，税收服务工作的内容尚待拓展。为了让广大的人民知税懂税，必须改进税收信息服务和纳税技能服务手段，充分利用现代化手段，建立税收网站，提供税收咨询服务，发布税收信息；利用新闻媒介加强税收宣传，优化税收服务窗口，为纳税人提供更便利的纳税环境；规范和完善我国的税务代理业务，严格遵循自愿、公正、公平的原则，提高服务效率和社会效率。①

① 杨杨，陈思．和谐社会需要构建“以人为本”的税收文化．华北电力大学学报（社会科学版）．2009（6）：22－25

12.2 征税主体文化建设①

征税人文化是以征税人为主体，反映一个国家治税理念、税收制度、管理体系、服务质量等的税收文化。征税机关只有在良性的治税理念之下给税收执法人员树立良好的税收精神，征税人员在征税过程中才能做到秉公执法、忠于职守、清正廉洁、礼貌待人、文明服务，尊重和保护纳税人、扣缴义务人的权利，依法接受监督。

12.2.1 征税主体文化特点

（1）传统征税主体文化特点。传统的征税文化带有强烈的“官本位”色彩，相当一部分税收执法者认为，权力是国家赋予用来管理民众的，在执法过程中，随意使用征税权。长期以来，征税部门税收征管主要还是停留在对纳税人进行制约、监督、处罚的层次上，基于纳税人“非偷即漏税”这样一个基本判断来制定几乎所有的税收法规和征管措施，使得本应是“纳税人权利之法”的税收法律成了“防纳税人之法”“治纳税之法”。对比现代的征税文化，其征纳关系直接表现为征税人为纳税人服务的关系，“为纳税人服务”作为其税收征管“金字塔”的最底层而深受纳税人的认同，为国家良好的征税遵从秩序奠定了基础。国际税收专家卡路·西尔瓦尼说：“税收征管的目标是培养纳税人自觉依法纳税的习惯。惩罚逃税者，或催促拖欠税收款者按时纳税，这本身并不是税收征管的目的。”这很清楚地说明税收执法的目的不在于威慑或者惩罚纳税人，而在于培养纳税人税收遵从意识以及依法纳税的习惯。

（2）现代征税主体文化特点。现代征税主体文化以确立“权为民所用、利为民所谋、情为民所系”的“为民”理念为主导，根据近年来兴起的“新公共管理”理论对现代税收管理理念提出的新要求，由“管理导向”转变为“服务导向”，紧紧围绕“顾客满意”，以顾客需求为起点，以达到顾客满意为目标。树立“以服务为中心”的现代税收管理理念，将“为纳税人服务”落到实处，规范征税人的行为，改进税收征管行为，创新纳税服务的形式与内

① 刘乐山．构建公共财政体制下的税收文化．西安电子科技大学学报（社会科学版），2006（1）：74－78

容。摆正征纳双方的地位，消除纳税人的心理失衡，使征税人树立准确无误收税的观念。规范税务人员执法行为，确保税收管理与服务工作的效率和质量，征税既要做到公平、公正和应收尽收，还要做好税收服务，营造和谐和征纳关系。通过强化对各级税务部门和税务执法人员的法制观念教育和思想监督检查力度，提高税收执法人员的职业道德、专业水平、法制意识，规范执法人员工作规程，塑造税务机关与税务人员公正廉洁的新形象，消除公民纳税上的心理误区，促使其自觉自愿地向国家缴税。

12.2.2 征税主体文化建设①

（1）转变征税观念。对于作为征税人的税务部门来说，应该转变观念，重新定位，真正将“为纳税人服务”落到实处。税务部门要树立“征税人理念”，将税收视为公共产品和服务的消费者必须付出的代价，是政府部门提供公共产品和服务的资金来源，各项税款能否及时足额的入库，关系到政府职能的履行和国家机器的运转。要求税务人员既要做到加强征管、堵塞漏洞、依法征税、应收尽收、从严治队，又要接受纳税人的监督，依法运用好征税的权利，保证税法的公正性和权威性。对于征税主体而言，税收文化的建设就是要求税务机关工作人员形成共同的价值体系，围绕着组织收入展开活动，在依法治税的过程中，既要对纳税人依法征税，筹措提供公共产品或服务所需的资金，同时，又要对偷逃税者依法惩处，不允许“免费搭车”的行为存在下去。税务机构应将依法征税建立在“为纳税人服务”的基础上，税务机关只有“根植社会，服务企业”，才可能“为国聚财，诚毅廉明”。

（2）提高征税意识。税务机关作为国家税收的执法部门，应完整体现国家的税收意识，引导全体税务工作者树立正确的税收意识。首先，要依法治税，走出以收入为中心的征税意识，在强调以税收收入为中心的同时，还应该注重税收质量，尽快转向以税收执法为导向的征税意识。进一步加强征管，堵塞漏洞，惩治腐败、清剿欠税，做到依法征税、依率计征、应收尽收、无税禁收。其次，要坚持公平、公正，不偏不倚。对纳税人要一碗水端平，不徇私情，不为利诱，不贪赃枉法，确保公平税负。要摆正国家、地方、集体等多方之间的关系，强化国家观念，树立国家利益至上的思想。地方利益、局部利益服从国家利益。再次，要强化服务经济意识，认真落实各项税收政策，充分体

---

① 刘丽君．税收和谐论．博士学位论文．西南财经大学，2008

现税收对经济的调控职能和对纳税人的服务职能。最后，提高征税效率，用最低的成本，创造出最好的工作效益，达到事半功倍效果。

（3）落实纳税服务。国际货币基金组织专家把税收征管内容结构比喻为一座“金字塔”，从底部向上依次为“为纳税人服务——纳税申报处理——税款缴纳——税务审计——对违法行为的惩罚和税务诉讼”。“为纳税人服务”处于“金字塔”最低层，可见税收服务在征管中的重要基础地位。要将“为纳税人服务”落到实处，首先，要求摆正征纳双方的地位。从税收关系上看，纳税人应该是主人，征税人应该是公仆。如果从这里推而广之，所有的政府公务员都是公仆，各级政府都是公民的服务机构，只有当公仆关系真正摆正了，新型税收文化关系也就真正建立起来了。其次，税务机关作为税收服务机构，要通过改进纳税服务技能，发布税收服务信息，建设优质、高效的纳税渠道，以尽可能地为纳税人提供更便利的纳税环境，降低纳税人的纳税成本。

（4）实施征税激励。理论上征税主体是国家，实践中国家将征税权委托其代理人——各级税务部门和税收征管人员行使征税权。因此，征税人与国家之间形成了一种委托代理关系，从而使得征税人具有双重人格。一方面代表国家直接行使征税权，是国家利益的代表，另一方面又有着单位小集体利益和个人利益的追求和价值取向。同时因为信息量不对称，征税人有可能借助于税权，合法或非法地追求小集体利益和个人利益，甚至为达到自身经济利益最大化的目的，而不惜牺牲国家的利益。结果导致税制运行中偏离了税收立法时所确定的目标。所以必须对征税人建立激励和制约机制。

第一，建立税务行政行为制约机制。既然作为“双重利益”代表的税务部门和税务人员具有追求个人利益最大化的原始冲动，那么必须建立一种约束机制以制约税务部门及其官员的行为，以确保他们无法通过自己的“征税委托权”获取私利。还应根据各种税收征管法律、法规和规章，制定用以规范税务机关征管行政行为的切实可行的操作规范，即管的法治，该法治的重点不是“治民”，而是“治官”，其要义在于“治国者先受治于法”。要求税务部门依照法律尺度和规范来使用税权；同时要求在税收征管中尽力减少人为干预、行政干扰以及主观随意性的税收征管行为。

第二，增强税务部门行政监督效力。税务部门及其官员的权力来自于人民的让渡，其行政行为必须服从公众代表的政治监督。然而，税务部门及官员一般都是在信息不对称的环境下工作，而且监督者的信息也来源于税务部门的提供，其结果监督的效力可能会大打折扣，所以必须提高被监督者——税务部门及其官员的行政透明度，要求将其征收管理行政行为置于社会监督之下。如将税务稽查部门的稽查情况、处理结果、执行结果公布，如果纳税人有问题稽查方没查出，那么稽查方不是“德”有问题就是“能”不够高；如果什么也不提供给监督者，那就是“不忠”，不忠于职守；如果查出问题却没有处罚决定和执行结果，监督者就该警惕了。

第三，正视征税主体税收自利行为。税务部门及其官员与其他社会成员一样都有个人利益最大化追逐的冲动和本能，承认他们适当的追求自利行为的现实性，在他们的效用函数中，允许包括他们自己的适当的利己目标和他们的委托人的目标。适当的自利目标是指与公利目标毫无冲突的或是相一致的自利目标，有利于实现公利目标的自利目标和行为。如在实现税收征税管理效用最大化时税务机关及其官员能获得超额报酬与奖金，这种报酬、奖金的多少直接与征税过程中的服务质量、工作联系起来，这样将自利和公利统一起来，激发税务部门及其官员行政的积极主动性，做到税收应收尽收、及时足额入库。

第四，提高征税主体行政伦理道德。征税主体与生俱来具有“自利性”特性，这种特性就是他们以权谋私的心理诱因，所以只有强化税务部门人员的行政伦理道德，才有可能构筑起抵御各种诱惑及滥用税权的心理长城，才能使税务部门及其官员能够主动地限制自己“自利性”的心理冲动，才能使他们自觉地把税权的使用限定在征税的范围内，并自觉抵制任何以税权谋私利的行为。但行政伦理不能从根本上杜绝税务部门及官员谋取私利的动机和行为。所以还必须全面推行税收执法责任制和税收执法过错追究制，对不按法律办事、不履行应尽的职责和义务的税收征管行政行为作出严厉的制裁。只有这样才能保证税权的公正与超脱，保证税法的刚性与威严。

12.3 纳税主体文化建设

12.3.1 纳税主体文化特点[①]

纳税人文化是指以纳税人为主的税收文化，它围绕着纳税人的纳税义务和权利展开，包括纳税人意识、纳税意识、奖惩认知、行为习惯等。纳税意识作为纳税文化的核心，对纳税人的税收遵从起着决定性的作用。

---

① 吕静宜．税收文化视角下的税收遵从问题研究．会计之友．2010（23）：85－87

（1）传统纳税主体文化特点。纳税人的纳税意识极其复杂：一方面，老百姓历来对“皇粮国税”认为是天经地义的事；另一方面，又对无常无度的税赋具有天生的逆反心理。而建国以后的“非税论”和“计划经济”观念，税收文化中对纳税人的义务强调得多而权利强调得少，以及人们长期生活在没有“明税”的环境中，导致了公民又无法形成自觉纳税意识，自然缺乏纳税的自觉性和主动性。税收文化是影响税收遵从的重要因素之一，征、纳、用税人文化影响着征、纳、用税人的遵从行为，同时，征税人和用税人的税收遵从行为还会对纳税遵从产生示范效应。因为政府提供公共产品和公民纳税之间是契约型的交换关系，政府若用税不遵从，实际上是违背了公众与政府之间的财政契约，进而构成纳税人选择偷逃税等不遵从行为的一大诱因。而征税机关作为政府委派的代表政府组织收入的机构，其在税收执法过程中对税法表现出不遵从，则导致纳税人对纳税产生抵触情绪。

（2）现代纳税人文化特征。现代社会权利和义务对等文化理念深入人心，权利和义务是对称的，履行义务就应该享有权利。政府征税的权利与其提供公共物品或服务的义务相对应；公民的纳税义务与其享用公共物品或服务的权利相对应。公民普遍具有“纳税人有权享有政府的公共产品和公共服务，公民有权知晓政府财政支出的用途”的权利观和“享有了政府的公共产品和公共服务，必须依法纳税，为国家税收作贡献”的义务观。人们纳税是为自己纳税，是符合自己根本利益的，而不是为政府纳税。人们纳税意识和税收理念的更新，肯定了政府征税的正当性与合理性，克服了人们对税收的抵触心理，普遍提高了自觉纳税意识，提升了公民的税收遵从。

12.3.2 纳税主体文化建设

依法纳税是每一公民应尽的责任和义务，纳税人要以能够为国家纳税而自豪。税收文化的建设要使纳税人认识到税是国之根本，要使国家制定的税收法律法规被全体纳税人普遍接受，使纳税成为一种必不可少的行为。

（1）强调纳税人税收权利。在更新纳税人的税收理念的同时，强调纳税人的权利保护是保障纳税人对税法遵从的一个重要手段。根据国家税务总局2009年11月30日在官方网站上发布关于纳税人权利与义务的公告，将纳税人权利概括为：知情权、保密权、税收监督权、纳税申报方式选择权、申请延期申报权、申请延期缴纳税款权、申请退还多缴税款权、依法享受税收优惠权、委托税务代理权、陈述与申辩权、对未出示税务检查证和税务检查通知书的拒绝检查权、税收法律救济权、依法要求听证的权利、索取有关税收凭证的权利等十四项。这些权利大都界定在征纳过程中，属于征管领域里的权利，显然过于狭隘。而完整意义上的纳税人权利应从宪法层面上的纳税人权利和税法层面上的纳税人权利两个方面予以体现。宪法层面上的纳税人权利即“赞同纳税权”，它是指纳税人缴纳税款必须经过社会公众自己同意，没有纳税人的同意，政府是不能课税的。

(2) 提升纳税人税收遵从。在纳税人真正享有了“赞同纳税权”后，就会明白依法纳税从根本上是为自己的利益，也会认识到政府依法征税和用税是为了维护全体纳税人的利益，于是其对税收的厌恶感和排斥感自然就会减轻许多，甚至是基本消除，纳税人的忠诚性遵从度将大大提高。强调纳税人在宪法层面上的权利从另一个方面构成了对政府用税遵从的一种约束，“赞同纳税权”引申出来的“政府服务权”和“税款节约权”将提高政府部门运作的透明度，确保税务机关的高效和廉洁，更有利于遏制政府腐败和官员腐败。而税法层面上的纳税人权利包括税收立法和税收征管方面的权利，应纳入《税收征管法》作为纳税人权利保护的纲领，并提高税收立法的效力层次，改变税收法律少而税收行政法规、规章多的现状。通过普及公共产品（公共消费）知识，使纳税人明白纳税就是为消费公共产品付费的道理，权责规范，形成依法诚信纳税的良好环境。以提高纳税遵从为核心，社会从众行为规律引导社会先进性纳税理念。纳税既要维护自己利益、自我发展，又要符合国家利益、增进国家利益。

(3) 加强纳税人法律保障。从纳税人的角度来讲，主要是增加和完善“纳税人权益”条款。纳税人的权利：广义上纳税人权利是指纳税人依法在政治、经济、文化各个方面所享有的权利和利益。狭义上纳税人权利是指纳税人在依法履行纳税义务时，得到的或应当得到的法律确认、保障与承诺。保护纳税人的权利要更新三个观念：一是纳税人不等于纳税义务人，纳税人等于纳税义务人 + 纳税权利人。二是守法的纳税人的权利要保护，违法的纳税人的权利也需要保护。在实践中，违法的纳税人需要依法给予惩处，但是实际中难免出现违法的纳税人本应少被罚款，而被多罚款；本应少补缴税款，而被多补缴税款；本应被处以轻刑，而被处以重刑等。三是树立诚实推定理念。将有罪推定原则改为无罪推定原则，符合国际惯例和做法。在税务机关没有掌握纳税人违法证据和事实之前，纳税人的涉税行为，都应被推定为真实、合法的。

(4) 提高纳税人监督意识。维护纳税人的权利，最终或最根本的，应该体现在税款的保管和使用上，纳税人对国家税款使用的监督，使税款不被挪用、滥用、贪污、浪费，从而保障纳税人从税款的有效使用中得到实惠。税款的使用是否使纳税人得到了整体受益，这关系到全体纳税人的最根本权利。因此，为确保国家税款的管理安全和有效使用，保障纳税人的根本权利，应该引导全社会特别是纳税人重视对税款管理和使用的监督。切实保障纳税公平，认真促进“两权”公开，形成社会对税收执法部门的监督。通过增加纳税透明度，有效避免暗箱操作，实现公平纳税。

12.3.3 纳税主体税收遵从

纳税主体税收文化管理主要是对纳税人税收遵从管理。税收遵从是纳税人基于对国家税法价值的认同以及对成本和收益的权衡而表现出的主动遵守服从税法，自觉履行纳税义务的行为。在现代国家里，政府通过对私人部门征税取得收入成为主要的收入来源税，公民对国家的态度和看法成为影响税收遵从的重要文化要素。如果一国公民认为税收制度是值得信赖的，其纳税意愿就会增加，反之亦然。

12.3.3.1 影响税收遵从因素

税收遵从分为狭义和广义两种：狭义的税收遵从指的是纳税人按照税法规定履行纳税义务。广义的税收遵从即纳税人是否按照税法规定和税收立法精神、税收法律意图以及税收政策目标等履行自身的纳税义务的具体涉税行为。这一行为既受到立法机关立法、政府税务部门执法等相关涉税行为的影响又会对这些行为产生反作用力。同时，立法机关、政府税务部门和纳税人都处在社会整体税收文化环境之中，都不可避免地受到税收文化的影响。税收文化正是通过作用于立法机关、政府税务部门和纳税人并依靠它们之间的相互联系进行传导，最终影响纳税人的税收遵从决策和行为。实践和理论证明，要从根本上解决税收不遵从问题，有必要引入“税收文化”的分析维度。通过对税收文化的继承和创新，充分发挥税收文化的导向、整合、约束、激励作用，潜移默化地熏陶和改变税收关系主体的文化观念，这对于立法机关、政府和税务部门不断完善税收相关制度和科学制定具体税收政策以进一步提高税收遵从度具有重要的指导意义。导致公民税收不遵从的文化要素主要包括以下三个方面。

（1）自私性不遵从。纳税不遵从是纳税人行为选择偏好的结果。现实中，纳税人是选择申报应税收入足额纳税，还是选择少申报收入面临被查处和罚款的可能，最终取决于税收遵从成本和效益。当税收遵从成本较高时，纳税人可能偏向选择偷、逃税等纳税不遵从行为。当纳税不遵从机会成本较低时，纳税人缺少纳税遵从的内在动力，纳税自觉遵从的意愿和水平必然降低。

（2）无知性不遵从。由于纳税人税收知识相对较贫乏，造成无知性不遵从。一方面，可能由于获取税收信息渠道有限，纳税人缺乏学习税收知识主动性。另一方面，可能由于税务机关缺乏建立与纳税人双向有效沟通的信息网络，由此导致纳税人税收知识量有限，更新不够及时，使得有纳税遵从意愿的纳税人也可能产生纳税不遵从。

（3）情感性不遵从。纳税作为一种交换关系，如果这种交换关系符合等价原则，自然会获得纳税人的情感认同，有助于纳税遵从。如果纳税与政府提供的公共产品不对等，纳税人可能会采取逃税等纳税不遵从行为来摆脱这种交换关系。

12.3.3.2 提升纳税遵从因素

（1）税收威慑。作为理性“经济人”，预期效用最大化是纳税人作出决策的重要依据。税收稽查率、罚款率与纳税遵从正相关，即税务机关威慑能力越强，纳税人的税收遵从度就越高。税收威慑有助于促进纳税人制度性遵从，减少自私性不遵从行为，但提高税收威慑能力需要较高的征管成本。

第一，稽查率。对稽查率与税收遵从的关系，大多数学者认为高的稽查率能提高纳税人的税收遵从度；但也有学者认为过度提升的稽查可能会减少纳税人内在遵从动机，即产生挤出效应，从而使税务稽查对税收遵从也会产生负面影响，即纳税人面对稽查率增加的现象，有时反而会激发其逃税行为。

第二，罚款率。大多数学者认为罚款对提高纳税人税收遵从度有一定的促进作用。一些实验数据表明，纳税遵从度会随着罚款的增加而显著提升，但并不会随着稽查率的提高而提升，因此罚款率比稽查率更有效，是防止偷逃税，提高纳税遵从的重要威慑力量。

（2）社会契约。威慑理论建立在纳税人与税务机关相互博弈和不合作基础之上。实际上，纳税人与税务机关之间还存在委托和代理的社会契约关系，这种社会契约关系能够较好地促使纳税人自愿遵从税法。

第一，税收公平。纳税可以看作是纳税人为购买政府提供的公共产品和公共服务而实行的交换行为，也是一种社会契约关系。在履行这种契约过程中，纳税人自然会用自己的税收贡献与获取的公共产品收益同其他纳税人进行比较，看是否公平。当纳税人认为公平时，会更加自觉遵从纳税，即税收公平与纳税遵从之间存在正相关关系，税收越公平，纳税遵从度也越高。如果公民认为政府的政策工具是公正的，纳税意愿就会得以提高。

首先，可以从契约的角度看待公正。由于税收依据产生于政府的服务职能以及由此而产生的政府与纳税人之间的互利关系，因此纳税人和政府间的关系也被视为隐性的契约关系。社会心理学家长期以来一直使用“心理契约”这一概念，以区别于正式契约——正式契约中的各方会因受到之前达成的明确协定约束而得以履行，在纳税人与政府间关系中，货币以匿名的方式换取公共产品或服务。如果个人处于公正的契约关系之中，就会认为逃税是可耻的，风险厌恶程度也会随之增加。

其次，公正还意味着税收负担的公平分配。当人们将税收遵从视为一种社会规范时，就会自觉纳税；作出违反社会规范的行为时，则会受到社会舆论和良心的谴责。税收不遵从使纳税人产生焦虑和自责等心理成本的前提是，纳税人认为自身承担的税负低于公平的份额，如果认为自身的应纳税额过高，纳税人就会将逃税作为一种自卫方式，以表达对税制的不满。多项实证研究结果表明，逃税与纳税人认为“税制不公平”的看法之间存在正相关关系，对税收道德和非正式经济的观测也证明了上述结论——二者往往高度相关。因此，对于建立使纳税成为一种被普遍接受的义务的社会文化而言，公平的税制是一个非常关键的要素。

最后，如果征税反映了公民特定的价值观和道德理念，就被认为是公正的。例如，许多国家将特定的税收减免措施适用于社会的弱势群体，包括赡养儿童和老人的家庭。在某些情况下，这种考虑也适用于一般的社会制度，包括宗教禁忌。未能反映宗教价值观的征税方式（例如，对某些产品和行为课税）可能导致特定群体对税收或税收改革措施的反抗。

第二，税收道德。税收道德是促使纳税人自愿遵从税收的内在动力，高水平的税收道德与税收遵从度正相关。提升纳税人的税收道德水准，能够使纳税人与税务机关的契约关系变得更加协调和紧密。在良好的契约关系下，纳税人缴纳税款可以得到令自己满意的公共产品和服务，就会更加主动缴纳税款，其税收遵从度也将相应提高。

第三，行为规则。生活在一个“有规则”的世界里并将行为范式内在化的公民更易于接受纳税规则。相反，约束性较差的政府行为会使公民对国家产生负面看法，进而损害税收道德和政府财政。此外，公民是否相信税收的程序公平是否具有合法性也是左右公民对国家看法的重要因素。如果政府的行为基于书面法律，而不是政府官员的个人意愿等非正式规则，就更容易使公民形成公平的感受。相反，对税务官员行为合法性的怀疑将降低公民的纳税意愿。

第四，财政支出。如果公民感知到的政府支出既无效率又存在浪费，那么税收遵从水平就会受到影响。当财政支出的效率较低，预期回报与实际收益之间的差距提高时，税收遵从水平下降。一国财政支出效率的下降（即一定的税收带来的公共服务减少）导致对应的税收支付意愿下降。这些研究表明，政府行为的低效率将导致税收道德下降，因为公民会认为政府的行为有欠公正，进而也会采取不公正的行为予以应对。因此，对于税收遵从而言，政府提供对应的回报不仅非常重要，而且还要有效率。

根植于某一具体文化中的税收文化，它不断吐故纳新，最后凝炼成一种价值标准、思想体系、行为规范。税收文化一方面在思想上能自我更新、吸取新的元素，从“厌税”走向“自觉纳税”的转变正是税收文化新陈代谢、与时俱进的生动表现；另一方面在制度上它能自我完善、吸取中外古今文化中的有用元素做到古为今用、洋为中用。税收文化不停吸收新元素、新鲜血液充实自己，更新自己，使自己与当时代的政治、经济保持同步或相对同步的状态，进而与它们处于一个相对和谐的状态。

12.4 用税主体文化建设[①]

用税人文化是指用税人即政府具有科学合理的用税意识和行为。公共产品理论认为税收是社会成员因获得社会公共产品，而向该产品的提供者——社会公共权力（国家）支付的成本补偿。政府的任何较大支出都要经过严格的程序，力求做到公开透明并接受纳税人监督以符合社会公众的意愿。政府只有在这一理论所产生的约束下才会建立起用税遵从的观念。

12.4.1 用税主体文化特点

税收是政府与纳税人之间的“契约”。“税收契约”体现的是一种平等关系，体现政府与纳税人之间平等的权利义务关系。税收契约包含政府文明、诚

① 刘乐山．构建公共财政体制下的税收文化．西安电子科技大学学报（社会科学版）2006（1）：74－78

信征税和诚信用税等内容。政府作为公共产品和公共服务的提供者，只有依法行政，才能保障征税人的依法征税和财政部门的依法用税。依法征税和依法用税将对依法纳税起到良好的导向作用。一是优化税收契约的条款。让公众参与到公共产品价格的制定中来，减少公众对税收的抵触情绪，只有公众参与签订，才能要求公众去履行这些契约。二是完善公共支出机制。有效提供公共产品，完善监督，加大违约处罚力度，提高公共支出的违约成本。税收契约文化要求在改变纳税人的税收理念的同时，更多地要求政府将这种平等关系通过其用税思想体现给公民，从思想的角度来推动我国政治体制改革和制度创新的政治文明建设。基于税收契约论下构建一种新型的用税思想，要求政府忠实地遵循“不折不扣满足人们不断增长的物质文化的需要”这一目标，让纳税人看到税法的公正所在，把一切开支限定在政府预算范围内，调整国家财政支出结构，做到既不“越位”也不“缺位”。三是实施透明公开预算。公开预算编制、审查、执行和决算，让纳税人知晓政府对财政资金的使用状况，通过实施诸如政府采购制度等透明公开的制度、建立民众共同参与的财政支出决策机制等，使政府的行为暴露在“阳光”之下，做到“税尽其用”，使财政支出发挥最大效用，以确保公众缴纳的税收不会被挪用、滥用和低效率使用，并能为纳税人提供合乎意愿的公共产品。增强政府提供公共产品的财政透明度，使纳税人清楚税收每一分钱所花的地方，使用税人树立科学合理用钱的意识，促成政府用税的诚信道德，使用税既要节约又要高效透明。

12.4.2 用税主体文化建设

对于作为用税人的政府部门来说，关键是明确自身的义务，改变用税理念和用税行为。政府部门要树立“用税人理念”：政府所花费、使用的钱都是纳税人缴纳的税收。政府必须谨慎、小心的用好每一分钱，把所有的钱都用到与纳税人切身利益息息相关的公共产品和服务上；同时政府部门的活动，税款的安排使用过程，都要接受纳税人的监督，税收是政府部门赖以运转的生命线。政府部门要用好纳税人的钱，还要领导税务部门依法征税。增强公仆意识。公务人员的权力是人民给的，所领取的工资和使用的办公设施来源于人民所缴纳的税款。人民与公务人员的关系是主人和公仆的关系。一是要以权利与义务相对称的税收观念进行正面宣传，让各级政府部门懂得其自身的根本职能，即向纳税人提供公共产品或服务，纳税人所缴纳的税收则是其从事提供公共产品或服务活动的基本来源。二是着手进行必要的制度建设，建立完备的税务信息公开披露机制，定期公布税收资料，包括公务员个人的纳税资料，以获取公众和纳税人的信赖。三是在税务信息和用税信息公开披露的基础上，逐步形成纳税人对政府部门行为的监督约束机制，树立政府部门对纳税人负责的意识，规范政府官员合理而有效用税的行为。按照国际货币基金组织通过的《财政透明度良好做法——原则宣言》的规定，政府应向公众公开政府的结构和职能、政府内部的责任以及政府与经济中其他部门的关系；在明确规定的时间公布全面财政信息；公开预算的编制、执行和报告以及提供关于预算程序信息的种类；对真实性均独立保证，涉及数据的质量以及对财政信息进行独立检查的需要。如果纳税人知晓财政的全部信息，那么，纳税人就能清楚税款的用途，假如税款的用途是符合纳税人的整体利益的，用税人和征税人都会获得纳税人的信赖，纳税人的自觉纳税意识就会大大增强。

下篇 >>>>

税收生态系统创新探索

13　个人单一账号体系

“数字政府”的重要特征之一是“整体政府”，“数字税务”自然就是“整体税务”。所谓“整体税务”就是实现各税费种类、各环节的征管服务统筹。统筹的基础是单一账号体系。

自然人单一账号就是为每个符合条件的自然人开设的独立个人账户，赋予唯一且终身不变的统一社会信用代码。这个代码不再是某一个部门、用于某一个管理事项所使用的内部码、临时码，它将成为代表确定的一个“人”的终身唯一身份标识，可以被广泛的应用到政务管理、行政事项办理、市场交易、第三方及平台交易等多个领域，是被公开认可且应被广泛应用的代码。据此建立起来的从自然人代码赋予、数据库建设管理、信息的交换应用到关联配套制度和系统的建立称之为自然人单一账号制度建设。个人单一账号体系是个人所得税制改革和征管的重要基础。

13.1　个人账号体系分析

在我国，法人和其他组织统一社会信用代码制度和“五证合一、一照一码”登记制度作为企业“单一账号制度”的重要内容已先于自然人的建立起来，体现了重要的社会意义，也发挥了积极的社会作用。然而，相比法人和其他组织的管理，我国各部门对自然人账号及代码的管理还停留在部门层面，自然人统一社会信用代码制度建设尚未启动，各部门共享互认的自然人单一账号体系尚未建立。处于探索阶段的自然人的单一账号体系缺少制度性、系统性的研究和实践。为此，我们将重点介绍分析各部门对自然人账号代码的管理和应用现状，剖析存在的主要问题，比较企业与自然人单一账号制度的异同，为建立自然人单一账号制度提供借鉴经验。

13.1.1 人员分类定义

（1）人员分类原因。研究自然人的管理，首先是要合理分类。人员类别不同，其特点不同、属性不同、管理重点不同。各部门在实施社会管理职能时，都会根据相应的人员类别制定适应其管理需要的政策或管理制度，这种根据人员分类管理的方式是必要的，也是有效的。因为各部门对不同类别人群的关注点和管理重点不同，对特定人群实施特定的管理就存在其合理性和必然性。合理、恰当地对人员进行分类是实施有效管理的前提。在我们的研究中，第一，有必要对各类人员的概念进行解释和明确，以便能够清晰阐述。第二，有必要在基本人员分类的基础上，结合人员的特点、管理目标等因素进行细分。

（2）人员分类方法。参照现有的管理情况并结合研究需要，对人员进行了分类，给出了本课题中人员的定义，参见表 13－1。

第一，中国人可分为中国内地（大陆）居民、华侨、香港居民、澳门居民和台湾居民。内地（大陆）居民是指在境内居住的取得中国国籍的中国公民。华侨是指居住在海外并取得他国永久居留身份的中国公民，不包括已取得他国永久居留身份，但仍定居在中国境内或仍持有中国居民身份证的中国公民。香港居民是指定居在香港的中国公民。澳门居民是指定居在澳门的中国公民。台湾居民是指有资格申请台湾居民来往大陆通行证的台湾居民。

第二，外籍人可分为取得中国永久居留权的外籍人和其他外籍人。取得永久居留权的外籍人相当于享有国民待遇身份，一般在管理上参照国民进行管理。其他外籍人，分为取得我国居留权的外籍人和其他外籍人。取得我国居留权的外籍人根据管理的需要进一步细分为取得工作类居留身份和其他居留身份的外籍人。取得永久居留权的外籍人是指取得我国外国人永久居留身份证的人员。取得工作许可的外籍人是指取得相关部门发放的工作许可证并取得工作许可类居留身份的人员。取得其他居留身份的外籍人是指取得我国居留许可的人员（工作类除外）。其他外籍人是指未取得以上任何身份，无论是否进入我国境内，只要发生归属于我国行政管理的事项，均需要由我国相关行政管理部门实施管理的人员。

表 13－1 人员分类及定义

分类	本书的分类	定义
中国人	大陆（内地）居民	取得中华人民共和国国籍的中国公民
	华侨	旅居在国外的中国公民。（一）“旅居”是指中国公民已取得住在国长期或者永久居留权，并已在住在国连续居留两年，两年内累计居留不少于18个月。 （二）尚未取得住在国长期或永久居留权的中国公民，但已取得住在国连续5年以上（含5年）合法居留资格，5年内在住在国累计居留不少于30个月，视为华侨
	香港特别行政区居民	定居在香港的中国公民
	澳门特别行政区居民	定居在澳门的中国公民
	台湾居民	有资格申请台湾居民来往大陆通行证的台湾居民
外籍人	取得中国永久居留身份	取得我国外国人永久居留身份证的外籍人
	取得工作类居留身份许可	取得工作许可证并取得工作许可类居留身份的外籍人
	取得中国居留身份（除工作类）	其他取得居留身份的外籍人（工作类除外）
	其他	未取得以上任何身份，但进入或未进入我国境内，发生与我国行政管理相关事项，需要由我国相关行政管理部门实施管理的外籍人

13.1.2 人员代码管理

表13－2总结了我国主要行政部门对各类人员的管理情况。分别从其核发的证件类型、赋予的管理代码基本情况及属性等方面进行了归纳。总体来看：

公安部门主要负责人员身份管理，管理对象既包括我国公民也包括外籍人，主要证件有居民身份证、中国护照、港澳居民通行证、港澳居民居住证、台湾居民通行证、台湾居民居住证和外国人永久居留身份证（以下简称“外国人永居证”）。其中，居民身份证、港澳居民居住证、台湾居民居住证和外国人永久居留身份证在制卡方式、卡片信息、管理使用方式、使用范围等方面相似，除基本身份信息外，卡片本身也包含指纹、人像等信息。以上所有证件号码均按照公安部统一编码规则，一人一码，终身不变。公安部只对在我国取得外国人永居证的人员发放身份证件，对其他外籍人只发放居留身份资格，不发放身份证件。

我国人社部为符合条件的个人发放社会保障卡，建立权益类社会保障账户。税务部门为具有纳税义务的个人发放纳税人识别号，建立义务类的税收账户。外国人工作许可作为资格类许可，是来华工作的外籍人必须办理的证件。

我国核发的身份证件中，除中国护照和3个月一次性有效台湾通行证号码会随换证变化外，其他身份证件号码均已经实现一人一码、终身不变的编制规则。这些证件号码或账户号码是最有可能进行统一或关联管理的，可以此为基础建立个人单一账号。

表13－2　　　　各部门证件（账户）管理情况汇总表

人员类型	证件类型/账户	管理码	位数	是否唯一不变	管理部门	证件/号码属性	是否强制拥有
内地（大陆）居民	中华人民共和国居民身份证	公民身份号码	18	是	公安部	身份证件类	√
	中国护照	护照号码	9	否	公安部	身份证件类	
	中华人民共和国社会保障账户	公民身份号码	18	是	人社部	权益类	
	税收账户	公民身份号码	18	是	税务局	义务类	
华侨	中国护照（仅限不持有效居民身份证时）	护照号码	9	否	公安部	身份证件类	√
	中华人民共和国社会保险账户	社会保障号码	18	是	人社部	权益类	
	税收账户	纳税人识别码	18	是	税务局	义务类	
香港、澳门居民	港澳居民来往内地通行证	通行证号码	9	是	公安部	身份证件类	√
	中华人民共和国港澳居民居住证	公民身份号码	18	是	公安部	身份证件类	
	中华人民共和国社会保险账户	社会保障号码	预留18位	是	人社部	权益类	
	税收账户	纳税人识别码	18	是	税务局	义务类	
台湾居民	台湾居民来往大陆通行证（5年期）	通行证号码	18	是	公安部	身份证件类	√
	台湾居民来往大陆通行证（3个月一次有效）	通行证号码	18	否	公安部	身份证件类	√
	中华人民共和国台湾居民居住证	公民身份号码	18	是	公安部	身份证件类	
	中华人民共和国社会保险账户	社会保障号码	预留18位	是	人社部	权益类	
	税收账户	纳税人识别码	18	是	税务局	义务类	
取得永居身份的外籍人	中华人民共和国外国人永久居留身份证	证件号码	15	是	公安部	身份证件类	√
	中华人民共和国社会保险账户	社会保障号码	预留18位	是	人社部	权益类	
	税收账户	纳税人识别码	18	是	税务局	义务类	

续表

人员类型	证件类型/账户	管理码	位数	是否唯一不变	管理部门	证件/号码属性	是否强制拥有
取得工作许可的外籍人	中华人民共和国外国人工作许可证	工作许可编号	18	是	外专局	资格类	√
	外国人居留许可	无			公安部	资格类	√
	中华人民共和国社会保险账户	社会保障号码	预留18位	是	人社部	权益类	
	税收账户	纳税人识别码	18	是	税务局	义务类	
其他取得居留身份的外籍人	外国人居留许可	无			公安部	资格类	√
	中华人民共和国社会保险账户	社会保障号码	预留18位	是	人社部	权益类	
	税收账户	纳税人识别码	18	是	税务局	义务类	
其他外籍人	税收账户	纳税人识别码	18	是	税务局	义务类	

13.1.3 部门人员管理

13.1.3.1 公安部

公安部对内地（大陆）居民、港澳居民、台湾居民和外籍人员分别实施不同的管理，是我国境内人员管理的核心部门。

（1）内地（大陆）居民。对内地（大陆）居民采用户口管理制度，公民首次申报户口登记的，公安机关根据GB11643—1999《公民身份号码》为其编制。《国务院关于实行公民身份号码制度的决定》中提到：“公民身份号码是国家为每个公民从出生之日起编定的唯一的、终身不变的身份代码，将在我国公民办理涉及政治、经济、社会生活等权益事务方面广泛使用。公安部负责公民身份号码的编制和组织实施工作。”居住在中华人民共和国境内的年满十六周岁的中国公民，应当依照《中华人民共和国居民身份证法》的规定申请领取居民身份证；未满十六周岁的，可以申请领取居民身份证。需要特别说明的是，我国公民中军人和人民警察是按照中央军事委员会颁布的《现役军人和人民武装警察居民身份证申领发放办法》进行管理。但其身份证与普通公民的身份证没有区别，号码同样是根据GB11643—1999《公民身份号码》国家标准进行编制。现役军人、人民武装警察从事有关社会活动，需要证明公民身份的，凭居民身份证证明；执行任务、办理公务、享受抚恤优待等，需要证明现役军人或者人民武装警察身份的，凭军队、武装警察部队制发的身份证件证明。可以发现，居民身份证并不是人人都必须持有，只有在满足年龄要求时才必须领取，且针对不同人员有特殊的管理规定，而公民身份号码是我国内地（大陆）居民自出生起就存在的。无论将来是何身份，国家均按照统一的编码制度为每个公民编制唯一的、终身不变的 18 位公民身份号码，该号码被应用于政治、经济、社会生活等权益事务各个方面。

（2）华侨。华侨理论上是移居海外的，但实际有很多华侨只是取得国外的永居身份，主要经济活动和社会关系仍在国内，并且也未注销其居民身份证。从管理的角度来说，仍然持有居民身份证的这部分华侨可按照内地（大陆）居民管理。因为从持有的证件上是无法判断其特殊身份的。真正需要按照华侨管理的是不再持有居民身份证的人群，其在国内可以提供的有效证件只有中国护照。护照主要用于在国外证明身份，在国内用于日常经济活动较为不便，无法向居民身份证一样能够即时验证身份的有效性，也无法通过读卡器识别证件的真实性。因此，在行政管理上，除特殊情况外，不应当允许普通公民使用中国护照来办理行政登记或申请行政管理码。华侨必须使用中国护照，但应当要求其能够提供作为华侨身份的证明。

（3）港澳居民。①港澳居民通行证。港澳居民通行证是由公安机关签发给定居在香港特别行政区或者澳门特别行政区的中国公民，是港澳居民进入中国内地必须持有的证件。港澳居民通行证号码共 9 位，一人一号，终身不变。②港澳居民居住证。港澳居民前往内地（大陆）居住半年以上，符合有合法稳定就业、合法稳定住所、连续就读条件之一的，根据本人意愿，可以申请领取居住证。未满十六周岁的港澳居民，可以由监护人代为申请领取居住证。港澳居民居住证按照居民身份证标准制法，也是 18 位唯一的、终身不变的代码。登载了姓名、性别、出生日期、居住地住址、公民身份号码、本人相片、指纹信息、证件有效期限、签发机关、签发次数、港澳居民出入境证件号码等完整信息。该证件的应用范围和有效性几乎等同于境内人员持有的居民身份证，这是国家对港澳居民实施开放性的国民同等待遇的重要举措，不仅便于国家对港澳居民实施进一步的统一规范管理，也为港澳居民在内地工作、生活、学习提供了更大的便利。

（4）台湾居民。台湾居民来往大陆通行证是台湾地区居民往来大陆地区所持有的证件。台湾居民来大陆，应当按照户口管理规定，办理暂住登记。在宾馆、饭店、招待所、旅店、学校等企业、事业单位或者机关、团体和其他机构内住宿的，应当填写临时住宿登记表；住在亲友家的，由本人或者亲友在24小时（农村72小时）内到当地公安派出所或者户籍办公室办理暂住登记手续。台湾居民居住证与港澳居民居住证相同，按照《港澳台居民居住证申领发放办法》的规定进行管理。在证件的签发、使用等方面遵循相同的管理原则。

（5）外籍人。纳入公安部人员管理并核发身份证件的仅为在我国取得永久居留身份的人员，视同于我国的国民，享受类似国民待遇的管理和服务。其持有的永居证可作为在我国境内从事各项社会活动、享受公共服务的身份证明广泛使用。《中华人民共和国外国人永久居留身份证》15位编码，一人一码，终身不变。制卡方式与居民身份证相同，可通过二代身份证读取。除在我国取得永久居留身份的人员外，其他入境的外籍人员，公安部不会单独为其核发身份证件。但针对不同身份的人员，有不同的管理规定。首先，外国人入境应申报住宿登记。外国人入境后，因非外交、公务事由需要在中国境内停留居留的，可以按照规定向公安机关出入境管理机构申请签证的延期、换发、补发和停留证件的签发、换发、补发以及居留证件的签发、延期、换发、补发。外国人所持签证注明入境后需要办理居留证件的，应当自入境之日起30日内，向拟居留地公安机关出入境管理机构申请办理外国人居留证件。居留许可分为工作类、学习类、记者类、团聚类、私人事务类等。居留许可并非身份证件，是粘贴在护照上类似于签证的一种停留许可，载有居留事由、居留时间等信息。

13.1.3.2 人社部

人社部发放的证件为《中华人民共和国社会保障卡》，普通公民的社会保障号码为公民身份号码，其他人员均为预留18位号码，不足18位的不补足。社会保障号码唯一且终身不变。根据《中华人民共和国社会保障法》规定，中华人民共和国境内的用人单位和个人应当依法缴纳社会保险费，缴纳社会保险的人群包括中国境内普通居民、港澳居民、台湾居民、华侨、外籍人士等。国家为其建立社保账户，赋予全国统一的个人社会保障号码。但是针对不同的人群，人社部也出台了具体的管理办法。

（1）内地（大陆）居民。社会保险的主要参保对象是城镇职工，也包括自愿参加社会保险的无雇工的个体工商户、未在用人单位参加社会保险的非全日制从业人员以及其他灵活就业人员。近年来，国家逐步建立和完善了农村社会保障建设，农村居民也可以自愿领取社保卡、缴纳社保费，国家为其建立全国统一的社会保障账号。我国的社会保险管理对象大致可分为城镇职工、灵活就业和城乡居民三类，社会保险已基本覆盖全国，意味着社保费的管理已逐步实现了全国覆盖。但社保管理起步较晚，人群也较为复杂，政策规定与管理执行存在不一致，各地差异也较大。社保管理目前都是区域管理，主要是在地市级范围内统筹，尚未做到全国统筹。重点管理对象也是城镇职工，对灵活就业人员和城乡居民则不做强制管理。

（2）华侨。根据《关于进一步做好在国内就业的华侨参加社会保险有关工作的通知》的规定，符合享受社会保险待遇申领条件的华侨参保人员，可持本人有效护照等办理领取社会保险待遇手续。

（3）港澳台居民。在内地就业的台、港、澳人员依据社保法的规定缴纳社会保险，以前在内地就业的港澳台人员需按照《台湾香港澳门居民在内地就业管理规定》取得就业许可，并按照社会保障法的规定缴纳社会保险。2018 年 7 月 28 日，国务院印发《关于取消一批行政许可事项的决定》（国发〔2018〕28 号），取消台港澳人员在内地就业许可，在内地（大陆）求职、就业的港澳台人员，可使用港澳居民居住证、港澳居民来往内地通行证、台湾居民居住证、台湾居民来往大陆通行证等有效身份证件办理人力资源社会保障各项业务，参照内地（大陆）劳动者对其进行就业登记和失业登记。自此，港澳台居民的社保参保及管理也趋同于境内普通居民。但在此之前，港澳台居民的管理与外籍人相同。

（4）外籍人。根据《在中国境内就业的外国人参加社会保险暂行办法》第二条规定，在中国境内依法获得《外国人就业证》《外国专家证》《外国常驻记者证》等就业证件和外国人居留证件，以及持有《外国人永久居留证》，在中国境内合法就业的非中国国籍的人员也可以参加社会保险。根据目前对外籍人员的管理，可对外籍人进行三类划分。一是取得我国永居证的外籍人，对其管理参照境内普通居民申请社会保障的规定；二是取得工作许可的外籍人，这类人员按规定应当缴纳社会保险；三是其他取得我国合法居留身份的人员，包括留学、探亲等情形，对符合缴纳我国的社会保险的，可以为其建立社会保障账户，赋予永久性的社会保险账号。实际管理情况是，第一和第二类人员中只有少数缴纳社保，管理部门并没有强制缴纳要求，第三类人员基本没有办理社保。

13.1.3.3 科学技术部①

根据《中华人民共和国出境入境管理法》第四十一条规定：外国人在中

① 2018 年 3 月，科学技术部、国家外国专家局职责整合，重新组建科学技术部，作为国务院组成部门，对外保留国家外国专家局牌子。

国境内工作，应当按照规定取得工作许可和工作类居留证件。任何单位和个人不得聘用未取得工作许可和工作类居留证件的外国人。全国统一实施外国人来华工作许可制度，发放的《中华人民共和国外国人工作许可证》，由人力资源和社会保障部与国家外专局联合印制。《外国人工作许可证》卡面载明姓名、性别、国籍、类别、发证日期、发证机关、许可编号、照片等信息，许可编号为18位号码，实现一人一码、终身不变，终身不变，动态记录其在华工作管理、服务、信用记录等情况，扫描卡面的二维码将能获取详细信息。发证机关也强调与人社、外交、公安等部门实现信息系统互联，实现工作许可与签证、居留数据共享。许可证按申请人类别，分为外国高端人才（A类）、外国专业人才（B类）、其他外国人员（C类）。申请外国高端人才（A类）无数量限制；外国专业人才（B类）根据市场需求限制；其他外国人员（C类）数量限制按国家有关规定执行。按工作时间，分为来华90日以上和来华90日以下或外国专家来华邀请函。

13.1.3.4 税务部门

新个人所得税法实施后，国家税务总局发布《自然人纳税人识别号有关问题的公告》，明确了各类自然人纳税人识别号申请、使用规定，可谓取得巨大的进步，为税费共治目标下自然人单一账号制度的建立奠定了重要的基础。在自然人纳税人识别号的管理上，针对不同人员，明确了允许作为申请纳税人识别号使用的有效身份证件的种类，区分持有居民身份证的中国公民、华侨、港澳居民、台湾居民和外籍人等几类。自然人不核发单独证件，税务部门赋予自然人纳税人识别号。2019年个人所得税改革后，税务部门修订了纳税人识别号编码规则。在纳税人识别号的唯一性管理方面，税务部门对持有居民身份证的人员实施了较为严格的管理。公民身份号码与公安部身份信息数据实现了在线验证，只有验证通过的证件号码才能被赋予纳税人识别号。在持有居民身份证以外的其他证件的人员的管理上，因无法像公安等部门一样要求所有纳税人都到税务机关进行现场办理，且目前也无法取得公安部门的在线验证比对信息，对人员身份真实性判定不够理想，在纳税人识别号唯一性的判定上也不够精确，但税务部门也采取了一定的管理措施，确保对纳税人一人一码的管理。存在的主要问题：

（1）新税法第九条提到“纳税人有中国公民身份号码的，以中国公民身份号码为纳税人识别号；纳税人没有中国公民身份号码的，由税务机关赋予其纳税人识别号”。由此可以发现，税务部门的纳税人识别号只有对居民身份证没有单独赋码，而持有其他证件类型的人员全部是由税务部门赋码，编码的规则是按照税务机关的内部标准，与其他部门不共享、不通用。也就是说，只有中国居民身份证的公民身份号码才是一个真正意义的外部码，与其他部门通用，能够集合承载完整的数据，实现税务、其他政府部门以及第三方市场交易主体的信息互通。而除此之外的其他身份证件则无法满足这一需要。

（2）税务部门对企业的管理以前是按照登记方式核发税务登记证，在“五证合一”后不单独核发税务登记证。但针对个人独资企业、合伙企业和个体工商户，则是按照一证一码管理方式对该主体实施管理，并核发统一的证件。特殊的是，这三类主体在税收上纳税主体与核算主体是不一致的，纳税的主体是个人独资企业的法定代表人、合伙企业的合伙人和个体工商户的业主，而核算的主体则是个人独资企业、合伙企业和个体工商户。这就带来一个重要问题，必须清晰地界定主体关系。核算主体的管理码与纳税主体的管理码必须区分开，不能混淆。税务部门的管理码是纳税人识别号，企业有，个人也有；个人独资企业、合伙企业和个体工商户有，个人独资企业的法定代表人、合伙企业的合伙人和个体工商户的业主也有。目前，税务部门已经重新规范了单位类和自然人类纳税人识别号的管理，主体清晰、责任清晰。新个人所得税法中已明确“纳税人有中国公民身份号码的，以中国公民身份号码为纳税人识别号”。

13.1.4　代码管理问题

通过以上的情况可以了解到，目前各部门对自然人的管理不尽相同。每个管理机关都制定自己的编码规则，赋予管理对像一个本机关内部的管理代码，不同部门编制不同的号码，这些号码大多不通用。这种管理模式随着时代的变化，已经无法满足大数据背景下数据集中、信息共享的需要。存在的主要问题有：

（1）识别标准不统一。社会经济活动、市场交易活动中缺少对自然人统一的“人”的识别标准。企业有代表唯一身份的统一社会信用代码，自然人的统一社会信用代码尚未完全建立起来。各种交易行为记录的前提是确认交易行为中的“人”是同一个人，但目前缺少相关规范的明确。比如，作为交易行为的参与者，一个人使用的是军官证或其他身份证件，这笔交易行为的记录就很难甚至无法被有效地传递和使用，信息的利用价值就降低了。尤其是对行政机关管理来说，需要建立在唯一的“人”的基础上。再比如，税务机关在取得了准确的交易信息后，就可以用以分析是否如实申报等。因此，公认的“人”的标准在市场交易活动中也是极为重要的。

（2）信息数据不通用。缺乏部门间信息交换和数据共享的基础，信息的使用范围仅局限在本行政机关内部。甚至在一个机关内部，因各地的管理差异、信息化水平的差异，也很少能够实现数据在全国层面的共享。信息的利用范围有限，信息的价值还没有被最大程度的发挥出来。就目前来看，公安的数据是共享程度最高也是集中程度最高的；税务部门的自然人管理系统也刚刚由省级集中上升为全国集中；社保部门的管理则相对较差，社会保障是一个统称，其中涉及医保、养老等多部门。由于管理部门多、账户账号多，信息化水平也不高，因此，单一账号体系的建设对社保部门现有的管理体系的影响较大。

（3）使用管理不方便。每个人持有多种证件，由几个行政机关同时管理，至少拥有两个或三个以上的号码。到不同机关办理事项时，需要出示不同的证件，使用不同的号码，个人信息也无法实现有效的集中和汇集，带来使用的不便。

13.2 单一账号国际经验

本部分从几个主要国家自然人代码的管理情况入手，了解自然人纳税人识别码与身份号码、社会保障号码以及其他管理码的结合情况，对各种自然人管理码的特点、各国的主要管理模式进行归纳分析，总结自然人单一账号管理思维在各国管理中的经验。

13.2.1 单一账号应用

（1）美国。美国的财政法规规定，任何领取工资的雇员需要缴纳社会保障税、医疗保险税或联邦所得税，因此会给个人签发一个社会保障号码（SSN），这个号码也同时被作为纳税人识别码使用。不符合申请 SSN 条件但需要纳税的，可以向税务部门申请一个只作为税收目的使用的个人纳税人识别码（ITIN）。当个人身份信息发生变化取得 SSN 码后，可以将 ITIN 码升级为 SSN。

该社会保险号码用处非常广泛，涉及申请工作、发放薪金、填写纳税申报表、银行存款开户、申请信用卡、购买各类保险、购买房产或者汽车、领取驾驶执照、登记犯罪记录等各个方面，任何人在涉及上述事项时都需要填写社会保险号码。SSN 是由社会保障管理局（SSA）签发和管理。SSA 是联邦政府的一个独立机构，负责管理社会保障事务。SSN 需要个人填写 SS－5 表并提交相关资料申请签发。无论是美国公民还是非美国公民，申请 SSN 都有整套严格审查、验证流程，通过全国集中的一个系统处理申请，并负责数据的保存、更新、维护以及向外提供验证服务。

（2）日本。自 2016 年起，日本政府要求在社会保障、税务、防灾领域统一使用个人编号。主要功能定位是行政管理、便民等方面。个人编号卡不仅可以作为本人确认的身份证件，还可用于各种服务，如行政机关对个人进行行政服务事项通知；查询个人信息是何时，由何人，因何原因被提供的；对行政机关等所掌握的自己的个人信息内容进行确认；用于办理各种行政手续等。个人编号只可用于社会保障、税务、防灾领域等法律规定的行政手续中。居民需要向行政机关与企业等告知个人编号。自由职业者也需要在税务和社会保险的事务中使用个人编号。但日本规定，除在社会保障、税务、防灾的等事务中向行政机关等提供之外，不可随意向他人提供。非法获取他人的个人编号与使用他人的个人编号，或对记录了个人编号与个人机密的个人信息文件进行不当提供的，都将受到惩罚。由市区町村的政府管理部门采取通知的方式（即发放通知卡）向符合条件的个人发放个人编码。对今后入境日本的中长期在留者等，将在市区町村的政府管理部门办理住民登录时发放个人编号。

（3）英国。国民保险号（NINo.）作为税收用途，主要用于代扣代缴。需要进行自行评估纳税申报的个人，应使用单一纳税人参考号（UTR）。这意味着，同一个人有可能用到两个纳税识别码号。UTR 仅为税收用途，NINo. 则可用于税收和缴纳缴纳国民保险，但仅对符合条件的人员发放。英国纳税人可以使用其国民保险号登陆纳税人政府入口账户来开设税收账户。英国的个人税收账户如同网上银行账户，英国皇家税务与海关总署（简称 HMRC）可以通过其为纳税人提供一系列的服务。除了查看与税收有关的信息，还可以查看国家养老金、查看和更新工作所得福利，如公司用车详情以及医疗保险，一个识别码下关联了税收和个人社会福利性的功能。HMRC 将相关信息集中保存在国家数据库中，并负责管理。就业和养老金部与 HMRC 相互进行数据共享。各政府机构之间订有信息交换共享协议，英国税务海关总署也会应各部门要求，向其提供履行职能所需的数据。HMRC有权要求银行、房屋协会及其他存款机构，提供其向英国居民支付的利息等各类交易信息。年满16周岁，在英国出生的人，通常由英国税务海关总署发放国民保险号；在英国工作、寻找工作或申领福利的外籍人，由负责社会保障的就业和养老金部（DWP）发放国家保险号码。

（4）德国。在德国不需要专门申请纳税人识别码，中央税务署会根据市政厅居民登记信息，自动生成税号并邮寄给纳税人。这个号码从德国人出生以及外国公民在德国长期居住开始，德国联邦税务局就会发放给纳税人，无论纳税人是否更换居住地，税号都一直不变。德国的纳税人识别码相当于在德国的唯一身份号码，为了避免各部门发放重复代码，《德国财政法典》规定所有注册机构都必须将采集到的有其居民管辖权的居民相关信息传递给中央税务署，由中央税务署赋予唯一的识别码，然后将纳税识别码和省识别码一起传递给注册机构，注册机构随后将其省识别码删除，更新为税务识别码。德国税务部门通过纳税人识别码与银行等其他部门联网，实时监控纳税人的资金活动情况，以此作为税收管理的重要手段，提高了管理的效率和质量。纳税识别码由税务机关管理。市政厅居民管理部门会将所有居民登记信息传递给中央税务署，用于发放唯纳税人识别码，也是身份号码。

（5）瑞典。在瑞典有两种类型纳税人识别码，一种是针对瑞典公民或者居住时间超过一年的外国人发放的人口号码，属于永久身份标识。另一种是针对没有做过人口登记但是有纳税义务的，而发放的征税用途的统筹号码。取得了人口登记后，统筹号码将被更换为人口号码代替永久使用。这与美国的SSN码和ITIN码管理较为类似。取得人口号码的纳税人，可享受税收宽免待遇。瑞典政府要求在一切经济活动中，所有部门都要使用纳税人识别码，而且管理严格。税务部门可以通过税务号码掌握纳税人的一切经济活动、收入来源和财产情况。有关部门也会将个人和公司的财产、收入情况提供给税务部门。税务号码成为个人生存的基础，银行开户、社会保险缴费等日常经济生活都需要税务号码，个人的不良信息也可以通过税务号码查询。

（6）荷兰。荷兰目前使用的纳税人纳税识别码是市民服务号码（BSN），是个人与荷兰政府打交道的唯一编码。BSN不仅仅用于税收目的，也被其他有公共管理职能或公共信息使用权的政府机构、银行、保险公司、医院等其他中介和组织广泛使用。在各种社会事务办理时都要登记纳税识别号，有效地实现了社会公共信息以及各类信息的有效传递。荷兰政府通过使用市民服务号码，来提升市政服务水平、打击诈骗、保护公民隐私。

(7) 印度。纳税人必须向税务机关申请一个10位数的个人永久账号，这个账号伴随纳税人一生。个人永久账号帮助税务部门掌握个人财务往来资信，如汽车交易、医院记录、饭店消费、银行账户、电话账单、股市交易等。严密监控资金往来颇丰的印度中上流阶层和外企职员等。印度规定，凡是超过50万卢比的房产交易、汽车交易、2.5万卢比以上的饭店账单、费用在2.5万美元以上的国外旅游信息，都必须记录在个人的永久账号上。税务机关通过个人永久账号从纳税人的收入、消费、资金往来等信息核查其是否如实申报纳税。出于效率和效果方面的考虑，印度永久账号的签发、认证、发放和维护均采用公私合作形式。管理服务供应商（MSP）负责收集、处理、核实和认证个人证明信息，并在印度各大城市的多个地点均设立了永久账号服务中心。

13.2.2 单一账号管理

各国都不同程度的在国家管理中采用了单一账号的管理思路，只是范围和形式有所区别。无论是美国的社会保险号码、日本的个人编码、瑞典的人口号码，还是荷兰的市民服务号码，都具有唯一性、永久性的特点。而且，这些号码都不是一个内部管理码，也不仅有一个征税功能。这些统一的代码不同程度的提高了信息的利用价值。在个人相关信息传递、共享方面效率较高，在政府行政管理中发挥了重要作用。各国个人账号的主要有两种应用模式：

模式1：税收与社会保障相结合。即个人的社会保险号码即为纳税识别码，二者合二为一。号码兼具权力与义务属性，仅对国民、永久居民或取得合法就业身份等一定范围内的人员发放。拥有该号码的个人可以享受政府提供的福利性和权益性服务内容，行政管理与行政服务通过统一代码有机的结合在一起。比较典型的国家包括美国、日本、加拿大、英国。这种模式具有较为普遍的借鉴意义，一是简化管理、便利使用，二是将权利与义务属性代码合二为一，有利于促进义务的履行。

模式2：税收与经济活动相结合，即纳税人识别码被要求在社会经济领域广泛使用。在记录交易行为、监控个人资金往来方面起到重要作用，是税收管理的重要手段。政府通过纳税人识别码的应用，把行政管理向各社会领域辐射，逐步融合、加强。比较典型的国家有荷兰、印度。

税收与公共服务和信用体系相结合。各国普遍会通过个人账户或税收账户提供一些社会公共服务并与信用记录相关连。如英国，个人税收账户除了查看与税收有关的信息，还可以查看国家养老金、查看和更新工作所得福利，如公司用车详情以及医疗保险。如日本，通过个人编码用于办理各类行政手续、确认个人信息、向个人进行行政通知等。

13.3 单一账号体系建设

所谓单一账号体系建设就是建立一个在任何业务场景下、所有政务部门、市场交易主体、第三方和互联网平台均认可的通用的、唯一的账户体系，为每一个符合条件的自然人都赋予一个终身不变的号码——自然人统一社会信用代码（Personal Unified Credit Code－PUCC）。不同的行政机关在实施管理时，不再各自创建个人代码，而是使用自然人统一社会信用代码作为通用的管理码，部门之间的信息交互变得紧密；市场交易活动中，也有了“人”的唯一识别标识，各交易行为的关联性变得更强。在单一账号体系下，碎片化的信息通过一个通用的号码被连接了起来，归属于同一自然人的海量信息具备共享和交换的可能，也具备被归集和分析的条件。随着这一体系的不断完善，以自然人统一社会信用代码为标识的个人账户将逐步升级成为个人综合账户，更多的信息将会被汇集和利用。在大数据背景下，信息得到了充分的运用，信息的价值也将成倍递增。无论是对国家、个人，也无论是对管理者还是使用者，都将是巨大的进步，意义非凡。

13.3.1 建设意义

税费业务的本质就是对涉税费业务数据的处理过程。当前，在涉税费业务数据的供给方面，自然人税费与企业税费有着截然不同的境况。所有的企业税费数据都聚集企业的会计核算体系中，也就是说，会计核算体系是事实上的企业税费数据供给方。由于企业的记账行为受会计准则约束并被投资人和政府部门监管，再加上记载在一个账户体系的各税费种之间存在着相互制约关系，因而基于企业会计核算的税费合规性总体上是可信赖的。自然人税费则完全不同，长期以来，税费数据全部分散掌握在各个交易主体、政务部门和纳税人手中。由于缺乏各方公认的自然人账号来将这些涉税数据串联起来，因而只能依赖于源泉扣缴或者自然人自行申报。为此，税务部门很难获知自然人的涉税数据全貌，其税费合规的可信度缺乏基础。随着个税改革、个税征管系统上云以及金税四期规划，汇聚各种税费以及其他经济信息的自然人单一账号体系的建设已迫在眉睫。迫切需要建立个人单一账与体系，夯实纳税人税费治理基础。

新修订的《中华人民共和国个人所得税法》实现了从分类税制向综合与分类相结合税制的转变，使得自然人纳税人取得的综合所得由按月按次计算纳税，改为按年汇总计算纳税，也就是要将个人一个年度内在不同时间、不同地点取得的综合所得收入合并计算纳税。为此，税务机关提出了“一人式归集”概念。然而，“一人式归集”在个人所得税管理方面的应用仅仅是“一人式”数据应用的一个方面。从自然人个人所得税管理，到自然人各税种管理，再到自然人社会保险费征缴管理，为了满足科学化、精细化的管理要求，“一人式归集”仅是税务机关对自然人实施税费管理的基础。税费管理需要结合税务机关的内部数据、外部门数据以及第三方数据进行比对和分析。“一人式归集”的应用正向跨税种、跨部门、跨领域的范围扩展。“一人式归集”要解决的基本问题是如何定义所谓的“人”。一个能代表自然人唯一身份的、统一的、确定不变的代码是使得“归集”成为可能的关键。因此，有必要对通用的自然人唯一身份代码进行研究。以自然人唯一身份代码为基础的管理思路在国家各行政部门的管理中均有所体现，并且也已发挥了重要的作用。建立自然人统一社会信用代码制度已作为国家战略，在《社会信用体系建设规划纲要(2014—2020年)》中被明确提出，它也是国家信用体系建设的重要基础。大数据时代已到来，建立自然人统一社会信用代码、信息共享机制也已具备技术可行性。

自然人统一社会信用代码建设作为国家战略被提出，足见其重要性及意义。从国家的长期发展考虑，其应用领域和能够发挥的社会作用也远不止推进国家信用体系建设，自然人统一社会信用代码建设是未来实现国家税费综合管理乃至国家治理更高目标的基础性工作。它将个人的信息通过一个代码连接起来，将各部门掌握的个人的信息进行“一人式归集”，使得信息的传递、共享、交换成为可能，信息能够被充分的利用，信息的价值得以最大程度地发挥。自然人统一社会信用代码将在个人的经济生活中发挥更大的作用，为个人带来更多便利。在此背景下提出的自然人单一账号制度这一概念，它是推动国家各项制度不断健全完善的基础性建设工程。自然人单一账号通过“一人式归集”的方式，将各渠道的个人信息进行归集整合，其数据库的承载能力决定了其对外赋能的能量，也将影响未来国家自然人信用体系和税费治理体系的建设进程。

13.3.2 建设内容

自然人单一账号体系建设的总体目标是建立在覆盖全面、稳定且唯一自然人统一代码制度基础上的全社会协同共治。实现管理从多头到统一转变、资源从分散到统筹转变、流程从脱节到衔接转变，为转变政府职能、提升行政效能、优化社会公共服务水平、提升人民生活便利性和辛福感奠定基础。这既是一项基础性工程，也是一项系统性工程，需要分步进行，逐步推进。建设目标可分为初级目标和更高目标。单一账号体系建设首先要满足国家税费治理的初级目标，最终是要满足国家社会治理的更高目标。

（1）单一账号体系要为符合条件的自然人建立伴随终身的唯一代码、唯一账户，由国家统一管理，统一维护。该代码广泛用于社会各领域，是一个自然人在参与社会经济生活时的“身份标识”。它需要所有政务部门、市场交易主体、其他第三方主体共同认可，共同使用。通过这一“身份标识”，个人信息得以被充分归集和有效利用。单一账号体系是社会协同共治目标下国家治理的基础性工程，必须由国家统筹推进，实行政府主导、部门主责、各方协同、全社会积极参与。

（2）单一账号体系建设首先是要建立自然人统一社会信用代码，它是“人”的唯一身份标识。由国家制定统一的编码标准，指定专门的部门负责管理和维护。通过自然人统一社会信用代码管理系统，进行人员信息的采集、身份的核验以及统一代码的发放。要求所有政务部门、市场交易主体、第三方和互联网平台在任何业务场景下都必须使用。自然人统一社会信用代码的推广使用是推进自然人信用体系建设、规范市场交易行为、提升政府行政管理效能、提高行政服务水平的基础。

（3）单一账号体系建设还需要建立全国统一的自然人数据仓库，包括自然人统一代码资源库和自然人信息共享平台。代码资源库应当包括各类人员完整的公安身份证件的信息、图像以及其他生物特征信息，用于申请时的身份核验、信息验证，为自然人统一社会信用代码发放、使用提供基础数据支持。信息共享平台是一人式数据归集和管理的中心，负责提供标准化、规范化、制度化的信息交换、信息使用标准，统一向外提供数据查询、使用服务，同时，对个人账户进行动态的管理维护。

13.3.3 建设思路

（1）单一账号基本原则。一是兼容并蓄，降低成本。以自然人身份证件号码为基础，结合公安等几个主要部门对各类人员已发放的代码进行设计改造，最大限度满足自然人代码管理和使用需求，降低另建及改造成本，减轻社会负担。二是统一标准，分步实施。制定统一代码制度建设相关标准，确定代码推广应用的范围和进度。设立过渡期，实现各部门管理码逐步向自然人统一代码过渡。三是立足当前，着眼长远。以满足需求、便利管理为导向，制定适合当前各部门兼容使用的编码规则，为各部门之间信息共享和业务协同打好基础。登记制度改革须与全程电子化登记管理、企业法人国家信息资源库建设、企业信用信息公示系统建设、政务信息共享平台建设、统一社会信用代码制度建设等工作统筹考虑、协同推进。

（2）单一账号主要特性。一是唯一性。根据不同的人员身份，赋予其在全国范围内唯一的自然人统一社会信用代码，建立单一账户。一个自然人只能拥有一个统一代码，一个统一代码只能赋予一个自然人。自然人账号原则上只更新状态，不注销账户。自然人死亡、注销国籍、移居境外或非中国境内人员离开中国境内不再返回等特殊情形，代码将被留存，保留回溯查询功能。二是稳定性。为符合条件的人员建立单一账户，区分为应当建立和依条件申请建立两类。符合条件的个人只需要一次性办理并开通账户，在身份信息不发生变化的情况下，账户属性不变，账户号码终身不变。三是通用性。也即广泛性，是指任何业务场景下、所有政务部门、市场交易主体、第三方和互联网平台均认可的通用的。自然人统一代码一经赋予，个人在其在相关政府部门办理业务时，只需要提供该代码即可，有关机关不需在另行赋码。四是便捷性。便捷性是指管理的便捷和使用的便捷。多号、多证、多码统一后，不仅便于记忆也便于使用。统一代码使信息的快速传递和共享成为可能，也就为更多便利的行政管理、公共服务功能的提供创造了可能。五是安全性。由于该账户记录了大量的个人信息，是个人社会经济活动的完整展现，因此对该账户的安全性要求极高。公开的公共事项和作为管理的内部信息必须严格区分，且对于账户信息的共享、使用范围、权限管理等应有合理的设计和控制。

13.3.4 建设分析

（1）是否技术可行。首先，很多部门已经建立了各自在全国范围内的单一账号，实现了在部门管辖范围内唯一、终身不变的管理码，如公安部的各类身份证件、税务总局的自然人纳税人识别号、外专局的外国人工作许可证号码等，在这些部门范围内实施单一账号制度已经具备了技术的可行性。随着各部门信息化水平的不断提升以及大数据时代背景下云化技术的不断发展，建成全国集中的自然人单一账号管理平台已不存在技术难度。其次，经过多年的建设，国家信息中心已经逐步建立我国行政部门的数据共享平台，越来越多的部委加入，并提供了更多、更有价值的共享数据。也就是说，通道已经建立，只差一个有效的连接把这些海量的数据有效的连接起来。自然人的单一账号建设就起到了连接的作用。

（2）是否效能提升。这一点毋庸置疑。现有的管理的模式下，各部门独立编码，信息的传递和使用效率较低。单一账号主要解决了在各部门信息不对称条件下信息交换和传递效率的问题，提高了信息可用性，节省了行政资源消耗，节约了行政管理成本。单一账号打通了信息之间交互的屏障，把原本孤立的归属于同一个人的信息通过一个公认的通用代码联系起来，有利于社会公共信息及各类信息的有效、及时传递，使得管理部门、信息使用者能够及时获取大量有价值的信息，必然带来社会整体效能的提升。

（3）是否社会接受。单一账号的显著优点是解决了便利的问题。一人一码，终身不变，简化了多证、多卡带来的繁琐和不便。一人一码，也为信息互通提供了条件，管理能够有的放矢，服务的范围和广度也可以不断延伸。社会治理越来越规范，公共服务越来越丰富。效率的提高、信息价值的扩大等等，单一账号所能带来的改变是深入的、长远的，这是时代的进步、社会的进步，具备被社会广泛认可内在条件。

（4）是否立法通过。《社会信用体系建设规划纲要（2014—2020 年）》中明确提出要建立自然人统一社会信用代码制度，说明自然人单一账号体系的思路是符合国家战略需要的，立法工作有必要适时推进。从现有法律制度来看，首先，法人和其他组织统一社会信用代码制度的实践为自然人单一账号制度建设提供了很好的经验。2015 年，国务院印发《法人和其他组织统一社会信用代码制度建设总体方案》，各部门在此基础上完善了配套的制度规定，法人和其他组织统一社会信用代码应用已产生良好效果。其次，在相关部门法律中，单一账号的概念已有具体应用。如 2018 年新修订的个人所得税法，明确提到税务机关赋予纳税人识别号的权利，同时税务总局制定了纳税人识别号的发放、使用的具体规定。这些立法的经验为进一步建立更高层级的国家统一的自然人代码制度奠定了基础。这些，也都有助于各方在立法层面迅速达成共识，推进相关制度建设顺利进行。

13.4 单一账号建设方案

13.4.1 自然人统一代码设计

(1) 适用对象。单一账户体系是为我国境内符合条件的个人发放唯一、终身不变的自然人统一社会信用代码，建立个人国家账户。其适用的人群范围包括我国公民（中国境内居民、港澳居民、台湾居民以及华侨），还包括在我国取得合法有效身份的外籍人士。从管理范围和效率角度出发，不需要对所有类型的人员都发放自然人统一社会信用代码。只需要在国民或等同于国民待遇、再或其他国家需要进行必要管理的人员和产生经济管理价值的人群范围内实行。管理范围从最小有效范围开始，逐步根据管理能力和管理需要扩大。

第一，中国境内居民。我国是拥有十几亿人口的大国，人口组成复杂，有农村、有城市，有发达地区、有落后地区。本着从国情、实际出发的原则，单一账户政策的推行应在适当的人群范围内逐步推行。即在管理上，只要首先保证将重点人群纳入适用范围，也就是在最小范围管理内实施管理。对于城镇职工、自由职业者、取得就业登记的城乡居民，国家强制赋予其统一社会信用代码，要求其在相关行政管理部门办理业务时，必须主动提供统一社会信用代码。其他人员如无就业的城乡居民、不参与社会经济活动的农村居民，在不发生相关业务时，可以不强制要求申请统一社会信用代码。但相关行政部门发生业务时，应当主动办理。

第二，港澳居民。目前港澳居民在大陆工作已经不需要办理就业许可，只要持有港澳通行证，按照境内人员办理就业失业登记，在管理上趋于国民化的方式。因此，可将港澳人员细分为两类：一类是在大陆工作的，另一类是其他人员。在大陆工作的人员由国家统一发放自然人统一社会信用代码，其他人员依申请发放。已在境内就业的港澳人员需要缴纳社保，也会产生纳税申报义务，社会保障部门和税务部门都需要对其进行管理。同时，其社会交易活动发生地也在境内，统一的代码不仅有利于社会管理，也方便其从事各项社会活动。因此，从管理的必要性来说，应该纳入统一社会信用代码管理体系中。其他人员则不做强制要求，但因港澳居民同属于我国公民，从国民平等待遇角度出发，即使不就业或不发生经济行为，符合居住证申领条件的，也应允许其自愿申请自然人统一社会信用代码。

第三，台湾居民。台湾居民与港澳居民在管理上非常相似。但无论其持有的通行证是哪种，只要台湾居民在大陆符合合法就业条件，且已办理就业登记的，均可以参照港澳居民的管理思路。其他台湾居民，符合居住证申领条件的，也应允许其自愿申请自然人统一社会信用代码。唯一的问题是，3 个月一次有效的台湾居民通行证号码是流水号，再次申请时号码会变更，不便于确认人员身份。因此，在申请办理统一社会信用代码时应采集更充分的信息，如台湾身份证等以确保代码是唯一不变的。

第四，华侨。华侨原则上应该是注销了我国居民身份证的中国公民，但其仍然持有中国护照。中国护照主要是在国外证明身份使用，虽然其已取得他国永久居留身份，但如果其主要经济活动仍在境内，应该同样适用视同公民的管理模式，使用自然人统一社会信用代码。因此，在境内就业的华侨和在境内经济、社会关系的华侨应当申请自然人统一社会信用代码。

第五，外籍人。取得我国永久居留证的外籍人应按照国民待遇管理，应当为其发放自然人统一社会信用代码。取得工作许可的外籍人，需要再细分情形，取得 90 天以上工作许可的，应当纳入规范管理，为其自然人统一社会信用代码；取得 90 天以内和外国专家工作许可的，因其停留时间较短，通常不会涉及社会保险费的缴纳等待遇事项，税收上大多按照非居民个人管理，不具备纳入单一账号管理的必要。但如果本人自愿申请，只要在工作许可期间内，仍然属于符合申领条件的，允许申请自然人统一社会信用代码。其他未取得合法就业资格，但有我国合法居留身份的外籍人，也可以自愿申请。其他外籍人，则不具有申请资格。

（2）发放机关。建议主要由人力资源和社会保障部门负责发放，在境内就业的外籍人由外国专家局发放。从管理的集中和规范角度考虑，由一个部门管理发放较为理想，即统一由社会保障部门负责或由国家指定或授权部门负责管理，但考虑到目前外籍人的社会保险账户的开立管理并不到位，部分用人单位并未按规定为外籍人缴纳社会保险，如果由人社部门负责外籍人统一社会信用代码的发放，漏管的人群会较多。而外国专家局是对所有在境内就业的外籍人进行许可管理的部门，本着源头把控的原则，由外专局负责这部分人员的统一社会信用代码管理会更到位、更高效。

（3）申请方式和申请渠道。境内中国公民按照其公民身份号码，由国家统一建立自然人统一社会信用代码及账户，不需要本人申请。在境内就业的港澳居民、台湾居民、华侨、外籍人可由用人单位代为申请，也可以由本人自行申请。申请渠道包括线上和线下。线上是指通过国家统一社会信用代码管理平台，由申请人本人通过实名方式申请，需要进行实名认证。线上仅允许本人申请，不支持单位申请。线下是指到对应的管理机关，可以由用人单位代为申请，也可以由本人自行申请。港澳居民、台湾居民、华侨向当地人力资源和社会保障部门申请，内地就业的外籍人在办理《外国人工作许可证》时一并向外国专家局申请，其他符合条件的外籍人向当地人力资源和社会保障部门申请。对不符合获取自然人统一社会信用代码条件的个人，各部门可自行制定编码规则或按照现有的管理规定向其发放管理码，如在税务部门，有自然人统一社会信用代码的纳税人使用 SUCC 作为纳税人识别码，其他纳税人赋予其只有征税作用的纳税人识别码（TID）。当个人因身份发生变化而取得自然人统一社会信用代码后，应主动向相关部门申请信息更新，进行代码替换。

（4）编码方案。

第一，中国境内居民。以 18 位公民身份号码作为统一社会信用代码。境内居民目前已基本实现了账号的统一，居民身份证作为中国境内居民的身份证件，普及程度非常之高。社会保障法和个人所得税法中均提到了以公民身份号码作为号码。

第二，港澳台居民。按照港澳台居民居住证方式编制 18 位港澳台居民统一社会信用代码。虽然进入内地的港澳台居民都有港澳台居民通行证，但通行证在属性上更接近于许可，属于港澳台居民进入大陆的身份资格性质的证件。而港澳台居民居住证则包含了更多的公民权利义务属性的内容，应成为未来对港澳人员管理的趋势。居住证的编码规则更接近于居民身份证，符合国家对港澳台居民推行公民式管理的要求。因此，相比这两个号码，港澳台居民的编码建议采用 18 位的港澳台居民居住证编码方案。这一原则与居民身份证类似，我国公民自出生就赋予了其公民身份号码，符合条件可以申领居民身份证。港澳台居民也是我国公民，可以按此思路，赋予其公民身份号码，在发放港澳台居民居住证时使用相同的证件号码。这一方案对推广港澳台居民居住证也是有利的。

第三，华侨。按照公民身份号码编制规则编制 18 位统一社会信用代码。如果华侨曾有居民身份证的，则沿用其原有的公民身份号码；公民不曾持有居民身份证，无公民身份号码的，按照规则编制公民身份号码。

第四，外籍人。方案一：参照公安部对居民身份证和港澳居民居住证方式，编制 18 位外籍人统一社会信用代码。方案二：考虑到符合条件的外国人数可能较少，可以参照外国人永久居留身份证的规则编制15位外籍人统一代码，简化长度，便于外国人记忆。但是需要注意的是申请人数是一个持续累积上升的趋势，且如果考虑到可能存在证件变更或其他情形下产生一人重复申请等情况，会耗用代码的数量，因此该编码必须充分考虑到未来的承载力。建议选择方案一，与其他类型人员标准统一，方便管理。

（5）账户属性。社会统一信用账户可根据属性进行不同的标记，为进一步实施差别化管理提供条件。类型可分为以下几种：一是无限制类。境内居民；港澳居民、台湾居民中在境内办理就业登记且合法就业的、华侨中在境内办理就业登记且合法就业的、取得中国永久居留身份的外籍人。二是部分限制：港澳居民、台湾居民中未进行就业登记的、取得有效的工作许可身份的外籍人。有限制：有合法居留身份，但无就业许可的外籍人。账户信息应按照类别进行标识，实行动态更新，即人员身份发生变化时需要同步更新状态标记。如外籍人工作许可到期后，其类别应根据实际情况进行调整。

（6）管理难点。在上章的分析中已经提到，目前各部门管理中，如何确保个人代码的唯一性是最难解决的问题，且目前各部门自行编码的效果来看，重复率很高，一人多码情况很普遍。公安部人员身份信息数据基本做到了一人一码。税务部门最新上线的自然人电子税务局也做到了自然人档案数据的全国集中，数据管理水平较高、管理质量较好的部门。其他部门的管理比较薄弱，尤其是目前社保部门的数据，人员基本档案信息质量较差。解决个人账户的唯一是单一账号体系的建设必须要解决难点问题。应通过集中的、统一的数据管理平台，通过完整、合理的信息采集，通过实名认证、信息校验等高级别的核验方式，确保账户的唯一、真实、准确。

表13-3　　自然人统一代码管理情况汇总

人员身份	人员类型	资格条件	管理部门	是否强制	账号属性	条件
境内居民	城镇职工	持有居民身份证	人社部		无限制	
	自由职业者	持有居民身份证	人社部		无限制	
	城乡居民-办理就业登记	持有居民身份证	人社部		无限制	
	其他	持有居民身份证	人社部		无限制	
华侨	境内就业或有社会经济活动	持有中国护照	人社部		无限制	
	其他	持有中国护照	人社部		部分限制	

续表

人员身份	人员类型	资格条件	管理部门	是否强制	账号属性	条件
港澳居民	已办理就业登记	持有港澳居民通行证	人社部		无限制	
	其他	持有港澳居民通行证	人社部		部分限制	
台湾居民	已办理就业登记	持有台湾居民通行证	人社部		无限制	
	其他	持有台湾居民通行证	人社部		部分限制	
外籍人	取得永久居留权	持有外国人永久居留证	人社部		无限制	
	取得工作许可（90 天以上许可）	持有工作许可证	科技部		部分限制	有效期内
	取得工作许可（取得 90 天以内许可或外国专家工作许可）	持有工作许可证	科技部		部分限制	有效期内
	取得居留身份	持有居留许可	人社部		有限制	居留期内可申请

13.4.2 单一账号推广应用

单一账号体系作用的发挥需要依托自然人统一社会信用代码的推广和使用，需要将其贯穿到国家治理和社会经济活动中的各环节中去，成为任何业务场景下、所有政务部门、市场交易主体、第三方和互联网平台均认可和使用的代码，其积极作用才能被充分发挥。

13.4.2.1 推广实施

（1）在国家政务管理方面，推广和使用可以考虑分步推广，逐步实施。首先在几个关键部门中推行使用，以统一社会信用代码替换内部管理码。第一步是满足税费治理方面的，即税款征收和社会保险费的征收。主要是针对税务部门和社会保险管理部门，对符合条件的人员应当要求以自然人统一社会信用代码作为纳税人识别号和社会保障相关事项办理、社会保险费缴纳、查询的唯一代码。第二步是满足更多部门社会管理的需要，如住房公积金、教育、民政、国土等，逐步在这些部门的管理中推行自然统一代码的使用，以统一代码对自然人实施管理。

（2）在公共服务提供方面，逐步将更多权益性和社会福利性内容纳入统一账户体系内。除了在行政管理领域强调统一代码的使用，国家也应该通过推广使用统一代码，向公众提供更多的社会公共服务。

（3）在市场交易活动方面，应当把提供和使用个人自然人统一社会信用代码作为基本要求，各交易主体、第三方以及网络交易平台均应当遵循这一要求，这也有利于推动市场交易向健康、规范、良性的方向发展。

13.4.2.2 社会应用

主要社会应用既包括个人权益的享受也包括义务的履行，同时也包括个人参与社会、经济活动中行为、交易的记录，以及个人的信用情况、违法违章情况等丰富、更广泛的领域。

（1）国家经济职能方面

第一，税费管理领域。税收管理工作本身就要求对每个自然人应建立单独账户，赋予其唯一、不变的纳税人识别号。首先，2018 年个人所得税实现了综合与分类相结合的税制，标志了我国个人所得税的改革迈出了重要的一步。未来很有可能向完全综合税制转换。这种税制要求把自然人的各项收入都进行合并和归集，唯一、终身不变的管理码是这一税制的基础和必然要求。其次，自然人缴纳的各个税种的信息也需要进行合并、归集，综合全面的税种信息才能实现对人的完整画像。然后，2018 年，伴随着国地税和合并这一机构改革，社会保险费的征收管理已转由税务部门负责。以前社保部门和税务部门各自的管理码并不通用，税务部门要实现综合的税费管理，单一账号、单一账户是管理的基础。最后，税务部门的税费管理是建立在自然人各项社会交易行为的基础上的，需要大量的外部门信息作为支撑才能更加全面的、有效的实施管理。

第二，金融领域。金融领域是个人单一账号的重要应用场景，个人的近乎所有的经济交易行为都离不开金融。小到日常的工资发放、信用卡的使用，大到经营资金的流转、大宗业务的交易，金融部门掌握的信息和需要获取的信息量都是最大的。而信息不对称是信息使用者之间存在的最主要障碍。比如企业报给税务部门的资产状况和报给银行的就经常是不一致的，这种现在在个人交易行为中也是存在的。银行不仅需要掌握真实的、完整的个人状况，也需要根据其他间接的信息渠道来准确评估个人的行为，包括税收行为、缴纳社会保险的情况、信用状况等。统一的个人社会信用代码和个人信息账户的建立将是未来信息来源的主渠道。

（2）国家社会治理方面

第一，自然人信用体系建设应用。最主要的应用是个人信用体系建设。有了自然人统一社会信用代码和自然人单一账户的建立，所有的交易行为能够被准确的记录，所有政务部门中与个人相关的信息能够被完整的归集、整合，形成对个人系统性的评价结果，这才是自然人信用体系建设的终极目标。目前自然人的信用账户内容也仅有金融领域的交易信息和极少的社会公共行为记录，这远远不能满足我国自然人信用体系建设的更高要求。未来的信用账户应是建立在自然人单一账户基础上的完整的权利、义务、行为、交易等完整信息的全面汇集。建立以个人信用管理为基础的国家治理体系是社会发展的重大进步。未来人们的行为更多的是依靠自我约束、公众监督、国家意志等意识形态方面的约束而提升。信用记录是单一账号体系建设中更重要、更高级别的应用。当越来越多的政务部门、市场主体、第三方等参与到单一账号体系中，社会协同共治的国家治理最高目标便得以实现。这也是单一账号体系建设的最重要意义所在。

第二，公共服务领域应用。以各国既有的经验来看，统一代码下的个人账户可以集成大量社会公共服务功能，包括行政业务的通知、提醒、办理，政务信息的查询，个人社会福利性信息的查询使用等广泛领域。它是行政部门与自然人之间建立的全新交互渠道，将逐步发挥越来越重要的作用。

13.4.3 自然人数据库建设

国家应指定一个部门负责管理个人账户，个人的自然人统一社会信用代码的管理应通过全国集中的系统来实现。管理的内容一是提供数据服务，二是管理和维护数据，三是扩展账户服务功能。就数据服务来说，主要包括向各部门提供数据接口服务，验证服务，满足行政管理的需要；研究和开发个人账户的服务功能，实现提供更多的行政服务的需要。就管理和维护来说，主要包括账户状态的维护、人员状态、账户信息的更新、账户属性的动态调整等。就扩展账户功能来说，主要是为更多部门加入统一平台提供支持，并负责更多社会服务功能的开发建设和管理。

13.5 单一账号实施建议

13.5.1 法律保障

从法律层面确立单一账号体系建设有其必要性，能够为整个制度建设建立基础性的法律保障。

（1）从涉及的法律法规层级来看，目前仅有部门法律或规章来规范代码的管理，如公安部对身份证件及号码管理的法律法律，人社部门对社会保障号码管理的法律法规，税务部门对自然人纳税人识别码管理的法律法规。国家社会信用体系建设纲要中提到的建立自然人统一社会信用代码制度，但目前也仅作为一个概念提出，缺乏相关法律的支撑，缺乏具体制度规定，也缺乏其从部门管理提升到国家治理的更高管理目标的体现。因此，现有的部门法律层级不足以满足我国单一账号体系建设的需要，无法对所有行政部门乃至社会做出制度规范，应至少上升到国务院层级，出台有关法律法规，明确建立和使用统一社会信用代码并制定具体规定。

（2）从涉及的法律法规内容来看，关于代码管理，在法律层面的规定并不多，基本体现为部门规章。且多数部门的法律和规章不成体系、缺乏完整表述。如公安部，针对我国公民的管理有居民身份证法，对港澳台人员和外籍人员则以部门规章形式制定了各类人员的管理规定。社会保障法中第五十八条："国家建立全国统一的个人社会保障号码。个人社会保障号码为公民身份号码。"这一表述似乎仅考虑了公民，且也仅指中国境内居民，而社会保障法所涉及的人群还包括港澳台居民和外籍人，在法律层面的规定不完整。个人所得税法中第九条："纳税人有中国公民身份号码的，以中国公民身份号码为纳税人识别号；纳税人没有中国公民身份号码的，由税务机关赋予其纳税人识别号。"这一表述比较清晰，且相对完整。但也存在不严谨之处，公民身份号码原来仅指特指居民身份证的证件号码，但2018年新增的港澳台居民居住证中也使用了"公民身份号码"这一名称作为证件号码。但实际管理中，各部门并未将港澳台居民的居住证号码按照法律的表述方式进行管理。法律层面的概念不够清晰，有待于进一步统一规范。

（3）从涉及的法律范围来看，现有的部门法律仅是组成国家七大法律部门中各部分法律中的其中一部，管理和影响范围远不能满足未来国家治理条件下对自然人管理码承载力的要求。经济法、民商法、行政法、社会法、诉讼与非诉讼程序法都将可能涉及自然人代码的使用，因此，在概念上有必要延伸至各大法律，使其具有普遍和通用性。

13.5.2　制度安排

单一账号体系建设需要有合理的规划布局以及完整的建设框架，从制度安排上做好基本保障工作。

（1）做好系统分析准备工作。包括国际经验的借鉴，我国现有情况的分析，整体和具体方案的设计等。

（2）制订具体可行实施方案，同时结合国情、结合现有的管理模式、结合可行性分析，对方案进行分析选择，确定适合我国的最优方案。

（3）做好各项调整制度安排。单一账号体系的建设落地将涉及到各项法律制度的调整、部门职责的调整，制度层面必须明确，包括牵头部门、具体落实部门、配合部门等。

（4）确定分步实施计划安排。单一账号体系建设是一个大工程，不能一步到位。应本着先打基础，再升级完善的思路，首先满足最小功能需求。在主要、关键的业务领域实施。上一章提到的先满足税费管理需要，将社会保障与税收管理统一到单一账号体系下。逐步向更多的社会经济领域推广使用，扩充政府服务范围。

（5）做好推广使用统筹规划。单一账号体系建设是利国利民的重要制度。应当让全社会包括自然人个人、政府部门、市场交易主以及其他第三方信息使用者充分理解这一制度建设的必要性，做好推广和使用，使其能够充分发挥高效、便民的作用，最终实现国家治理的最高目标。

（6）加快信息系统配套建设。单一账号体系建设是现代社会信息化水平发展到一定阶段的产物。它是基础、是根本保障，没有信息化作为支撑，也就不存在单一账号体系，信息化建设的重要性不容忽视。信息化建设主要做好两方面准备工作：

第一，单一账号数据平台的建设。建立国家自然人数据库，将符合条件的人员纳入数据库的管理。该数据库应具备人员基本账户管理和整合部门数据资源的功能，同时也应作为国家自然人基本账户信息共享平台，为政务管理、行政服务以及其他必要的社会服务提供信息支撑。

第二，相关部门信息化系统配套改造。现有信息系统的改造是一项大工程，因涉及的部门多、人员数据量大，信息质量要求高等诸多问题，前期应做好充分的准备工作。单一账号制度将改变现有的部门编码方式，要求对符合条件的人员发放管理层级更高、应用范围更广、信息汇集更全的统一社会信用代码。不再局限于部门层级编制和发放自然人的管理码。

首先，是与外部系统的对接。包括对现有人员数据库的清理、更新，与国家自然人数据库的对接，支持各服务功能的使用、部门共享数据的交换等。

其次，是内部管理系统的适应性改造。很多部门目前的数据是在省级或甚至省级以下，不能满足单一账号体系数据全国集中的要求，必须对现有系统进行改造，满足数据管理、数据使用、数据传递等要求。数据集中的层级越高，数据可用性就越强，能够发挥的效能也会更大。并且，单一账号体系下数据不再仅服务于部门内部，各部门信息化建设的水平也将影响到单一账号系统建设工作的整体进程。为了能够全面支持更高目标的国家治理需要，各部门的信息化建设进行必须协调发展。

13.5.3 协作配合

单一账号体系建设离不开国家层面的合理统筹和部门间的通力配合。它是建立在部门管理基础上的，也是离不开部门管理支撑的，同时，也将带来更深层次、更频繁的部门协作要求。各部门需要共同维护同一账户，各部门的数据也会成为其他部门的日常管理、监控分析等事项提供支持。自身的管理水平、数据质量、对外提供数据的能力都将关系到其他相关的应用部门，比如在税费治理方面，税务部门与人社部门、社保部门、医保部门的协作就非常重要。单一账号体系的建设，也将成为间接推动政府转变职能、优化服务、提升效率和行政管理水平的重要推动力。

14 个税预填申报制度

当下，我国个人所得税制度改革，如综合所得、税率结构、基本扣除、专项附加扣除、累计预扣法等已实施落地，税征管系统也在逐步推进，最为重要的从“代扣代缴”转化为“预缴+自行申报”的征管制度已经初步推行。而征管制度所涉及的路径选择，由于其内涵的政治、法律、社会、文化、经济和技术因素，在税收制度变迁中位于核心地位，不仅直接事关个税改革的成败，更关系到建设现代化自然人税费治理体系的路径依赖。

14.1 个人税费征管模式

征管模式的路径选择，对税务机关总体管理的工作负载，需要执行的管理程序的性质和范围，以及税收管理的总体效率和有效性都有重要影响，因而被称为“本质上的政策”（Policy in Nature）。那么，在个人所得税税制改革过程中，对“本质上的政策”作了什么样的安排？近 30 年来，为了提高纳税人的遵从度，OECD 国家一直在努力完善其个人所得税征管制度，强化源泉扣缴，完善自行申报制度，以信息化为依托，为纳税人提供方便、快捷的申报纳税服务。

14.1.1 OECD 个税申报选择

14.1.1.1 OECD 个税申报类型

OECD 税务政策及行政中心（CTPA）于 2006 年基于源泉扣缴制度、纳税人自行申报制度和纳税人涉税信息申报制度的综合考虑，将 OECD 国家的个人所得税征管制度归纳为四种类型。

（1）累计扣缴制度。在累计扣缴制度下，雇员需要向其雇主提供自己可以享受的各种权利的详细信息；雇主会根据雇员可享受的各种权利，就雇员年度内累计实现的收入和可扣除费用，计算出累计应税所得和应纳税款；用累计应纳税款减去以前各期已经缴纳的税款，确定本期应该扣缴的税款。累计扣缴制度下，如果雇员只从一处取得劳动所得，雇主全年扣缴的税款基本上等于纳税人年度内应缴纳的税款，因此税法通常并不严格要求纳税人进行自行申报。但是，雇员从两处以上取得所得的，要进行自行纳税申报。

（2）非累计扣缴制度。在非累计扣缴制度下，雇员向其雇主提供自己可享受的各种权利，以便雇主在确定应扣缴税款时给与税前扣除。雇主会基于一个期间计算应扣缴的税款。年度终了，雇主必须向雇员提供年度内累计支付的各种所得和已扣缴税款，同时提交一份给税务局。税务局负责计算纳税人应缴纳的全部税款，并以此确定是向纳税人返还多征的税款，还是要求纳税人补缴税款。雇员需要在年度终了后向税务局办理自行申报。税务局会将雇主或其他支付方提供的信息与雇员纳税申报表进行比较，以确定纳税人申报的信息是否合规。

（3）预填申报制度。在预填申报制度下，雇员需要将自己纳税代码和可以享受的各种权利提供给雇主或法律规定的其他有义务向税务局报送自己信息的第三方。雇主在向雇员支付收入时，会基于一个固定纳税期间计算并扣缴雇员应预缴的税款，然后及时向税务局解缴。年度终了后的2－3个月内，税务局会通过计算机系统将接到的所有纳税人信息进行处理，并据此生成纳税人申报表，包括纳税人取得的所得、已经缴纳的税款和应补（退）税款等信息，然后以固定格式发给纳税人进行确认。纳税人通过对表中信息进行核实，认为需要进行修改的，应及时向税务局进行报告。税务局会定期将纳税人多缴的税款返还给纳税人。

（4）完全自行申报制度。在完全自行申报制度下，纳税人取得各种所得时，支付方不进行代扣税款，而完全由纳税人本人自行申报。雇员可以按分期预付或者年度综合申报一次性缴税的方式缴纳自己税款。纳税年度结束后，纳税人每年必须自行进行申报。同时，税务局会根据纳税人上年纳税情况，给纳税人一个初步估定的应纳税额，以建议纳税人在下一个申报期内应该预缴的税款。申报期结束后，税务局会将雇主提供的信息与纳税人申报信息和雇主档案信息进行比对，查找出纳税人隐瞒的所得和未申报纳税人，并开展纳税评估。

14.1.1.2 OECD 个税申报选择

表 14－1 是 CTPA 在 2006 年报告中有关 OECD 国家对四种征管模式类型的选择。从能够搜集的资料看，选择预填申报制度的国家从 2006 年的 4 个，已经上升为 2018 年的 18 个①。而且，澳大利亚、美国等其他一些 OECD 国家的一些专家学者、国会议员，正在努力推动预填申报制度的推广。原先选择完全自行申报制度的法国和瑞士也转向预填申报。另外，在非 OECD 国家和地区中，智利、新加坡、爱沙尼亚、巴西、中国香港、印度、印度尼西亚、马来西亚、立陶宛、南非等，也实行了预填申报制度。

表 14－1　　OECD 国家对四种征管模式类型的选择

国家	累计扣缴制度	非累计扣缴制度	预填申报制度	完全自行申报制度
澳大利亚		√		
奥地利	√			
比利时		√	↑	
加拿大		√		
捷克	√			
丹麦			√	
芬兰			√	
法国			↑	√
德国	√			
希腊		√		
匈牙利		√		
冰岛		√		
爱尔兰	√			
意大利	√			
日本	√			
韩国	√			
卢森堡	√			
墨西哥	√			
荷兰	√		↑	

① 李平，吴颖．个人所得税征管的国际经验．中国财经报．2018－7－31

续表

国家	累计扣缴制度	非累计扣缴制度	预填申报制度	完全自行申报制度
新西兰	√		↑	
挪威			√	
波兰	√			
葡萄牙		√	↑	
斯洛伐克	√			
西班牙		√	↑	
瑞典			√	
瑞士			↑	√
土耳其	√			
英国	√			
美国		√		

14.1.2　OECD 个税征管模式

税务政策及行政中心（CTPA）所作的上述分类，是基于源泉扣缴、纳税人自行申报和纳税人涉税信息申报的制度视角。从信息流的视角对 OECD 国家的征管模式进行重新分类对于我国实现自然人税费现代化更具借鉴意义。从信息流的视角 OECD 国家的征管模式可以分为 B 路径和 P 路径两类。

14.1.2.1　基于双向申报的 B 路径

对于“双向申报制度”，目前通常的理解是《个人所得税管理办法》（国税发〔2005〕120 号）表述的“纳税人与扣缴义务人向税务机关双向申报制度”。然而，我们通过对 OECD 国家四种征管模式中“涉税信息申报制度”的研究后认为，“双向申报制度”应当包括两方面的涵义：一是纳税人与扣缴义务人向税务机关申报；二是扣缴义务人向纳税人和税务机关申报。正是这个双向申报，成为承载起将纳税人、扣缴义务人（或其他第三方）和税务机关三者间的信息流连贯起来的桥梁，构筑了自然人税费业务的基础。我们将该种实现方式称为“B 路径”（Business Path），美国是采用 B 路径最为典型的国家。

美国税法复杂，涉及个人所得税的表单众多。但从信息流向的视角，大体可以分为以下三类：一是扣缴义务人向税务机关报送，如 Form941。任何拥有正式职员，需要进行工资报税的公司，如果没有特殊情况，都需要在每一个季度填报一次联邦税表。Form941 的主要内容是当季度该公司所有职员的工资信息，比如发放薪水合计、代扣税合计等。二是扣缴义务人向纳税人报送，如 FormW2、Form1099。FormW2 是雇主给雇员的工资和个人所得税的声明。雇主应该在每年的年初向每一位雇员签发一份 W2，列出其上一年向该员工支付工薪和代扣所得税的情况。Form1099 是雇主给非全职雇员的收入声明。Form1099 是一个大家族，包括 1099-B、1099-DIV、1099-INT、1099-MISC 等，用于雇主、金融机构和支付款项地其他主体向 IRS 和纳税人作“出售股票证券获利”、“红利、资本利得、投资和已交外国税”、“利息、投资和已交外国税”、“租金、版权、业主收入”等的信息申报。三是纳税人向税务机关报送，如 Form1040。Form1040 适用于各种纳税主体身份（个人、夫妻合并、夫妻分开但填入配偶的社会安全卡号及姓名、一家之主有孩子需抚养的单亲父亲或单亲母亲、有子女的鳏夫或寡妇）的自行年度申报。而 FormW2、Form1099 通常作为 Form1044 的附件。

美国税法非常强调纳税人自主申报，但美国纳税人的遵从度普遍较高。究其原因，通常认为是税务信息化程度高、执法刚性违法成本高、公民文化程度高、税务部门得到广泛的信息支持以及信用制度的建设完善等。但从图 14－1 可以清晰地看到，缜密的双向申报制度才是真正的幕后英雄。IRS 并没有因为自行申报制度而将申报准备的所有责任都推给纳税人，而是通过双向申报制度将支付方的相关信息回流到纳税人，使得纳税人有能力编制年度申报表。双向申报制度的另一重要意义在于，矫正侥幸心理，引导纳税人的心理预期：你所掌握的信息税务机关也能全部得到，只要有不遵从行为，承担后果就是必然的。

OECD 的其他国家，如荷兰等，凡未采用预填申报制度的国家，都规定了包括“扣缴义务人向纳税人申报”的双向申报制度。

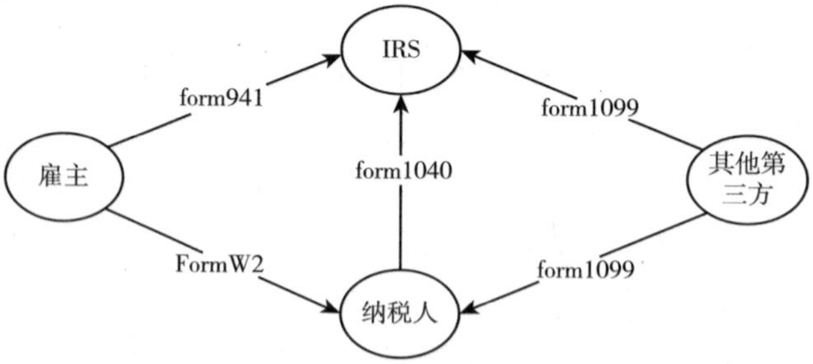

图 14－1　双向申报制度

14.1.2.2　基于预填申报的 P 路径

由于预填申报制度下，无论雇主还是其他第三方的涉税信息，都要通过税务机关归集后推送给纳税人，我们将该种实现方式称为 P 路径（Public Path）。图 14－2 是北欧国家使用的预填申报系统的概述。图 14－3 是根据图三绘制的 P 路径信息流向示意图。平时，纳税人、扣缴义务人按照既定的税率预缴或者预扣所得税并向税务机关报送。其他第三方市场交易主体也按规定向税务机关报送信息。年度终了后的一个期间内，税务机关将各方信息加工汇总，形成预填申报表，并向纳税人推送。纳税人核实、修正、确认后，履行向税务机关申报的义务。

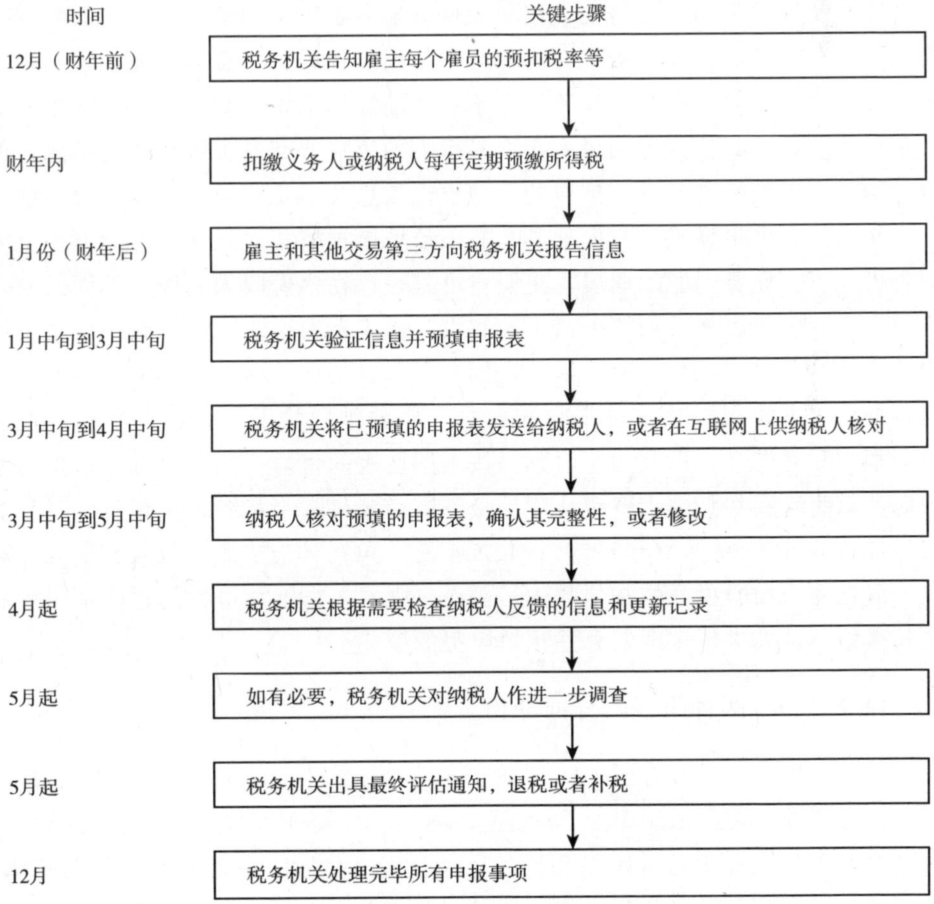

图 14－2　P 路径信息流向示意图

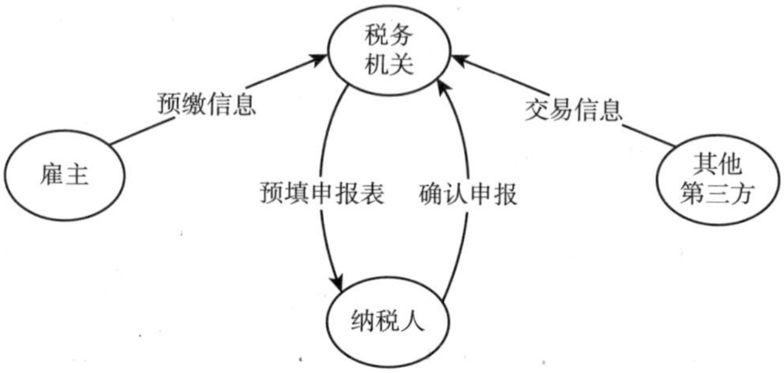

图 14－3　P 路径信息流向示意图

按照预填申报制度归集纳税人收入范围的大小，P 路径还可以分为两种模式，即完全预填申报模式和年末汇总申报模式。

完全预填申报模式以丹麦、瑞典为典型。由于这些国家执行严格的税务代码制度，任何部门、任何经济行为都必须使用该代码，且交易主体都须向税务机关报告交易信息。因此，税务机关不仅能归集到纳税人和扣缴义务人申报的信息，还能归集到任何与纳税人有交易行为的第三方交易主体报送的信息。所以，纳税人得到的税务机关推送的预填申报信息几乎是完整的年度涉税信息。

年末汇总申报模式，我们称其为有限预填申报模式，以新西兰为典型。在该种模式下，雇员入职须向雇主声明自己是否存在多份收入来源。不同的收入来源有不同的税表，甚至第一份工薪和第二份工薪的税表也不相同。雇主按照雇员填报的声明信息扣缴所得税并定期向税务机关申报缴纳。年末，税务机关通过提供年末收入汇总信息来告知雇员一年的纳税情况，包括：所有就业所得、福利和养老金，以及当年收到的按不同税表的付款；细节信息，包括每个来源的总收入和扣减的工资税金额，从不同税表付款中扣缴的代扣税，对就业所得征收的 ACC 税（ACC Levy）；收入汇总不包括其他来源的收入，例如，利息、股息和未扣缴税款的其他收入。简而言之，年末汇总申报模式就是仅对源泉扣缴信息按人进行年度汇总并预填申报的模式。

14.1.2.3　两种路径的异同分析

通过分析发现，所有的 OECD 成员国，要么采用 B 路径，要么采用 P 路径，没有例外。无论采用 B 路径还是 P 路径，都实现了将纳税人、扣缴义务人（或其他第三方交易主体）和税务机关三方连接起来，形成闭环的信息流，从而铺就了自然人税费业务的逻辑基础。换言之，所有的 OECD 成员国，在自然人税费领域，都没有将纳税申报准备的责任完全推给纳税人。而是尽可能地创造条件，用制度和技术手段帮助纳税人完成申报表的填制。另外，对于征纳双方而言，信息是双向透明的，避免了因信息不对称而形成的博弈成本。因此，正是上述原因促使纳税人“有能力合规”进而“自愿合规”，这样的制度安排才是建设现代化自然人税制体系的基石。

而两者的差异，最主要的是对涉税数据进行“一人式”归集的操作中心和自然人数据库的定位不同。B 路径的归集中心是纳税人。将来源于不同扣缴义务人和其他第三方的年度税表归集起来，补充纳税人本人掌握的信息，从而形成年度申报表。在 B 路径下，自然人数据库不是纳税申报业务必要组成部分。其作用主要是事后比对，辅助于促进遵从，起到“锦上添花”的作用（见图 14－4）。

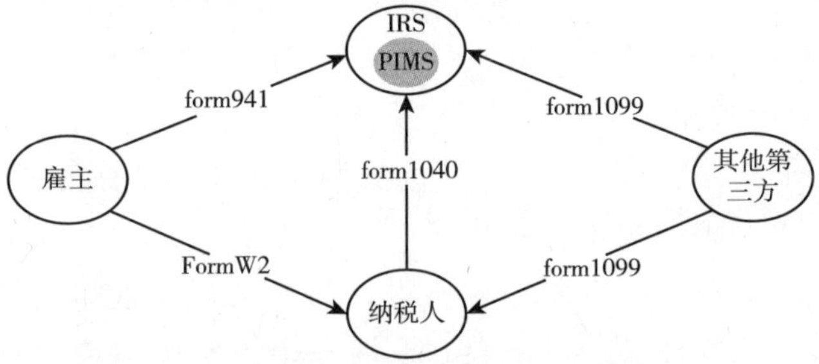

图 14－4　B 路径信息流向示意图

而 P 路径的归集中心是税务机关。将来源于不同扣缴义务人和其他第三方的日常报送信息归集起来，形成预填申报表，推送给纳税人，由纳税人进行补充、修正和确认。P 路径下，自然人数据库既有事中比对、促进遵从的功能，更是纳税申报业务的关键组成，起着不可或缺的作用（见图 14－5）。

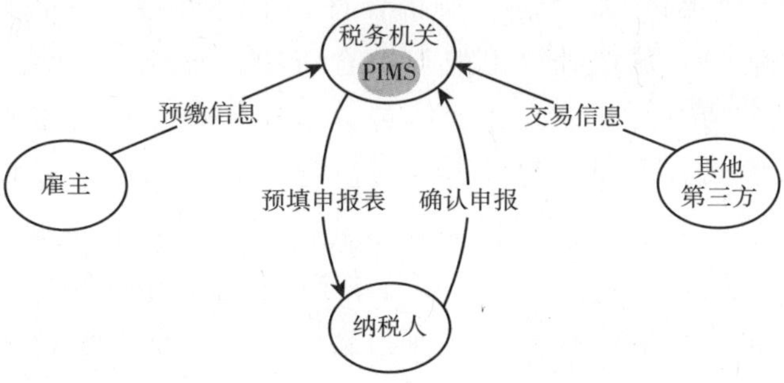

图 14－5　P 路径信息流向示意图

14.1.3　我国个税制度选择

14.1.3.1　源泉扣缴制度

（1）源泉扣缴制度。《个人所得税法》第九条："个人所得税以所得人为纳税人，以支付所得的单位或者个人为扣缴义务人"；《个人所得税法》第十条："扣缴义务人应当按照国家规定办理全员全额扣缴申报，并向纳税人提供其个人所得和已扣缴税款等信息"；《个人所得税法》第十一条："居民个人取得综合所得，按年计算个人所得税；有扣缴义务人的，由扣缴义务人按月或者按次预扣预缴税款"；《个人所得税法实施条例》第二十四条："扣缴义务人向个人支付应税款项时，应当依照个人所得税法规定预扣或者代扣税款，按时缴库，并专项记载备查"；《个人所得税扣缴申报管理办法（试行）》第六条："扣缴义务人向居民个人支付工资、薪金所得时，应当按照累计预扣法计算预扣税款，并按月办理扣缴申报"。

（2）自行申报制度。《个人所得税法》第十条："有下列情形之一的，纳税人应当依法办理纳税申报：取得综合所得需要办理汇算清缴；取得应税所得没有扣缴义务人；取得应税所得，扣缴义务人未扣缴税款；取得境外所得；因移居境外注销中国户籍；非居民个人在中国境内从两处以上取得工资、薪金所得；国务院规定的其他情形"。《个人所得税法》第十一条："需要办理汇算清缴的，应当在取得所得的次年三月一日至六月三十日内办理汇算清缴"。《个人所得税法实施条例》第二十八条："居民个人取得劳务报酬所得、稿酬所得、特许权使用费所得，应当在汇算清缴时向税务机关提供有关信息，减除专项附加扣除"。关于个人所得税自行纳税申报有关问题的公告》（国家税务总局公告 2018 年第 62 号，以下简称"62 号公告"）规定："取得综合所得且符合下列情形之一的纳税人，应当依法办理汇算清缴：从两处以上取得综合所得，且综合所得年收入额减除专项扣除后的余额超过 6 万元；取得劳务报酬所得、稿酬所得、特许权使用费所得中一项或者多项所得，且综合所得年收入额减除专项扣除的余额超过 6 万元；纳税年度内预缴税额低于应纳税额；纳税人申请退税"。62 号公告规定："纳税人办理综合所得汇算清缴，应当准备与收入、专项扣除、专项附加扣除、依法确定的其他扣除、捐赠、享受税收优惠等相关的资料，并按规定留存备查或报送"。《个人所得税扣缴申报管理办法（试行）》第八条："居民个人办理年度综合所得汇算清缴时，应当依法计算劳务报酬所得、稿酬所得、特许权使用费所得的收入额，并入年度综合所得计算应纳税款，税款多退少补”。

14.1.3.2 信息报告制度[①]

《个人所得税法》第十条：“扣缴义务人应当按照国家规定办理全员全额扣缴申报，并向纳税人提供其个人所得和已扣缴税款等信息”；《个人所得税法》第十五条：“公安、人民银行、金融监督管理等相关部门应当协助税务机关确认纳税人的身份、金融账户信息。教育、卫生、医疗保障、民政、人力资源社会保障、住房城乡建设、公安、人民银行、金融监督管理等相关部门应当向税务机关提供纳税人子女教育、继续教育、大病医疗、住房贷款利息、住房租金、赡养老人等专项附加扣除信息”；《个人所得税扣缴申报管理办法（试行）》第五条：“扣缴义务人首次向纳税人支付所得时，应当按照纳税人提供的纳税人识别号等基础信息，填写《个人所得税基础信息表（A表）》，并于次月扣缴申报时向税务机关报送”；《个人所得税扣缴申报管理办法（试行）》第十三条：“支付工资、薪金所得的扣缴义务人应当于年度终了后两个月内，向纳税人提供其个人所得和已扣缴税款等信息。纳税人年度中间需要提供上述信息的，扣缴义务人应当提供。纳税人取得除工资、薪金所得以外的其他所得，扣缴义务人应当在扣缴税款后，及时向纳税人提供其个人所得和已扣缴税款等信息”。

14.1.3.3 制度实操选择

根据决定征管模式的三要素对上述法律法规比较分析发现，当前我国对于个人所得税的安排与OECD国家有很大的差异，处于在B路径与P路径的选择之间摇摆不定位置，态度不明。一是在源泉扣缴方面，OECD国家通常只采用一种制度。而我国采用的是累计扣缴与非累计扣缴相结合的制度，即部分综合所得项目采用累计扣缴制度，部分综合所得项目采用非累计扣缴制度；二是在纳税人自行申报方面，OECD国家通常采用“所有纳税人必须申报”或者“所有纳税人必须申报，例外可以不报”的反向列举制度。而我国采用的是符合条件的纳税人必须申报的“正向列举”制度；三是在涉税信息报告制度方面，相对于OECD国家全面、具体的涉税信息报告制度，我国的信息报告制度还存

① 全国人民代表大会常务委员会关于修改《中华人民共和国个人所得税法》的决定。

在着报送内容范围狭窄、报送途径实操性差的问题。如，《个人所得税法》规定的其他政府部门向税务机关提供的信息仅限于身份和专项附加扣除信息；又如，《个人所得税扣缴申报管理办法（试行）》规定扣缴义务人向纳税人报告信息，缺乏表证单书、报送渠道、法律责任等具体的可操作性的规定。综合以上几点，图 14－6 揭示我国当前的个人所得税制度与实操安排处于比较尴尬的状况。即制度层面似乎更倾向于选择 B 路径，但没有具体的实操层面的内容支持；而实操层面则明显倾向于 P 路径，但没有得到制度层面的保障。

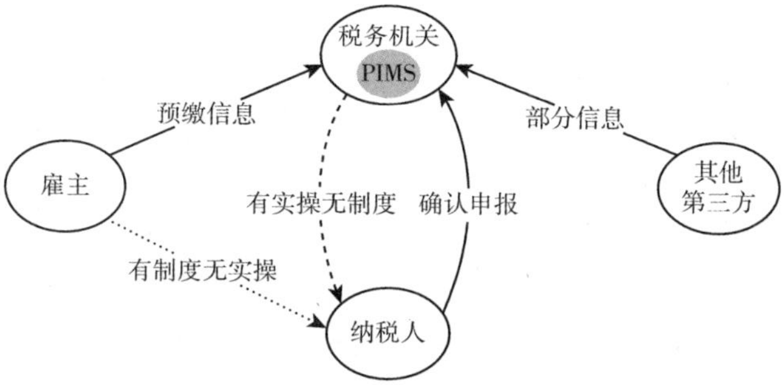

图 14－6　我国当前的个人所得税制度与实操安排

14.2　预填申报制度优势

我国个人所得税制度从按月按次计税完成向年度税制的转变，属于重大的制度变迁。因此，在做路径选择时必须从技术、经济、文化、社会、法律和政治等各因素全方位慎重考虑，而后作出抉择。

14.2.1　技术可行性更优

技术可行性是制度变迁的前提，没有成熟的技术支撑就没有制度施行的可能性。从税收征管制度的角度，技术因素应当包括技术对税收制度的影响、税收制度的业务逻辑自洽（Logic Self-consistency）和税收制度的适应性预期（Adaptive Expectations）三个方面。技术对税收制度的影响，是指税收征管制度的安排与技术发展水平相匹配的程度；税收制度的适应性预期，是指在现有信息条件下，对制度选定后对其向纵深和外部扩张赋能的预期。

（1）技术对制度的影响。从技术对税收制度的影响而言，B 路径相对于 P 路径对技术的要求要低很多。但是，由于国家税务总局已经通过个税征管系统采用了大数据和云计算技术，该技术足以支持 P 路径的实现，如果采用 B 路径反而会浪费资源，不足以发挥已有的技术优势。在具体技术方面，个税征管系统安排了税务机关与纳税人的互动渠道，而并没有搭建扣缴义务人与纳税人之间的互动渠道。在这方面，P 路径已经领先于 B 路径。

（2）税收业务逻辑自洽

第一，纳税人对自行申报义务自我判断能力的因果逻辑必须自洽。毫无疑问，若采用 B 路径，则必须由纳税人自行判断是否需要年度汇算自行申报，对应的是纳税人有能力判断自己是否需要自行申报；而采用 P 路径，则由税务机关判断纳税人是否需要自行申报，对应的是税务机关有能力判断纳税人是否需要自行申报。现行《个人所得税法》确定了指定范围的自行申报义务，特别是《财政部税务总局关于个人所得税综合所得汇算清缴涉及有关政策问题的公告》中关于"年度汇算清缴补税金额不超过 400 元的，居民个人可免于办理个人所得税综合所得汇算清缴"的规定，颠覆了申报与税款确定之间的因果逻辑。这就意味着在业务的因果逻辑上，是否有申报义务的判断，必须基于一人式归集后的数据。而这个判断能力目前只有税务机关拥有。所以，选择 P 路径，由税务机关确定谁应当申报谁不需要申报才是符合因果逻辑的，典型例子如新加坡的不需申报服务（No-Filing Service）制度。

第二，自行申报制度与信息报告制度的对应逻辑必须自洽。指定范围的自行申报和全员自行申报，决定了税务机关或者扣缴义务人（含有报告义务的其他第三方）必须知晓向哪些范围的纳税人传递信息。两者之间能否做到信息的精准对接很大程度上决定了税制安排合理与否。如果把信息供给定义为集合 X，自行申报的信息需求定义为集合 Y，则在数学上，XY 之间存在双射、满射、单射和非满射且非单射的对应关系（见图 14－7），其中只有双射、满射符合税收业务的要求。由于扣缴义务人并不清楚哪些需要纳税人自行申报，供给集合与需求集合之间呈现单射或者既非单射也非满射状态。并且，即便知道也缺乏技术手段将预扣预缴信息传递给纳税人。因而基于双向申报的 B 路径并不适用于现行税法规定的自行申报制度。而采用 P 路径能使供给集合与需求集合处于双射或满射状态，有效解决信息对接不精准和渠道不畅通问题。

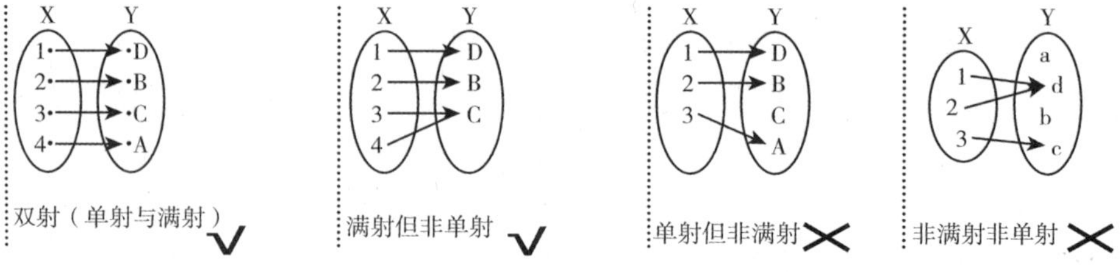

图 14－7　XY 之间存在双射、满射、单射和非满射且非单射对应关系

第三，制度安排的时态逻辑（Tense Logic）必须自洽。业务的“现在时”、“过去时”和“将来时”必须遵循时态逻辑。如果未来自行申报制度的执行依赖于当下和过去信息报告制度的执行，则当下和过去的信息报告制度必须实实在在地已经付诸行动，否则就会犯时态混乱的逻辑错误。但事实是这样的事情并没有发生，未来也不可能发生。而采用 P 路径，则是未来的自行申报业务依赖于现在和将来的“一人式归集”。“一人式归集”当前正在实实在在的推进，因而在时态逻辑上是能够自洽的。

（3）适应性预期。具体而言，适应性预期是选择了 B 路径或者 P 路径以后，在不断变化的环境中，哪个更有利于支撑起当下的个人所得税税制改革、更有利支撑深化个人所得税制改革、更有利于支撑整个自然人税费治理体系的现代化改造。

我们已经分析了两种路径的重大差异在于自然人数据库是否成为交易系统的一部分。由于 B 路径中自然人数据库并未担任交易系统的任何角色，因而无法因为未来税务机关将获取更多的外部信息而获益。而 P 路径则相反，只要自然人数据库的入口和出口是开放的，则可以因更多的外部信息进入而支持到个人所得税的征管服务优化和税制改革深化；也可以因为出口的开放，将自然人数据库应用于自然人税费治理的更多领域，如个人住房房产税、社保费的征收管理等。总之，从技术的角度，无论是纯技术还是业务规则，无论是现实需要还是未来需要，采用 P 路径都要大大优于 B 路径。

14.2.2　经济适用性更佳

经济可行性是税收制度变迁应当考虑的核心因素，缺乏效率保证的制度很难有可持续的能力。

（1）投入与产出。设计和推行一项新的税收制度需要大量初始投入成本和追加成本。一旦失败或者制度变迁，这些投入就可能成为沉没成本（Sunk

Cost)。而如果这项制度创新得以顺利推行，随着适用范围的扩大，单位成本和追加成本都会下降，这就是规模效应。而一旦这种制度成为主流，则人们将更加相信它应该成为主流，从而形成以其为核心的“生态圈”，这就是协调效应。

第一，关于初始成本。无论未来采用什么路径，决策层都已经决定并建成了基于大数据、云平台的税收信息支撑系统。因而，在初始成本上 B 路径和 P 路径别无二致。

第二，关于追加成本。就当前显性的需求而言，若走 B 路径，则需要补建扣缴义务人与纳税人之间的通道。毫无疑问，这就需要重新决策并追加成本。而 P 路径需要的税务机关与纳税人之间的手机 APP 通道是规划的一部分且已经建成，因而没有这方面的问题存在。

第三，关于沉没成本。现在已知个税征管系统项目初始成本已经投入并形成了基于大数据云平台的数据、算法、算力和基础设施等资源。若采用 B 路径，则资源的利用率会非常低，就变相地形成了沉没成本。而 P 路径的目的则恰恰是要充分利用这些资源来提升工作效率。

第四，关于规模效应和协调效应。一是在技术上，P 路径有能力向深化个人所得税制改革的纵深发展，亦有能力向自然人税费的更多领域发展，而 B 路径则难有作为。二是在“流行”方面，前文已经分析，P 路径在 OECD 和非 OECD 国家正在成为主流，而 B 路径日渐式微。因此，借助 P 路径的规模效应和协调效应，税费治理效率将得到革命性的提升。

（2）遵从成本。从自然人税费的角度，遵从成本包括纳税申报准备、合规性审核、纳税申报所花费的物质和时间成本。不一样的路径选择，遵从成本的规模可能会很不相同，因而是非常重要的比较指标。作为 B 路径典型的美国，纳税人如果不寻求专业人士，那么他们在纳税申报准备上付出的时间和精力成本是非常高昂的（见表 14-2）。而 P 路径的丹麦和瑞典，预填报制度为纳税人免去烦琐的报税程序，也实现了自动化的评估，切实降低了纳税遵从成本。在 B 路径下，绝大多数纳税人都需要聘请专业人士和机构，如美国，聘请专业人士代理申报的比例高达 60%，因而社会遵从成本很高；而 P 路径下，只有高收入高净值群体才会有聘请专业人士代理申报的需要，社会遵从成本相对低很多。

表 14-2　　IRS1996 年估计的纳税申报准备时间

估计个人自己完成报表所需的平均时间				
表格	收集和保存资料	了解税法和表格	填表	复印、整理和邮寄报表
1040 表	3 小时，最少 8 分钟	2 小时，最少 32 分钟	4 小时，最少 43 分钟	最少 40 分钟
表 A（1040）	2 小时，最少 32 分钟	最少 26 分钟	1 小时，最少 10 分钟	最少 27 分钟
表 B（1040）	最少 33 分钟	最少 8 分钟	最少 17 分钟	最少 20 分钟
表 C（1040）	6 小时，最少 26 分钟	1 小时，最少 10 分钟	2 小时，最少 5 分钟	最少 35 分钟
表 C-EZ（1040）	最少 46 分钟	最少 4 分钟	最少 32 分钟	最少 20 分钟
表 D（1040）	最少 51 分钟	1 小时，最少 8 分钟	1 小时，最少 1 分钟	最少 41 分钟
表 E（1040）	2 小时，最少 52 分钟	1 小时，最少 7 分钟	1 小时，最少 16 分钟	最少 35 分钟
表 EIC（1040）		最少 2 分钟	最少 4 分钟	最少 20 分钟
表 F（1040）				
收付实现法	4 小时，最少 2 分钟	最少 35 分钟	1 小时，最少 14 分钟	最少 20 分钟
权责发生法	4 小时，最少 22 分钟	最少 25 分钟	1 小时，最少 19 分钟	最少 20 分钟
表 R（1040）	最少 20 分钟	最少 15 分钟	最少 22 分钟	最少 35 分钟
表 SE（1040）				
短的	最少 20 分钟	最少 13 分钟	最少 11 分钟	最少 14 分钟
长的	最少 26 分钟	最少 22 分钟	最少 34 分钟	最少 20 分钟

资料来源：凯文·E·墨菲、马克希金斯《美国联邦税制》

14.2.3　文化认同性更深

文化具有潜移默化的“教化”的作用。一项与文化精神契合的公共政策，通过“学习效应”和“协调效应”，将会不断向外赋能扩展；而与文化缺乏契合度的政策，将永远受困于“试点”的襁褓中。

一方面，中国传统管理思想的核心是道德与文化。在税收宣传方面，往往强调“奉献”。如，我们一直以来把“我为人人、人人为我”、“为国聚财，为民收税”作为税法宣传的主题。既然纳税是公民对社会的奉献，那有什么理由让纳税人额外承担遵从成本呢？因而，中国老百姓恐怕没有多少人愿意将时间和金钱花费在纳税遵从方面。而西方现代管理思想的核心是法律与制度，强调税收是公民法定义务。美国著名政治家本杰明·富兰克林（Benjamin Franklin）有句耳熟能详的名言，“世界上只有两件事是不可避免的，那就是税收和死亡”。因而，西方国家的纳税人虽然不得不将大量的时间花在纳税准备和纳税申报上，但至少这样的制度在文化上是被公民认同的。

另一方面，中国历史长期的农业经济缺乏孕育中介服务业的土壤，老百姓也就无法养成将自家事情交给中介办理的习惯。子曰：“君子喻于义，小人喻于利。”“舍生取义”、“重义轻利”是中华传统美德；“见利忘义”、“为利弃义”则为传统文化所摒弃。“钱财乃身外之物，何苦孳孳较量，劳心操握!”因此许多中国人羞于谈“利”，更何况花钱谈“利”。而在西方，社会的本质要素资本和法制，培育和滋养了包括会计师在内的发达的中介服务业，纳税人委托中介机构办税成为理所当然的事。

因此，从上述两方面的文化因素上，国人更冀望政府而非中介机构来辅导操办自己的纳税事宜。P 路径能够有效地将涉税数据归集整理和基础性的税收合规性评估交由信息系统来处理，从而免除了纳税人的绝大多数自行申报责任，将更受国人的认同和欢迎；而 B 路径则是将全部的涉税数据集整理和税收合规性审核的责任交给了纳税人，纳税人只能自行处理或者委托专业机构处理，很可能陷入“水土不服”的境地。

14.2.4 社会接受性更高

社会因素虽然看上去与税收制度没有直接的关系，却是评判公共政策“好”与“坏”的深层次指标。

宏观层面上，税收作为政府的一种主要筹资方式，应与其提供公共产品的数量和质量具有某种配比和关联。而从社会主义税收的本质上讲，国家和纳税人的利益是一致的，税收是整体与局部、当前利益与长远利益的分配关系。在分配的过程中，越低的消耗和越少的遵从成本越有助于政府提供更多数量和更高质量的公共产品。因此，路径选择应当趋向越低的消耗和越少的遵从成本。就社会主义税收的本质要求而言，P 路径无疑要比 B 路径更具有先进性。

社会诚信层面上，政府公信是社会诚信的标杆，是社会诚信的基石，更是国家治理的重要资源。“无信不立”是对公民的基本要求，更是对国家机关的基本要求。党的十九大报告中指出，“要坚持以人民为中心，践行全心全意为人民服务的根本宗旨；转变政府职能，深化简政放权，创新监管方式，增强政府公信力和执行力，建设人民满意的服务型政府”。公信力是指“使公众信任的力量”。怎样才能增强政府公信？首要的是政府与公民之间要“透明互信”。需要“坚持让权力在阳光下运行，保障群众的知情权、参与权、表达权、监督权，政府公信力不断提升”。因此，从社会因素方面，还需要考虑选择什么样的路径有助于提升政府透明度，有助于提升政府公信力，进而促进整个社会的诚信。

B路径是税务部门已知纳税人已有不遵从行为但不预先告知，待纳税人犯错后，再予以处理。因而，B路径本质上属于“威慑型”、“惩戒型”管理。而P路径是将税务部门已知信息全盘向纳税人告知，将纳税风险消除于申报之前和申报之中。通过双向透明互信，先有政府公信，然后有公民诚信。因而，P路径本质上属于“服务型”治理，社会接受度会更高。这也是近年来超过一半的OECD和部分非OECD国家改弦易辙，加入预填申报阵营的重要原因。

14.2.5 立法通过性更易

法律因素是新制度施行最可靠的保障力量，但由于法律的稳定性要求，也是在制度变迁中最难获取的资源。法律的稳定性，是指法律在一定时期内不变更的属性。法律是社会关系的调整器，社会关系的内容和性质都具有相对的稳定性，在一定的社会关系内容和性质发生变化之前，不能对相应的法律随意废止或修改，否则，法律就无法发挥社会关系调整器的功能。同时，法律是一种明确、肯定、普遍的行为规范，破坏法律的稳定性，就会使法律失去规范所具有的行为指导作用，使人无所适从。法律的稳定性要求，使得法律修正变得异常困难，除非有社会公认的理由，否则很难实施。税收制度的变迁，不可避免地涉及各方权利义务的调整和程序的调整，选择能够容纳社会各方绝大多人意见的路径，会让法律修正变得顺利很多。

虽然《个人所得税法》第十条规定，“扣缴义务人应当按照国家规定办理全员全额扣缴申报，并向纳税人提供其个人所得和已扣缴税款等信息”；《个人所得税扣缴申报管理办法（试行)》第十三条规定，“支付工资、薪金所得的扣缴义务人应当于年度终了后两个月内，向纳税人提供其个人所得和已扣缴税款等信息。纳税人年度中间需要提供上述信息的，扣缴义务人应当提供。纳税人取得除工资、薪金所得以外的其他所得，扣缴义务人应当在扣缴税款后，及时向纳税人提供其个人所得和已扣缴税款等信息”。《个人所得税法》第十九条规定“纳税人、扣缴义务人和税务机关及其工作人员违反本法规定的，依照《中华人民共和国税收征收管理法》和有关法律法规的规定追究法律责任”。但现行《税收征管法》的主要内容是以法人为主体的税收征收管理法律规范，而扣缴义务人向纳税人提供信息是自然人税收方面特有的法律义务，因此，我国现行的《税收征收管理法》并没有规定违反这一义务性规定的法律责任。所以，“依照《中华人民共和国税收征收管理法》和有关法律法规的规定追究法律责任”就会变得难以实施操作。

在当前优化营商环境的大背景下，在《税收征管法》中增加扣缴义务人有义务向自然人提供信息法律条文的这种“逆向操作”可行性太差，选择B路径会走进法律规范的“死胡同”。如果选择P路径，在相关法律法规中增加税务机关向纳税人推送已归集的收入和扣除信息的义务，这样的立法需求在当前大环境下是符合时宜的。

14.2.6 政治合法性更强

政治合法性是指政府基于被民众认可的原则基础上实施统治的正统性或正当性。简而言之，就是政府实施统治在多大程度上被公民视为合理的和符合道义的。因此，任何一项公共政策的制定和实施，都须首先考虑在公民眼中的“合理性”和“合意性”。从这个意义上讲，政治因素是技术因素、经济因素、文化因素、社会因素和法律因素的合集，是对上述五种因素在公民心中“合理性”和“合意性”的综合考量，具有决定性作用。

一项技术上更加可行，特别是更加满足纳税人和扣缴义务人办税需求的制度安排；一项经济可行性更优，特别是公民的遵从成本能够不显著增加的制度安排；一项文化上更加认同，特别是纳税人可以信赖政府而不是中介机构的制度安排；一项社会接受度更高，特别是政府开诚布公而不是钓鱼执法的制度安排；一项旨在增加政府而不是行政相对人的义务，特别是能够进一步优化营商环境的制度安排。这样的制度安排，既合法理，又合民意。

党的十九大报告明确提出，各项改革和举措必须“坚持以人民为中心”，“必须坚持人民主体地位”。新时代技术革命的新路径和新成果必须体现在政务领域的改革。因而，使用大数据云平台技术的P路径，是政治合法性的重要体现。在税收法律上，正在经历从“国库主义”向“以人民为中心”的演变，“纳税人本位”正在成为法律修正的原则。而P路径相对于B路径，则是更好地践行了以纳税人为中心的服务理念，是政治合法性的更好体现。

14.3 推进预填申报制度

预填申报制度将成为筑基我国自然人税制体系现代化的路径选择，并能扩展应用到自然人税费治理乃至法人税费治理领域。

14.3.1 基本内容

厘清预填申报制度的基本内容就是回答“做什么”的问题。预填申报制度的实质是对涉税信息处理的制度性安排。围绕着涉税信息处理，需要研究和推进制度建设、数据库建设、单一账号体系建设和渠道建设等方面的工作任务。

14.3.1.1 制度建设

制度建设是指涵盖从信息产生、传输、归集、加工处理各个环节的，支撑预填申报制度的相关制度，包括预缴制度、自行申报制度和信息报告制度。除此以外，鉴于我国的预填申报制度是在代扣代缴制度的基础上优化改造而来，因而还必须包括对现行政策的梳理和完善。

（1）预缴制度。预缴制度是源泉扣缴制度在按年计税模式下的表现形式，目的是解决纳税人对税款缴纳的方便性要求和纳税人的纳税能力问题，同时也是为了均衡税款的入库时间。从操作主体的角度，可分为预扣预缴和自行预缴；而从技术的角度，可分为累计预缴和非累计预缴。

（2）自行申报制度。此处所称的自行申报制度特指年度汇算制度。包括应申报义务的确定机制、年度汇算的流程等。特别重要的是，在预填申报制度下，自行申报制度更多的是对税务机关提供纳税提醒和预填信息的义务性规定。

（3）信息报告制度。详细的收入和纳税信息是加强自然人税收管理的重要资料。信息报告制度的责任主体是支付方，即市场主体的一方，法律应规定其履行信息报告义务。从这个意义上讲，预缴制度也是信息报告制度的一部分，也可以反过来说，信息报告制度是预缴制度的补充。美国、英国、德国等国家的税法都明确规定了哪些单位和个人负有向税务机关报告信息的义务、报告何种信息以及对不提供信息者给予何种处罚。过去，第三方报告的信息主要用于验证纳税人申报表中填报的信息，但近年的发展趋势转变为使用这些报告信息来预填纳税申报表，提供预填报服务。理想状态下，预缴信息加上报告信息应当构成完整的应申报信息（至少是完整的应申报收入信息）。除了市场交易主体外，信息报告制度的责任主体还应当包括政务部门；涉及的信息除了收入信息、纳税信息，还应当包括财产信息、消费信息等。

（4）现行政策梳理。梳理的对象包括，预缴（含预扣预缴和自行预缴）和信息报告的主体责任不明、业务界限不清、操作流程不实的政策；产生的数据游离于现行预缴制度、自行申报制度和信息报告制度规范之外的政策。

14.3.1.2　数据库建设

在预填申报制度下，自然人数据库建设是税收征收交易系统的关键组成，是税收应用的基础。从税收业务的角度，数据库建设至少包括标准数据模型、数据输入和数据输出的规划设计和搭建。自然人数据库建成后应当能够满足现阶段对个人所得所年度汇算预填申报的需求，同时也需要兼顾未来深化税制改革和自然人税费治理的需要。而数据输入与数据输出的开放程度决定了自然人数据库的对外赋能扩展的能量规模（见图14-8）。

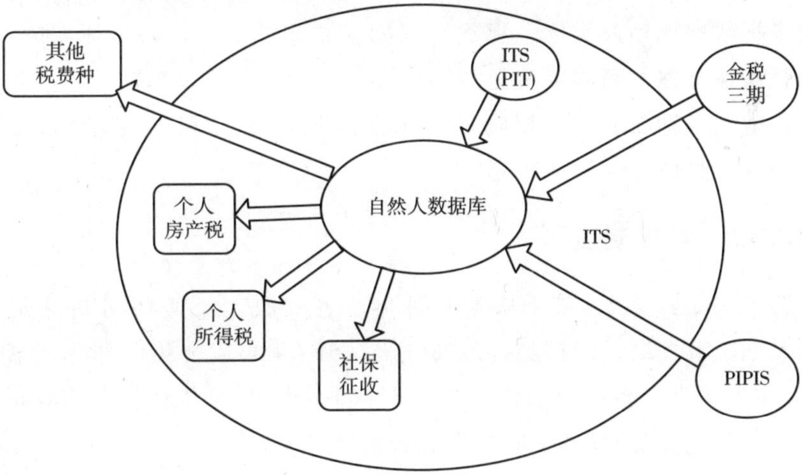

图14-8　数据库建设

14.3.1.3　单一账号体系建设

单一账号体系作为涉税信息的载体，是税收信息化建设基础中的基础，更是预填申报制度的前提。我国新修订的《个人所得税法》首次引入了自然人纳税人识别号的概念，为信息技术条件下个人所得税纳税主体的唯一性、可识别、可跟踪提供了保障。但是，《个人所得税法》作为经济法部门的一部实体法，其适用的范围非常有限。预填申报制度的对外扩展赋能的能量规模取决于自然人数据库的开放性，而自然人数据库的开放程度一定意义上依赖于自然人识别码的承载能力。大数据万物互联的基础，是“人”与“物”的数据化。而适用于任何业务场景（包括税费业务以外的场景）的“人”的代码化是关键。在大数据条件下，任何“人”，包括法人、非法人实体和自然人都必须有一个任何业务部门、任何交易主体公认的唯一识别码。

14.3.1.4 渠道建设

预填申报制度实现了对自然人税费从间接管理到直接管理的转变，实现的路径就是扣缴义务人、第三方市场主体、其他政务部门、税务机关与纳税人之间的信息互动。互动就需要数据的传输，因而联接扣缴义务人与税务机关、第三方市场主体与税务机关、其他政务部门与税务机关、税务部门与纳税人之间的信息传输渠道的建设必不可少。

数据、数据库、单一账号体系、渠道、制度，他们之间存在什么样的关系？如果把数据比喻成乘客，那么数据库就是车站，单一账号体系就是车辆，渠道就是高速公路，而制度就是指挥系统。乘客、车站、车辆、高速公路、指挥系统，他们相辅相成、互相贯通、相互作用、缺一不可，共同构成了预填申报制度的有机整体。

14.3.2 申报制度

理解了“做什么”，接下来就要研究“怎么做”。SWOT 分析法是研究多因素情况下决策性结论的行之有效的方法。SWOT 可以分为两部分，第一部分为 SW，主要用来分析内部条件，其中 S（strengths）是优势，W（weaknesses）是劣势；第二部分为 OT，主要用来分析外部条件，其中 O（opportunities）是机会，T（threats）是威胁。可以将各种因素根据轻重缓急或影响程度等排序方式，构造 SWOT 矩阵，通过各种战略排列得出结论。

通过 SWOT 矩阵中（见图 14－9）的四种战略的比较，我们很容易得出分步骤实施的决策性结论：在时间窗口内务必保证最小功能预填申报的成功完成，并在此基础上谋划完整功能预填申报制度的建设。

内部能力 / 外部条件	优势strengths	劣势weaknesses
	1.税务机关的公信力 2.大数据云计算的技术优势 3.税务机关内部信息足以实现预填申报的最小功能 4.OECD成功经验	1.时间窗口短 2.验证机会少 3.意见不统一、政策不明朗 4.其他政务信息的互认共享不能保障
机会opportunities	SO战略	WO战略
1.纳税人需求旺盛 2.优化营商环境的大背景要求 3.纳税人的期望值有逐步上升的过程，项目目标可分期实现 4.若成功，可进一步提升公信力 5.政府部门间信息的互认共享机制正在形成	1.利用各项优势资源，确保满足纳税人初始期望值 2.下一步视条件成熟程度开展后续工作	利用好时间窗口，快速解决纳税人的当前需求，为下一个目标打下基础
威胁threats	ST战略	WT战略
1.不容有失，否则会失去公信力 2.纳税人的个性化需求琢磨不定	压缩业务范围，确保基本任务的完成	搁置争议求同存异、迅速决策，落实最大公约数

图 14－9　SWOT 矩阵中四种战略比较

14.3.2.1　实现有限预填申报模式

我们在分析 OECD 国家年度汇算制度实现路径时，已经了解到有限预填申报（即年末汇总申报）模式就是仅对源泉扣缴信息按人进行年度汇总并预填申报的模式。从技术的视角，在大数据、云计算的条件下，似乎实现这一申报模式是轻而易举的事，但从业务的视角，还是有大量繁杂艰巨的工作要完成。

（1）综合与分类税制下的有限预填申报模式。不同于新西兰的综合所得税制，我国实行的是综合与分类税制，对应地，我国的有限预填申报模式也必然不同于新西兰的一元化的年末汇总申报模式。所谓“元”即独立的税基。无论从业务逻辑的一致性，还是从国际通行的分类标准（劳动所得与资本利得、积极所得与消极所得）的角度，事实上我国均存在多个独立的税基，即我国个人所得税实质上还是分类税制，也可称为多元所得税制。由于来源于扣缴单位和纳税人的数据已经按照九个所得项目进行了划分，所以我们可以对“元”的分类标准不那么严格。可以将“综合所得”和“经营所得”以外的所得项目合并为“分类所得”，单独作为一元。其中，综合所得、经营所得的一人式归集是税制的内在要求，而分类所得的一人式归集则是迫于外因的驱动。原因在于，三元之间不是绝对隔离的。某些业务，如专项附加扣除、捐赠支出、税优健康险、税延养老险等，政策允许在两元，甚至三元之间游走。

（2）有限预填申报阶段的制度建设。有限预填申报模式下所有的涉税信息均来源于预缴，包括预扣预缴和自行预缴，因而这个阶段的制度建设可以不包括信息报告制度。由于现行的预扣预缴制度脱胎于代扣代缴制度，所以可以把政策梳理和完善的任务并入预缴制度的建设。因此，这一阶段的制度建设包括预缴制度建设和自行申报制度建设两个方面。

第一，我国个人所得税预缴制度的框架已经基本搭建完成，但还需要进一步的梳理和完善。从技术角度，《个人所得税法》确定了累计预扣方式、非累计预扣方式和代扣代缴方式并存使用的制度，并对适用范围作出了安排；从操作主体角度，《个人所得税法》确定了预扣预缴为第一顺位、自行预缴为第二顺位的归责安排。预缴政策的梳理和完善，其目的就是要使政策的约束力能够遵循“MECE 原则”，覆盖到所有的预缴业务，既不能重复交叉，也不能缺位漏项，进而让所有的预缴信息能够在年末被“一人式”归集起来，既不能归集漏了，也不能归集重了。

其一，逆向思维，根据明确的“一人式”归集主题梳理完善预缴制度。从业务、数据的角度来看，预缴制度设计合理与否，最终体现在能否准确、完整地进行“一人式”归集，所以我们需要从“结果”上溯梳理和完善“源头”。我国改革后的个人所得税跨出了从分类税制走向综合与分类税制的第一步，税制缺陷得到了相当程度的修复。但是为了保证政策的平稳过渡，暂时保留了一些原先弥补税制缺陷的技术性政策。从数据分类的角度来看，在原来综合所得、经营所得和分类所得三元上凭空增加了很多干扰因素。如年度一次性奖金政策和股权激励政策，虽然名义上属于综合所得，但其业务规则与综合所得有很大差异，不能将其归入任何一元，只能为其提供临时性的特制主题。上述内容，都需要在预缴环节作明确的制度性安排。

其二，遵循 MECE 原则，明确界定预扣预缴和自行预缴的义务。MECE 原则要求业务“相互独立”、“完全穷尽”，必然要求排除“既可以，也可以”、“既不是，也不是”的业务存在。但现实中，这样的情况层出不穷。比如，《股权转让个人所得税管理办法》就规定了既可以是纳税人申报，也可以是扣缴义务人申报。解决“既可以，也可以”的方法是加入归责的逻辑顺序控制。逻辑顺序控制相当于增加了一个时间维度，那么在某个时间截面，业务是符合 MECE 原则的。“既不是，也不是”的典型例子是税务机关在代开发票环节征收个人所得税，究竟是预扣预缴还是自行预缴？好像都不是。处理“既不是，也不是”的方法是洞悉业务本质，让业务归位。纳税环节是重要的税制要素之一，税收法定原则当然地包含了纳税环节必须法定的意涵。显然，不管出于何种考虑，代开发票都不是法定的纳税环节，而对价支付才是。所以，处理这一类问题只需遵循税收法定原则即可。

第二，我国个人所得税的自行申报制度没有体现中国乃至世界税制变革的最新成果——预填申报制度，需要进行重大调整。我国当前年度汇算制度的所有条款均只规定了纳税人对于年度汇算有什么样的义务，只字未提税务机关要做什么。而预填申报制度的驱动力来源于税务机关的自然人数据库，因而，更重要的是建立起税务机关应该做什么的制度。当然，这些事情国家税务总局已经主动在做或者准备去做了，但不能把所有的希望都寄托于税务机关对国家和社会的责任心，制度才是更好的保障。

其一，建立税务机关主动纳税申报提醒工作制度。指定范围自行申报制度必须对应税务机关主动纳税申报提醒义务，因此，需要明确，在纳税人自行判断是否有年度汇算义务的基础上，配套以税务机关提醒纳税申报服务为兜底。纳税人没有能力判断是否有年度汇算义务，且税务机关未提供纳税提醒服务的，纳税人不承担未申报的法律责任。

其二，明确税务机关主动预填信息工作制度。一是规定税务机关和纳税人的义务。包括税务机关有向纳税人提供已归集的信息和基础的政策风险提醒提示的义务。纳税人有接收、补充、修正、确认、申报的义务；二是明确告知纳税人预填信息的范围和来源，以便纳税人判断信息的完整性和准确性；三是明确预填申报的流程，包括时间和关键步骤。

（3）标准数据模型建设。这一阶段自然人数据库建设的核心工作是标准数据模型的建设。标准数据模型是数据库的基石，必须立足当前、兼顾长远，既要涵盖当前个人所得税所有业务场景，特别是年度汇算预填申报所需的数据项，也要能在未来承载起支持其他税费种业务的数据项，也就是说标准数据模型必须具有强大的延展性和开放性。由于这一阶段的标准数据模型尚在完善的过程中，具有一定的脆弱性，所以建议数据输入的来源仅限个税征管系统，即使是专项附加扣除也是如此。同样，数据输出也仅仅是满足个人所得税年度汇算业务的需要。也就是说这一阶段的策略是数据输入和数据输出暂时不向其他业务场景开放。在金税三期中，部分省市通过直接从代扣代缴表单抽取数据的方式实现了 12 万的预填申报。这种方式在业务的时效性方面有一定的优势，但严重缺乏延展性和开放性。因此，从预缴表单直接抽取数据生成年度汇算预填申报数据的方式可以保留，但仅仅作为应急预案。

（4）纳税人识别码建设。税法规定，“纳税人有中国公民身份号码的，以中国公民身份号码为纳税人识别号；纳税人没有中国公民身份号码的，由税务机关赋予其纳税人识别号。扣缴义务人扣缴税款时，纳税人应当向扣缴义务人提供纳税人识别号”。由于有限预填申报模式不涉及到个税征管系统以外的数据，因此，只要扣缴义务人和纳税人严格遵循税法的这一规定，特别是每个业务环节都严格进行实名认证，则纳税人识别号制度足以支持“一人式”归集。

（5）强化征纳互动的渠道使用。在有限预填申报模式下，只涉及联接扣缴义务人与税务机关、税务部门与纳税人之间的信息传输渠道。这两个渠道目前均已完成建设并投入使用，因此只需要在时间窗口内让更多的纳税人、更多的扣缴义务人知晓并使用即可。

14.3.2.2 探索完全预填申报模式

完全预填申报模式与有限预填申报模式的差异在于是否将来源于个税征管系统外部的数据作为预填申报数据。必须要注意的是，将收入划分为九个所得项目是税务机关、扣缴义务人和纳税人的“圈内”事，“圈外”的任何政务部门和市场交易主体都不谙此间门道。因此，要将外部信息按照标准数据模型打上九个所得项目的标志是绝无可能的。换言之，完全预填申报模式必须对应二元所得税制或综合所得税制。

（1）与完全预填申报相适应的制度建设。完全预填申报模式是技术变革推动制度变迁的升华版本。

第一，探索建立我国个人所得税的二元税制甚至一元税制，使业务模式跟上科技进步的步伐，是完全预填申报阶段制度建设的最艰巨任务。在二元所得税制的发源地北欧四国率先实现完全预填申报模式有其必然性。二元所得税制简称 DIT 模式（Dual Income Tax），发端于丹麦、芬兰、挪威和瑞典，是指将个人收入区分为资本所得（消极所得）与劳动所得（积极所得），对资本所得课以比例税率，对劳动所得课以累进税率。在分类方法上，对于资本所得采用正列举的方式，比如瑞典，将卖出房产、股票、证券、基金实现的投资收益，和股票分红和利息收入作为资本所得。资本所得以外的其他所得全部纳入劳动所得。这种简便易懂、泾渭分明的分类标准极大地提升了外来数据与内部分类标准对接的精准度，从而成为完全预填申报制度的基础。综合所得税制也就是一元所得税制，典型代表是法国。个人收入整体作为一个税基，适用超额累进税率征收个人所得税。显而易见，综合所得税制下的外部报告信息更加可以直接运用于预填申报。

第二，完全预填申报阶段的第二个任务是完善信息报告制度。相对于已经实现完全预填申报制度国家，我们还需要对涉税信息报告制度进一步完善。一是要扩大涉税信息报告内容的范围。除了身份信息和专项附加扣除信息外，还应当包括收入信息、财产信息、消费信息和其他辅助信息（如残疾人信息、失地农民信息、同住人关系信息等）。二是要扩大涉税信息报告的报送主体范围。市场交易主体要从代扣代缴单位扩大至所有交易主体；政务部门要从涉及专项附加扣除的政务部门扩展到所有掌握涉税信息的部门；第三方机构（股权交易中心、银联等）、互联网平台（网络支付平台管理方、提供网络支付结算服务的经营者等）都应当承担信息报告义务。三是要提升涉税信息报告制度的法律权威性。《税收征管法》和《个人所得税法》只是经济法部门的某一程序法和实体法，法律的约束力还不够广泛，尤其是对政务部门的约束力不强。因此需要在经济法、民商法、社会法和行政法四大法的部门，但凡有涉及涉税信息的，都规定有报告信息的义务。如此，才能促进全社会遵从信息报告制度。

（2）开放自然人数据库的入口。在完全预填申报模式下，需要开放自然人数据库的入口。来源于外部包括政务部门、市场交易主体、第三方和互联网平台的数据，通过个人收入财产信息系统的处理后，根据业务的需要输入个税征管系统的自然人数据库，并被用于个人所得税年度汇算预填申报。不得不考虑的问题是，外部数据互认共享的实现很可能先于二元所得税制或综合所得税制的改革。如果发生这样的情况该如何处理？在数据处理上，可以把来源于外部的、不能由系统自动分类的数据作为专门的一类。这样，就可以在有限预填申报模式的基础上，增加“数据清单”，告知纳税人这些信息需要纳税人自行分选填报。通过这种“半预填＋半自助”的方式将外部数据有效利用起来。

（3）推进自然人统一社会信用代码落地。由于这一阶段自然人数据库必须承接来源于外部的数据，且这些数据需要进行一人式归集。适用于任何业务场景的、所有政务部门、市场交易主体、第三方和互联网平台均认可、使用的“人”的单一账号体系建设就必须提上议事日程。参照国家对法人和非法人实体“多证合一”的成功经验，有必要按照《社会信用体系建设规划纲要（2014—2020年）》的要求，加快推进自然人统一社会信用代码制度的落地。

（4）建成全面的互通互联渠道。支持完全预填申报制度就必须完全建成扣缴义务人、第三方市场主体、其他政务部门、税务机关与纳税人之间的信息互动渠道。在有限预填申报阶段，联接扣缴义务人与税务机关、税务部门与纳税人之间的信息传输渠道已经建成并投入使用。这一阶段必须要完成联接第三方市场主体与税务机关、其他政务部门与税务机关信息互动渠道的建设任务。

14.3.3 拓展应用

自从20世纪90年代北欧四国首创个人所得税预填申报制度以来，预填申报制度成为近30年内税务机关在纳税申报流程设计和信息技术利用领域所取得的最重大进步之一。可以预见，随着云计算、大数据和人工智能等新技术革命对税收的深入影响，随着涉税信息报告法律制度的日趋完善，随着以云平台为基础的税务数据的极大丰富，预填申报制度必将成为我国税务机关电子化服务战略的转型要素和税收征管制度嬗变的方向和目标。

（1）自然人税费治理模板。预填申报制度从个人所得税向其他自然人税费扩展是中国税制现代化的内在必然，也是技术发展的内在必然。现代化的税制体系要求“逐步提高直接税比重”（党的十八届三中全会）。而个人所得税、财产税和社保费（社保费属于税收楔子 TaxWedge，广义税收）是自然人税费体系的三大主体税费种，属于直接税费的范畴。以国际视野对标先进，将最新科技成果运用于征管实践、优化自然人税费治理，有利于实现党的税制改革目标，是现代化税制体系的内在要求。自然人税费以“人”的单一账号体系为基本核算单位，而“人”是最小的、不可分割的社会单元。税费关系是人的社会属性在税费领域的投影，因而在技术方面，自然人税费具有共通性。自然人数据库，在某种意义上，就是自然人税费关系的素材库。

（2）具有广阔拓展应用前景。结合本税费种实际，利用好、完善好个人所得税税制改革建立起来的制度、数据库、单一账号体系和互动渠道，就能建立起适合本税费种的预填申报制度。同理，只要是以自然人为纳税主体的税费，都可以依托自然人数据库的输出，实现预填申报式的模式改造。

第一，应用于个人房产税治理。作为一项已经在沪渝两地试点近十年的税收制度，除了法理上的正当性考虑外，更重要的是，试点初期税务机关对于家庭关系和财产关系信息掌控能力实在有限。而这些信息直接关系到个人房产税能否有效执行和能够公平执行。个人所得税税制改革为个人房产税从试点走向正式立法趟出了道路。一是专项附加扣除在税收领域引入了“家庭”的概念。

为了支持子女教育、赡养老人等专项附加扣除的有效落地，个税征管系统初步建立起了以自然人纳税人为核心的家庭模型。二是部委级信息互认共享机制的形成。为了保障纳税人身份、专项附加扣除的真实性，在国务院的主持下，部委间建立信息互认共享机制。而个人房产税所涉及的家庭关系和财产（住房）关系，也是信息互认共享的范围。从沪渝两地的试点来看，除了部分优惠信息外，个人房产税与预填申报制度还是非常契合的。

第二，应用于社保费征收管理。“社保入税”是《国税地税征管体制改革方案》的既定部署。以2019年《政府工作报告》提出的“加快推进养老保险省级统筹改革”为目标，充分利用税收基本程序逻辑、个税征管系统已有的数据和服务优势、预填申报制度的实质内涵，实现“社保入税”的根本目标—对社保征收“高效、统一”的追求是现实可期的。社保费征收之所以没有形成统一的规范，根本的原因在于没有统一的数据库。没有全国统一的参保人身份数据库就没有办法做到参保资格的统一和转移接续的规范；没有全省统一的征收数据库就支持不了社保政策的全省统一、全国统一。个税征管系统对自然人的建档标准和实名认证技术为社保参保人身份的可识别、唯一性提供了路径；个税征管系统提供的雇佣关系数据（包括受雇和自雇）为参保资格的识别提供了路径。从而，基于个税征管系统提供的全国统一的自然人数据库，在输入更多外部数据（主要是公安部门）后，就有能力解决自然人参保资格（含参保种类）和转移接续的问题。个税征管系统提供同样提供了作为社保费的“费基”信息的“工薪收入”和“经营性收入”，因而，实现全省社保费征收标准的规范统一也是有基础的。此外，即便社保征管不实行全职能划转，基于个税征管系统的数据基础进行流程再造提升征收效率、实现“高效目标”同样可期：由个税征管系统预填社保费登记和核定信息，推送给社保部门进行确认，再由税务部门实施征收。

第三，应用于法人税费治理探索方向。我们对自然人税费领域进行研究，而未展开预填申报制度在法人税费领域应用的研究。而事实上，预填申报制度在法人税费治理领域同样大有可为，如增值税申报。“增值税应缴增值税 = 销项税 - 进项税”的业务规则简单明了，而“以票控税”则让数学、模型也变得更为简单。在采集和处理增值税销项税和进项税数据的能力方面，如果说网上“抄报税”时代的税务机关已经初窥门径的话，那么网络发票和区块链发票时代的税务机关已经将技术运用得炉火纯青了。因此，预填申报制度在增值税申报方面的应用可谓“万事俱备，只欠东风”。可以进一步想象，如果增值税实现了完全的预填申报，那么“财务核算健全”是否还有必要成为一般纳税人的前提条件？区分一般纳税人和小规模纳税人、区分一般计税方式和简易计税方式是否还有必要？企业法人、非法人实体、自然人，无论性质、规模，平等享受增值税待遇的愿景是否可期？技术变迁推进业务模式嬗变的作用可见一斑。增值税如此，所得税、财产和行为税亦然。

15 移动税务实施战略

当前，人类社会已经进入全新的“数字时代”。移动互联网、区块链、云计算、人工智能等信息技术的快速发展，在重塑商业经济的同时，也推动了政务服务和治理的转型。世界主要发达国家纷纷提出政府数字化转型战略与规划，以公众需求为导向，以提升政府治理与政府服务能力为目标，致力于开放、共享、高效、协同的数字政府。税收在国家治理中具有基础性、支柱性和保障性作用，其在国家治理中的地位决定了在数字政府建设中应当承担的分量和责任。因此，深刻把握数字政府发展方向，坚持以人民为中心，以全面推进税费应用移动化为抓手，做深做透税费业务数据化，做大做强税费数据集成化，探索税费服务平台化，从各级政府各部门林立的数字化项目中脱颖而出，成为数字政府的新标杆，是税务系统当仁不让的历史使命。为支撑税制改革，税务部门敢为人先，以集约化思想和云化思维引领，率先在全国范围推行“数字个税战略”。其中，“以纳税人为中心”理念的移动税务个人所得税APP，得到了纳税人的广泛青睐，对于个税改革成功实施作出了重要贡献。

15.1 移动税务战略意义

15.1.1 顺应发展趋势

随着信息网络技术的迅猛发展和移动智能终端的广泛普及，移动互联网以其泛在连接和及时精准的特色优势，有利推动了互联网和政府治理的深度融合，成为深入推进“互联网+政务服务”的重要引擎。习近平总书记指出，随着互联网特别是移动互联网的发展，社会治理模式正在从单向管理向双向互动、从线下转向线上线下融合、从单纯的政府监管向更加注重社会协同治理转变。李克强总理在全国深化“放管服”改革优化营商环境电视电话会议上提出，要优化政府服务，打造全国政务服务“一张网”，在更大范围内实现“一网通办”、异地可办。大力推行 APP 办事、移动支付等。

15.1.1.1 移动政务将成为数字政府服务主渠道

数字政府首先要改变的是政府治理模式，将其从单向响应社会公众需求和被动提供服务，转变为基于数据了解分析公众的需求，并利用数据为每个人提供个性化服务。或者社会公众可以搜索并自行消费的政府服务。因而，数字政府提供的服务是智能的、自主的和自动的，是以社会公众为主导的政府服务。如图 15－1 所示，中央党校电子政务研究中心在《2019 数字政府发展报告》中指出，数字政府的核心是引导公众参与。2020 年 4 月 28 日，中国互联网络信息中心（CNNIC）发布的第 45 次《中国互联网络发展状况统计报告》显示，截至 2020 年 3 月，我国网民规模为 9.04 亿，互联网普及率达 64.5%。其中，我国网民使用手机上网的比例达 99.3%，手机网民规模达 8.97 亿，较 2018 年底增长 7992 万。基于我国互联网的高普及率和手机网民的巨大规模，移动端无可争议地成为政府向公众提供政务服务最为便捷的渠道，因而成为了各级政府和部门打造数字政府的首选。发展到 2020 年 3 月，我国在线政务服务用户规模已达 6.94 亿，较 2018 年底增长 76.3%，占网民整体的 76.8%。

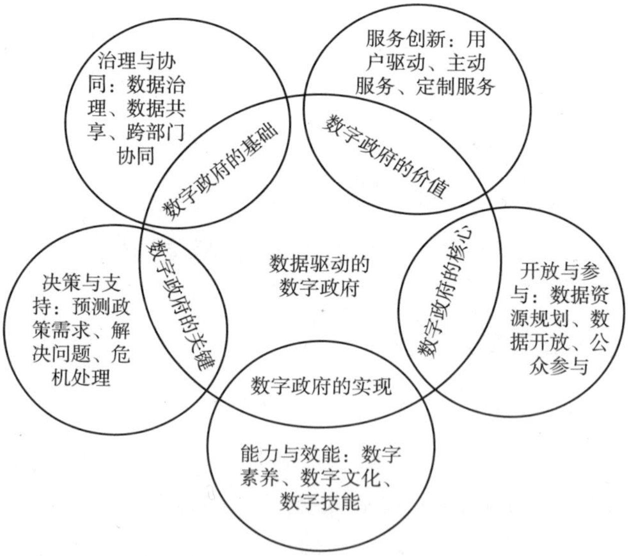

图 15－1 数据驱动的数字政府框架

（1）基于政务服务的移动端已成为发展主流。2019 年全国 31 个省和新疆生产建设兵团，43 个国务院部门建成政务服务平台。32 个省级单位全部建设了省级政务服务移动端 APP 或政务服务小程序，占比 100%；20 个国务院部门建成政务服务移动端 APP 或政务服务小程序，占已建成部委级政务服务平台的 46.51%。

（2）移动政务已对自然人用户实现广覆盖。截至 2019 年 12 月份，32 个省级网上政务服务平台的个人用户注册数量达 2.39 亿，其中移动端注册人数占了绝大多数。如浙江“浙里办”APP 作为全省掌上办事统一入口，下载量超过 2300 万；江苏政务服务 APP 下载量达到 2749 万，用户注册量超过 834 万；上海随申办市民云作为一网通办的移动端 APP，注册用户已经超过 1000 万；广东“粤省事”注册用户 1339 万，每 12 个广东人就有 1 人使用“粤省事”。国务院各部门中税务总局一枝独秀，截至 2020 年 6 月，个人所得税 APP 实名注册用户超过 1.6 亿，单从华为应用市场看，下载量就超过了 12 亿次。

（3）移动政务服务已成为个人用户的首选。以个人所得税年度汇算申报为例，为了满足不同人群的渠道偏好，税务总局向纳税人提供了个人所得税移动 APP、扣缴端 web 版、互联网 web 和大厅 web 四种渠道。以纳税人为中心、以提升纳税人合规能力为理念、践行预填申报制度的个人所得税 APP 受到了纳税人的广泛青睐。在首次综合所得个税汇算正式开启的短短两个月内，纳税人的选择直接将个人所得税 APP 推向了“王者巅峰”，一跃而升至“超级 APP”。

15.1.1.2 移动政务是数字政府的重要发展方向

移动互联网所具有的泛在连接和及时精准的特色优势，使得移动政务迅速被公众和政府部门所接受，并成为数字政府的重要发展方向。

（1）移动化已成为优化政务服务的重要途经。与传统的电子政务相比，移动政务服务能够快捷并点对点地向公众传递采集信息、传递信息和服务，在治理效率、交互程度、用户体验等方面具有独特优势。移动互联网的快速普及和不断发展极大地提升了在线服务的便捷性、及时性和可获取性。近年来，借助移动互联网，各级政府持续推进放管服改革，以“移动办事”为牵引，通过构建全渠道、全方位、全区域、“7×24 小时”、“无所不在”、“无时不在”、“如影随形”的政务服务，将“互联网+”不断向纵深推进。消除了政务服务的盲区，满足了广大人民群众日益多元化、个性化的公共服务需求，不断提升社会治理能力现代化水平。如浙江的“浙里办，让你一次也不跑”。“浙里办”

APP作为全省掌上办事官方唯一入口，通过“一端集成”、“多端输出”和“智能服务”，服务层级延伸到省市县三级，提供300多项便民应用，数万个办事事项。未来将建成一票通办、一证通办、一事通办、一网通办和一码通办的“五个一”通办。

（2）移动化是政务服务平台建设的重要方向。近年来，在“互联网+政务服务”战略的引导下，各地区、各部门纷纷依托全国一体化政务服务平台，从民生角度切入，大力推行手机移动APP、微信公众号等投入政务服务应用，在移动政务服务的发展上呼应了移动互联时代的大背景和大趋势。移动政务服务的基本内容、主要载体、展现形式和应用场景也随之不断地丰富和完善，成为了当前和未来一体化政务服务发展的特色和亮点。移动政务多元便捷的应用场景、公开高效的办事功能、平易近人的交互方式，在很短时间内迅速得到广大群众的好评，覆盖人群面和公众认可度不断攀升。有效提升了政府服务水平、提高了人民群众的满意度，开启了移动互联时代政府治理的新途径。如上海的“随申办市民云”。“随申办市民云”作为一网通办重要组成的移动端APP，是上海市政府为个人、法人提供公共服务的移动端总入口。该APP提供指南、预约、亮证、进度和找茬五大功能板块，以及天气预报、养老金、医保金、公积金、纳税记录、信用报告等服务事项。特色服务是“随申办亮证扫码”，将电子证照“一网打尽”，专属网页实现了“服务找人”。此外，该APP的“一网通办”功能将包括城镇职工基本养老转移接续等的51个事项延伸到长三角的14个城市。

（3）移动化是提升政务效率质量的重要手段。移动政务可以有效推动政务管理与服务从“以政府为中心”到“以公众为中心”的根本转变。在服务效率、交互程度、用户体验等方面优势明显。各级政府和部门普遍采用移动技术和一体化平台进行融合，通过广覆盖、高精准的服务方式，切实服务好“最后一公里”，让服务全面触达、实时在线、贴身随行，各种“以人民为中心”的服务创新实践不断涌现，在促进执政方式转变、加强政务信息公开、促进政府与公众交流、提升政府公信力、解决民众实际问题等方面发挥越来越重要的作用，成为了沟通政府与公众的桥梁和纽带。

15.1.2 体现内在要求

税费服务作为数字政府的重要构成，与全体民众的联系更加紧密，因而有着更为迫切的移动化需求。

15.1.2.1 移动互联网与税费治理紧密内在联系

税费业务的本质是税费业务规则作用于税费业务数据，使之产生与预期相符的结果。税费治理的任何措施，无论是纳税服务还是风险管理，都是为了促进实纳税费与应纳税费趋于一致。因此，在业务规则既定的条件下，数据的完整性、准确性和及时性就成为了税费治理水平的决定性因素。

（1）移动互联网的特色优势是泛在连接和及时精准。泛在（Ubiquitous）概念的引入源于20世纪90年代，首先由美国加州施乐（Xerox）公司帕罗奥多研究中心公司的（PARC，Palo Alto Research Center，Inc.）首席科学家马克·维瑟（Mark Weiser）博士在1991年提出。“Ubiquitous”原为拉丁文，意思是“神无所不在”。它被用于形容网络无所不在，是源于电脑技术的发展，电脑已全面融入人们的生活之中，无所不在地为人们提供各种服务。移动互联网的泛在连接特性满足了碎片化税费要素数据“一人式”或“一户式”归集的需要，亦能满足涉税费数据广泛应用的需要。移动化的精准性来源于移动智能终端的实名化和数据传递的实时性。在税费治理领域，自然人通过移动智能终端的实名认证后将被赋予“单一账号”。在单一账号的基础上，分别建设自然人库和法人库。如此，通过智能移动端的实名认证功能，将自然人、法人、税务机关和其他政务部门之间的经济业务数据实时连接起来，从而确保了数据的准确性和及时性。

（2）移动化的泛在连接和及时精准在税费业务应用。将移动化的泛在连接和及时精准特性应用到税费业务，体现为“单一账号体系基础上的泛在在线连接”，可以概括为“泛在涉税数据采集”和“涉税数据的泛在应用”两个方面。一是泛在涉税数据采集，即利用智能移动端泛在连接功能，将纳税主体碎片化的数据实时采集，实现对纳税主体的精准算税，满足纳税服务和风险管理的需要。二是涉税数据的泛在应用，即利用智能移动端的泛在连接功能，将经过税务机关加工处理的数据提供给其他政务部门和市场主体广泛应用。

15.1.2.2 发展移动化是税费业务发展迫切需求

当今社会人们对信息化的认识，已由IT时代向DT时代发展，数据已经成为战略资源。收集、加工、分析数据的能力，将成为任何组织宏观决策和战术执行的基础支撑与动力来源。对税务部门而言，不同的采集数据、加工数据和应用数据的路径，将会形成不同的税费治理策略。

（1）移动化是构建自然人税费治理体系的内在要求。组织结构（法人）和自然人，其税费治理的数据基础是不相同的，我们可以通过示意图来了解。如图 15－2 所示，税费业务的基本逻辑就是记账、取数和算税三步曲。法人税费和自然人税费的最大差异就在记账和取数方面。依据财务和税务的管理要求，法人应当依法归集、整理涉税费数据，形成各类申报表后报送税务机关。自然人则不同，法律法规并无此类要求。因此，税务机关将不得不承担起向自然人采集数据、整理数据的责任。换言之，法人与自然人的不同之处在于，法人的记账系统在税费系统外，而自然人的记账系统在税费系统内。由此，形成了税务机关与法人和自然人两种完全不同的连接策略：对于法人，税务机关注重的是纳税申报义务，按照税法规定的申报期限一次性报送所有涉税数据就能完成“算税”，因此追求“简申报”，次数越少越好。但是对于自然人，由于涉税数据存在的状态是碎片化的，因而更强调数据采集功能，而且强调的是泛在采集、实时采集和精准采集，以便在税费系统内部形成完整的税费要素数据，才能满足“算税”的需求。因此追求的是“便申报”和“如影随形”。所以，对于自然人税费，无论是个人所得税、房地产税还是社保费和其他税费，泛在涉税数据的精准采集，从纳税人的角度是税费遵从的必要条件，从税务人的角度则是税费服务的必要条件，而移动互联网的特色优势则恰恰满足了征纳双方的需求。因而，发展移动化是构建我国现代化自然人税费治理体系的内在要求。

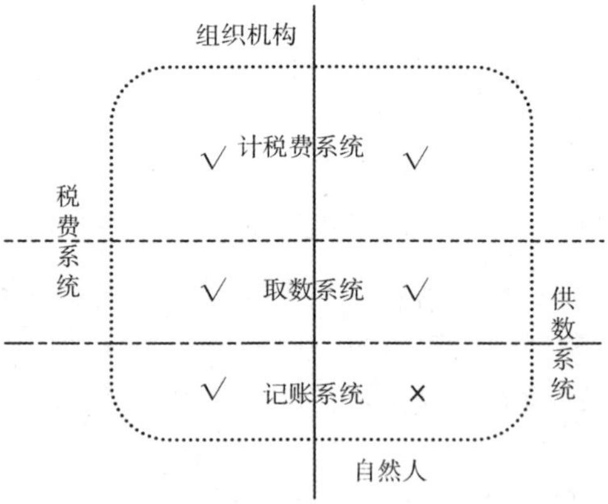

图 15－2　税费系统

（2）移动化是监管转型提升法人税费服务有效路径。“放管服”改革的精髓是“彻底放”、“优质服”和“科学管”。“科学管”是前提，有了“科学管”才能有“彻底放”和“优质服”。

过去对于企业法人的各税费种，税务机关努力构建业务数据链并接近完成，为纳税人算税和办税提供了便利。但受技术的限制，并没有同步建设税费业务的监控数据链。智能移动端介入法人税费领域，给了我们一个全新的视角去探究税费业务科学治理与优质服务相结合的路径。无论是自然人业务还是法人业务，办理事务的总是自然人。在法人单一账户与自然人单一账户的基础上，利用智能移动端的泛在连接功能，将企业法人的每一笔经济业务行为都落实到具体的、实名认证的自然人头上，这样就形成企业法人税费业务监控数据链。监控数据链与业务数据链并行，不妨碍业务数据链流转的流畅性，从而兼顾税费业务的“科学管”与“优质服”。

以增值税发票为例。发票效率的提升无非就是要让发票数据“畅快地流动”起来。但是防伪税控系统发展了30余年，虚开问题也困扰了税务机关30余年。正是由于虚开问题没有很好解决，就只能依靠发票“这张纸”以及围绕“这张纸”的各种防伪手段和技术来“堵”虚开漏洞。“堵”的方法不仅使得发票数据的“流动性”变差，更是抬升了发票的使用成本，造成了“开票贵”的新问题。解决发票虚开问题不能光盯着建立完整的发票业务数据链以提升虚开识别能力，更为重要的是要构建发票行为监控数据链以提升违法责任定位能力。经过税务机关多年的努力，发票业务数据链已经基本建成，虚开发票的识别已经不是难点，难点在于无法固定受票方的主观恶意证据以实现“罪罚相当”。现实中，绝大多数收受虚开发票的企业都以“善意”的理由逃脱了法律的制裁。虚开发票的“需求”市场未受系统性打击，“供给”自然不会消亡。剖析这些“接受虚开”的案子会发现，绝大多数的受票企业能够逃脱惩罚都是基于相同的理由，即“当事人已离职”，无奈的税务机关只能做出“无证据证明恶意取得”的定性。造成这种尴尬局面的根本原因，在于税务机关严重缺乏固定开票和受票行为证据链的能力。

利用移动互联网的泛在连接特性和精准及时特性，可以构建起发票行为的完整监控数据链。一是受票人实名认证。受票人在接受发票时必须用手机APP向开票方输出个人实名信息，关联自己所在的企业并输出。凡税务自然人库中与受票人无关联信息的企业，不得作为发票开具的“购买方（支付方）”。二是开票人实名认证。开票人必须通过手机APP扫描登录开票系统，关联自己所在企业后才能开票。凡税务自然人库中与开票人无关联信息的企业，不得作为发票开具的“销售方（收款方）”。如此，开票、受票行为都落到了实实在在的具体个人身上。但凡发生虚开、虚受行为，税务机关都可以迅速、直接定位当事人并固定证据。"无证据证明恶意取得"导致的"重罪轻判"问题迎刃而解，强大的威慑力将从根本上遏制虚开发票的需求市场。

在利用移动互联网的泛在连接特性和精准及时特性实现"科学管"后，通过手机APP就能够同步实现"优质服"。一是可以放弃发票"这张纸"以及围绕"这张纸"的税控系统，全面实现发票电子化，彻底解决"开票贵"的问题。二是解决"开票难"问题。全面实现开票、受票方的信息关联、预填，解决信息"填不准"问题。通过移动端实现税务代开票实时在线，以自然人代开票"跑网路"取代"跑马路"。三是"一户式归集"销项、进项数据，实现增值税申报预填，解决"报税难"的问题。四是实时传递、免审核，解决"报账难"的问题。利用手机APP"票夹"功能，实现个人与企业财务间的实时传递，并确保发票的真实性，实现免审核报账。在"科学管"前提下的"优质服"，在优化营商环境的同时，将千万亿计的发票成本和管票成本最小化，就能实现更大的经济效益和社会效益。

15.1.3 税务部门具有移动数字政府独特优势

目前各省各部门都在响应中央的号召，轰轰烈烈地推进数字政府建设，有些省份和部门还做出了品牌做出了成绩，受到了党中央和国务院的肯定。但从数字政府的内涵及其长远发展来看，税务部门具有其他任何部门所不具备的得天独厚优势。

（1）税务部门具备最彻底的业务数据化基础。政务数据化，就是要进一步对政务业务进行数据化改造，筑牢数据政府建设基础。税费业务的本质是税费业务规则作用于税费业务数据，使之产生与预期相符的结果。因此，一切税费业务都必须以数据化为前提是税费业务的本质要求。实践中，为了尽可能让电脑替代人工处理巨量而繁琐的核对、计算工作，税务部门通过"表证单书化"和"业务在线化"两种策略，经过多年的坚持不懈，已经具备了业务彻底数据化的基础。一是很早就实施了税费业务的"表证单书"化。所谓"表证单书"化，就是将业务以格式化的表格或电子表格的方式呈现，也就是用结构化数据表达业务。二是正在全力推进"业务在线化"。业务在线化是对业务数据化的进一步深推。通过业务在线，不仅扩大了业务数据的广度和深度，而且提升了业务数据的鲜活度。

（2）税务部门拥有最为丰富的经济社会数据。数据集成化，就是要进一步建设数据资源库、数据开放平台、治理数据服务网、政务云，推动数据的开放共享。数据集成的目标是为多个自治数据源中的数据提供统一的存取。这一目标说起来容易，但实现起来已被证明异常困难。因此，绝大多数的省市和部门的数字政府建设，包括有相当知名度的“粤省事”、“随申办”和“浙里办”，多门户集成而少数据集成。而对于税务部门来说，则具有两个方面的独特优势。

第一，税务数据仓库本身数据丰足。税务数据的集成方式是采取数据仓库模式，即面向主题的、集成的、与时间相关的和不可修改的数据集合。由于税费政策涉及几乎所有单位和个人的所有经济社会数据，因而税务数据仓库本身就是高度集约化的，其丰足度使得税务部门几乎不须依赖其他部门的数据即可支撑各类应用场景。

第二，税务部门集成数据更加容易。由于我国自建国始确立并运行至今的这样一套全国统一税政，税费业务理所当然是重大“国事”。既然是“国事”就是每个部门的事，因而，税务部门集成其他相关政务部门的数据理应当获得的支持度会更高。个人所得税改革就是一个很好的证明。

（3）税务云平台具有对内对外开放的迫切需求。服务平台化，就是要推动数据的集约开发和利用。沉睡的数据没有多大价值，只有把数据灵活利用起来用于内部管理，用于社会治理、百姓服务和企业发展，这样的数据才能产生更大的价值。因而，“开放是云平台的归宿”（华为电子期刊《ICT 视界第 11 期》）。政务云建设目标本来就应当是综合服务平台，即以“政府即平台”为目标。一者是为了避免重复建设，节约建设资金；再者是为了通过统一标准有效促进政府各部门之间的互连互通、业务协同，避免产生信息孤岛；三者则是推动政府大数据开发与利用，成为大众创业、万众创新的基础支撑。为了税制改革税务部门已经建成了全国规模最大的政务云平台，那么，这个云平台在支撑了税制改革后该向哪个方向发展？综上所述，逐步开放才是它的归宿：由个税向个税以外的税费业务开放，再向其他政务开放，最后向公众服务开放。

（4）税务部门具有最广泛移动化应用场景。应用移动化，就是要拓展数字政府建设和应用场景、让数据更方便、更快捷、更有效触达更多民众。任何单位和个人的“税事”都必须由人去办理。当前“非接触办税”已成主流，基于丰足税务数据资产的数据驱动下的“提醒办”和“预填办”正成为共识。因此，任何税费业务的任何环节都可以成为移动化的应用场景。相较于其他政务部门，税费业务的移动化应用场景最为丰富。包括税收、社保和非税在内的税费业务的理论用户就已经超过了智能手机普及面，因而税费业务的理论触达面也是所有政务部门中最为广泛的。

（5）税务部门具有移动税务鲜活成功案例。个人所得税年度汇算是验证数字税务最新鲜的案例。借助本次税改，税务部门将业务数据化提升到一个新的高度，通过“去表单化”和“轻流程化”，实现了“税种要素申报”和“预填申报”；借助本次税改，税务部门实现了大范围的数据集成，在全国税务数据“一人式”归集的基础上集成了公安、教育、医疗等各部委的数据；借助本次税改，税务部门建成了规模最大的政务云平台，已经部署并将进一步部署各种税务应用；借助本次税改，税务部门推出了被誉为“国税版支付宝”的个人所得税 APP，并在短短两三个月内注册用户超过 1.4 亿。

毫无疑问，作为税收信息化的路标和成功经验，个税税改及其云化实践将成为深入推进税务部门数字政府建设的强大动力和方向指引。

15.2　移动税务战略推行

当前移动政务服务的途径多种多样，有移动政务服务门户、政务服务 APP、小程序、微信、微博等，选择合适的应用形式和应用名称对于一体化移动税务服务的发展至关重要。基于以下考量，超级 APP 或许是一种可行的途径，并可将其命名为“中国税务 APP”。

15.2.1　战略内涵

全球众多国家和地区都提出了建设“泛在”网络的发展目标。在无所不在运算的基础上，多个国家先后提出要构建一个无所不在的即“泛在”的网络社会（UNS），这在全球已经渐成趋势，而欧盟更是将其视为一个高于信息社会的未来发展目标。韩国情报通信部在发布的《数字时代的人本主义：IT839 战略》中指出，“泛在网络社会将是由智能网络、最先进的计算技术以及其他领先的数字技术基础设施武装而成的技术社会形态。在泛在网络社会中，所有人可以在任何地点、任何时刻享受现代信息技术带来的便利”。

中国税务 APP 正是基于泛在网络社会战略，在税务领域对该战略内涵的率先实践，是税收移动化发展路径的风向标。泛在内涵，一是代表了服务对象的广泛性：以公众为主，兼顾企业法人内的自然人角色；二是代表了服务内容的广泛性：可分为泛在涉税数据采集服务和涉税数据泛在应用服务，从另一维度可分为税费核心业务服务和泛税业务服务；三是代表服务平台的开放性：中国税务 APP 是一个移动税务服务平台，具有强大的承载力和扩展性；四是代表服务媒介的移动性：中国税务 APP 的特点是如影随形、便捷通俗、综合一体。

15.2.2　治理意义

基于数字税务建设的中国税务 APP，无论是打造过程还是完成的预期效果，都将对税务部门推进国家治理现代化产生深远影响。

15.2.2.1　推动更和谐税企关系

从中国税务 APP 的战略内涵可知，完成中国税务 APP 的建设后至少从两个方面能够促进税务部门更好融入并推进建设更好的一体化政务服务系统，推动更和谐的税企关系。

（1）通过实践完成理念转变，“以民为本、税务在线”的纳税服务新理念将被落到实处。中国税务 APP 的本质就是“税务在线”，而且是“7 ×24 小时”实时在线，将超预期地满足一体化政务服务的“政府在线”服务要求。中国税务 APP 的实践，复制推广到法人电子税务局，将成为税费业务“全办结”的模板。

（2）补齐短板、树立示范。中国税务 APP 的建成，将有效弥补国务院部门相对于省级政府的移动政务服务的短板。将一并解决业务综合性、应用集成度、人群覆盖面、用户黏性度等问题，成为垂直管理系统移动政务服务的示范标杆，引领、吸收完善部委级移动政务服务，与地方政务服务形成互补、相辅相成，共同创建数字政府新格局。

15.2.2.2　推动更有效诚信建设

（1）成为税务公信建设重要抓手。互联网时代，税务公信力的树立、维护和辐射都将面临三个方面的挑战。一是互联网信息内容全球化、商业化、生活化和碎片化的挑战；二是传播方式即时性、交互性、参与性和多向性的挑战；三是公共讨论门槛零高度的挑战。建设中国税务 APP 是税务部门在互联网环境下维护公信力的核心即“权威 - 服从关系”解决方案的升级版。

第一，通过中国税务 APP 形成税务公共服务与商业服务的清晰边界，避免山寨版影响政府权威。人之所以服从权威，是因为权威代表着正确，代表着秩序，服从权威对自己有利，对全局有利。互联网上多元而又碎片化的信息，使得网民的独立判断更加艰难，因而对权威更加盲从。这也就解释了当一个应用软件一旦形成气候就会有大量的山寨版跟随的现象，个人所得税 APP 就深受其害。通过在应用商城中搜索“个人所得税”关键词，除了国家税务总局发布的“个人所得税”APP 外，还跳出了不少与“个人所得税”有关的 APP 应用，如“个税管家”、“个税在线”、“个税计算器”、“全国个税计算器”、“全国个税查询”、“个税小帮手”、“个人所得税计算器”、“新个税计算器”、“个税助手”等。这些 APP 的下载量也不少，有的甚至多达百万。这些鱼目混珠的 APP 严重误导了纳税人，影响了个人所得税 APP 的权威性，进而对税务部门的公信力产生了消极影响。因此，政府部门在对移动政务服务的命名最好带有强烈的“官方”色彩，以此形成清晰界限，避免商业软件“傍大款”而拖累权威性。

第二，通过中国税务 APP 将税务能力建设嵌入互联网。税务公信力的维护和提升必须依靠税务服务能力的输出来实现，通过中国税务 APP 可以从四个方面提升税务服务能力：对税务服务的在线实时反馈，增强税务部门责任能力；形成信息对称，引导税收共治与自治，增强税务权力分享能力；通过信息透明、在线互动、亲民体念，增强税务沟通能力；实现数据泛在采集，提供决策支持，增强税务统筹整合能力。

第三，整治税务移动化项目林立乱象。由于缺乏全国统一的税务 APP 平台，上至省市局下至区县局，税务部门纷纷建设自己的移动税务服务项目。既浪费了有限的经费资源，又形成了杂牌林立、公信力弱化的现象。中国税务 APP 将涵盖从总局到基层局的所有税费业务，成为联结全国征纳双方唯一的移动化桥梁，从而成为信得过的品牌。

（2）成为社会诚信建设重要抓手。依托中国税务 APP，纳税人的所有涉税行为数据都将被记录进税务部门的自然人库。通过一人式归集、数据加工和肖像刻画，就能形成丰富的个人征信数据。再利用中国税务 APP 的泛在连接功能，将其与广泛的应用场景结合起来，将对社会诚信建设起到巨大的推进作用。进一步设想，如果将税务部门的自然人库与国家个人收入与财产信息系统打通，则征信数据的范围将从税费业务延伸至经济社会业务，中国税务 APP 也将以更大的辐射面助力社会诚信建设。

15.2.2.3 推动更融洽清亲关系

中国宗法社会特有的家国同构造成的政治伦理化倾向，对传统政治文化和税收文化的影响既深刻且巨大，形成了与“契约式”绝然不同的“家国”底蕴的税收文化。如同政府公信力的“权威－服从关系”必须依赖于政府“正确”来维护一样，“家国”底蕴的税收文化也必须通过维护税务机关的权威性和正确性来弘扬光大。互联网时代文化传播的信息化、虚拟化、多元化和规模化特点，迫切需要税务部门创新观念“知网晓民”，将包含“家国情怀”和“清亲关系”的税收文化融入广大网民喜闻乐见的渠道和形式中去。中国税务APP就是这样的形式和渠道。

（1）从表层文化的角度。表层文化就是以工作环境和工作条件为标志的物质文化。中国税务APP是税收文化的重要载体，既展示了“中国税务”的权威性，又体现了税收文化的互联网时代特征。

（2）从中层文化的角度。中层文化指人与人关系中表现出的行为习惯和规范，税收的中层文化中最重要的是征纳关系。中国税务APP提供的“不见面”、“零距离”、“优体验”和“无所不在”、“如影随形”的服务，有助于形成征纳之间的“清亲关系”，有望成为消除纳税人“情感性不遵从”的良方。

（3）从深层文化的角度。深层文化是指渗透于征纳双方观念形态的价值观、信念及行为准则在内的认知文化，是社会群体的意识特征，由观念、态度、价值和信仰等要素构成。通过中国税务APP承载的互联网精神，有助于在传统税收文化中快速植入现代税收文化理念，即开放、平等、协作、快速、分享和以纳税人为中心，形成以“家国”底蕴为基础的，符合时代特征的现代化税收文化。

15.2.2.4　推动更高效政务服务

除了移动互联网固有的提供全渠道、全方位、全区域、“7×24小时”、“无所不在”、“无时不在”、“如影随形”的税务服务，满足纳税人多元化、个性化的税务服务需求，提升税费治理能力外，中国税务APP与传统的税收信息化相比，将在以下两个方面对税务服务质量和水平的提升带来重大影响。

（1）主动服务能力提升。中国税务APP的核心是数据驱动、服务找人。在“从摇篮到坟墓”的应用场景中，所有的细分场景都是数据驱动、服务找人。这意味着当前的税费业务事项的划分维度“依申请”和“依职权”将被改写为“服务找纳税人”和“服务找税务人”。数据驱动、服务找人的模式投射到纳税申报业务上，纳税准备时间、纳税申报时间和申报次数将无限接近于零，无疑将促使营商环境纳税指标产生质的飞跃。

（2）直面纳税人的评价。中国税务 APP 的泛在连接性、互动性和穿透性，在满足纳税人方便快捷办税的同时，也将彻底改变征管质效评价模式。在传统的税收信息化条件下，税收征管质效的评价主要面向务机关内部测评，来源于外部的评价仅仅局限在满意度评鉴方面。中国税务 APP 承载综合税务服务后，税务机关将直面纳税人的评价。也就是，每一件税费业务办得好不好、满意不满意，都由纳税人而非税务人说了算。而且，根据全国政务服务一体化的要求，“好差评”被列入“七个统一”当中，即由全国政务服务一体化平台统一管理。如此，中国税务 APP 将对税务服务的改革创新产生巨大的倒逼效应，迫使税务服务模式持续、快速地向数据驱动、规则驱动、智能驱动转型。

15.2.2.5 推动更全面税收生态

个人所得税税制改革形成了多个方面的创新成果，其中基于“云 + 端”模式的个人所得税 APP 就是其中之一。目前，个人所得税 APP 已经发展成为具有 1.4 亿实名注册用户的超级工具，但仍存在已实名注册用户是否能留存、APP 估测是否“可持续”问题。截至 2020 年 6 月，华为应用市场显示，个人所得税 APP 下载量已经超过 12 亿次，但保有量却只有 1.4 亿，两者之间存在巨大差距。这是因为个税专项附加扣除推出后，数千万人成为了实名注册用户，但是在报送完专附信息后，相当比例的用户就将个税 APP 卸载了。原因很简单，主要是功能单一留着没用。

因此，需要从互联网的产品逻辑上来思考个人所得税 APP 的未来发展。从一般商业的角度，考察 APP 的三个环节是“圈人”、“留存”和“变现”。从政务服务的角度也一样成立，只不过“变现”外延从商业价值变为公共服务价值。这三个环节的关系是，如果“圈人”和“留存”做得好，“变现”便水到渠成；反之，只要“圈人”和“留存”中的一个环节做不好，“变现”便会落空。借助于个税改革“国事、家事、天下事”背景，个人所得税 APP 有了令所有互联网企业羡慕的庞大流量基础，“圈人”这一步做得足够出色，但“留存”面临考验。

根据全球性互联网信息服务提供商康姆斯克（ComScore）的数据，消费者通常会在手机上安装平均 30 个 APP 用于不同的目的，包括社交媒体、音乐、娱乐、游戏、新闻、信息、日历等。但 97% 的手机时间都只花在 10 个常用的 APP 上。增加用户的使用频率和留存时间，APP 发展出现了两条路径。一条路是少数 APP 变得越来越“大”和“重”，往综合服务发展，成为“超级平台”，比如支付宝和微信。这些超级平台占据了那 1/30，甚至 1/10 的稀缺资源，承载起无限的想象力。另一条路则是变得越来越“小”和“轻”，然后聚合到诸如支付宝、微信这样的超级平台中去，在超级平台的庇护下得以留存。

因此，从个人所得税 APP 到中国税务 APP，其实质是对移动税务服务的发展路径作出抉择，并重新界定移动税务服务边界。如果将个人所得税 APP 定位为一个单一产品和渠道，那么其未来有可能被植入支付宝、微信或地方移动政务服务平台，成就其他生态圈的一部分。因此，在以数字政府推动国家治理现代化的大背景下，税务部门有充足的理由、充分的信心顺应时代潮流，将个人所得税 APP 往“中国税务 APP”方向推进，使其成为承载整个税费生态，乃至整个政务服务生态的超级大平台，展示税务部门数字政府建设的超凡实力和远见。

15.3 移动税务战略路径

以上已经就移动化与数字政府的关系、移动化与税费治理现代化的关系，打造怎样的税务移动端及其对数字政府建设重大意义进行了分析。以下将从构建中国税务 APP 的基础性条件着手，推演其构建路径和策略。

15.3.1 必要条件

在互联网时代只要某项业务存在移动端渠道，则移动端必将成为该项税费业务的绝对主渠道。移动端的泛在属性，从纳税人视角是税务服务的便捷性，但从税务人视角，则是业务分布的随机性带来的管理难度。在税务端如果业务处理模式依然是传统的“依申请”、“依职权”、基于流程驱动“受理”、“初审”、“复审”和“终审”的人工模式，那么，税务人就不仅是“疲于奔命”，更是“不可能完成”。

以综合所得个人所得税年度汇算为例，从纳税人的视角，由于个人所得税 APP 已经实现了预填，细心的可能多看几分钟，不那么在意的几秒钟就可以完成申报。而在税务端，如果没有实现自动审核，那么，以每笔业务保守估计 20 分钟，需要税务机关安排大量的人力资源。但是事实并非如此，首个个税年度汇算进展异乎寻常地顺利。

究其原因，在于自然人电子税务局设计之初就创新性地推出了个人所得税年度汇算业务“移动纳税人端 + 自动税务端”处理模式，初步实现了纳税人端的自主化、自助化和税务端的自动化。而专职人员的主要工作职责是自动化机审指标验证维护和高风险业务的人工复核。

基于以上实例，可以得出，鉴于业务移动化所带来的税务端海量工作任务，以及传统业务处理模式不可承受性，必须要建立税费业务移动化准入门槛机制。即，但凡在中国税务 APP 集成的税费业务，必须以业务部门提交税务端的工作量评估和自动化解决方案为前提。

15.3.2 构建基础

个税 APP 一问世，就引起了互联网界的特别关注。腾讯财经特约撰稿人平川认为，“仅从互联网产品角度出发，国（家）税（务）总局出品的这款 APP，是非常伟大的产品”；HRBP 专家陈祖鑫撰文认为，“这个神奇的 APP，可以认为是国税版支付宝”；中国社会科学院财经战略研究院张斌教授更是将其评价为“一站式综合纳税服务”和“利用数字技术推进纳税服务根本性变革并为税制改革提供有力征管支持的典范案例”。因此，在个税 APP 的基础上升级完善成为中国税务 APP 将产生传承优势、事半功倍的效果。

15.3.2.1 个税 APP 为中国税务 APP 奠定了用户基础

个税 APP 已经拥有 1.4 亿实名注册用户，超过了超级 APP 需要 1 个亿用户的标准。从商业视角，个税 APP 也是面向 C 端的互联网产品，其商业逻辑也遵循“用户量即价值”。在掌握海量用户的基础之上，通过用户信息及其行为轨迹，更精准的将其分类，就可以迸发出巨大的商业/公共服务价值。在商业市场中，为了获取用户，互联网公司往往使出浑身解数，从最简单的产品服务到最粗暴的补贴大战，无所不用其极。这个“套路”，却被个税 APP 的设计者更聪明地改写了：通过“个税抵扣”和“个税退税”来吸引用户注册。在减税红利效应之下，只要纳税人不断涌向这个 APP、下载并填报个人信息，税务机关就可以不断获取并积累相关数据，最终量变会导致质变。因此，个税 APP 作为中国税务 APP 的用户基础，不仅仅是贡献了 1.4 亿的存量注册用户，更重要的是传授了“圈人”的“锦囊妙计”，这对中国税务 APP 的未来发展至关重要。

15.3.2.2 个税 APP 为中国税务 APP 提供了业务基础

“圈人”之后，APP 成功的关键是“留存”。“留存”依靠对用户的黏性，而增强黏性之道无外乎“刚需”和“高频”。目前，个税 APP 走的是“低频刚需”的道路。个税 APP 至少满足了用户两个方面的需求，专项附加扣除信息的填报和个税年度汇算。从用户粘性的角度可以作这样的解读：一是提供了内容价值，满足了用户需求。专项附加扣除信息填报向用户提供了减税降费的经济价值。理论上，我国超过 9 亿劳动适龄人口都有这方面的需求；而个税汇缴则是向用户提供了履行纳税申报义务的社会价值和汇算退税的经济价值。目前有这方面刚需的人口约在 8000 万到 1 个亿左右。但随着个税税制发展，刚需人口将达到劳动适龄人口和实有人口之间的水平，即 9 亿与 14 亿之间。二是解决了痛点问题。个税 APP 提供的预填申报、要素申报、“7 × 24 小时”申报，解决了用户上述两项业务“不会报”、“不方便报”的痛点问题，满足刚需的实现。三是低频。对于同一用户而言，无论是专项附加扣除还是年度汇算，虽然是刚性需求，但需求频率低，一年一次就能满足。因此，在个税 APP 的基础上发展中国税务 APP，已有的刚需性业务至少能够保证中国税务 APP“立起来”的基础和进一步扩张的能力。中国税务 APP 的规划重点是提供更广泛、更多元、更有价值的涉税服务，让 APP 综合起来，提供给用户更多“爽点”，让用户使用 APP 的频率高起来。

15.3.2.3 个税 APP 为中国税务 APP 提供了技术基础

以个税 APP 为基础发展中国税务 APP 至少存在以下技术优势。一是“云 + 端”平台模式优势。个税 APP 是自然人电子税务局（以自然人电子税务局为前身）的重要组成部分。自然人电子税务局是首个基于移动互联网而打造的“云 + 端”模式的税务平台。“云 + 端”平台模式是典型的应用聚合平台的服务模式。其重要特征是开放与合作，也就是说，没有任何云计算可以脱离移动端这一侧的配合；同样，对于移动端一侧，没有云计算在另一侧作为支持配合的话，价值也不会最大化。从这个意义上讲自然人电子税务局的本质与中国税务 APP 的内涵是完全一致的，具有与生俱来的开放性和合作性，强烈欢迎并迫切需要更多的税务服务和涉税类服务加盟。二是黑科技加持优势。中国税务 APP 可以从个税 APP 移植实名认证“黑科技”。个税 APP 注册时，必须实名验证，而且强制使用“活体验证”——脸部识别。作为政务 APP，无论是实名验证还是活体验证，“黑技术”的背后是国务院主导下的部委级的信息实时互认共享机制的建立。对税务系统而言，这一资源前所未有、弥足珍贵。构建中国税务 APP 不仅是要传承这一重要资源，更是要让其在更大范围、更多领域发挥更大作用，创造更多价值。

15.3.3 构建策略

在明确基于个税 APP 构建中国税务 APP 的基本路径前提下，鉴于中国税务 APP 的高可承载性特征和税费业务移动化改造的渐进性需要，需制定中国税务 APP 的合理规划。

15.3.3.1 中国税务 APP 建设目标

一个 APP：只安装一个中国税务 APP。确保纳税人移动桌面只有一个通用的中国税务 APP，该 APP 能独立发布到安卓和苹果应用市场供下载安装使用。实现以下四大目标：

（1）易集成：基于中国税务 APP 可灵活插拔业务功能。中国税务 APP 能集成和扩展各类涉税业务功能，如：个税、社保、增值税、房产税、企业所得税、发票等应用功能。

（2）高安全：确保统一的安全入口和安全保障体系。移动渠道的接入入口统一，接入安全管理机制统一，确保移动操作安全。

（3）优体验：实现一致便捷的移动操作体验。通过统一的界面标准、流程标准、操作规范，实现各类移动业务功能具有一致便捷的操作体验。

（4）可运营：打造总省联动的统一 APP 运营平台。为总局、省局、开发商建设统一的税务移动 APP 业务功能开发、测试、发布、数据采集和运营分析平台，并建设各类标准规范，从而打造良好的移动业务生态圈。

15.3.3.2 中国税务 APP 建设原则

（1）推广难度最小化原则。中国税务 APP 理论上涉及全体中国公众，建设要考虑推广实施的难度，总体上应采用实施成本最低、推广难度最小的方案。

（2）涵盖功能通用性原则。中国税务 APP 的功能必须非常通用，不能经常变化升级。

（3）高安全性原则。中国税务 APP 必须构建高安全的完整的防护体系，确保移动渠道的接入安全，比如：实名认证、单点登录、活体检测、协同签名等。

（4）升级自主可控原则。中国税务 APP 的升级依赖于安卓和苹果应用市场，集成的业务功能完全放在电子税务局应用广场上，确保税务局业务功能发布、升级自主可控。

15.3.3.3 中国税务APP建设内容

中国税务APP的主要建设内容是两大块：税务移动应用“容器”（简称“应用容器”）和配套的后台运营管理平台。

（1）应用容器。应用容器为运行在纳税人移动终端上的一个实体应用。主要为移动业务的实现提供移动基础服务支撑能力和集成框架。基础支撑服务包括但不限于首页、实名注册、实名登录、消息推送、人脸识别服务、协同签名等服务。业务集成服务通过后台的移动业务运营管理平台，实现移动业务的布局定义、发布、加载等支撑。各地区税务人员登录运营管理平台，在业务功能配置功能中新增或修改功能配置信息，保存修改后需要通过总局审批，审批通过后会同步显示在应用容器中各地区服务入口页上方的页面九宫格列表中。同时也支持先审批，审批通过后再人工同步到应用容器中。

（2）后台运营管理平台。后台沟通运营管理功能可以为不同的管理人员提供应用管理和运行分析等功能。一是应用申请。省市局及总局业务司局可根据业务功能上线计划，对拟上线的应用向总局主管司局发起集成上架申请。申请的同时，可以配置应用对应的参数，比如图标、功能链接、上下架日期等。二是配置管理。省市局及总局业务司局可对申请的应用设置分类；可对界面布局进行调整，可对banner区块进行设置等。三是应用审批。总局主管司局对省市局及总局业务司局提交的应用集成、应用配置等申请，进行线上审批。审批通过的应用及配置，才可正式上线。四是运营分析。应用集成申请方（省市局、总局业务司局）在应用上线后，可以通过运营分析模块查看应用的活跃度走势，且可以查看中国税务APP给本应用带来的流量转化情况。服务提供方（总局主管司局）可以通过运营分析模块监控服务提供情况，也可以查看集成的各省应用的活跃情况以及各省入口的关注度。

15.3.4 应用场景

中国税务APP的品牌知名度取决于应用场景的丰满度，而应用场景的丰满度又取决于平台的开放度。基于“政府即平台”的数字政府理念，中国税务APP终将开放，将允许税费服务、其他政务服务和商业服务上架，并按先内后外、先公域后私域依次形成高优先级、次优先级和低优先级应用场景。

15.3.4.1 中国税务 APP 高优先级应用场景

高优先级应用场景主要指法定税费服务和在税费数据资产上衍生的泛税费服务，应用申请人为税务机关本身。我们从自然人的视角研究了三口之家终身中国税务 APP 税费服务和泛税费服务应用场景全景，概括起来包括以下六个方面的内容。

（1）税费申报缴纳类服务。即中国税务 APP 向自然人提供以自主、自助、预填为品牌特色的申报缴纳税费服务，按税费种包括个人所得税、房地产税、车船税、社保费、公积金及其他自然人税费种；按环节包括交易环节（薪酬发放和房地产交易）和保有环节（房产保有、车辆保有）的所有税费种（含增值税、契税、印花等）。个人所得税 APP 目前已有用户 1.4 亿；按照浙江大学和清华大学的调查，城镇居民住房拥有率中位线为 80%。按照 2018 年常住城镇人口 8.3 亿测算，将带来 6.64 亿用户；按照中国政府网的信息 2018 年 12 月全国个人名义登记的小汽车保有量 1.87 亿辆，以近年增长率推算，截至本报告日将超过 2 亿辆，即有 2 亿车船税用户；截至 2019 年底全国城乡居民养老保险参保人数达 5.33 亿，加上参加城镇职工养老的自由职业等人数，预计注册用户将达到 6 亿；根据《全国住房公积金 2018 年报告》，公积金用户约为 1.44 亿人。根据以上数据推算，中国税务 APP 承载上述税费申报类业务，去重后的个人注册用户将在 7—8 亿之间。

（2）税费办理类服务。中国税务 APP 税费办理类服务的品牌特色是“提醒办”，绝大多数与自然人税费权益保护有关。即税务部门通过大数据主动识别自然人的个性化需求，将服务事项主动向自然人推送，提醒办理。

第一，税费要素采集提醒，包括并不限于个人所得税专项扣除、专项附加扣除、捐赠扣除、其他扣除以及房地产税减免税提醒等。

个人所得税方面：场景一，根据个人所得税申报人数与职工养老参保人数，预计有 1—1.5 亿纳税人是缴纳城乡居保的劳动者。他们的社保缴纳数据并不会自动体现在个人所得税年度汇算的“预填数”中。通过本服务功能的提醒提示，这 1—1.5 亿纳税人就能在年度汇算时补填数据，从而避免多缴税款的损失。场景二，当一个纳税人的家庭成员新近满足专项附加扣除的条件，如小孩满三周岁、父亲满六十周岁等，通过本服务功能的提醒提示，能使纳税人及时享受专项附加扣除的税改红利。理论上讲，这个服务功能将惠及所有 6 亿个人所得税纳税人。房地产税方面的场景实例，根据上海的试点政策，每个家庭成员享受60平方米的免税面积。本服务功能通过识别家庭成员的变化，比如小孩出生，通知该家庭办理房地产税税种要素变更认定手续，从而实时享受因家庭成员增加而应得的免税面积。理论上讲，这个服务功能的受益者是全体房地产税纳税人。

第二，转移接续办理提醒，包括并不限于个人所得税专项附加扣除转移提醒、社保参保转移接续提醒（中断、转移）。个人所得税专项附加扣除信息依附于纳税人本人，并不会因工作变更而跟随到新的雇佣单位。以广东为例，2017年大约有半数劳动者有来源于两个及以上单位的收入，其中多数是更换工作单位。2019年中国人民银行发布报告称“中国中小企业平均寿命3年左右”；而据世界银行统计，中国企业的平均寿命只有4.5年，民营企业则更短，只有2.5年。这意味着所有劳动者的一生中只有很小概率不更换工作。因此，个人所得税专项附加扣除转移提醒服务的受益面将是全体个人所得税纳税人，将达到6亿。劳动者参保也是同样的道理，但社保参保的提醒既有更换单位的转移接续提醒，也有参保类型变化的提醒。比如，当一名基于“功劳基准型”社保的公务员“下海”，其参保类型会变为“业绩基准型”；当一名基于“需求基准型”社保的农民被雇佣，其参保类型也从城乡居保变化为城镇职工基保。因而，社保参保转移接续提醒服务的惠及面将是个人所得税和社保费用户的并集，预计超过10亿人。

（3）税费查询类服务。中国税务APP提供的“指尖查”包括自然人本人及家庭涉税费信息查询服务、政策类查询服务和税务数据相关指导查询服务。涉税费信息查询服务包括个人所得税明细信息、社保费扣缴明细信息、年金缴纳明细信息、公积金缴纳明细信息、各类退税进度信息等；政策类查询服务将基于大数据分析，实现个性化定制查询；税务数据相关指导查询是指基于税务大数据分析的民生类指导查询，比如行业景气度查询、行业、职业收入水平查询、行业稳定性查询等，为公众在就学、择业等重大民生事项的抉择方面提供数据参考。未来，“指尖查”服务将增加存量用户对中国税务APP的使用频率，从而为提升中国税务APP的黏性作出贡献。

（4）发票辅助服务。基于“活体验证”的“实名办”，中国税务APP提供的发票辅助服务包括在线申请代开发票服务、发票票夹服务和开票人授权服务。中国税务APP提供的在线申请代开发票服务，不仅免除了申请人去现场自证“我是我”才能开票的麻烦，同时通过“预填报”功能，免除了申请人纳税申报表填写的麻烦。发票票夹服务是基于活体实名认证技术和自然人库，用于本人或代表单位向开票方输出发票抬头信息，并收取电子发票，留待个人报销或着企业入账。其应用范围将涵盖广义的“发票”，即增值税专用发票、增值税普通发票、特种发票和财政票据。开票人授权服务是基于活体实名认证技术和自然人库，用于企业授权有关人员开具发票的权限，避免发票上的“开票人”与实际操作人员不一致的问题。鉴于发票辅助服务的用户理论上都是个人所得税纳税人，因此部署该服务主要目的是向存量用户提供更多价值，以提升中国税务 APP 的综合性。当然，正如前文所述，此项服务的溢出效应，即经济效应和社会效应广泛而深远，远远大于服务本身。

（5）征纳互动类服务。中国税务 APP 提供的征纳互动类服务对象是存量用户。包括纳税人根据税法权利发起的在线咨询类服务，和税务机关按照职权发起的税收风险线上约谈类服务等。

（6）征信证明类服务。基于一人式数据库，中国税务 APP 将提供最权威、最实时的自然人征信证明服务。其中动态纳税信用、收入证明、财产证明将被广泛应用贷款、担保、居住、落户等市场和政务征信活动中；中国税收居民身份证明、收入证明、在职证明等也将成为税收协定、出国旅游等国际经济、生活交易行为的重要征信证明。

数据表明，由于没有实行预填申报制度，美国 95% 的个人只能委托代理申报，每年花费数百亿美元的代理费用。若我国同样不实行预填申报制度，按照假设 7—8 亿人口均委托申报，以代理机构人工成本 50 元计算，纳税人的代理费就将高达到 350 亿元—400 亿元人民币。因此，单单从经济角度，中国税务 APP 提供的纳税费申报类服务就能为社会节省数百亿的遵从成本。税费办理类服务、税费查询类服务、征纳互动类服务和征信证明类服务侧重于公众的税费权益维护、政务服务体验感的提升、社会诚信体制机制的完善。追求的主要目标不是直接的经济价值上，而是直接的社会价值和更多的间接经济价值。间接经济价值体现为省却数亿公民上门办理税费类政务事务的时间和精力，这种时间和精力很难用具体的数字去衡量。如果用一句话去概括，就是“改变了办税方式”。直接的社会价值体现为清亲关系建立、政府公信力的提升。毫无疑问，这也是政府治理现代化的追求目标。

15.3.4.2 中国税务 APP 次优先级应用场景

中国税务 APP 的次优先级应用场景，是指虽然业务主管部门不是税务机关，但属于中国税务 APP 生态圈必要组成的其他政务服务应用。次优先级应用需由其他政务部门提出。经批准并集成后，中国税务 APP 就成为了桥头堡，一头与自然人连接，一头与其他政务部门的政务平台连接。次优先级应用总体上可以分为三类。

（1）第一类：是与税费业务有强关联关系的政务服务。这类政务服务与税费业务之间存在直接的因果关系。包括但不限于：

第一，社会救助服务。《社会救助暂行办法》规定，税务部门有义务协助核对救助申请人的“家庭收入状况、财产状况”。低保、特困等救助申请人可以直接通过中国税务 APP 向民政部门提出救助申请，税务部门可同步将核对情况推送民政部门。民政部批复后，还可通过中国税务 APP 向申请人发放救助。

第二，消费维权服务。发票是公众消费维权的重要凭证，根据前文介绍的中国税务 APP 的发票票夹功能，能够保证开票方和受票方双向实名。因此，一旦消费者权益受损，就可通过集成到中国税务 APP 的 12315 移动端向工商部门推送发票信息提起维权申请。工商部门也能非常便捷地与商品服务提供者和消费者互动，化解消费纠纷。

第三，新生儿服务。社保入税、税制改革以及未来全面推开房地产税后，新生儿的出生与税费业务关系更加密切。把公安部门的出生登记的入口集成到中国税务 APP，一方面可以联动提示新生儿父母办理新生儿参保，同时相关数据可以同步到自然人数据库，成为新生儿父母的个人所得税专项附加扣除信息和房地产税减免税面积信息。

第四，积分落户服务。从当前各个城市积分落户的政策看，主要的证据材料是社保费缴纳情况或个人所得税申报情况。因此，将公安部门的积分落户入口集成到中国税务 APP，可以由税务部门直接将相关数据推送给公安部门，实现办理过程中的“免核验”。

（2）第二类：是与税费数据资产相关的政务服务。这类政务服务在一定的程度上需要税费数据资产支撑，或者是依托税费数据资产能使服务质效更优。包括但不限于：

第一，个人收入与财产信息系统。中国税务 APP 作为个人收入与财产信息系统的公众端，同时也是自然人电子税局的纳税人端，是满足公众收入与财产数据和税费要素数据填报一致性的有效手段，同时也是公众管理本人数据资产的重要窗口。

第二，人才引进服务。中国税务 APP 服务于人才引进，能够利用税务数据全国一人式归集的优势和 G、C 两端实时互动优势，有效化解人才需求和人才供给间的信息不对称。

第三，租赁备案服务。房屋租赁备案是一项多部门综合管理事项，是税务部门税源管理和税基管理的对象，也是公安部门社会治安管理的对象，还是房管部门行业管理的对象。将房屋租赁备案引入中国税务 APP 既有利于社会综合治理，也有利于公众政务服务。

第四，消费激励服务。消费激励是指在特定情况下如新冠疫情、重大节假日，政府部门直接向公众发放消费券、现金等消费补贴以刺激消费。通过中国税务 APP，政府部门可以依据税务数据提供的公众家庭收入财产状况和纳税费遵从度，精准实施消费激励。

（3）第三类：是与税务技术资源相关的政务服务。中国税务 APP 的广泛触达、泛在连接、精准实名等技术优势赋能于其他政务服务，助力社会治理能力显著提升。

第一，社保非税服务。通过中国税务 APP，有关部门可以向公众提供的政务服务包括养老金余额查询、养老金待遇测算、养老金申领、养老保险转移接续自助办理、养老待遇资格认证；年金余额查询、年金待遇查询、年金待遇申领；医保金余额查询；大病救助申领；失业保险金申领；工伤保险金申领；生育保险金申领；公积金余额查询、公积金贷款自助办理等。

第二，社会调研服务。政府部门通过中国税务 APP 实施民生事项的社会调研，除了实时在线和广泛触达的优势外，中国税务 APP 的实名认证技术和安全保密措施，将在很大程度上确保调研信息的真实性。

第三，人口普查服务。国家统计局的人口普查包括性别、年龄、民族、受教育程度、行业、职业、迁移流动、社会保障、婚姻生育、死亡、住房情况等，在内容上与税务部门的自然人库存在一定重合度。在中国税务 APP 技术优势的支持下，人口普查将与税费业务相互赋能、协同共进，成为社会综合治理的典范。

第四，立法征谏服务。立法征谏是指在制定、修订法律特别是税费法律法规的过程中向公众征求意见或者举行立法听证会的过程。中国税务 APP 能够组织起最广泛的人民群众参与立法过程，培育和激发现代公民意识。

鉴于调研时间和范围的限制，我们无法对上述中国税务 APP 每项政务服务应用落地的成效作出的具体的、专业的判断。但可以从最贴近我们生活的社保非税服务得到感性的认识，那就是中国税务 APP 及围绕其形成的政务服务体系，将成为“放管服”改革、优化营商环境的重要举措，将成为超越现存的任何服务品牌集群、规模首屈一指、功能最为强大、体系最为完善的政务服务生态圈。

15.3.4.3 中国税务 APP 低优先级应用场景

"政府即平台"是"数字政府发展方向"和"成熟度衡量标准之一"的观念已经成为共识，但就我国数字政府的发展现状而言，政务服务平台还是鲜见商业服务的接入。但是，有些属于"亦公亦私"的领域，如果公私服务边界划分过于清晰，则必然出现公域服务照顾不到，而私域服务又力有不逮状况。因而在实践过程中，出现了"亦公亦私"的服务。其特征是虽然归属于私域，但一般脱胎于公域，介于政务服务与商业服务之间，带有明显的公共治理职能，典型如审计服务，被公认为"经济警察"。而与中国税务 APP 密切相关的是涉税专业服务类，通常被视为税务机关与纳税人之间的桥梁，是促进税务合规不可或缺的一环，可以视为"税务辅警"。我国的首批涉税专业服务从业者全部来源于税务机关，且至今该行业还归属于税务部门主管。鉴于其服务特质，在 OECD 国家，涉税专业服务是税务平台的默认接入者。通过税务平台，涉税专业服务提供者（Tax Service Providers，缩写 TSP）在发展自身的同时，为国家和社会创造了巨大的经济价值和社会价值，成为税费治理的必要组成。基于上述考量，我们建议将涉税专业服务作为"政府即平台"的首批非政务类试水者，并确定其在中国税务 APP 的建设规划上的优先级低于政务服务。一旦运营成熟，涉税专业服务的接入模式可以成为其他商业服务的标杆。涉税专业服务包括财会核算、合规性审查、税收筹划三大传统专业服务和软件服务、数据服务等新型专业服务。

（1）财会报账服务。财会核算历来是税费治理的专业合作者。近年来财会核算服务逐步向云会计（Cloud Accounting）和 SaaS 化转型。基于中国税务 APP 的云化特质，财会核算应用的合格申请人确定为云化会计软件生产商。

第一，基本做法。中国税务 APP 只集成财会核算的报账系统，用户是企业的员工；财会核算的企业端则通过个人所得税扣缴端与税务云平台相联。中国税务 APP 的报账系统提供个人报销和企业报账两项功能，以前文所述的"发票票夹"为基础。企业员工通过"发票票夹"接收电子发票后，若该发票涉及的是企业业务，且本人垫付了款项，则通过"个人报销"模块填写报销单，连同发票一起发送给财会核算系统企业端，完成报销；若款项待支付，则通过"单位报账"模块填制"请款书"，联同发票一起发送给财会核算系统企业端，完成报账和请款。发票电子化的核心目标是让发票作为商业凭证以数据的方式在市场主体、监管部门之间顺畅地流动起来，从而彻底解决由发票带来的“难”和“贵”的问题。因而，“流动性”和“流通渠道”缺一不可。发票电子化本身及相关的防伪技术和策略仅仅是解决了发票的流动性问题，若流动渠道出现“肠梗”照样能使发票电子化计划功败垂成。在这个计划进程中，发票从开票单位流转到自然人再到受票单位财会核算系统的这个环节属于“私域”，现有的税收信息系统难以企及。若不用中国税务APP“开放策略”将其串联到税收信息化系统，则大概率成为发票流通渠道的“肠梗”。

第二，预期成效。中国税务APP对发票电子化计划的作用必须从整体视角去看。根据前文的论述，中国税务APP发票辅助服务是发票“流动性”的重要构成；而中国税务APP的财会报账服务则是“流通渠道”的必要环节。因而若论贡献，发票电子化计划无论产生多大的经济效益和社会效益，都应当将一半以上的功劳归属于中国税务APP。因为中国税务APP就是发票电子化计划中“撬动地球的支点”。

（2）合规性审查和税筹服务。合规性审查和税筹服务是指传统TSP和新型TSP向自然人的纳税费申报提供合规性审查和税筹服务。申请人为合格的涉税专业服务机构、软件服务商、数据服务商。之所以将中国税务APP开放对象严格限定在为自然人税费的TSP，是基于需求和供给两方面的考虑。从需求看，我国自然人税费业务进入快速发展期，而我国公民社会的税收意识和税费能力尚处于启蒙期，因而亟需专业服务的辅导；同时，基于我国“家国底蕴”的传统税收文化，对于纯商业化的专业服务较为排斥，很难接受高昂的线下涉税专业服务。而从供给方看，以“服务政府”为己任的税务部门已经力所能及地提供了普适性的合规性审查服务，但显然无法满足越来越庞大的个性化服务需求；同时，基于公共服务的业务边界，“税筹服务”终究是税务部门的“雷池”和“禁区”。因而，“政府搭台、市场唱戏”，让新型的和传统的TSP提供线上服务有望成为是解决这一困局的合理路径。

第一，基本做法。允许经批准的软件服务商或数据服务商在中国税务APP集成其应用软件，利用税务数据为纳税人提供个性化合规性审查和税筹服务。也可以允许经批准的专业服务机构在中国税务APP开设入口，让部分高收入、高净值人群能够委托专业机构利用税务数据为其提供个性化服务。而税务部门则通过准入管理、质量管理来确保纳税人得到高性价比的专业服务。

第二，预期成效。税制改革追求的目标是“成熟定型”，其中，征纳双方对税收政策理解的一致性是“成熟定型”应有之意。在市场经济环境中，涉税专业服务是化解征纳双方对政策理解差异的最重要渠道。因而在我国自然人税费制度提速改革的进程中，税务部门提供基本的、普惠性的税费申报服务，与 TSP 提供个性化、商业化的涉税专业服务相结合，是满足纳税人需求，维护纳税费人权益，保障税费制度改革平稳落地的重要手段，是适合中国税情的治税之道。具体到个人所得税年度汇算业务，如果允许传统和新型 TSP 在个人所得税 APP 提供涉税专业服务，海量的纳税人咨询就多了疏解渠道，基层税务机关压力就会大幅减轻。因此，我们认为中国税务 APP 提供涉税专业服务将会是税务部门提供公共服务的重要补充，一定会受到广大纳税人和基层税务干部的欢迎。

（3）税延险服务。税延险服务是指保险（代理）机构或者软件服务上向纳税人提供养老待遇测算、养老计划、个人税收递延型商业险（以下简称“税延险”）投保、查询等服务。申请人为有开发软件能力的保险机构或者为保险机构开发软件的服务商。个人商业养老保险与基本养老保险、企业年金一起，被称为养老保险“三大支柱”。近年来，随着数字经济的快速发展，我国的自由职业者越来越多，越来越体会到“第一支柱”的替代率和“第二支柱”的覆盖范围的有限性。因此，为缓解养老体系面临的压力，为人民群众的老年生活提供更好的保障，中央多次发文要求加快构建以个人养老金账户制度为基础的“第三支柱”，其中一个重要的举措就是推出税延险试点。然而税延险试点两年，只落得个叫好不叫座，参保者寥寥，试点机构积极性越来越弱。其原因在于税延险是一款对于个人税收数据和税费知识要求极高的产品。从承保人的角度，税务部门不参与，仅仅依靠保险机构根本无法测算具体某个个体的参保收益率，也就无法做针对性的宣传；从投保人的角度，不清楚自己的基本养老、年金形成的替代率，也无法计算第三支柱的收益率，不知道参保会不会“打水漂”，自然也就缺乏参保的动力。

第一，基本做法。将税延险服务集成到中国税务 APP，可以形成相关政务服务的组合，为参保人提供参保决策支持。具体思路如下：一是组合“社保非税服务”中的养老金余额查询、养老金待遇测算、年金余额查询、年金待遇查询功能，测算第一、第二支柱的组合替代率，便于用户了解本人未来的养老待遇基础。二是对纳税人本人的个人所得税申报数据进行测算，计算出实际税率区间，与税延险待遇领取时的税率进行比较，提示纳税人是否适合参保。三是对于有意参保的纳税人，提供税延险款型及简介。纳税人选择款型后，综合节省的税款和预期受益，测算出年化收益率，以及第一、第二、第三支柱的组合替代率。四是纳税人确认并投保，收取电子保单和电子发票。五是纳税人可随时查询第一、第二、第三支柱及其组合的待遇测算结果，随时调整养老计划。

第二，预期成效。将税延险服务集成到中国税务 APP，将使所有综合所得或经营所得适用税率高于税延险待遇领取税率的纳税人受益。其中，就当前的税率结构而言，边际税率 20% 以上的人群收益率将显著高于同期银行理财产品年化收益率，这个人群规模在 2018 年是 2200 万。未来，如果政策部门进一步降低税延险待遇的适用税率，则受益面将更加巨大。将税延险服务集成到中国税务 APP，无异于给孱弱的养老第三支柱注入了一剂强心针。一方面，为个人和家庭提供了个性化、差异化养老保障，扩大了养老保险的覆盖面，整体上提升了社会保障能力；另一方面，也促进了养老保险第三支柱的成长壮大，推动养老产业的健康发展，我国社会保障体系也将更加健康和完善，有利于整个社会长治久安。

15.4　移动税务战略愿景

税务部门以“泛在战略”推行数字政府，将分阶段实现战略目标和愿景，即以中国税务 APP 为阶段标志的中短期目标，“以全面的税费数字化撬动国家治理现代化”；以“泛在中国”为阶段标志的长期愿景，建设“高度成熟的数字政府”。

15.4.1　战略目标

15.4.1.1　倒逼自我革命推动税务进入云时代

个税改革在新中国税收史上第一次实现了真正意义上的自然人税收，个税 APP 则让中国税务第一次拥抱了移动互联网。“云 + 端”模式最大效应地发挥了云计算的数据驱动作用和移动端的泛在连接优势，使得以个税汇缴为代表的税费业务质效得到了空前提升。业务部门发现，当二手房交易和保有税费业务移动化后，每一次房地产政策调整带来的大厅拥堵不复存在；社保业务移动化后，转移接续就不再是难题，全国 9.9 亿参保人都通过 APP 关心自己的社保权益；当中国税务 APP 集成了发票辅助服务及相关业务后，开票贵、开票难、报税难、管票难迎刃而解，发票电子化可顺利推进，在节约了征纳双方人力的同时，还省下了每年千亿级的发票成本……于是，业务部门更愿意将业务推向移动化，良性循环就此形成。

从另一个角度，中国税务 APP 将税费业务推向了全民评价时代。中国税务 APP 的泛在连接性、互动性和穿透性，使得每一件税费业务办得好不好、满意不满意，都要接受纳税人的直接评议。而且被评议者不再仅仅是前台的纳税服务人员、税源管理人员和税收执法人员，业务部门作为政策和服务的设计者，同样要接受评议。如此，将倒逼税费业务“设计的数字化”，即从一开始政策部门在规划政策和设计服务时必须要强化对数字技术的应用，形成从“全生命周期”的视角来考虑规则和数据的数字化思维习惯。

创新实践促进税务管理者的思维转变、思维转变反过来又推动创新实践，从而加速税务系统的业务规则化、规则数据化、数据智能化，推动税收信息化整体迈进云时代。

15.4.1.2 引领税费治理树立数字政府新标杆

支付宝之所以被称为伟大的产品，是因为它历史性地普及了移动支付方式，改变了人们的生活，从而成为了生活必需品。可以预期，中国税务 APP 将成为“国税版的支付宝”，将在未来深刻地改变我国公众社会，并成为代表我国数字政府的一张“国际名片”：从税务治理模式、决策模式等宏观方向，到人口流动、行业景气等中观方向，再到公众个体的强大底层基座树立起数字政府新标杆。

(1) 以纳税人为中心真正落地。如果说电子税务局是秉承以用户为中心理念建设的，这个用户既包括了纳税人，也包括了税务人的话，作为电子税务局重要组成的中国税务 APP 则实现了“为纳税人的服务直接送达”、“纳税人的意见直接表达”，体现的是彻彻底底的“以纳税人为中心”。“服务找人”逐步成为主流。主动服务是成熟数字政府的重要特征。作为“指尖上的税费”的载体，中国税务 APP 将以最广泛的触达面，将“服务找人”惠及整个公众社会。

(2) 数据驱动发挥决定性作用。数据驱动将不仅仅体现为业务办理层面的自动化，更重要的是，数据将在税务部门的决策层面——如设计一项优惠政策、调整某个税种的税率；又如设计一项服务，比方说决定某项业务是否需要移动化改造——发挥决定性作用。

(3) 全生命周期管理成为共识。税务部门上上下下将形成数字思维和数字文化，以数据和规则管理税费业务。比如，总局业务司局在设计政策时首先考虑的是数据标准和规则规范；省市级业务处室通过调整指标阈值来管理任务总量；区县级基层税务干部通过运营指标来查看业务状态。

（4）云平台将从封闭走向开放。通过中国税务 APP 提供的税务综合服务，参与者将更加多元，公众对税费事务的参与度将更高；“云 + 端”的模式将得到更充分的体现，税务平台也将更加开放。甚至于通过中国税务 APP 税务部门允许合规的涉税商业服务，比如税务数据服务、税务软件服务和涉税专业服务为公众提供服务。

（5）税务数据将产生更大效益。税务数据资产政务部门掌握下最为丰富、最为可靠的数据资产，通过中国税务 APP 首先获益的将是纳税人本人。纳税人获得的价值既可以是税费服务本身，也可以是税务数据资产的增值；在满足了纳税人个体的需求之后，作为整体，税务数据资产将向纳税人群体，也就是全体公众赋能，使得税务数据资产产生更大的经济效益和社会效益。

15.4.1.3 形成以税费服务为核心泛税生态圈

中国税务 APP 的建设过程，从初步形成到完善，预计将形成 1.5 亿到 10 亿的庞大用户群，几乎涵盖全体公众。依托这个庞大的用户群，将逐步形成以税费综合服务品牌集群为核心、辐射其他政务服务、凝聚海量利益攸关者、撬动环境转型发展的政务服务生态圈。我们以生态圈中的核心品牌群“税费综合服务”及其生态基和生态库为例说明它们是如何相辅相成、共同演进的。

（1）形成强大的税费综合服务核心圈。核心圈也就是“生态核”，是指中国税务 APP 这个税务服务品牌集群生态圈内的各个品牌及其拥有者。未来，中国税务 APP 将成为数字政府的“驰名品牌”，是中国税务综合服务的唯一代表，旗下至少汇聚了以下“著名商标”（见表 15 – 1）：

一是“自主办”。是指任何纳税人、缴费人或利益相关者（以下简称“自然人”），均可以通过中国税务 APP 自主办理业务，不受任何单位和个人干涉。

二是“自助办”。是指凡集成到中国税务 APP 上的业务，在税务（政务）端，均实现数据驱动下的自动化处理，因而自然人可以全程以自助完成业务办理。

三是“随时办”。中国税务 APP 的泛在属性，使得自然人可以随时、随地、随事办理业务事项。

四是“预填办”。基于个人所得税年度汇算预填申报的成功范例，凡集成到中国税务 APP 上的申报类业务，均须实现“预填”，使得自然人可以“一键申报”。

五是“主动办”。在大数据的基础上，以数据模型识别纳税人的个性化需求，通过中国税务 APP 主动向自然人推送，实现“服务找人”。

六是“提醒办”。无论是自然人应享未享的政策优惠、漏报少缴的税费风险，还是业务“将办”、“迟办”和“未办”，均实现事前提醒提示，将损失消除在既成之前。

七是“诚信办”。基于自然人库和法人库大数据基础上刻画的自然人画像，将成为征信评价的权威数据来源。中国税务 APP 有望成为自然人在经济、社会行为中的“征信名片”。

八是“一掌办”。中国税务 APP 集成了税务部门及其他相关部门的所有可移动化事项，极大地方便了自然人税费基相关业务办理。

九是“指尖查”。除了办理类事项外，中国税务 APP 还将提供税收、社保、非税业务的各种查询服务、基于税费数据的各种权益类测算服务（如年金待遇测算、社保待遇测算等），以及税费数据的增值服务（如行业景气度查询、房租状况查询等）。

十是凡事“实名办”。基于单一账号基础和实名认证技术的中国税务 APP 的广泛使用，将促使市场交易行为实名化真正落到实处，化解现金交易无迹可循的历史性难题。

（2）凝聚广泛的税费综合服务内部环境圈。内部环境圈即“生态基”，是指与生态圈内的品牌发生直接作用的利益群体。基于中国税务 APP 这个税务服务品牌集群，及其旗下的各个品牌，将凝聚起包括纳税人（缴费人）、企业和其他市场主体、数据服务商、软件服务和涉税专业服务机构、各级税务机关和其他政务部门等在内的利益群体，形成庞大的利益共同体。

表 15－1　　利益群体及其覆盖面

利益群体 / 服务品牌	利益群体及其覆盖面							
	纳税费人	其他公民	企业/其他主体	数据/软件服务商	涉税专业机构	税务部门	其他政务部门	是否辐射生态圈外部
自主办	全体	少量	全体	全部	部分	全体	少量	否
自助办	全体	少量	全体	全部	部分	全体	少量	是
随时办	全体	少量		全体		全体	少量	是
预填办	全体			全体		全体		是

续表

利益群体 / 服务品牌	利益群体及其覆盖面						
	纳税费人	其他公民	企业/其他主体	数据/软件服务商	涉税专业机构	税务部门	其他政务部门	是否辐射生态圈外部
主动办	绝大部分	少量		全体	部分	全体	部分	是
提醒办	绝大部分	少量	部分	全体	部分	全体	部分	是
诚信办	全体	全体	全体	全体	全体	全体	全体	是
一掌办	全体	全体	部分	全体	部分	全体	全体	是
指尖查	全体	全体	全体	全体	全体	全体	全体	是
实名办	全体	全体	全体	全体	全体	全体	全体	是

“自主办”可覆盖包括税费申报、减免税申请、救助申请等所有与自然人利益相关的所有业务事项。“自主办”的受益者首先是全体纳税费人，所有的纳税费人均有权自主办；其次受益的是少量其他公众，这些自然人虽然暂时不是纳税费人，但可能在他人纳税费行为中成为利益相关人；全体企业和其他市场主体是第三位的受益人，他们受益于纳税费人“自主办”而减少了代扣代缴负担；作为打造税费服务品牌的重要参与者，成功的品牌营造将间接地为数据服务商和软件服务商带来商业价值；对于涉税专业服务机构而言，“自主办”为涉税专业服务打开更多的想象空间；税务机关无疑是“自主办”提升税费服务质效的最大受益者，也是服务品牌的直接受益者；为“自主办”提供协同服务的其他政务部门，将有机会借助中国税务 APP 平台和用户群开展本部门的业务；“自主办”投射到税费申报领域就是“自主申报”，其本身归属于理念层面，更多意义在于厘清征纳职责。而通过中国税务 APP，“自主办”具象化成为提升税费服务质效的手段，具有更积极的意义。因而很有可能被生态圈外部借鉴而产生更为广泛的辐射效应。

(3) 联动全面的税费综合服务外部环境圈。外部环境圈即“生态库”，是指包括人文、经济、技术、政治、法律、社会、组织等方面的宏观环境。作为中国税务 APP 的“共同进化体”，本次生态圈的演变起因于外部环境圈的制度环境，即个人所得税税制发生了剧烈变迁，因而迫切要求核心圈向更高层级进化；当核心圈顺应形式发生演变后又反过来要求外部环境圈的其他因素，比如组织环境、经济环境、人文环境、制度环境和技术环境的其他部分同步跟进；而这样的进化方向又完全符合内部环境圈的核心利益，因而内部环境圈从响应者转变为积极的推动者；于是，核心圈、内部环境圈和外部环境圈互相作用、共同促进，整体向更高层级进化。这样的进化无时不刻不在发生。这一次是制度环境，下一次则可能是核心圈、内部环境圈、外部环境圈的任一因素的变迁，从而成为推动整个生态圈持续不断向更高层次进化的催化剂。随着中国税务 APP 生态核和生态基的基本形成，在未来的一段时期里，生态库即外部环境圈将出现如下演变：

第一，制度环境。制度环境的变迁包括税制变迁和征管服务制度的变迁，这些变迁将或多或少地与中国税务 APP 的强大支撑作用存在某种关联。税制变迁主要体现为直接税税制体系的完善。一是“二元税制”有望成为个人所得税税制发展的下一个目标；二是房地产税有望结束试点长达十年的尴尬，启动立法并在全国范围内施行；三是社保费的部分费种，有可能往自然人税种发展，通过税收的刚性确保社会保障的平稳和安全。征管服务制度的变迁包括，作为最新创新实践成果的“预填申报”和“税种要素申报”将被作为征管服务制度固化下来；电子发票将全面取代“这张纸”；在户籍管理方面，企业将被视为自然人的集合，从而全面实施穿透式的实名管理；税收征管法将发生三个方面的重要变化，一是从法人征管法变为纳税人征管法，二是从征管法变为征管服务法，三是赋予数字技术在税费治理领域应用的法定地位。

第二，技术环境。技术环境的演变投射到税收信息化方面会呈现更为显著的的变化。一是“云 + 端”模式将成为税务信息化的标配，总省两级的税收信息化投入将以云平台和移动端应用为主要方向；二是税务应用的微服务化特征更加明显，迭代更加频繁而轻柔，税务部门将努力追求“无感”迭代；三是大数据成为税务部门最重要的战略性资源，数据驱动和规则驱动成为共识；四是人工智能和区块链等新技术体系将被发掘出更多应用场景并产生显著实效。

第三，社会环境。一是信用将成为每个人的第二张身份证，而中国税务 APP 就是这张身份证的载体；二是政务服务、市场交易行为的实名认证制度被广泛接受，自觉遵从意识普遍提升；三是政府数据默认开放，公众参与社会治理的积极性显著提升，官民平等从理念转化为具体行为。

第四，组织环境。一是税务服务深度融入政务服务一体化，部委级协同成为常态；二是“合作合规”广泛开展，数据服务商、软件服务商和涉税专业服务机构成为税务同盟；三是税务机关内部完成基于“互联网 +”的组织架构和岗责体系重塑，“管数据”和“管规则”成为管业务的核心抓手。

第五，经济环境。一是税费管理越来越强调经济性，投入产出比成为征管质效的核心指标；二是更加强调税收中性原则，开始评估税收管制措施（如防伪税控）对经济的负面影响，逐步消除征管措施给企业带来的额外成本；三是营商环境税收指标持续提升，在不久的未来将进入国际排名前列，经济景气度持续向好。

15.4.2 战略愿景

当中国税务APP的中短期目标逐步实现，政务服务和准公共性服务的比重和效益远远大于税费服务时，“泛在战略”就应该从税务APP到政务APP配套完善，“国税版支付宝”将顺理成章地成为“国家版支付宝”，我国数字政府将进入高度成熟阶段。

15.4.2.1 从“中国税务APP”到“中国政务APP”配套完善

（1）国家网信办接管运营。是指国家税务总局将“应用审批”职能移交给国家网信办，以适应更大范围政务服务和公众服务的申请。依托后台运营管理平台，国家网信办对各部委、各省市提交的应用集成、应用配置等申请，进行线上审批。

（2）自然人单一账号体系全面落地。在中国税务APP阶段，必须要从自然人税费领域着手，到中国政务APP阶段自然人单一账号体系必须全面落地。首要的是要考虑单一账号税费业务全覆盖，将现行的“纳税识别号”升级为“自然人统一社会信用代码”（简称自然人信用码），使之可以适用于各税种、社保费和非税领域；明确单一账号的建档规则、赋码规则和用码规则。如此，自然人税费一体才能成为可能，在此基础上才能将自然人和法人税费融为一体。到中国政务APP阶段则将自然人统一社会信用代码的应用覆盖到所有经济社会领域，从而充分发挥中国税务APP的泛在连接特色优势，将个人信息与法人信息连接起来，将市场主体与政务部门连接起来。使得信息的传递、共享、交换成为可能，信息能够被充分的利用，信息的价值得以最大程度的发挥，进而推动税费治理现代化和数字政府的建设进程。

（3）实现更大范围的国家级数据集成。应用移动化依托于数据集成化。中国税务APP阶段依托的是国家税务总局的自然人库和法人库，到了中国政务APP阶段，则必须依托国家的个人收入与财产信息系统和法人系统（以下统称“国家库”）。当中国税务APP对接国家库后，税务部门的自然人库和法人库就成为了国家库的子库。因此，中国税务APP升级为中国政务APP并不影响税务部门的业务拓展。如此，一方面中国政务APP背靠国家库可以将移动化应用于更广泛的场景；另一方面，则是国家库通过中国政务 APP 的泛在连接和精准特性完善数据的采集和应用，相辅相成、共同发展。

15.4.2.2　数字政府建设呈现高度成熟特征

政府机构的数字化应用程度被德勤称为数字化成熟度，用以衡量政府治理、公共服务的数字化程度。对于评价政府机构的数字化成熟度，OECD 提出了六个考察维度。可以预期，当“泛在战略”发展到“泛在中国政务”阶段，我国数字政府建设将呈现高度成熟化特征。

（1）全方位的用户驱动。在中国税务 APP 阶段我们对“用户驱动”的理解更多的是从狭义的“以人民为中心”，这是对过去国家治理体系“以政府为中心”设计理念的“矫枉必须过正”。到了“泛在中国政务”阶段，这个设计偏差已经全面修复，狭义的“以人民为中心”应当深化为广义的“以人民为中心”，即全方位的用户驱动。所谓全方位用户驱动，即政务服务用户的外延从“行政相对人”、“公共服务受众”扩大到一切政务服务和应用的使用者，包括行政相对人、公共服务受众、其他利益相关人，及政务服务提供者即政府部门本身，所有用户的体验都将是数字政府建设考量的范围。

（2）全过程的数据驱动。中国税务 APP 末期，税务部门将实现从“以数据为中心进行决策”到“数据驱动”的转型。“以数据为中心进行决策”就是用数据来支持决策，这些数据包括历史记录中的和现在产生的。通过对数据的整理、抽取，将数据转化为可读的知识，形成分析结果，决策者根据分析报告的结果考虑并决定决策结果，最终决策由人为参与。而“数据驱动”则是形成“数据的收集、整理、提炼，总结规律形成智能模型，通过人工智能作出决策选择”全过程的数据价值体系。随着 APP 的触达面越来越广，其采取的流式的、海量数据不断输入；随着 APP“政务直通车”的功能越来越强，各方各面自动化政务服务需求也不断输入。于是，数据模型将决策选择结果和现实数据的偏差信息不断反馈给机器学习，机器学习也就在不断的迭代过程中自我完善，最终形成了完整的、闭环的数据价值体系。到了“泛在中国政务”阶段，在税务部门先行先试的数据价值体系将辐射到整个政务服务领域，成为数字政府的数据价值体系，服务于一切政务服务。

（3）全周期的数字意识。如果说在中国税务 APP 阶段，政务服务或政务应用设计者是被移动化倒逼出了“数字思维”，那么，到了“泛在中国政务”阶段，“政务服务全生命周期的数字意识”将成为所有政务服务或政务应用设计者的自觉行为。基于当前公共政策的过程，政务服务全生命周期的数字意识将重点体现在政务服务的起点，即政策规划和服务设计的数字化考量方面。包括并不限于：规划政策所针对优先级问题的数字技术考量、规划政策方案选择的数字技术考量、规划政策执行环境的数字技术考量、规划政策执行的数字技术考量和规划政策成效评估的数字技术考量等等。如此，基于政策源头的“心脏”地位，数字意识将被“泵送”并贯穿到政策服务从头至尾的每个环节、整个过程。

（4）全覆盖的主动服务。全覆盖的主动服务表现为数字政府两个方面的典型特征。一是指主动性。一方面指“服务找人”，即政府不需要“依申请”就能直达公众的需求；另一方面指“任务找人”，即政务服务提供者不需要搜索，系统主动推送任务清单。主动服务将有助于政务部门全面落实基本公共服务“均等化”和“可及性”，成为政务部门贯彻执行党的十九届四中全会精神，提升公共服务能力的利器。二是指全覆盖。政务服务将不仅仅限于法律法规规定的服务事项清单，但凡不违背法律规定、数据能够支持的业务，都在中国税务 APP 的主动服务覆盖范围。全覆盖将彻底消除由于政务部门业务边界划分不明确造成的“三不管”地带，彻底解决造成推诿扯皮的治理体系缺陷。

（5）全场景的服务平台。“泛在战略”发展到“泛在中国政务”阶段，“政府即平台”将得到全面落实，利用数字技术和数据提升数据驱动公众服务的能力，在增强政府开放的过程中让全体公众应享尽享一切个人服务。尽管作为运行管理手段，应用集成还需要申请，但是“开放”已成为原则。即只要不违反平台《中国税务 APP 集成规范》，原则上都可以得到批准，而同时规范本身也将更加宽松。这样，中国税务 APP 阶段的优先级管理规范也将淡出历史舞台。无论是税务的、政务的还是商务的，只要是符合规范的、面向公众个人的服务，都将在中国税务 APP 这个全场景舞台上一展英姿。

（6）全共享的数据资产。经历中国税务 APP 阶段，政府掌握下的数据资产将从“默认不开放”转变为“按清单开放”。而数字政府进展到“泛在中国政务”阶段，政府部门对于数据资产的态度将是“负面清单制度”，即除了负面清单（隐私和涉及安全的数据）“默认开放”以外，其他将进入“全共享”时代。“全共享”要求政府对数据的性质与数量做出统一、明确的要求，公布统一的数据标准与通用的数据格式。并加快数据接口的应用推广，使公众能够对政府掌握的数据资产进行高效的开发利用。届时，“全共享”将激活全社会超过八成的掌握在政府手中的数据资产。不仅可以打破数据信息孤岛难题，缓解数据不足导致的资源瓶颈，更可以释放不可限量的市场价值，通过分析挖掘资产的价值，将其变现为用户价值、群体价值、社会价值。海量数据相遇并产生碰撞，在促进社会治理、惠及民生方面，将提供无限的发展空间。

16　税费一体征管系统

2018年中共中央印发《深化党和国家机构改革方案》，作出“由税务部门全责征收社会保险费”的决定，是实现国家治理体系和治理能力现代化的重大战略部署之一。

16.1　征管系统建设意义

社会保障治理体系和治理能力现代化是国家治理现代化在社会保障实践中的具体要求。当前，社保治理体系和治理能力方面存在着诸多问题。例如，制度间缺乏统筹协调，呈现的制度碎片化；管理不善、投入不足，导致社会保障制度残缺不全；社会保障制度功能不彰、效力不强，饱受诟病等。这些问题与社会保障的统筹层次过低有一定关联，提升统筹层次，改进征管方式，建立税费一体征管系统，实行税费统一由税务部门征收的改革刻不容缓、迫在眉睫。

16.1.1　建设价值

社会保障的统筹层次是指包括政策制定、基金征缴、社会化发放、投资运营等内容在内的整个社会保险制度在一定范围内的统一设计和统一管理。从筹资机制到保障水平，从规范化管理到信息化建设，所有关涉制度、公平、效率的问题几乎都与统筹层次密不可分。因此，建设更加公平更可持续的社会保障制度，助力国家治理体系和治理能力现代化，核心问题是提升社保统筹层次。

16.1.1.1　实现社保全国统筹事关国家长治久安意义深远

（1）实现社保全国统筹事关收入分配公平。社会保障是国民收入的第二次分配，注重的是公平。社会化的范围越大、层次越高，就越可能实现公平目标。在全国范围内调剂社保基金，是高度的社会化分配，体现社会公平，是社会主义的本质体现。同时，社会保障的公平目标也绝不局限于社保支出时的人际均衡，而是在收支全环节中所体现的公平正义。实现全国统筹，正是首先将目光聚焦于公平起点，通过制度设计营造公平环境，体现保障全民的大局观，确保二次分配的公平落地。

（2）实现社保全国统筹事关要素配置效率。市场经济的一个基本规律是生产要素在流动中实现价值最大化，人力资源的跨区域流动是市场规律的显著特征。但是由于我国低层次的社保统筹，人为地增加了人才流动成本，阻碍了劳动力的转移和人才市场的活跃，有悖于市场规律。实现全国统筹是根治社保转移接续顽疾的唯一良药。只有在制度层面完成规范整合，系统环境实现统一畅通，社会保障才能真正进入信息化高速跑道，为促进人力资源流动发挥应有功效。

（3）实现社保全国统筹事关共济能力持续。资金统筹是社保的本质。社会保险这种质的规定性必须由一定的量来保障——没有一定规模的资金量和一定范围的调剂就无法实现社会统筹。社会保险分散社会风险功能的实现能力，一般与统筹调剂范围和资金统筹量成正比。这就是“大数法则”，这一法则是提升社保统筹层次的理论基础。在此基础上，为实现最优风险管控，社会保障的最终格局必然是全国统筹。全国统筹将显著释放社保基金的横向共济能力，消解地方因赡养比、人口特征等差异而带来的支付危机问题，使社保基金的保障效能得以可持续地最大程度地发挥。

16.1.1.2 承接社保全国统筹使命体现税务部门历史担当

税务部门是承担社保全国统筹历史使命的最优选择，也是唯一可行选择，在于税务部门有着区别于其他行政管理部门的独特优势。这种独特优势要求税务部门承担起这一历史使命。

（1）垂直管理优势。为了加强组织建设，保障税法的贯彻执行，充分发挥税收在社会主义市场经济中的作用，强化税收对经济的宏观调控和监督职能，一直以来，税务系统在机构设置、人员编制、干部管理和经费等方面实行国家税务总局垂直管理的领导体制。这种垂直管理体系具有对地方政府干扰的天然免疫力，能够确保统筹过程不受干扰，也能确保征收缴费不受干扰，从而确保社会保险的独立运营。

（2）丰富经验优势。税务部门长期形成的两方面经验可平移复制到社保征管服务。一是丰富的征管服务经验。税务部门是与市场主体接触最频繁、最全面的行政执法机构，因而最了解参保主体和缴费主体，具有对社保费源的天然敏锐性；二是丰富的税制改革经验。作为营改增改革、个税综合与分类税制改革、国地税合并等诸多税改事项的执行者，税务部门在将地方税权上收为中央税权，以及上收过程中处理好中央与地方的关系等方面积累了丰富的经验，这些经验可以平移复制到社保统筹层次的提升实践中。

16.1.2 建设效应

社保业务纳入税收征管服务体系，除了能够实现社保全国统筹这个本源性战略目标外，还会产生正向溢出效应，同样有利于税费治理现代化水平的提升。

（1）提升社保征管效能。长期以来，社保费存在两种模式，即社保征收模式和税务征收模式。在税务征收模式中，又分全责征收模式和税务代征模式。全国各省的统计资料表明，在衡量社保征管效能的两个指标——“增加社保费征收额”和“扩大社保征收面”方面，总体呈现“‘税务全责征收模式’优于‘税务代征模式’优于‘社保征收模式’”的排序。社保业务全面纳入税收征管服务体系之后，税务部门征收社保费的优势将会获得更大彰显。

（2）加快社保法制进程。“优化高效统一”是税费征管体系的建设目标。长期以来，我国社保管理呈现散沙状态，充分显示了多层级管理的弊病。上层级的政策文件落地于基层执行时往往产生很大变数，阻碍了法制化进程的推进。税务部门通过长期的税收征管实践，已经建立形成自上而下、高效统一的执行力体系，对于政策的规范实施拥有丰富的实战经验。社保费征管纳入税收征管服务体系后，税务主力军将为社保业务的法制化部署与执行提供强力后盾，助推社保业务法制化进程。

（3）反哺社保现代治理。与法人税费不同，法律没有要求自然人必须与税务机关保持联系，也不要求自然人记录并上传全量的经济行为信息。这意味着，税务部门必须竭尽全力全方位采集自然人的经济行为信息，以刻画税费肖像、识别纳税人服务需求或合规性风险。最理想的做法就是采集与自然人有关的所有税费种信息。换言之，对所有自然人税费种实行集约化管理是自然人税费治理现代化的必然要求。社保业务纳入税收征管服务体系之后，显而易见的反哺效应将会体现在两个热点、难点问题的解决上：一是通过个税申报信息与参保信息的交叉比对，可以从源头上解决“个人所得税身份冒用”问题；二是税务部门可以利用社保“权益性、主动性、参保主体广泛性”的特点，解决个税管理无法触达自然人纳税人、无法实施直接管理的问题。

16.1.3 建设目标

《国税地税征管体制改革方案》正式公布已两年多，但税务部门全面承接社保业务之路还任重道远。中国逐渐迈入老龄化社会的现实也让养老基金的压力越来越大，亟盼税务部门的介入。这迫切要求税务部门下定决心在税收征管服务体系内拓展社保业务。

16.1.3.1 提升社保治理能力

据2019年4月中国社科院世界社保研究中心发布的《中国养老金精算报告2019—2050》显示，如果不考虑中央调剂制度，2019年社保基金当期结余第1位的广东高达2000.7亿元，几乎是排在2—10位的北京、湖南等省的当期结余总和，而当期收不抵支的省份则高达16个。“强者恒强、弱者恒弱”的趋势正在强化。在引入中央调剂制度后，2019年当期结余第1位的广东为1296亿元，依然远超第2位四川的478.3亿元和第3位北京的477.2亿元。因此，虽然中央调剂制度起到了一定程度延缓作用，但严重的“两级分化”趋势并未得到根本性改变。更令人担忧的是，中央调剂制度的实施一定程度上影响了优势省份的征缴积极性，从而降低养老基金结余总量。社科院报告指出，根据精算，2019年全国城镇企业职工基本养老保险基金当期结余为1062.9亿元，短暂地增长到2022年，然后从2023年便开始下降，到2028年当期结余首次出现负数，为-1181.3亿元，最终到2050年当期结余坠落到-11.28万亿元。也就是说，2019—2050年基本养老保险基金当期结余在勉强维持几年的正数后便开始加速跳水，赤字规模越来越大。如果不考虑财政补助，当期结余在2019年就已经是负值，而且下降得更快，到2050年为-16.73万亿元。因此，探索在税收征管服务体系内拓展社保征缴体系，通过税务治理体系的赋智、赋能，完善社保治理体系、提升社保治理能力，已经成为社保基金“长治久安”的迫切需求。

16.1.3.2 构建税费治理体系

自然人电子税务局的建成并投入运营，标志着我国税收信息化已经进入云时代。在这个进程中，自然人税收，特别是个人所得税成为了改革浪尖上的弄潮儿和排头兵，拉起了税收云化的大旗，掀开了新一代税收信息系统规划建设的新篇章。作为自然人税费的一员，社保业务自然不能成为旁观者。但是当前全国各省社保业务纳入税务系统步伐不一，对自然人税费治理的信息化规划和建设带来不利。

（1）税费信息系统建设时间紧迫。我国的税收信息化建设经历了金税一期、二期、三期，具有显著的周期性特征。当前正是处于金三末期和金四规划期这个时间窗口，全面云化应当就是金税四期的主要目标之一。社保能否纳入金税四期规划的关键在于能否抓住这个时间窗口，全面纳入税收征管服务体系，提出自己的税收信息化建设需求。

（2）税费信息系统建设任务艰巨。例如自然人电子税务局的建设，从立项到完整交付历时三年，参与人员数百人，国家投入巨大。因此，“早规划、早投入、早研发”是税费信息化建设的基本要求。社保业务要能够跟上自然人税费的步伐，必须依托与自然人税费同代的信息系统，必然要求尽早纳入税收信息化建设规划，尽早投入包括云平台在内的诸多资源，尽早组织人员进行研发。而且，应当尽可能与自然人税费整体一起规划、一起投入、一起研发，这样才能省时、省力、省资源。

16.1.3.3 优化税收营商环境

据世界银行的《全球营商环境报告2020》显示，我国2020年的营商环境排名全球第31位，较2019年提升15位，较2015年提升了59位，并且连续两年成为全球营商环境改善幅度最大的10个经济体之一。这得益于近年来我国大力度、高精准度和快节奏地优化营商环境的改革举措。但是在十项一级指标中，纳税指标排名105位，而且近年来一直没有挤进前100名，成为了典型的拖后腿指标。

纳税指标由“纳税次数”、“纳税时间”、“总税率和社会缴纳费率”及“税后流程”四项二级指标构成。近年来，得益于税务部门大力推行放管服改革和“互联网+税务”，“纳税次数”和“纳税时间”指标得到了跨越式提升，目前已经大大优于OECD成员国的平均水平。但由于税制选型的因素，“税后流程”三级指标、“增值税退税申报时间”指标和“增值税退税到账时间”始终是0分。除非税收征管制度转型，否则今后也难有作为。而得益于企业所得税汇缴申报“后续管理”转型为“事前事中事后风险管理”，“税后流程”三级指标“企业所得税审计完成时间”得分100。

二级指标“总税率和社会缴纳费率”是我国表现最差的指标，也是具有较大提升空间的指标。经过多年的努力，2020年终于突破60%，达到59.2%，但仍然远远高于OECD成员国的平均水平，仅比表现最差的经济体低约20%。而之所以该指标排名这么靠后，关键在于“社会缴纳费率”居高不下，根源在于高企的社保费名义费率。以2019年为例，我国“总税率和社会缴纳费率”为64.9%，而两个样本城市北京和上海的社会缴纳费率就分别占了40.79%和49.12%。若要进一步提升我国营商环境的纳税指标，关键在于降低社会缴纳费率。

16.2 征管系统建设思路

社保费由社保征收或税务征收本身并无优劣之分，选用哪种模式取决于国情的发展。社保部门征收模式在我国社保制度初建期优势明显，但随着国情的发展被税收征收模式取代已成定势。正因为历史功绩的包袱，实现转型发展免不了各种阻力和障碍。如何破除改革路上的阻力和障碍，是对税务部门税费治理定力和智慧的考验。

16.2.1 建设难点

(1) 统筹层次与税务垂直管理模式冲突。从管理模式上看，长期以来，我国社会保障制度实行“央地共管”模式，碎片化治理特征显著。不可否认，在社保制度建设初期，较低的统筹层次发挥了决策链条短、执行效率高的优势，在扩大社保覆盖面、加快建立社保体系方面发挥了重要作用。但随着社保制度建设向纵深推进，地区间的政策差异、征缴模式差异、数据标准差异已经成为加快统筹发展的拦路虎。并且，低统筹层次下的社保地方自治现状与税务部门的垂直管理体系也存在显而易见的冲突。社会保障为民生所系，地方差异往往有着深刻的历史渊源，关系群众利益，在没有妥善化解的前提下，以垂直管理直接取而代之的冒进方式显然不可取。

(2) 民生保障与经济发展履责目标冲突。从征管目标上看，社保长期粗放的征缴模式形成了名义费基费率与实际费基费率的普遍差异，随之带来的政策目标冲突也是需要关注的。税务部门承接社保征管是否会引致企业实质社保负担的提升是社会广泛关注的焦点。社会保障承载着人民群众对未来基本生活保障的美好预期，可持续发展是社会保障的内在需求，必然以扩大覆盖面、充实基金源作为实施对策。但是，从经济发展视角来看，企业更关注当前的开源节流，希望降低社保缴费负担，以更多资金激发自身活力，支撑自身的发展需求。个人主体与企业主体的需求矛盾，同时也体现为保障未来民生与服务当前经济发展的矛盾。税务部门如何兼顾民生保障与经济发展的双重目标，调和多方需求，是承接社保业务的待解之题。

（3）业务繁杂与管理资源有限冲突。从资源需求上看，税务部门如何以有限资源来满足社保征管业务需求，是面临的另一大考验。社会保障立足于保障全民、伴随一生，其服务对象在覆盖广度、时间长度上显然要比税收更进一步，大量城乡居民将首次进入税务部门征管视野。并且，社保业务包含养老、医疗、工伤等多个费种，业务多样性也为税务承接社保征收带来进一步挑战。税务的征管架构、人力资源以及信息系统能否承载社保业务，投入产出的经济性如何，是必须考量的问题。

16.2.2 建设改革

社保业务纳入税收征管服务体系是国家治理现代化的战略决策。厘清难点是以正本清源的态度正视问题、寻求化解的根本思路。依托数字化、智能化、集约化的云化自然人电子税务局，个税改革取得了巨大成功。借助个税改革的成功经验，依托其已经建成的云平台资源，建设符合我国社保特征的征管服务系统，有望成为化解社保征缴问题的良策。社保征管服务所面对的是更为海量的自然人对象，涉及纷繁复杂的多级政策，业务频次高，精准要求高，从根本上决定了必然以“云化思维”化解管服难题。结合税务部门在个税改革方面已有的云化建设成果和宝贵经验，以“平台可复用、业务智慧化、规则可兼容、互联可共享”为指导思想，建设税费一体的云化社保费征管服务系统。具体来说，以社保业务特征识别为起点，通过云计算、大数据技术实现人群对象的精准画像与精确分类；对原始业务场景进行数字化重构，让信息数据成为新型的业务驱动力，实现业务的智能化改造，最大限度减少人工干预，给予缴费人及业务参与各方更加高效、便捷、精准、智慧的社保业务办理体验；通过税费一体化的自然人管理体系、链式管理的跨部门协作机制，不仅可以推动社保征收规范化进程，也将充分体现出综合治理、综合施策的集约化效能。

16.2.2.1 个税改革成功经验

自上而下的税费制度、征管服务模式改革，必须要以对等范围的规范统一为基础。信息系统在税制改革进程中发挥着关键的推动与支撑作用。从 CTAIS 到金三个税、到自然人电子税务局，实现了从分散到省级集中，再从省级集中到全国集中的过程，是以信息化手段逐级逐步实现全国范围规范统一的过程。2017 年，金三个税以省级数据集中的方式推行总局统一软件，2017 年底即开始启动个税改革和系统上云。金三个税昙花一现，但其历史使命是无可替代的。金三个税在全国范围内统一了个税信息系统基础数据标准规范、基础征管业务应用，在为全面云化的自然人电子税务局奠定基础的同时，也为综合与分类税制的改革打下坚实基础。

16.2.2.2 改革难点化解思路

借鉴个税改革的实践经验，社保改革同样需要把握好步伐节奏，各项措施的先后部署与综合运用需要有充分预判与合理调度。提升统筹层次是匹配税务垂直征管模式的必要前提，“成熟一省、移交一省”是适应征管实际的重要选择。在夯实基础中稳步前行，先规范标准后升级上云，是社保改革的可行之路。

（1）提升决策能力，降费减负与加强征管双管齐下。民生保障与经济发展是国家治理的两项重要目标，从短期来看，两者存在主体目标差异。从长期来看，两者则是相辅相成的促进关系。因此，降费减负不是社保改革的单一目标。对费率进行合理化调整，同步保障社保事业与企事业单位可持续发展的动能，创造公平的、有竞争力的营商环境，是社保治理层面的更高需求。税务承接社保业务所带来的税费融合治理，将使税务大数据为社保决策提供新的可靠的数据支撑，为决策的科学化、精细化助力，实现降费减负与规范征管的目标整合。

（2）实现税费一体，提升集约化程度强化征管服务。从资源考量上看，社保征收划转并非税务对征收业务的全盘复制，而是与税务既有业务的有机整合。以集约化立场，充分利用自然人电子税务局在个税治理中的平台架构、信息基础与综合资源，建构税费一体化管理系统；以有限可控的增量投入，产出“1 +1 >2”的管服成效，税费治理双向融合、双向促进，才能使税收征管的规范化优势得以最大化体现。

16.3 征管系统建设方案

个税改革的云化实践，是自然人税费治理的重要探索。在基于社保征管体制改革中，借力个税的成功实践顺势而为，以税务承接社保业务为契机，建构自然人税费的“优化高效统一”格局，符合税费治理整体发展的方向。个税改革所铺垫的多部门信息共享通道将为社保征管向数据驱动演化提供支撑，自然人税费征管系统预期可以成为“大数据提升国家治理现代化水平”的成功实践。

16.3.1 可行性分析

在提出社保征管服务系统化解改革难点的思路基础上，我们对构建基于税费一体的云化社保征管服务系统进行了可行性考量，并推演其实现路径。

（1）税费征管对象重合度。以基本养老保险为例，人社部公布的 2018 年城镇职工基本养老保险期末参保人数为 4.18 亿人，城乡居民基本养老保险期末参保人数为 5.24 亿人。理论上，申报工薪所得个税的人员与城镇职工基本养老保险参保人员高度重合，申报经营所得个税的人员在现行政策下可能参保城镇职工保险或城乡居民保险。税务部门进行社保费征收，企事业单位无需额外进行员工参保登记，自然人基础信息可通用于个税申报及社保申报。根据个税申报信息，可以有效识别灵活就业人员，对该类人群可以进行前置提示，利用智能参保提供更便捷的服务。新增的工作量主要集中在城乡居民。城乡居民虽然从数量上占据半壁江山，但从征收管理考虑，原先大部分采用代理户集体申报方法的，依然可以采用。征管对象转变为代理户，管理难度也将显著降低。工作量主要集中在代理户对自然人进行的初始信息采集，在社保扩面成果之上，已无较大增量。

（2）税费信息来源重合度。通过全面分析社保当前的业务场景，分解驱动业务必需的数据项，研究数据项来源，分析结果显示社保费所需信息与税务既有信息（包括自然人电子税务局与金三系统）的重合度约为三分之二；其余信息中，可由第三方交互获取的占大头（利用已搭建应用的信息共享平台基本可以获取）。

（3）个税实践成果重合度。技术领域，自然人电子税务局作为云化技术应用的成功范例，是政务上云的实践先驱。而追根溯源，自然人电子税务局所具备的弹性开放的系统设计、敏捷迭代的开发方式，天然为社保业务而开放。其已有的自然人身份认证体系、一人式数据归集方式等都可以为社保征管所用。在对自然人税费一体化深刻理解的基础上，基于全功能自然人电子税务局的研发，对现行系统进行拓展，可以满足社保云化征管需求。

16.3.2 实现路径

借鉴个税改革成功这个鲜活的案例，确定合适的路径和策略，基于税费一体的社保费云化征管服务系统建设大有可为。

16.3.2.1 大力推广基于数据省级集中的全职能标准版

社保费低层次统筹与税务机关垂直化的矛盾决定了云化社保费征管服务系统必须要在全国逐步统一规范的前提下加快实现省级标准化。税务信息化支撑水平要达到社保入税的划转要求，可对标金三个税，以省级数据集中的方式推行总局统一软件，以实现省级统筹，为全国统筹打下基础。截至 2020 年 12 月，23 个省市已上线税务征收标准版系统，以省级数据集中的方式推行总局统一软件的路程进入后半途，但“行百里者半九十”，推广工作一旦松懈，之前的工作成效可能前功尽弃。接下来，应着力进行两方面工作：一方面扎实提升税务征收社保费标准版系统业务支撑能力，将厦门等地为代表的全职能征收省市业务加入标准版系统。以社保自身的完整业务流为管理对象，致力于全国统一版本，通过功能开关，不断满足全职能省市业务需求。系统体现数据化、智能化特征，为税务人员接手全职能业务提供助力。另一方面结合标准版优化完善工作，结合未上线单位接收人群、征缴模式等情况，科学制定分批次推广计划，迅速推广全国上线。目的是适配社保费省级统筹形势，实现省级数据集中，同时满足全国标准条件，进而有效促进社保费全国数据集中，最终为社保费全国统筹打下坚实的基础。

16.3.2.2 加快研发基于税费一体的云化社保征管系统

个人所得税云化的巨大示范效应必然会影响地方对于社保治理实现跨越式发展的预期，广东就是其中的典型。这种现象有利的一面是，地方有着寻找社保治理现代化突破口的迫切需求；不利的一面是，在实现全国统一规范之前的任何巨额投入，都将成为阻碍改革转型的沉没成本。因此，响应地方呼声，加快研究云化社保成为当务之急。

社保费全职能标准版上线的同时，要研究借鉴个税改革的成功经验，利用个税改革的成果，促进税收征管资源利用最大化、征管成本节约化。从自然人税费一体化治理的高度，将社保征管纳入自然人电子税务局建设中，形成信息统一采集、模块独立应用、单一入口、弹性开放的自然人税费综合管理系统。

在这一阶段，完成社保上云，让社保业务成为云化自然人电子税务局的有机组成部分。该阶段主要实现三项目标：第一，自然人基础信息整合，构建基础信息通用模块，完成支撑自然人全税费种业务的一人式数据归集；第二，外部数据交互渠道建设，借力个税的第三方信息渠道保障，完善社保信息交互，构筑数据集合高地；第三，社保业务的云化改造，在信息基础与技术手段完成准备的前提下，对传统业务实施云化改造，发挥税务职能优势，体现“量能赋税”原则，向“服务、互联、弹性、共识”的模式转变，向“优化高效统一”的改革目标持续迈进。

16.3.2.3　社保征收体制改革任务书、路线图和时间表

2018 年中共中央印发《深化党和国家机构改革方案》，作出“由税务部门全责征收社会保险费”的决定，可以说是中共中央对社保征收体制改革下达的总任务书，提出了“坚持优化高效统一”的改革原则，强调“通过改革，逐步构建起优化高效统一的税收征管体系，为纳税人和缴费人提供更加优质高效便利服务，提高税法遵从度和社会满意度，提高征管效率，降低征纳成本，增强税费治理能力，确保税收职能作用充分发挥，夯实国家治理的重要基础”。基于以上社保征管体制改革的任务，结合现阶段社保征管现状，可以采用“先打基础、再扩业务、逐步规范、税费云化一体治理”的分步实施策略。

第一步：完成标准版全职能改造及全国推广上线工作，为社保征管体制改革打下基础。建设“业务支撑平台”，实现对已接收人群和险种的监管；满足机关事业单位、城乡居民的计费管理，做到灵活应对社保费政策变化，为后续接收企业提供系统能力支撑；解决税务、社保、医保等部门间信息传递时效性和业务联动问题，提高社保部门个人权益记账、待遇享受的可靠性、准确性；完成信息系统全职能改造，满足税务机关全责征收社保费地区业务需求以及全国社保基本业务需求，并分批推广至全国上线，以“系统版本全国统一、信

息数据省级集中”协同促进养老保险省级统筹的实现。

第二步：扩大社保费征管业务范围，实现对企业单位和灵活就业人员的接收。打破当前税务部门仅接收机关事业单位和城乡居民社保征管业务的单一局面，迎接企业单位和灵活就业人员征收职责划转。致力于社保业务政策格式化解构，灵活支撑全社保人群业务场景；致力于对税务人端系统进行完善和改造，实现对缴费登记业务、资格认定业务的支撑，满足缴费人全流程业务办理的需要；致力于提升缴费体验，提高缴费人获得感。完善单位社保费管理客户端，建设自然人自主缴费系统及代收缴费系统。实现渠道全覆盖，在总局完善单位社保费客户端现有功能的基础上，实现自然人自主缴费和代收缴费渠道的覆盖。建设自然人缴费系统，满足灵活就业人员远程缴费的需要。建设代收缴费系统，以村（社区）、乡镇（街道）为代办点，拓展税务部门线下支撑能力。

第三步：逐步完善社保费征管规范。一是适应社保费征收权划转形势，尽快出台高度统一的税务机关社保费征管办法，提供可操作性强的社保费征管政策指导意见；二是在现行税收征管规范基础上，根据社保费征收实际，发布社保费征管规范。就社保费分类管理、费源管控、欠费管理、工作流程等方面进一步统一。将社保费征管职责与税收征管逐步融合，借鉴税收管理的经验，实现源头控管，以规范促进社保费云化征管信息系统的建设。

第四步：完成社保费系统云化建设，社保费征管体制迎来实质性变革。以“弹性、互联、服务、共识”为社保费业务云化战略目标，云化社保征管信息系统，解决全国社保范畴内的信息连通问题，解决人员身份的唯一锁定问题，在全国范围实现参保资格的唯一认定，同步解决转移接续的顽疾。同时进行更广泛的社会治理领域与社会经济领域的信息共享。在面向未来的社保系统研发中，只有源源不断的交互共享，才有螺旋进步、适应发展的生命体征，也才有“为民服务”的活力源泉。具体来说，首先，以全国统一的社保信息系统为基础，实现与自然人税收系统的互联共享，达到自然人税费管理领域人员信息采集的唯一与统一；其次，通过自然人税收系统与各部委建立的信息通道，形成自然人税费信息与部委数据的交互共享，达成社会治理中的自然人信息的大数据集合。在大数据综合利用的带动下，不仅可以形成对自然人税费征管的促进，也将触发社会治理模式的革新。最后，在对自然人税费一体化深刻理解的基础上，基于全功能自然人电子税务局的研发，对现行系统进行拓展开发，满足税费一体化治理的需求。

16.4 征管系统建设展望

基于税费一体的云化社保征管服务系统建成之后，将对自然人税费治理现代化产生显著的成效。

16.4.1 治理影响拓展

（1）提升税务部门在政府治理体系建设方面的话语权。将基本养老保险由中央与地方共事权调整为中央事权是党的十九届四中全会作出的战略性部署，是政府治理体系建设的重要内容。通过云化社保征管服务系统的建设和推进，税务机关能够平稳地接住社保业务，高效地履行“四负责两参与一协助”的职责，圆满地完成“两个积极性”的体制机制转型重任。从而为税务机关积极服务于政府治理体系现代化添砖加瓦。

（2）提升税务部门在经济管理体系建设方面的话语权。税收、社会保障、转移支付等是再分配调节机制的主要手段。通过云化社保征管服务系统的建设和推进，税务部门将平稳、顺利承接社保征管服务职能。如此，税务部门负责三大再分配调节机制中的两大机制，将进一步提升税务部门在经济体系建设方面的地位。

（3）提升税务部门在社会保障体系建设方面的话语权。将实现基本养老保险的全国统筹的历史使命交予税务部门，本身就是党中央国务院对税务队伍的信任。通过云化社保征管服务系统的建设和推进，税务部门不仅能够圆满完成这一重任，而且将为社会保障的其他方面深化改革提供成功范例。

（4）提升税务部门在社会治理体系建设方面的话语权。社保业务纳入税收征管服务体系后，基于税务大数据平台，采集、加工和挖掘自然人所有涉税费相关信息，纳税人或缴费人的用户画像将更立体、更生动；用户的覆盖面也更广。从而为税务部门输出社会治理决策提供了更坚实的话语权基础。

16.4.2 治理体系完善

社保业务加入自然人税费治理大家族，融入云化的自然人税费征管服务系统，必将对自然人税费制度体系和征管服务模式产生深远影响。

16.4.2.1 初步形成较完整的自然人税费制度体系

党的十九届四中全会要求，“健全以税收、社会保障、转移支付等为主要手段的再分配调节机制，强化税收调节，完善直接税制度并逐步提高其比重”。将社保业务纳入税收征管服务体系，既是自然人税费制度体系的完善，也是直接税制度体系的完善。社保业务纳入税收征管服务体系所构建形成的完整完善的自然人税费制度体系，其结果与进程都体现了党中央的战略意图：一是通过提高自然人税费的比重来提高直接税的比重，即通过建立完整自然人税费制度体系逐步提高直接税的比重；二是通过完善自然人税费种制度本身来提升收入能力。

16.4.2.2 形成自然人征管服务模式

在自然人的各个税费种中，唯有社保费具有权益属性。利用税务机关大数据平台，通过采集、分析同一自然人具有权益属性的业务数据和具有义务属性的业务数据，将为税务机关识别真实场景下的自然人提供最佳方案。因此，社保业务将在自然人税费治理体系中发挥关键作用，并对自然人征管服务模式产生深远影响。

第一，形成自然人单一账号体系。自然人涉税费收入、财产、消费行为数据来源于多方渠道，需要进行一人式归集，需要各方渠道对自然人的身份数据形成一致互认，因此，自然人单一账号体系是自然人数据库的基础。当前的自然人纳税识别号只能运用于税收范畴，主要由扣缴义务人报送信息形成。由于纳税人识别号是单一的义务性账号，出于利益原因，扣缴义务人有虚构员工身份的动机，大量的身份冒用行为案例就是很好的证明。因而，单纯的纳税人识别码是不适合作为自然人单一账号的。社会保险对于自然人而言具有权益属性，因此，自然人会自发地保护其账号真实性。账号真实性的实质是自然人与就业单位关系的真实性，这恰恰就是个人所得税身份冒用问题的对立面。

第二，形成直接征管服务模式。个税改革迫切需要自然人税费征管服务模式从间接管理向直接管理转型。在社保业务纳入税务体系之前，由于个税的义务属性，纳税人缺乏主动与税务机关联系的动力，因而税务机关能够触达纳税人的机会不多。这种现象即使在税制改革之后也依然无法改变，通过扣缴义务人实施间接管理仍然是最为可靠的手段。税务承接社保业务后，依托社保接近全体社会成员的覆盖面将达到十多亿，可以迅速扩大对自然人的触达面，形成直接征管服务模式。

第三，形成税费共治基本格局。个人所得税税改过程中，通过法律规范，已经初步建立起各相关部委对纳税人身份信息、专项附加扣除信息、缴退税等的协同共管机制。通过个税 APP，自然人可以查询扣缴单位为自己申报的个税信息，从而能够有效监督扣缴义务人的申报行为，有了那么一点税收“自治”的意思。社保业务纳入税收征管服务体系后，一方面，个税、社保的协同共管成员单位将组成一个更大的联盟，税费共治格局将更加显现；另一方面，由于自然人维护社保权益的天性，必然会更加关注扣缴义务人的行为，激发自然人税费自治的动力。

16.4.3 治理能力提升

基于税费一体的云化社保征管服务体系建成后，将显著提升自然人税费的治理能力。

16.4.3.1 显著提升征管服务投入产出

(1) 有利于降低消耗、减少投入。税费一体化征管服务体系将是行政管理资源集约化利用的典型范例。从投入产出角度分析，社保征收所需要的组织支撑、人力资源与信息系统基础，税务部门天然具备。从征收实施视角看，费与税并不存在本质差异。在我国社保制度框架下，税费管理对象高度重合，税务既有的组织与人员架构可以基本满足社保征收的职能需求。个税管理与社保管理信息系统同根同源，可以在全国统一的自然人电子税务局上拓展社保应用，继而建立自然人税费一体化系统，从而大幅度减少社保费征收管理成本的投入。不仅如此，还有理由预期，自然人税费一体化系统同样能够支撑未来的房地产税征管服务，从而更大限度减少增量投入。

(2) 有利于做实费基、增加收入。税务金三系统与自然人电子税务局分别实现了企事业单位数据和自然人税收数据的全国大集中。与此同时，税务信息系统在保障安全的前提下，与公安、市场监督管理等多部门实现了数据的共享互信，为大数据应用筑牢了基石。社保征收加载于税务大数据平台，征收对象的高度重合客观上将做实费基，整体投入产出将达到新高度，这也是进一步降低社保名义费率的必要前提。税费一体所带来的反哺效应也必然会增加自然人其他税费如个人所得税的产出，减少投入。如此一来，从自然人税费的整体视角，产出的增加值将远远高于投入的增加值，从而将自然人税费征管质效的投入产出比提升到一个新的高度。

16.4.3.2 显著提升营商环境指标排名

税务部门以基于税费一体的云化社保征管服务体系承接社保业务的过程和结果，将能够通过提供实时、精准的决策支持，降低社会缴纳费率，从而助力实现营商环境的优化。

（1）为总体降费提供决策支持。税务部门以云化系统运营社保征缴服务后，既能最大限度地实现人员的应保尽保，也能最大程度地做实费基，从而能够最大限度地保证应征尽征，为降率打开空间。因而能够在保证社保基金收入稳中有升的前提下，向社保政策制定部门提供决策支持，实现最大限度地降低名义费率。

（2）为精准降费提供决策支持。按照现行的社保政策，企业缴费与薪酬总额有关，而薪酬总额不必然与企业盈利能力相关。因此，一刀切地的降低企业费率对于不同的地区、不同行业的企业所起的政策效果天差地别。[①] 以全国各地上市公司为对象的研究表明，在税务征收社保的条件下，总体上会使上市公司利润下降约3.06%，但对不同地区以及不同行业的影响差异巨大，甚至某些地区的某些行业是增加利润的。另外，在云平台大数据的支持下，可以通过数学模型测算社保费率对地区、行业的利润影响，从而为精准施策、精准降费提供决策支持。

① 王钰，王再堂．税务部门征收社保对行业以及地区利润的影响分析——来自上市公司的数据．海关与经贸研究，2019（040）：003

17　税收知识图谱运用

近年来，人工智能技术得到了迅猛发展，在教育、医疗、公安、金融等多个领域都实现了令人瞩目的突破，推动了行业的革新。人工智能技术在税收征管领域进行不断尝试，也取得了令人瞩目的成果，应用前景十分广阔。

17.1　税收知识图谱应用

17.1.1　税收知识图谱基础

（1）人工智能（Artificial Intelligence）。人工智能是研究、开发用于模拟、延伸和扩展人的智能的理论、方法、技术及应用系统的一门技术科学。通过研究人类智能活动的规律，构造具有一定智能的人工系统，研究如何让计算机去完成以往需要人的智力才能胜任的工作。人工智能由不同的领域组成，如机器学习、计算机视觉、智能语音等，其重要目标是使机器能够胜任一些通常需要人类智能才能完成的复杂工作。目前，人工智能主要用于机器视觉、指纹识别、人脸识别、视网膜识别、虹膜识别、掌纹识别、专家系统、自动规划、智能搜索、定理证明、博弈、自动程序设计、智能控制、机器人学、语言和图像理解、遗传编程等，在教育、医疗、公安、金融、税收等公共领域也得到广泛应用。①

（2）知识图谱（Knowledge Graph）。这一概念最早由Google提出，主要目的在于优化现有的搜索引擎，通过分析复杂数据之间深层次的关联性，从而向客户提供更具有价值的信息情报，最终实现改善搜索质量的目的。从本质上来讲，知识图谱就是把所有不同种类的信息通过可视化的信息技术，将不同实体以节点（Ver-

① 袁晓雨，雷涛．人工智能时代来临．机器人产业，2016（1）：38－46

tex）的形式、将实体之间关系以边（Edge）的形式，连接在一起的一个关系网络。从实际应用上来看，知识图谱基于应用数学、图形学、信息可视化技术、信息科学等学科的理论与方法、计量学等方法，通过数据挖掘和分析，以可视化的图谱形象绘制和构建实体之间的相互关系，是一种多学科融合的现代理论方法，为科学研究提供切实的、有价值的参考，因而又名科学知识图谱。同时，知识图谱是一把开启智能机器大脑的钥匙，其发展备受重视，行业前景较为广阔。

（3）税收知识图谱。在大数据背景下，新一代人工智能的关键是知识驱动。当前急需要将数据驱动与知识引导相结合，并通过知识计算引擎与知识服务等技术，将数据之间的关联关系以自然语言和图像图形的形式构建并呈现给用户，在短时间内完成大数据向知识的传导，从而实现知识学习的智能化。

税收知识图谱是知识图谱在税收领域的应用，即用可视化的图谱将征纳税主体和税收要素之间的关系简明地展现给用户。在当前依法治理、大众治理和综合治理的税务治理大趋势、大环境下，税收知识图谱成为建设税务人工智能、支持税务治理的重要工具，其运用有利于实现税务治理机器智能化，有利于实现大规模的人（专家经验）、机（机器智能）协同的精准办和智能管税，有利于实现数据资源的有机整合，如图 17－1 所示。

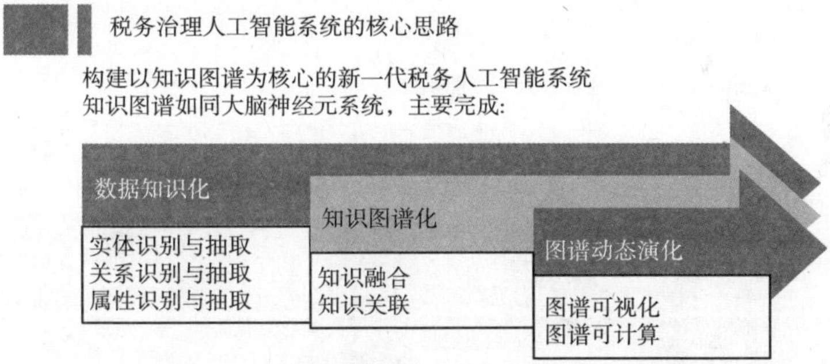

图 17－1　税务治理人工智能系统核心思路

税务治理人工智能系统核心思路是构建以知识图谱为核心的税务人工智能系统，而知识图谱的主要职责和功能是完成数据知识化、知识图谱化和图谱动态演化。其中，数据知识化是将用定量数字表示的结构性数据，和以文本、邮件、图像及视频形式表示的非结构化数据转换成统一标准的结构化数据，按实体、关系、属性等标准，由电脑按预先设置的程序，通过深度学习，进行自动搜索、识别、筛选、提取，形成具有统一识别标准的信息知识；知识图谱化在将提取的信息知识按一定标准进行整理、融合、归类的基础上，用可视化方式展现不同类型信息之间的相互关系，形成信息知识图谱，作为分析、判断和决策的重要依据。图谱动态演进是运用集成了图数据存储、图计算引擎、图可视化分析的一站式平台，进行节点关系的存储和计算，相似度计算、模糊子图匹配等离线计算，计算结果直观地展现数据间的复杂关系，根据数据源中的知识更新，以及使用的自动学习算法改进，知识图谱也将作出及时的动态更新。

17.1.2 税收知识图谱系统

以知识图谱为核心的税务治理人工智能系统分为四个层面：第一层面是知识源，在人工智能和知识工程系统中，依据税收政策公告、税务数据、第三方数据、互联网数据作为数据来源；第二层次是知识提取，从原始数据中根据不同需求，提炼出有效的、新颖的、潜在有用的数据，并通过对信息的提炼和推理，获得一定的结论，是人的大脑通过思维重新组合和系统化的信息集合；第三层次是知识图谱，用可视化的图谱将有关信息之间关系简明展现，并将数据驱动与知识引导相结合，通过知识计算引擎与知识服务等技术，将数据之间的关联关系以自然语言和图像图形的形式构建并展现，完成大数据向知识的传导，从而实现知识学习的智能化；第四层次是知识服务，通过自然语言、问卷、推荐、导航等方式向服务对象提供知识服务，如图 17－2 所示。

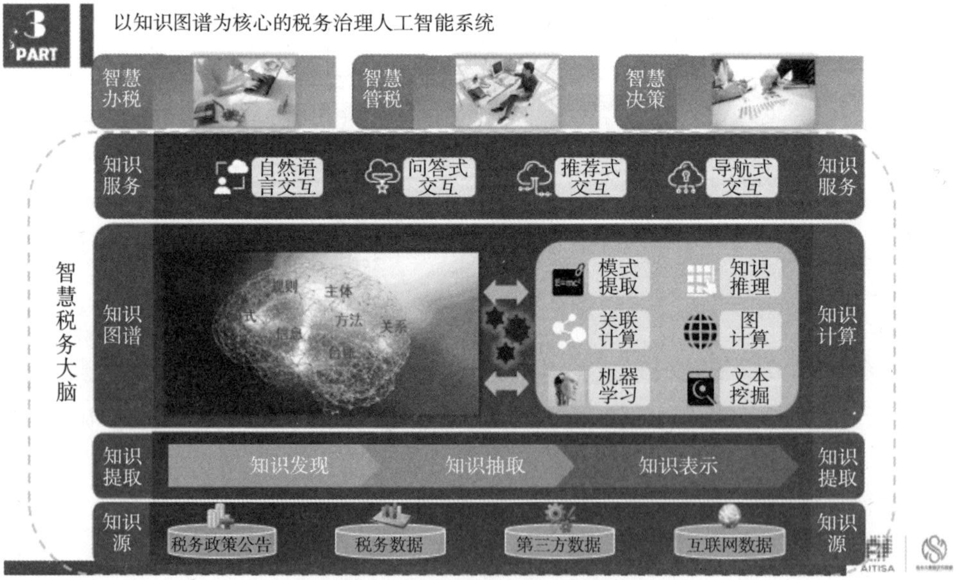

图 17－2　税收知识图谱系统

17.1.3 税收知识图谱技术[①]

17.1.3.1 纳税人全息画像技术

纳税人全息画像技术是指借助数据挖掘、机器学习等技术手段，在海量数据的支持下，将纳税人的多维度特征进行抽象概括，构建目标特征标签，再根据具体的应用场景将纳税人信息进行集成整合，从而刻画出纳税人基本情况、经济活动、纳税行为等全信息画像，来服务于纳税信息分析、税收征管工作。

相较于传统的纳税人信息管理方式，纳税人全息画像技术具有以下优势：一是重点突出、展示直观。通过对纳税人的特征提取，可以将以往只能通过表格、文本信息描述、或者分析表间关系等得出的纳税人特征信息，直接通过特征标签的形式进行展示，并将多个相关特征标签展示在同一画面内，从而能够更快速、更便捷、更准确地掌握纳税人的整体状态。二是多维度刻画和优良的可扩展性。特征标签可以从多个维度对纳税人特征进行刻画，针对不同的应用场景，可以选取不同的特征标签，有利于加强针对性和聚焦重点；并且在新增应用场景时，可以根据基础特征信息，快速实现针对该应用场景的特征组建，提高效率。

纳税人全息画像技术主要分为三个步骤：第一，对海量数据进行处理，构建目标特征；第二，根据不同的应用场景，对特征进行集成整合；第三，以易于理解的方式进行全息画像结果展示。在对海量数据进行处理时，会涉及非结构化数据的处理，针对非结构化数据，需要建立规则库，以此为基础对非结构化数据进行格式、转换规则的描述，从而实现非结构化数据统一的格式转换，并定期对规则库进行维护更新，以保证各非结构化数据正常处理。

纳税人全息画像可以针对不同的应用场景进行特征的集成整合。应用场景可以根据需要进行选择，例如，企业基础信息、财务状况、关联交易情况、外部环境信息、税务基本信息、纳税遵从行为、分税种缴纳情况等场景。据此，既可以对企业的经营环境、经营活动、纳税行为等进行全方位的画像描述，也可以针对其中某一个场景进行聚焦描述。最后，根据不同需求，选取相应的展现形式，对画像结果进行展示。

---

① 罗格研究院人工智能课题组．人工智能技术在税收征管中的应用．国际税收，2018（5）：20－24

17.1.3.2 纳税人关系信息云图

纳税人关系信息云图是反映股权关系和供应链关系的一个拓扑图，其中用节点来表示实体，关系用带权重和方向的线来表示。节点的颜色或者大小可以用来描述实体基于复杂网络算法得出的重要程度，又或者基于某种模型算出的风险程度，节点自身也可以添加重要的基本信息，比如注册资本、纳税情况等，这样就可以很直观地被非专业人士所理解。关联图谱的边除了可以表达纳税人之间有某种关系以外，边的长短、粗细也可以用来描绘纳税人群体的离散程度，边上的权重可以引入更复杂的多维度的关联信息，比如投资的金额、持股比例、交易类型、交易额度等。

纳税人关系信息的来源以增值税发票提供的企业交易信息、工商登记提供的股权投资信息为主，其他网站或舆情提供的附加信息为辅。根据不同的数据源，使用中文分词、命名实体识别、词句法分析、关系挖掘等技术对数据进行挖掘、筛选和清洗，从而实现大规模数据的实时、智能处理和监控。反映供应链关系的关联云图，是以增值税发票信息为基础形成的。企业进行经济活动，在与其他经济体发生产品和资金的交换过程中，同时伴随着增值税发票的流动。对发票流动信息进行监控、归集和分析，就基本掌握了企业的日常经营情况及纳税情况。针对同行业供应链信息进行分析，能够从整体上掌握同行业企业在上下游交易过程中的地位，以及利润占比，从而对纳税风险控制指标有更为准确的把握，实现税务监控。

基于纳税人股权关系形成的关联云图，可以清晰地展示纳税人的关联关系，加上纳税人的交易信息，可以直观展示出纳税人的关联交易情况以及关联交易依赖度等。基于纳税人关系云图，可以较全面地掌握纳税人的经济活动情况和外部关系，对经济业务的真实性、纳税申报的准确性及完整性、关联交易的合理性进行分析，从而实现税务风险的实时监控。

17.1.4 税收知识图谱应用

以知识图谱为核心的税务治理人工智能系统服务于智慧办税、智慧管税和智慧决策三大对象，以及税收征收管理和税收政策决策两大类型。

17.1.4.1 税收征收管理应用

（1）税源管理。税源管理作为税收征管过程中的重要组成部分，影响着税收征管的质量和效果。随着新的税收征管模式的不断深入实施，税源管理工作也得到不断强化。将区块链运用到税源管理工作中，一方面，可以与工商、海关、金融等机构联合，获取与纳税人相关的商品交易信息、资金流向等更广泛的信息，形成多方联动的立体防控体系。根据纳税人的经营活动和涉税数据，可以建立起自动的风险识别和预警机制。另一方面，可以完善税收分析和纳税信用评级制度。通过预先设定规则，根据纳税人的税收遵从情况自动计算纳税信用评级，并可以根据实际情况实时更改变动，保障信用信息的准确性和及时性，从而对税源进行有针对性的管控。

（2）税款征收。税收知识图谱应用，可以简化税款征收流程，创新税款征收方式。在具体的实施方面，可以根据企业所有的交易数据和相关信息，设置一套征管规则，通过技术软件在期末将一定时期的交易记录进行自动整理分析，从而自动生成企业的纳税申报表。在此基础上，可以通过系统进行税款的自动扣缴。

（3）税务稽查。税收知识图谱应用，可以提高征管工作的效率，通过事前和事中的实时管控，也在一定程度上减轻了税务稽查工作的负担。目前的税务稽查主要面临着选案难、取证难等问题。在税收知识图谱应用下，记载企业完整的交易链条和相关信息，通过数据识别和采集程序，税务部门可以便捷地获取和掌握企业的生产经营情况，确定企业在成本列支和收入申报中存在的疑点和异常行为，及时开展评估、稽查等征管活动。通过设定不同的指标体系，可以实现稽查过程中的自动选案。

17.1.4.2 税收政策决策应用

依据海量交易数据与涉税信息，通过大数据、云计算技术等建模，对这些海量数据进行深度分析，为税收经济分析和征收管理决策提供有用的信息。税收经济分析系统内容及管理重点归纳为以下方面：

（1）有效评估、预判税收征管政策的影响效应。通过对海量交易数据与涉税信息进行分析，可以对此前制定的税收征管政策进行效应分析，利用已有数据进行政策影响结果的计算，评估政策的优劣，并对相关数据与阈值进行优化调整。在税收新政发布后，通过监控政策变化对交易数据的影响，分析政策的影响效果，在参数异常时提前进行预警，使政策制定与发布有效可控。在政策制定过程中，可以利用数据建模指导政策制定策略，分析政策在实施过程中的影响因子与效果，并通过历史数据进行预判计算，帮助决策者更有效地制定税收政策。

（2）通过智能合约形成税收征管逻辑。由于税收征管各主体的交易数据、审核数据、信用数据等全部被接入到税收征管系统中，当税收新政发布之后，就可通过智能合约快速形成税收征管逻辑，新增或者覆盖此前的计算逻辑，实时生效，系统将自动按照新政策形成的计算逻辑进行执行，对各企业应纳税额进行计算与调整，大大提高了政策执行效率，也能有效消除新政策发布之后企业高管与财务人员、税务部门对政策理解不一致产生的矛盾问题。

人工智能赋能税收征管已经成为未来重要的发展趋势。我们要正视新技术给税收领域带来的变革，并在技术创新上不断探索，在应用场景上不断开拓，将新技术融入到更多的税务管理、税务服务场景中。实现效率更高、针对性更强、用户体验更好的税收服务。促使税务管理和服务质量、效率全面提升。

17.2　税收经济效应图谱

日常所见的税收经济作用机理大多以文字进行表述，需要花费阅读者大量的时间完成阅读，并自行梳理逻辑关系。但税收知识图谱可以直接依据读者搜索的关键词，从各类相关数据信息中提取出更为全面、逻辑清晰的关系，且以图谱的形式展现，方便、高效和省时。

17.2.1　税收经济作用机理

当用户想了解的主题是“税收经济作用机理”时，图 17－3 则将税收经济效应作用机理的税收实体和税收实体之间的关系以节点和边的结构形式用可视化的图谱完整地展现出来。从图 17－3 可以非常清晰地梳理出完整的税收经济作用机理的四个影响层次以及每一层次中的影响要素，即机理工具、中介工具、影响对象以及实现的宏观目标。

（1）税收经济作用机理工具（第一层次）。第一层次是税收经济作用机理的开始阶段，在这一阶段下，政府运用财政工具对经济进行调节，进而触发税收的经济作用。政府的财政工具包括政府收入和政府支出两类。税收通过政府收入和政府支出对经济产生影响。其中，政府收入工具又包括间接税和直接税两类，政府支出的工具包括政府消费和政府投资两类。

（2）税收经济作用中介工具（第二层次）。第二层次是税收经济作用机理的传导阶段，在这一阶段，依据不同的税收特点，影响中介工具，发出调节信号。按照税负转嫁的难易程度，税收分为间接税和直接税两类。间接税又名商品税或流转税，以商品价格为载体，通过商品的流转而发生税负转嫁，对商品价格影响较为明显。因此，间接税会影响商品价格，商品价格是间接税的中介工具。而直接税的税负归宿对象较为明显，如个人所得税，较难发生税负转嫁，对纳税主体的可支配收入具有较为显著的作用。因此，可支配收入是直接税的中介工具。

(3) 税收经济作用微观主体行为（第三层次）。第三层次是税收经济作用机理的影响阶段，在这一阶段依据中介工具发出调节信号，进一步对微观主体的行为产生影响。其中，商品价格会对个人消费、企业生产和进出口贸易产生影响；可支配收入会对消费、储蓄、投资和劳动产生影响。

(4) 税收经济作用宏观经济运行（第四层次）。第四层次是税收经济作用机理的传导完毕阶段，在这一阶段微观主体的行为发生改变，进而实现了劳动就业、价格稳定、收入分配、产业结构以及经济增长的宏观目标，完成了税收对经济的传导。

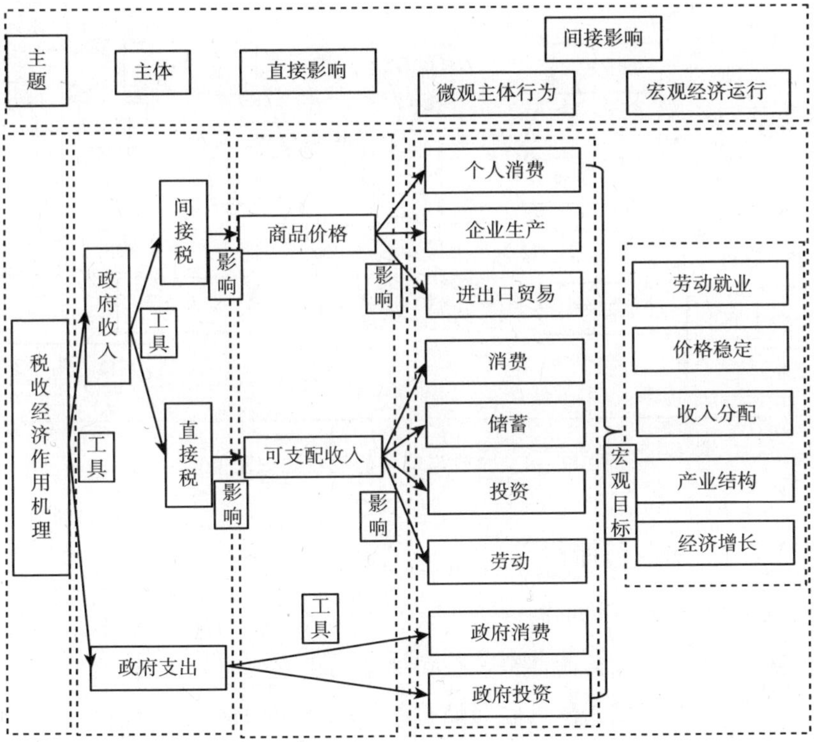

图 17-3 税收经济效应作用机理

17.2.2 税收微观经济效应

本部分主要用税收知识图谱，通过直接税和间接税两类不同税种，减税和增税两种不同政策工具，分析税收对企业、个人主体，价格、消费、储蓄、投资、劳动等微观经济活动和经营行为的影响，以及不同税收政策的作用效果。

17.2.2.1 税收与消费

消费是社会再生产过程中的最终环节，是指利用社会产品来满足人们各种需要的过程，又分为生产消费和个人消费。从图 17-4 税收与消费的税收知识图谱来看，税收对消费影响可得出以下几点结论：第一，间接税，如增值税、消费税，通过影响商品价格对消费产生影响；第二，直接税，如个人所得税、企业所得税，通过影响可支配收入来影响消费。第三，税收对这生产消费和个人消费两类消费的影响结果相同，即减税可以促进消费增加，增税降低消费。

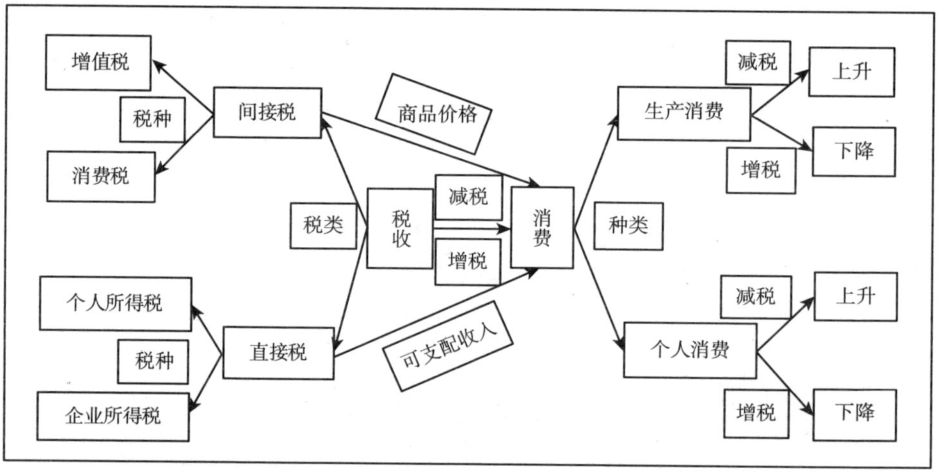

图 17-4 税收与消费的税收知识图谱

17.2.2.2 税收与储蓄

储蓄是社会公众将当期暂时不用的收入存入银行而形成的存款。民间储蓄分为公司储蓄和个人储蓄两部分。公司储蓄动机主要是扩大再生产，个人储蓄动机主要是预防性动机。从税收与储蓄的税收知识图谱（见图 17-5）来看税收对储蓄影响，可得出以下几点结论：第一，间接税，如增值税、消费税，通过影响商品价格对储蓄产生间接影响：减税时，商品价格下降，产生替代效应，消费比储蓄更加便宜，此时，减税会促进消费（生产消费和个人消费），降低储蓄；反之，增税时，商品价格上升，替代效应中，储蓄比消费更加便宜，因此，增税会降低消费，增加储蓄。第二，直接税，如个人所得税、企业所得税，通过影响可支配收入间接影响储蓄：一般情况来看，减税会增加可支配收入，产生收入效应，促进消费，但对储蓄影响（是增加或是降低）并不能确定，需要结合具体情况进行判定。对企业而言，其储蓄动机在于扩大再生产，因此，增加企业所得税，会降低其可支配收入，进而企业会增加储蓄以等待时机进行扩大再生产。对个人而言，其储蓄动机主要为预防性动机，增加个人所得税，会降低其可支配收入，当对未来收入预期为减收时，进而会增加储蓄，防范未然。第三，税收对这两类储蓄的影响结果并不相同。减间接税会促进消费，降低储蓄，但减直接税可能会同时促进消费和储蓄。

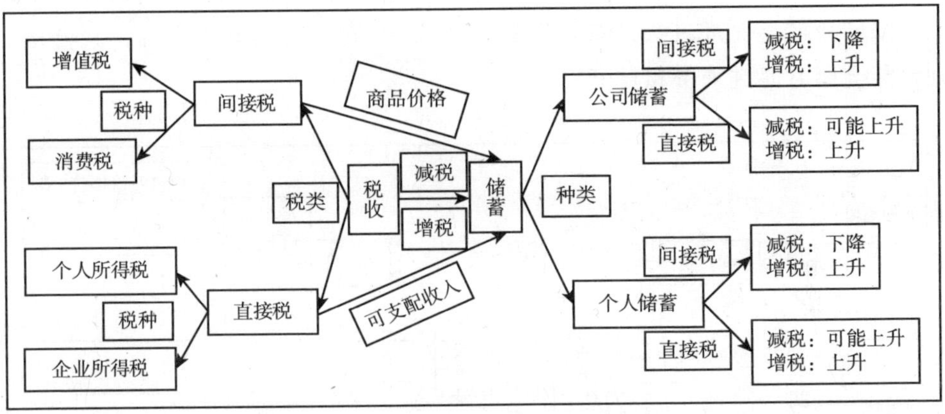

图 17－5 税收与储蓄的税收知识图谱

17.2.2.3 税收与投资

投资是特定经济主体为了在未来可预见的时期内获得收益或是资金增值，在一定时期内向一定领域标的物投放足够数额的资金或实物货币等价物的经济行为。投资的资本金来源于储蓄（居民部门储蓄、政府部门储蓄和国外部门储蓄），但储蓄能否转化为投资还受市场因素影响，因此，投资和消费之间的关系与投资和储蓄之间的关系较为相似，但并不完全相似。民间投资分为公司投资和个人投资两部分。其中，间接税对投资具有间接影响，直接税对投资也具有间接影响。从税收与投资的税收知识图谱（见图 17－6）来看，可得出以下几点结论。第一，间接税，如增值税、消费税，通过影响商品价格对投资产生间接影响。减税时，商品价格下降，促进消费（生产消费和个人消费），在经济总量不变的情况下，储蓄会下降，消费挤出储蓄，进而挤出投资，因此，尽管投资需求有上升，但实际投资额可能并不会上升。反之，增税时，商品价格上升，降低消费，储蓄会增加，投资是否会增加则取决于商品价格上升和消费下降的程度，当商品价格上升快于消费下降，会增加投资，反之则降低投资。第二，直接税，如个人所得税、企业所得税，通过影响可支配收入间接影响投资。一般情况下，减税会增加可支配收入，产生收入效应，促进消费，但对储蓄影响（是增加或是降低）并不能确定，因而对投资的影响也不能确定，需要结合具体情况进行判定。对企业而言，增加企业所得税，会降低其可支配收入，进而企业会增加储蓄，而非实行生产性扩张，降低投资。对个人而言，增加个人所得税，会降低其可支配收入，当对未来收入预期为减收时，进而会增加储蓄，防范未然，增加投资。第三，税收对这两类投资的影响结果并不相同。减间接税会促进消费，降低储蓄，但不一定能增加实际投资额，减直接税则可能会同时促进消费和投资。

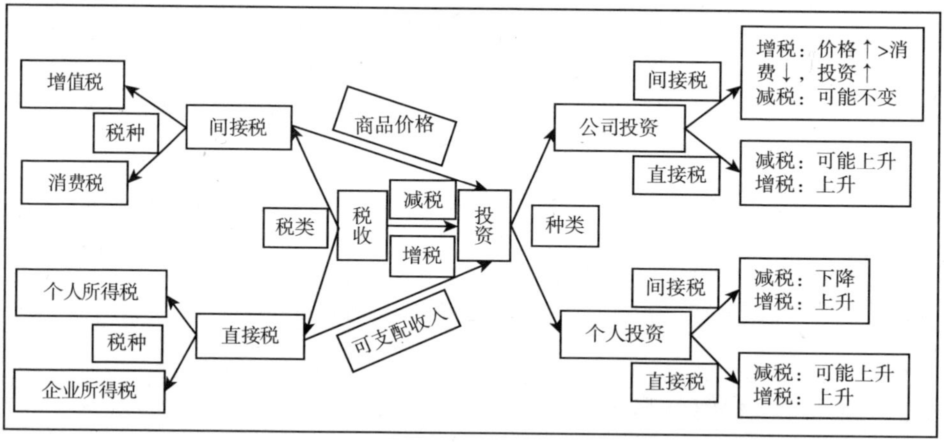

图 17－6　税收与投资的税收知识图谱

17.2.2.4　税收与劳动

个人提供劳动的主要目的是获得相应的劳动报酬，以维持劳动力再生产，税收对劳动主要会产生以下几方面影响。从图 17－7 税收与劳动供给的税收知识图谱来看，可得出以下几点结论：第一，间接税，如增值税、消费税，通过影响商品价格对劳动供给产生间接影响。减税时，商品价格下降，货币购买力增加，可支配收入增加，产生收入效应，降低劳动供给。同时，闲暇作为正常品，其价格是减税后的可支配收入，此时，闲暇价格上升，劳动者会减少闲暇，产生替代效应，增加劳动供给。最终劳动供给增加还是降低取决于社会总效应。如果社会中收入效应大于替代效应，则减少劳动供给，反之，则增加劳动供给。增税时，商品价格上升，货币购买力降低，可支配收入减少，产生收入效应，增加劳动供给。同时，闲暇作为正常品，其价格是减税后的可支配收入，此时，闲暇价格降低，劳动者会增加闲暇，产生替代效应，减少劳动供给。最终劳动供给增加还是降低取决于社会总效应。如果社会中收入效应大于替代效应，则增加劳动供给，反之，则减少劳动供给。直接税，如个人所得税、企业所得税，通过影响可支配收入直接影响劳动供给。减税时，如减个人所得税会增加可支配收入，产生收入效应，降低劳动供给。同时，闲暇作为正常品，其价格上升，劳动者会减少闲暇，产生替代效应，增加劳动供给。增税时，如增收个人所得税会减少可支配收入，产生收入效应，增加劳动供给。同时，闲暇作为正常品，其价格下降，劳动者会增加闲暇，产生替代效应，降低劳动供给。最终劳动供给增加还是降低取决于社会总效应。

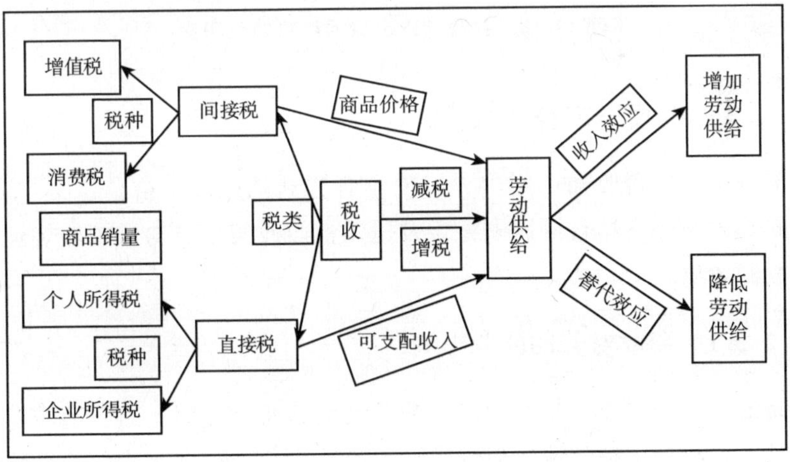

图 17－7　税收与劳动供给的税收知识图谱

17.2.2.5　税收与贸易

税收中，对贸易影响最大的为关税。关税是由海关代政府向进出一国关境的商品所征收的税款。关税主要对进出口产生影响，从图 17 - 8 税收与进出口的税收知识图谱来看，可得出以下几点：第一，关税对进出口的影响有两种方式：减税和增税。第二，关税对进出口影响有两种途径：商品价格和商品销量。第三，对进口货物课征关税或提高关税，会促使进口商品在国内的销售价格上升，进而降低国内居民对进口商品的消费量，从而起到保护和促进本国商品的生产和销售。第四，对国内出口企业实施出口退税或提高出口退税率，可以降低本国商品在国际市场上的出口价格，提高国内商品的国际竞争力，促进本国商品出口。

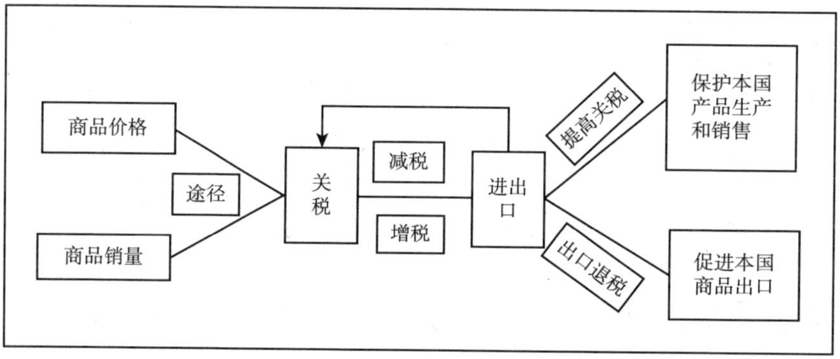

图 17 - 8 关税与进出口的税收知识图谱

17. 2. 3 税收宏观经济效应

本部分主要用税收知识图谱分析税收对劳动就业、价格稳定、产业结构、收入分配等宏观经济运行的影响，以及运用税收政策工具对宏观经济运行进行调节和控制效果。

17. 2. 3. 1 税收对劳动就业影响

劳动市场的均衡取决于劳动需求和劳动供给两个方面。当劳动需求大于劳动供给时，有利于促进就业，促进商品生产；当劳动需求小于劳动供给时，则会出现失业，降低商品生产。税收对就业的影响，反映在税收对劳动需求和劳动供给两方面。

(1) 税收对劳动需求的影响。从图 17 - 9 税收与劳动需求的税收知识图谱来看，可得出以下几点结论：第一，间接税，如增值税、消费税，通过影响商品价格对劳动需求产生间接影响。减税时，商品价格下降，商品消费增加，在消费需求拉动下，企业会扩大生产，增加劳动需求。增税时，商品价格上升，商品消费降低，在消费需求紧缩影响下，企业会减少生产，降低劳动需求。第二，直接税，如个人所得税、企业所得税，通过影响可支配收入对劳动需求产生直接或间接影响。减税时，如减企业所得税或社会保障费，可以降低企业用工成本，提高企业预期的税后利润，促进劳动需求增加。增税时，如增收企业所得税或社会保障费，会提高企业用工成本，降低企业预期的税后利润，进而降低劳动需求。

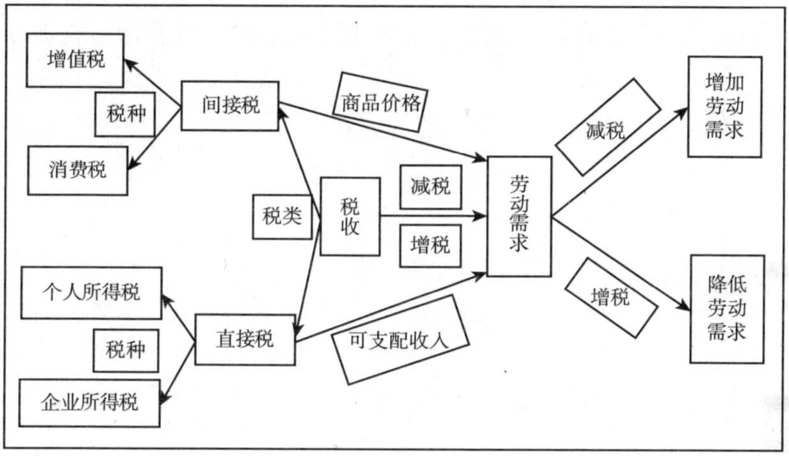

图 17－9　税收与劳动需求的税收知识图谱

（2）税收对劳动供给的影响。参见图 17－7 税收与劳动供给的税收知识图谱，税收对劳动供给的影响主要取决于收入效应和替代效应的大小。第一，减税下，收入效应主要是指减税会使可支配收入提高，劳动供给降低。替代效应则是指减税使闲暇相对劳动供给更加昂贵，从而减少闲暇，增加劳动供给。究竟是增加劳动供给还是减少劳动供给则取决于社会中劳动供给的收入效应和替代效应的大小。第二，增税下，收入效应主要是指增税会使可支配收入降低，劳动供给增加。替代效应则是指增税使闲暇相对劳动供给更加便宜，从而增加闲暇，降低劳动供给。同理，增加劳动供给还是减少劳动供给则仍取决于社会中劳动供给的收入效应和替代效应的大小。

17.2.3.2　税收对价格稳定影响

稳定物价是各国宏观调控目标之一。通货膨胀是指一定时期内，商品价格普遍持续上涨。政府可以通过税收手段进一步调节物价水平，实现稳定物价的宏观调控目标。税收对价格影响通常有两种途径：一方面对商品课税影响了商品的市场价格，产生了税收对价格的微观影响；另一方面，税收对通过总需求和总供给的调控影响总体物价水平，产生了税收对价格的宏观影响。

（1）税收对价格的微观影响。税收对价格的微观影响体现在税收对单种商品价格的影响上。从图 17－10 税收与价格的税收知识图谱来看，可得出以下几点：第一，税收对价格的影响有两种方式：减税和增税。第二，税收种类中，间接税会对价格会产生微观影响，直接税较少对商品价格发生影响。第三，从对单种商品价格的影响来看，减税会降低商品价格，增税会促使商品价格上升。

（2）税收对价格的宏观影响。税收对价格的宏观影响体现在税收对物价水平的影响上。从图 17－10 税收与价格的税收知识图谱来看，可得出以下几点结论：第一，税收对价格的影响有两种方式：减税和增税。第二，税收种类中，间接税会对价格会产生宏观影响，直接税较少对物价水平发生影响。第三，物价水平并不等同于单种商品的价格，物价水平是由一揽子代表性商品价格计算得出，反映的是一定时期内社会整体商品价格水平。因此，当对绝大多种商品减税时，物价水平会降低，反之，对绝大数商品增税时，物价水平上升。

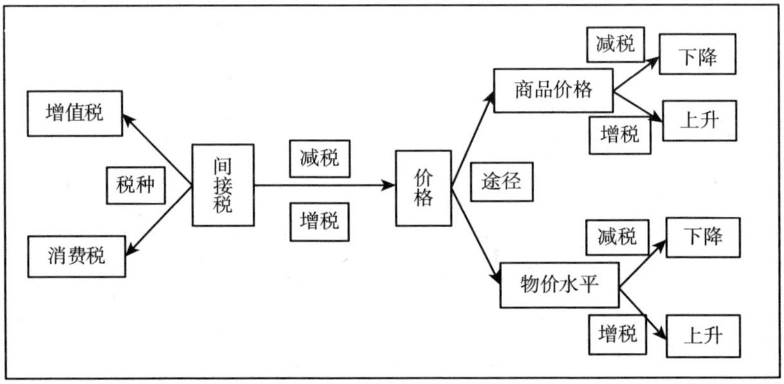

图 17－10　税收与价格的税收知识图谱

17.2.3.3　税收对产业结构影响

由于产业结构的选择受需求和供给两方面的制约和影响，在经济生活中，税收必然会对产品需求和要素供给的影响，进而有意或无意地影响产业结构。税收对产业结构的影响就是税收对各部门、行业的市场需求与生产要素及其组合方式产生作用的结果。

（1）税对产品需求的影响。税收对产品需求的影响属于税收对产业结构需求面的影响。从图 17－11 税收与产业结构的税收知识图谱来看，可得出以下几点结论：第一，间接税，如增值税、消费税，通过影响商品价格或改变商品相对价格，进而影响消费者的购买力或消费选择，从而对产品需求产生间接影响。减税时，商品价格下降，消费者的购买力增加，产品需求增加。增税时，商品价格上升，消费者的购买力减弱，产品需求降低。当间接税对不同商品实施差异化减税或增税时，消费者的购买力不仅可能发生改变，购买决策也会发生改变。第二，直接税，如个人所得税、企业所得税，通过影响可支配收入对产品需求产生间接影响。减税时，消费者可支配收入增加，购买力增强，产品需求增加。增税时，消费者可支配收入降低，消费者的购买力减弱，产品需求降低。第三，间接税和直接税对产品需求影响机制并不完全相同。其中，间接税通过改变商品的相对价格对产业结构具有结构性调整影响；直接税仅对可支配收入产生影响，并不影响消费者的购买决策。

（2）税收对要素供给的影响。税收对要素供给的影响属于税收对产业结构供给面的影响。从图 17－11 税收与产业结构的税收知识图谱来看，可得出以下几点结论：第一，间接税，如增值税、消费税，通过影响生产要素（如机器设备等）价格或改变生产要素相对价格，进而影响企业生产要素配置，从而对要素供给产生间接影响。在劳动要素价格不变的情况下，如对机器设备要素减征增值税，能够降低机器设备的价格以及机器设备相对劳动的价格，增进企业对机器设备的需求，从而促进资本从劳动流入到机器设备，提高企业资本有机构成并促进资本要素供给。在劳动要素价格不变的情况下，如对机器设备要素加征增值税，提高机器设备的价格以及机器设备相对劳动的价格，降低企业对机器设备的需求，从而促进资本从机器设备流出，降低企业资本有机构成并降低资本要素供给。第二，直接税，如个人所得税、企业所得税，通过影响可支配收入对要素供给产生间接影响。如果对新兴产业生产要素的供给者实施税收优惠（减税），有利于扩大新兴产业生产要素供给，促进相关产业的发展。如果对新兴产业生产要素的供给者实施增税，则会降低新兴产业生产要素供给。

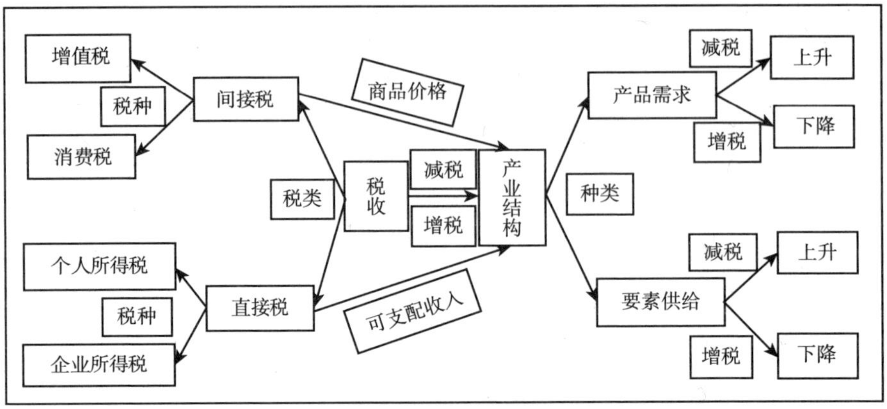

图 17－11　税收与产业结构的税收知识图谱

17. 2. 3. 4　税收对收入分配影响

当前收入差距较大，社会公平是构建和谐社会的主旋律。税收对收入分配的影响非常大，主要是通过具体税种来调节收入分配。

（1）间接税对收入分配的影响。从图 17－12 税收与收入分配的税收知识图谱来看，可得出以下几点结论：第一，间接税中，增值税和消费税通过影响商品价格，进而影响消费者购买力水平，从而影响收入分配；第二，一般情况下，减征间接税，会改善收入分配，加征间接税，会恶化收入分配；第三，间接税中，增值税和消费税两者对收入分配影响存在差异。增值税属于一般流转税，对生活必需品、社会公益性产品以及有利于社会民生福祉产品等减征增值税，有利于改善收入分配。消费税属于特别流转税，其开征目的在于对资源消耗类、环境污染类、不利于身体健康类以及奢侈品进行调节，其中，对奢侈品加征消费税有利于改善收入分配，对烟酒类产品加征消费税却存在一定程度的收入分配恶化。

（2）直接税对收入分配的影响。从图 17－12 税收与收入分配的税收知识图谱来看，可得出以下几结论点：第一，直接税中，个人所得税和财产税通过影响可支配收入，进而影响消费者购买力水平，从而影响收入分配。第二，直接税中，个人所得税和财产税两者对收入分配影响存在差异。在免征额较低时，通过提高免征额实现个人所得税减征，将低收入群体排除在征税范围外，可以改善收入分配；然而，在免征额较高时，提高免征额会让更多高收入人群受益，从而不利于收入分配。此外，对于收入来源渠道多、收入不透明的高收入群体而言，减征个人所得税反而会恶化收入分配。财产税是对拥有房产、土地、有价证券等个体进行征收的一类税种。在我国，中低收入群体拥有的财产并不多，绝大多数财产由高收入群体或超高收入群体持有，加征财产税，在一定程度上可以改善收入分配。

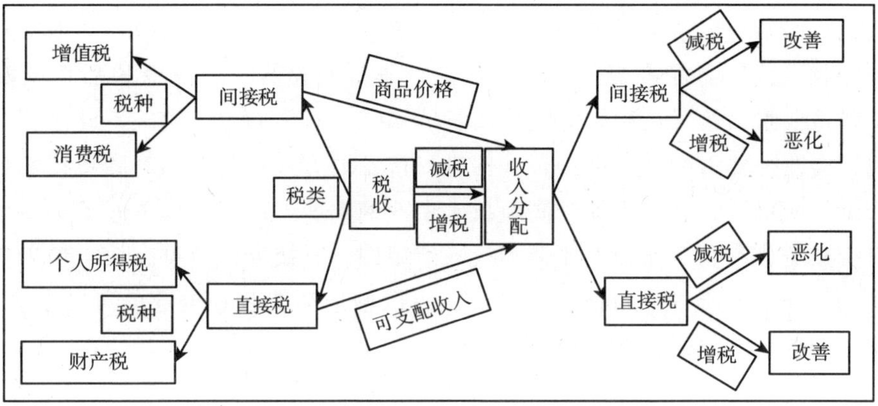

图 17－12　税收与收入分配的税收知识图谱

17.2.3.5　税收对经济增长影响

经济增长可由要素推动和需求拉动两个方面进行影响。从要素推动方面来看，依据索罗模型，经济增长取决于资本增长率、劳动增长率和技术进步。从需求拉动方面来看，有效需求（消费、投资和出口）的拉动可以促进经济增长。税收是国家调控宏观增长的重要手段，不同的税类对经济增长的影响机制存在差异。

（1）间接税对经济增长的影响。从图 17－13 税收与经济增长的税收知识图谱来看，可得出以下几点结论：第一，间接税，如增值税和消费税，可以通过影响生产要素（资本要素和劳动要素，有些国家可以包括土地要素）的价格，影响要素投入，进而影响要素的增长率。第二，一般情况下，减征间接税，会降低生产要素的价格，进而促进要素供给。反之，加征间接税，会提高生产要素的价格，降低要素供给，最终影响经济增长。第三，间接税不成比例的变动，会改变不同生产要素之间的相对价格，并影响要素投入和企业资本有机构成。如对节能环保型设备实施低税率或免税等税收优惠政策，则会改变一般设备和节能环保型设备的相对价格，促进节能环保型社会的投入。第四，间接税还会对有效需求和技术进步具有影响。对最终产品减税，如减征增值税，会降低商品价格，促进商品消费和出口。如对研发费用实施加计扣除，在一定程度上可以促进研发，推动技术进步。

（2）直接税对经济增长的影响。从图 17－13 税收与经济增长的税收知识图谱来看，可得出以下几点：第一，直接税，如个人所得税和企业所得税，可以通过影响可支配收入（资本家可支配收入、劳动者可支配收入），影响要素投入，进而影响要素的增长率。第二，一般情况下，减征直接税，会增加税后可支配收入，进而促进要素供给。反之，加征直接税，会降低税后可支配收入，降低要素供给。最终影响经济增长。第三，对不同主体实施不成比例的直接税，会改变要素的投入结构，并促进经济发展方式转变。如对高新技术企业减征企业所得税，有利于促进高新技术企业的发展。对高新技术人才实施个人所得税减免，有利于增加人才劳动投入。第四，直接税还会对有效需求产生影响。如减征个人所得税和企业所得税，可以增加消费者和企业的可支配收入，进而有利于扩大内需，促进经济增长。

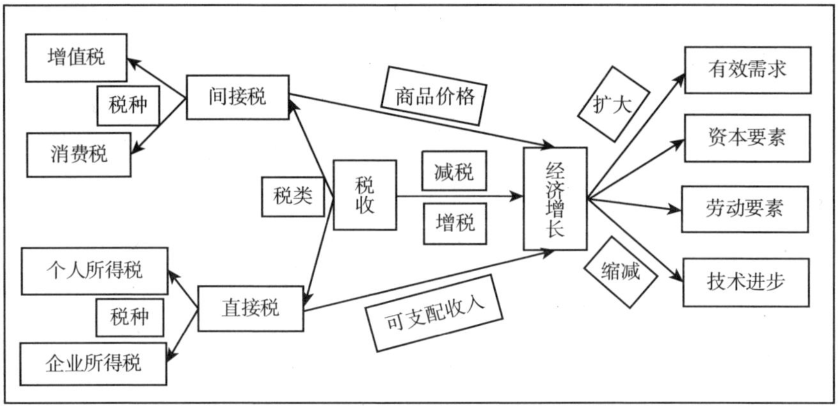

图 17－13　税收与经济增长的税收知识图谱

17.3　税收经济数据运用

现阶段，世界各国经济治理越来越精细化，越来越依靠经济数据来判断经济的运行情况并给出相应的政策。各国详细的经济统计往往依赖于经济调查，经济调查虽然具有自身的独特优势，但其在时效性、真实性方面往往存在缺陷，调查成本往往也非常高，而税收数据几乎覆盖了所有的市场主体，最能反映经济社会发展运行情况，并且具有数据覆盖面广，数据更新及时，数据准确度高，数据获取成本低等重要特点，是分析经济运行情况，研究经济运行规律，辅助国家经济管理的重要支撑。税收数据的使用领域十分广泛，但从现阶段经济分析来看，主要包括经济运行状况分析、政策效应分析、经济关联分析表的构建、经济先行指数、经济发展指数的构建等。本部分以税收知识图谱的形式，重点探讨增值税、消费税、个人所得税和企业所得税这四个税种的税收经济数据的运用（见图 17－14）。

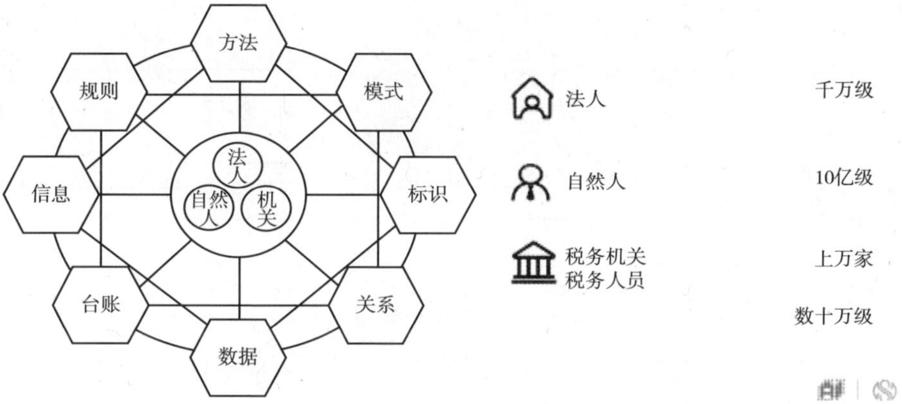

图 17－14　税务数据构成

17.3.1　增值税数据运用

增值税是我国第一大税种，随着 2016 年 5 月 1 日全面实施增值税，增值税已彻底覆盖我国各行各业。因此，增值税的税收数据可以较为全面地反映我国市场经济的运行情况。从图 17－15 增值税经济数据运用税收知识图谱来看，可以非常清晰直观地掌握增值税税收经济数据的用途：第一，增值税税收经济数据可以用于展现我国经济规模总量。税收与经济增长量之间存在正比例关系。增值税收入越大，我国经济规模越大。第二，增值税税收经济数据可以用于分析行业之间、区域之间的联系。地区之间和行业之间存在商品和服务流动，可以通过不同行业和不同地区之间商品和服务流动的增值税发票数据，分析不同行业之间以及不同地区之间的经济关系。第三，增值税税收经济数据可以用于了解增加值的变动。增加值属于一国一定时期内的净产出，增值税是对增加值进行课税，因此，可以通过增值税反推出增加值的大小及变动。第四，增值税税收经济数据可以用于分析企业经济结构及其变动。增值税税率、税收优惠会对企业的经济结构产生影响，可以通过增值税税收数据研究企业经济结构和变动。第五，增值税税收经济数据可以用于分析进出口相关情况。如增值税免抵退税销售额、免税销售额可以反映企业的出口金额。第六，增值税税收经济数据还可以用于检验政府政策支持效果。近年来，增值税的减税力度非常大，通过增值税税收经济数据可以评估政府的政策支持效果。

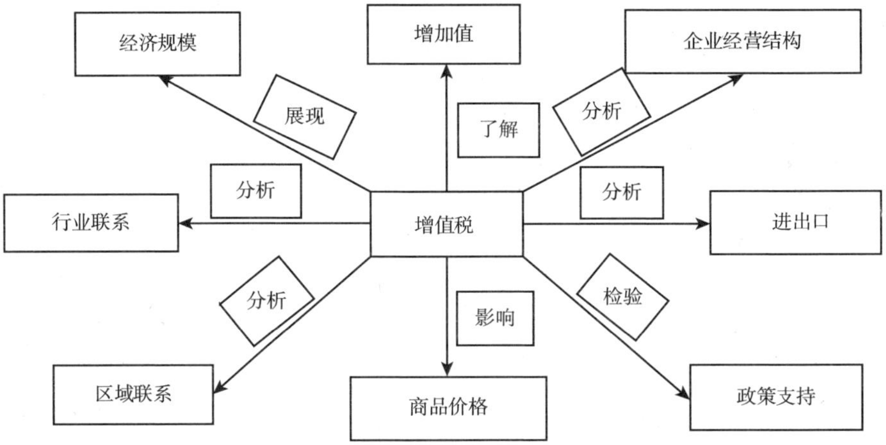

图 17－15　增值税经济数据运用税收知识图谱

17.3.2　消费税数据运用

消费税属于特别流转税，其开征目的在于对资源消耗类、环境污染类、不利于身体健康类以及奢侈品进行调节。因此，消费税的税收数据可以较为全面地反映我国特定产品和特定行业的经济运行情况。从图 17－16 消费税经济数据运用税收知识图谱来看，可以非常清晰直观地掌握消费税税收经济数据的用途：第一，依据消费税的征收范围，消费税税收经济数据可以用于分析资源品消费、烟酒消费、奢侈品消费、小汽车消费等应税商品的消费情况及生产情况。第二，消费税税收经济数据可以用于分析资源品、烟酒、奢侈品、小汽车等应税商品的商品价格变化。第三，消费税税收经济数据可以用于分析以上类别商品的生产经营结构及变化。第四，消费税税收经济数据可以用于检验我国消费税政策调节导向成果，如是否有利于发展清洁能源等。

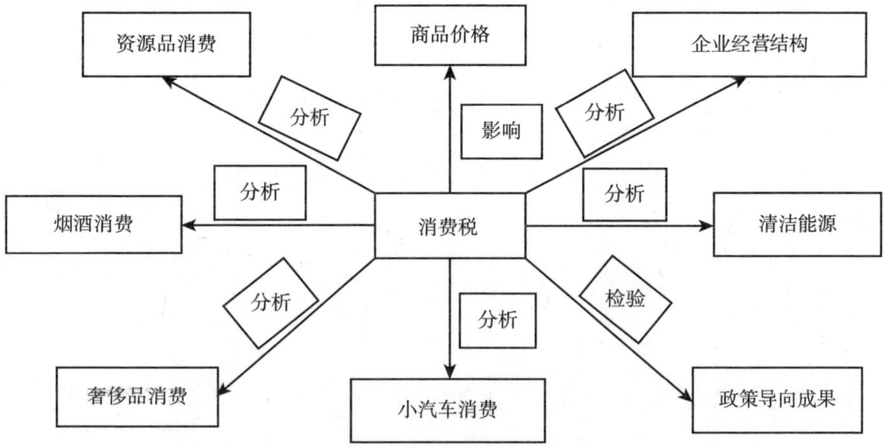

图 17－16　消费税经济数据运用税收知识图谱

17.3.3　个人所得税数据运用

2020 年，个人所得税首次进行了综合所得年度汇算，工资、薪金所得，劳务报酬所得，稿酬所得和特许权使用费所得按纳税年度合并计算个人所得税，同时实行子女教育、继续教育、大病医疗、赡养老人、住房贷款和住房租金六项专项附加扣除。个人所得税管理越发规范化。个人所得税是与民生最为接近的直接税税种，因此，个人所得的税收数据可以用于进行以下项目分析（见图 17－17 个人所得税经济数据运用税收知识图谱）：第一，个人所得税税收经济数据可以用于分析居民收入水平高低、不同行业以及不同地区收入水平的高低。个人所得是一种累进税，收入高者多交税，收入低者少交税，未超过费用扣除标准者不交税。不同行业和不同地域的收入水平差异较大。因此，可以通过个人所得税税收数据分析居民收入水平、行业收入水平以及区域收入水平。第二，个人所税税收经济数据可以用于分析行业发展状况、区域经济发展水平、房价和物价水平高低。例如：国际上，房价家庭收入比为 5 比较合适，我国房价家庭收入比远远大于 5，不同地区，房价差异非常大，居民收入水平也存在较大的变动。因此，可以通过个人所得税的税收数据，进一步分析当地房价水平是否合理。同理，也可以分析物价水平高低等。第三，个人所税税收经济数据可以用于检验个人所得税政策支持效果，如六项专项附加扣除是否改善了低收入家庭的收入分配状况等。

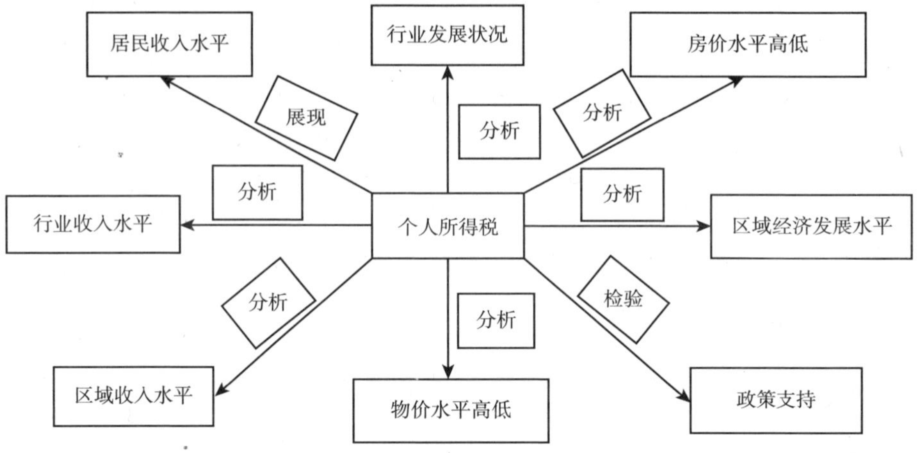

图 17-17　个人所得税经济数据运用税收知识图谱

17.3.4　企业所得税数据运用

企业所得税是对我国境内企业和其他取得收入的组织的生产经营所得和其他所得征收的一种所得税。企业所得税的征税主体是企业，因此，企业所得税的税收数据可以较为全面地反映我国企业的发展状况。从图 17-18 企业所得税经济数据运用税收知识图谱来看，可以非常清晰直观地掌握企业所得税收经济数据的用途：第一，企业所得税税收经济数据可以用于展现我国经济规模。第二，企业所得税税收经济数据可以用于分析企业盈利能力、融资能力、人力成本、税费成本。第三，企业所得税税收经济数据可以用于分析就业水平和研发创新。第四，企业所得税税收经济数据可以用于检验政策支持效果。例如对高新技术企业实施企业所得减税优惠等。

17.3.5　政策效果评估分析

税收数据是政策评估的重要基础，如 2019 年的增值税改革，其经济效果及评估很大程度上依赖税收数据。增值税作为第一大税种，其制度改革必将对我国经济和社会产生全面、深远和复杂的影响。我国在 2017 年取消 13% 档税率、2018 年将增值税 17% 和 11% 档税率各降低 1 个百分点，以及对部分鼓励类行业实行留抵扣退税的基础上，于 2019 年实施了更大幅度降低税率和更大规模减轻税负的增值税改革，必将对我国当前和未来经济产生重要深远影响。

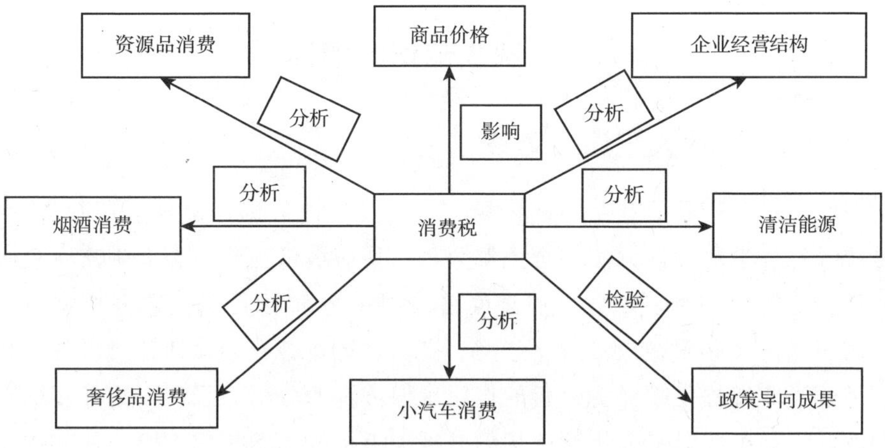

图 17－18　企业所得税经济数据运用税收知识图谱

要及时评估这一政策对我国经济各个方面的影响需要借助税收数据进行分析。如借助增值税纳税申报表中的销售收入数据可以研究增值税深化改革对销售收入的影响，借助企业所得税纳税申报表中的利润数据可以研究增值税深化改革对利润的影响，借助印花税数据中的合同数据可以研究增值税深化改革对企业合同签订量的影响等。

总体而言，税收数据的分析应该做到如下几点：一是要注重分析的深入性。既要以数据为基础，又不能仅就数论数，更要透过数据看动态、察趋势、找问题、究原因。深入分析数据表相背后的原因，并发现经济运行的规律与潜在的问题。二是要注意分析的科学性。税收经济的分析方法、分析工具要科学，税收数据的选取也要科学。纳税人在填报纳税申报数据时，由于各种各样的原因，部分数据可能会有所失真。进行税收数据分析时，要熟悉数据的填报逻辑，注意数据使用的科学。三是要保持分析的创新性。税收经济分析要紧跟时代步伐，体现时代特征，做到与时俱进，不断拓展分析工作的广度及深度。

使用构建好的税收关系分析表可以研究投资、消费以及出口对中国经济的带动作用；分析不同行业的技术进步情况；研究技术进步对我国经济的带动作用；研究不同行业对中国经济的带动作用；找出中国经济增长的新动能。最后，使用构建好的区域间税收关系分析表还可以研究不同地区的经济发展对中国整体经济的带动作用，辅助政府制定区域发展战略。

17.4　税收知识图谱运用

17.4.1　税收知识图谱思路

税收经济分析需要利用不同来源、不同类型的数据，综合运用数据挖掘、经济统计等各学科知识方法综合挖掘分析，从而揭示税收与企业生产、税收与经济社会之间的关系。因此，税源经济分析一方面需要有大数据挖掘技术支撑；另一方面又必须融入税收、经济、商品、行业等专业知识，二者的有机结合，才能真实发挥税收经济分析的作用。但传统的分析方式和方法存在两个突出问题：一是税收经济分析所依赖的数据加工、处理和挖掘方面，往往由于受数据源、技术、系统的制约，很难及时、全面、准确地挖掘出有价值的数据；二是这些数据无法与业务专业知识无缝结合，大量工作需要人工干预，分析报告的质量和价值，很大程度上取决于分析人员的素质。高质量、高价值的税源分析可遇不可求，既无法推广，也无法持续。“知识图谱”技术的运用，很好地解决了上述问题。

17.4.1.1　税收知识图谱思路

税收知识图谱将各种与税收相关的知识、税收管理过程中积累的数据、税收管理的思维方法经验等融合关联起来，基于自然语言处理和深度学习技术，通过数据知识化、知识图谱化和图谱可演化，形成知识数据一体化、大规模的税收语义网络。相对于单纯基于数据驱动的方法，税收知识图谱更接近于人脑思维，其核心在于模拟人脑思维，将知识与数据融合产生价值，进而实现智能化决策。

针对税收经济分析，知识图谱首先整合税务内、外部数据，形成纳税人全景画像，构建“数据一张网”；第二步加入行业、商品、税法等知识，并建立数据与知识的关系，构建覆盖微观企业到中观行业再到宏观经济的“经济一张网”；第三步以促进出口、扩大投资、刺激消费、稳定就业等税源经济分析应用场景为驱动，开展知识计算，输出与场景匹配的解决方案。如图17-19所示，税收知识图谱实现了税收领域知识与涉税数据的融合，对外提供搜索、推理、决策等六类知识服务，成为全新一代税务治理人工智能系统的核心引擎。

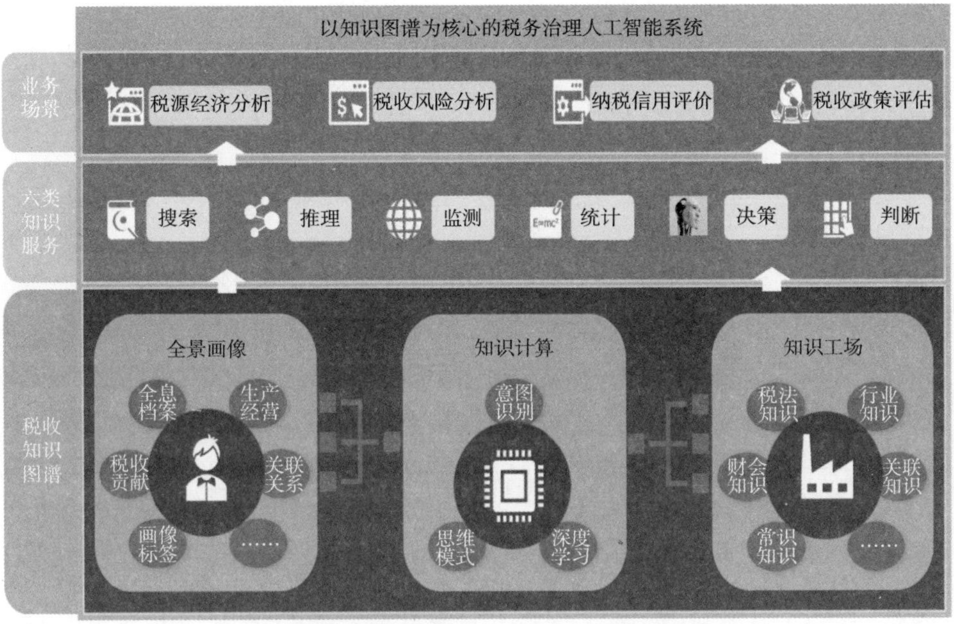

图 17－19 税务治理人工智能系统

税收经济分析涉及经济活动的各个方面，如出口、投资、消费、供销、科技创新、财产、税政、就业等，每个方面都需要对微观的企业行为、中观的行业整体表现、宏观的产业链健康进行深度分析和解读。充分利用知识图谱的“网络全关联、知识全贯通、应用全智能”的强大优势，通过“查网络、找症结、出方案”可以解决税收经济分析的深层次问题。

17.4.1.2 税收知识图谱示例

图 17－20 为小微企业减税降费知识图谱片段示例，图谱的构建运用自然语言处理、机器学习识别等技术手段，从《财政部 税务总局关于实施小微企业普惠性税收减免政策的通知》（财税〔2019〕13 号）中自动挖掘抽取出规则知识，并结合纳税人全景画像中的事实数据共同融合形成。在图谱的支撑下，通过智能搜索、智能统计、智能计算等一系列智能化服务，可解决小微企业优惠政策智能咨询、优惠合规性智能检测、优惠政策落实智能评估等问题。

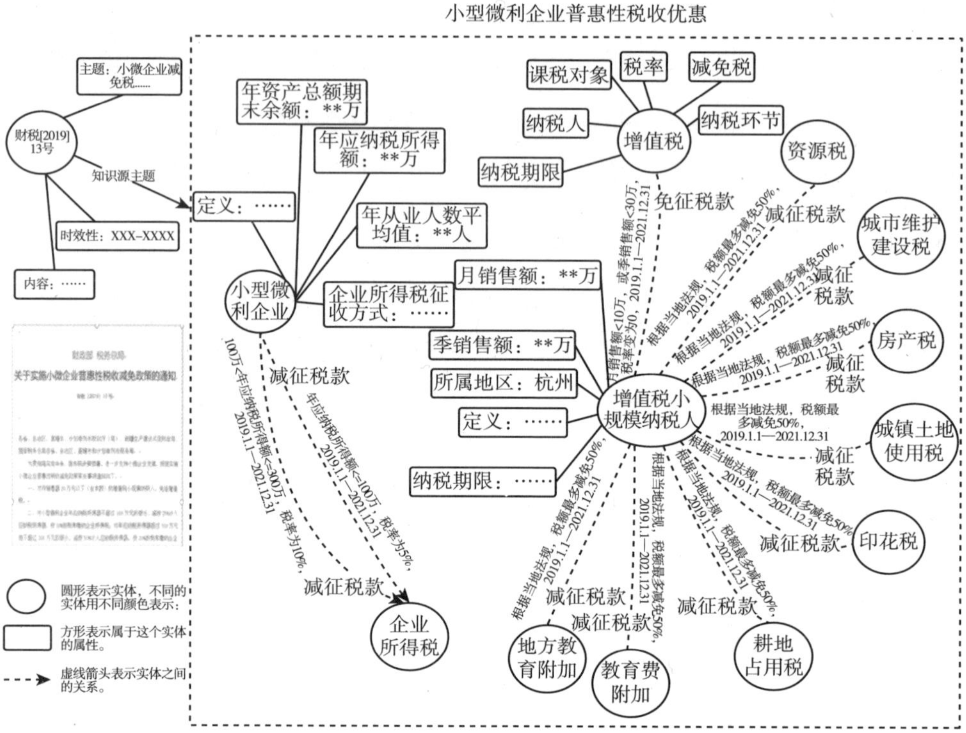

图 17－20　小微企业普惠性税收优惠

17.4.2　宏观经济管理应用

税务知识图谱可以同时将十亿级自然人、千万级法人、上万级税务机关和数十万级税务人员之间的关联关系用模式图谱的形式完整呈现出来。如 A 酒厂与销售公司 B 和 C、批发企业 D 和零售企业 E 之间的关系分别为控股、交易。张三分别为 B 公司和 C 公司的法人和股东。利用这些信息，税收知识图谱可以实现个人→企业→商品→行业→产业的图谱，从而帮助进行宏观经济管理。如通过文本学习和机器学习，可以构建标准商品图谱，将标准商品与行业对应，构建商品与行业对照图谱，最后构建产业链图谱，完成了点线面的关系计算。因此，税收知识图谱可以在宏观经济管理方面发挥重要作用，可以分析宏观经济运行中的问题与风险点，通过税收知识图谱探究问题发生的原因，并给出针对性的政策建议。通过以下几个方面分析，如图 17－21 可以说明税收知识图谱如何在宏观经济管理方面发挥重要作用。

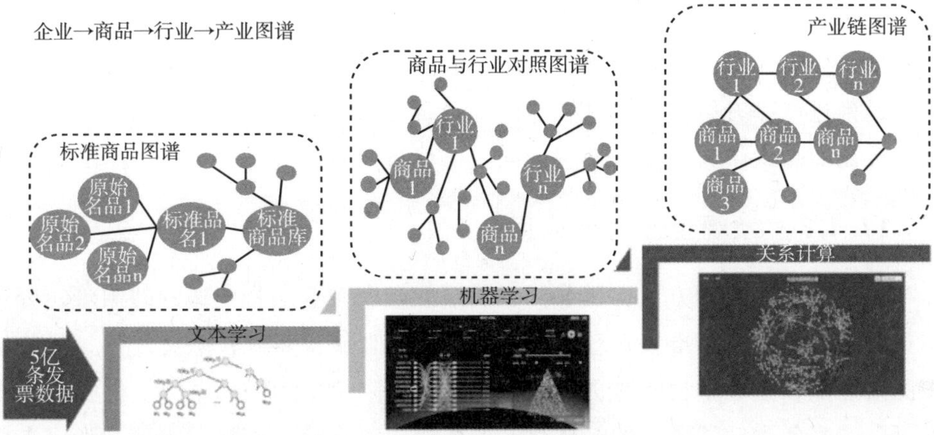

图 17－21　税收微观数据到产业宏观数据

（1）纾解企业进出口困境，稳定进出口贸易局面。新冠疫情导致产业链断裂、消费萎缩、国际订单取消，原材料进不来，产品出不去。企业一方面急需寻找替代原材料以保证生产正常进行；另一方面更需要寻找替代市场和渠道，让产品销出去。以企业、产品、市场、渠道为网络的知识图谱，利用出口、商品、商业购销关系、工业投入产出知识、产业链关联网络和全息画像，识别出口商品和原料进口方向及堵塞渠道，可以从更精细的粒度，利用更智能的方法，精确定位和智能推荐相同或替代原材料和产品的具体规格、型号、上下游产业和企业、国家、地区等，从而精准协助企业打开新的原材料和产品进销渠道，或给企业提供调整生产、改产改销方面的决策参考。

（2）精准定位投资方向，智能助力产业转型。出口、投资、消费是拉动我国经济长期高速发展的三驾马车。新冠疫情对出口和消费打击带来的损失，需要适当靠扩大投资来进行补偿，需要加大对高端产业、科技创新、新基建的投资，避免受制于人，同时杜绝低端重复建设。用知识图谱的科技、商品、投入产出等知识以及产业链关联网络和全息画像，聚焦科技创新，识别科技创新项目，量化其社会和经济效益，自动推荐优先投资科技项目，可以实现精准定位投资方向，智能化助力产业转型，摆脱高端制造对国外的依赖和掣肘，化解或减轻逆全球化浪潮带来的负面影响。

（3）拉动居民消费需求，引导促进消费升级。疫情带来的消费不足，是影响经济增长最直接的因素，也直接制约着企业复工复产；出口的萎缩，更需要拉动内需。刺激消费、促进消费升级，就是要准确掌握消费者对服务和产品的需求意愿、消费习惯、消费动向，从而为市场提供适配的商品和服务。利用商品图谱、消费者图谱、企业图谱、企业投入产出知识、产业链关联网络和全息画像等知识，可以有效识别出商品和服务短板，有针对性地推出相关产品和服务，推进产品升级换代，并智能匹配消费者需求，识别消费疲软群体，引导高性价比商品供给，在拉动消费的同时，促进消费升级。

17.4.3 微观企业管理应用

在微观企业管理方面，税收知识图谱能发现企业运行中遇到的困难，分析困难产生的原因，精准设置政策工具，帮助企业解决难题；除此之外，税收知识图谱还能在企业纳税管理方面发挥重要作用。如图 17－22 所示税收知识图谱可以实现各类知识资产的一体化、业务化、透视化、多视图管理，形成支撑业务战略的知识驱动引擎。税务知识图谱有利于梳理税务管理中存在的多个热点难点，帮助普通业务人员按图索骥完成推理，降低分析门槛。税务知识图谱可以对数据进行论证诊断并给出可靠的解释。最后，税收知识图谱贯通税收业务语义和底层数据，实现数据价值最大化和办税智能化。以下两个方面分别说明了税收知识图谱在落实税收优惠政策与企业纳税管理方面的应用。

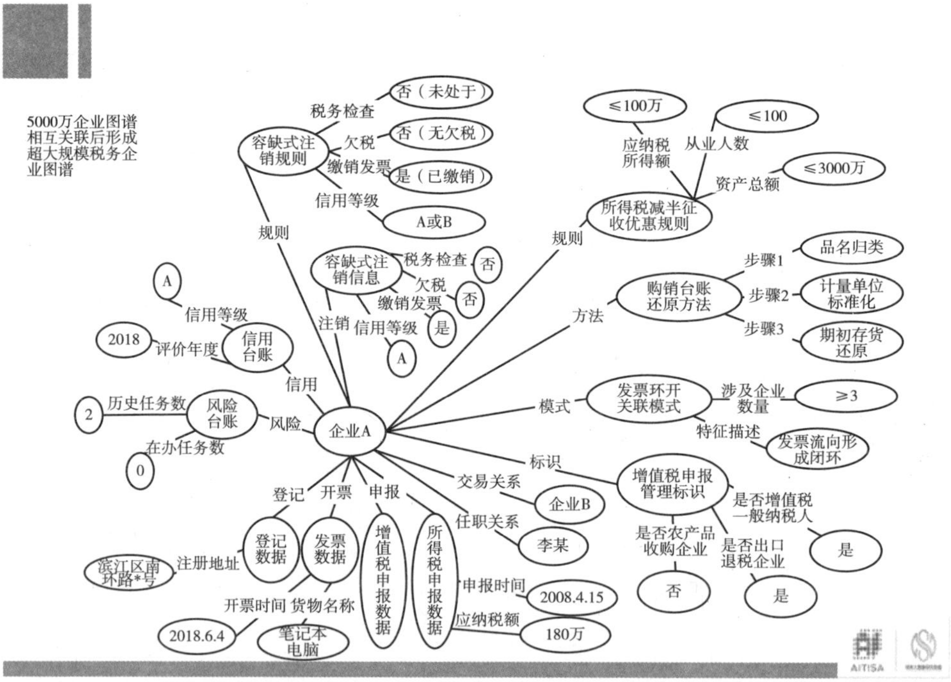

图 17－22 微观企业数据构成概览

（1）精准落实防疫优惠，积极减轻企业负担。新冠疫情发生以来，党中央、国务院部署出台了三批支持疫情防控和复工复产的税费政策。确保国家支持新冠肺炎疫情防控和复工复产税费优惠政策落实到位，让纳税人实实在在地享受到相关税费优惠，为纳税人提供高效便捷安全的办税缴费服务，是税务部门当前面临的首要任务。用知识图谱的税法知识、行业知识、商品知识、购销平衡、投入产出知识、产业链关联网络和全息画像，可以快速、准确判断哪些企业、哪些服务和产品应该享受优惠而没有享受，精准推送提示和提醒服务，做到无遗漏、无延迟地让纳税人实实在在享受到相关优惠，同时还可以及时掌握税收优惠效应，准确定位那些点多面广、实惠不多的优惠政策，为优惠政策的进一步制定和调整提供决策支持。

（2）精准确定企业特征，识别企业征管信息。从企业层面来看，如图 17－23 所示税收知识图谱将数据知识化、知识图谱化、图谱进一步进行动态演化，并依据提取的各类数据形成关系网，再与用户输入数据进行匹配判别，最终将匹配结果或决策简明地呈现给用户。例如，《国家税务总局关于进一步优化办理企业税务注销程序的通知》（税总发〔2018〕149 号）提出了容缺式注销规则。税收知识图谱依据文件内容将容缺式注销规则标准以图谱的形式进行整理，然后依据 A 企业自身输入的状况，最后得出可以采用容缺式注销规则的结果。此外，税收知识图谱还可以进行大规模的知识提取，并将提取的知识进行融合、关系计算，最终以图谱的形式将各关系关联起来。例如，A 企业关联了其容缺式注销信息，容缺式注销信息又与对应的容缺式注销规则进行关联。同时，A 企业还关联增值税申报管理标识和数据、企业所得税减半征收优惠规则和数据以及发票、信用、风险等数据。

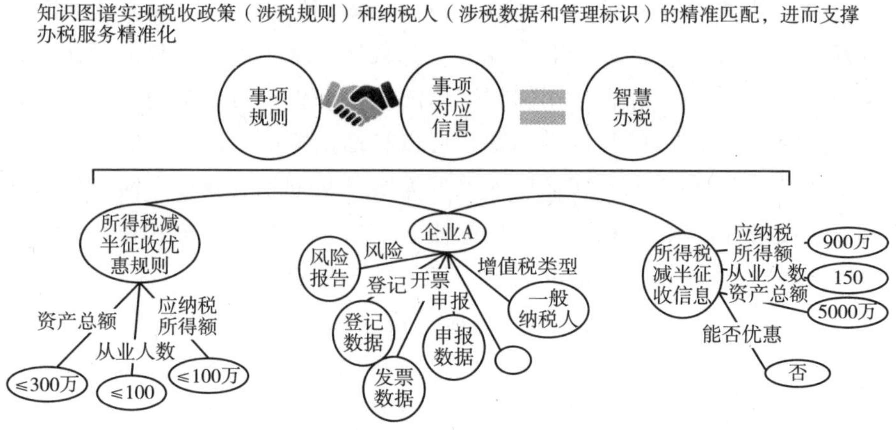

图 17－23　税收知识图谱支持办税服务精准化

17.4.4 居民个人管理应用

如图 17－24 所示税务机关记录了大量个人层面的税务信息，包括个人年龄、收入、家庭状况、任职，以及是否担任企业高管、法人等多个方面的内容。这些信息不仅可以为税务机关的税收管理提供便利，而且还可以在稳定就业、促进消费等方面发挥重要作用。

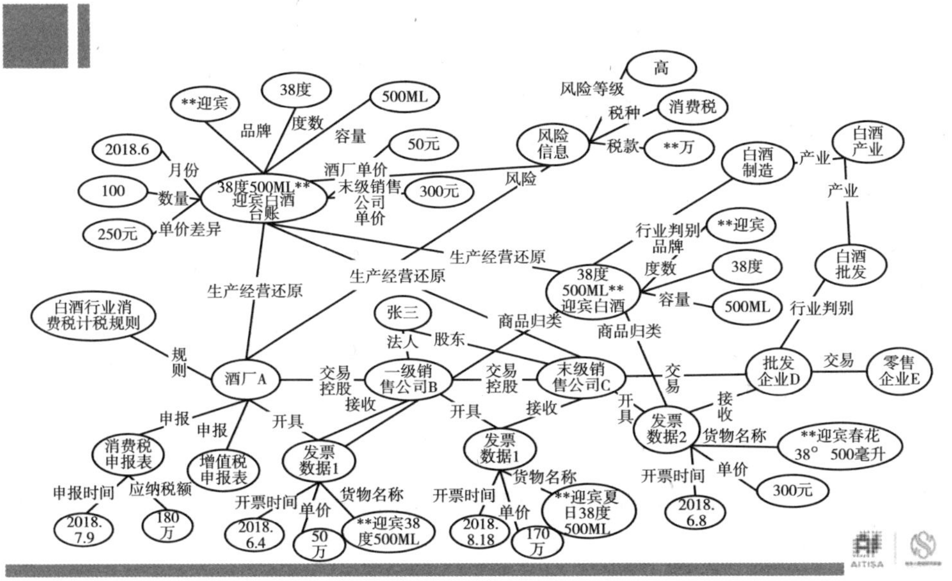

图 17－24 税收知识图谱自然人管理应用

(1) 促进居民就业，维护社会稳定。新冠疫情下的出口和消费萎缩，造成部分企业开工不足，部分企业甚至关张，直接带来了就业形势的紧张，也给社会稳定留下了隐患。综合运用知识图谱的税法知识、行业知识、人员任职关联网络、产业链关联网络和全息画像，可以打造出精准的产业与职业、职业与岗位、岗位与人才相匹配的智能职业推荐方案，精准推送就业方向、自谋职业的行业、渠道和商机，并预测人员任职流动需求、趋势和结构，在帮助个人就业的同时，助力企业找到合适的人才，维护社会稳定。

(2) 识别个人信息，防治逃税漏税。税收知识图谱可以帮助纳税人快速实现双向精准匹配，如实现纳税规则与判断纳税人在税收优惠方面是否存在应享未享、不应享而享等问题。税收知识图谱可以帮助纳税人破解由于缺乏常识导致的管理错位问题，如未成年担任企业法人、高龄老人担任企业办税员、非资源区域发生开采资源的经济活动、高档奢侈品计税价格过低等。税收知识图谱还可以帮助识别个人所得税专项附加扣除中的错误申报问题。例如，纳税人A申报了子女教育专项附加扣除，但公安大数据显示，其并没有子女，因此纳税人A存在逃税风险。

18　税费治理中国方案

中国税收生态系统经过不断改革、进取和完善，已经基本构建起完备规范的税法体系、成熟定型的税制体系、优质便捷的服务体系、科学严密的征管体系、稳固强大的信息体系和公平正义的文化体系。随着现代税收信息征管系统的建立和完善，中国税制改革和征管重点由法人企业转向自然个人，积极探索个人单一账号、个税预填申报、移动数字税务、税费一体化征管等现代税收管理方式，取得了积极成效。通过总结中国税费改革经验，探索中国税费征管模式，提炼出中国税费治理的十个方面经验，也可视为生态税收系统建设和税费治理的中国方案。

18.1　全面推进税收立法

法治税收是建设社会主义法治国家的重要内容，是坚持和拓展社会主义法治国家建设内容的重心，治国理政法为先，必须坚持税收法定原则，全面推进法治税收建设。

18.1.1　落实税收法定原则

税收法定原则，是由立法者决定税收问题的税法基本原则，是坚持和发展中国特色社会主义的本质要求和重要保障，是实现国家治理体系和治理能力现代化的必然要求。税收法定原则不仅具有推进民主法治、保护纳税人权利的功能，还有助于凝聚和提升人民对税收的认同和遵从度，增强政府的公信力，化解潜在的社会矛盾，成为国家治理现代化和依法治国战略的关键举措。健全税收法制，落实税收法定原则，关键在完善立法体制机制，坚持依法立法、科学立法、民主立法。

（1）依法立法。按照加快建设法治政府的要求，在更高层次更高水平上推进依法治税。建立健全符合我国国情、适应国际发展趋势、与国家治理体系和治理能力现代化相匹配的科学完备的税收法律制度体系。截至2020年，我国已完成重点领域的税制改革和税收立法任务，基本形成了系统完备、科学规范、运行有效的税收法律制度体系。

（2）科学立法。科学立法是全面依法治国的基础，其要义是税收立法应立足中国国情和实际，尊重并体现社会发展的客观规律，使其符合国情、符合实际、符合时代发展要求。正确认识和把握税收分配的内在规律是做好税收立法的重要前提。在全面客观总结税收分配实践活动的基础上，把握运行的规律性，以确保税收法律规范的创设质量。科学立法首先需要建立科学立法体制机制，纵向明确中央与地方立法权限划分，横向厘清立法权与行政权的界限。其次是完善立法程序，深入开展立法协商，丰富立法方式，完善立法听证。三是严谨立法论证，开展立法评估，科学确定立法项目。

（3）民主立法。核心在于立法要为了人民、依靠人民，充分发扬民主、广泛凝聚共识，切实反映人民的意志和利益。在税收基本法律中，确立纳税人权利的法律地位，实现权利和义务的统一。在税收立法程序中，制定不同层级的税收法律规范时，应当建立起不同程度的民意机制，将正当程序理念引入涉及纳税人实质利益的法规、规章和规范性文件的制定过程中。在税收立法过程中，既要广泛公开征求、听取意见，更要建立对公众意见的吸纳和反馈机制。

18.1.2 全面推进税收立法

2013年11月12日，中国共产党第十八届中央委员会第三次全体会议通过的《中共中央关于全面深化改革若干重大问题的决定》，首次将“落实税收法定原则”写入党的文件。2015年3月15日，《立法法》修订通过，对税收法定原则进行了明确和细化。2015年3月，中央审议通过了《贯彻落实税收法定原则的实施意见》，对2020年前完成相关税收立法作出了安排，为推动国家治理体系和治理能力现代化、全面推进依法治国作出了重要战略部署。

1978年以后，全国人大及其常委会开始出台税收法律，虽然进度较慢，但制定和修改税收法律的数量总体上呈上升趋势。2000年前通过的税法主要有《个人所得税法》（1980年）、《中外合资经营企业所得税法》（1981年）、《外国企业所得税法》（1981 年）、《外商投资企业和外国企业所得税法》（1991 年）等四部税收实体法，以及一部税收程序法《税收征管法》（1992 年）。2007 年，通过了《企业所得税法》，从而统一了内外资企业所得税，结束了内外资企业所得税并立的局面。

2013 年，党的十八届三中全会通过的《中共中央关于全面深化改革若干重大问题的决定》提出，新开征的税种应制定相应的税收法律，现行的税收条例应通过修改上升为法律。根据《贯彻落实税收法定原则的实施意见》，对 15 个税收条例修改上升为法律或者废止的时间作出了安排。随后的 2017 年，我国通过了《烟叶税法》和《船舶吨税法》；2018 年通过了《车辆购置税法》和《耕地占用税法》；2019 年通过了《资源税法》；2020 年通过了《契税法》和《城市维护建设税法》。至此，我国 18 个税种中已经有 11 部税法。近年来，我国多项财政法律、法规制定工作蹄疾步稳。尤其是自 2018 年下半年以来，几乎每次人大常委会会议都有相关税收法律审议内容，税收法定步入快车道。此后，全国人大常委会又先后出台了 6 部税种法税收法律，其中，除《环境保护税法》为新设税种的税收法律外，其余 5 部均是在国务院制定的相应税收行政法规的基础上上升为税收法律的。

2019 年，继土地增值税法征求意见稿发布后，财政部陆续公布了增值税法、消费税法的征求意见稿。尤其是作为我国第一大税种的增值税立法迈出实质性步伐，被业内视作我国落实税收法定的关键一步，对于健全我国现代税收制度体系具有积极的意义。2019 年的税收立法保障了减税降费成果，增强了税收确定性。随着 2019 年税收制度加快落实税收立法，一些短期性的政策性减免将转变为法定式减免，通过落实税收法定来巩固和拓展减税降费成效，将深化税制改革与落实税收法定原则相结合，及时以法律形式体现税制改革成果，有效增强税收确定性，从而形成了协同作用，在振兴实体经济、激发市场活力、助力创新创业、推动高质量发展方面发挥了重要作用。

18.2　完善现代税收制度

作为国家治理的基础和重要支柱，建立现代财税制度对于推进国家治理体系和治理能力现代化举足轻重，系具有基础性和支撑性意义的关键要素。《中共中央 国务院关于新时代加快完善社会主义市场经济体制的意见》作出了加快建立现代财税制度新的战略部署，从更高起点、更高层次、更高目标上为新时代加快建立现代财税制度勾勒出更加清晰的顶层设计。

18.2.1　深化税收制度改革

2012 年党的十八大召开，中国特色社会主义进入新阶段。2013 年，十八届三中全会通过了《中共中央关于全面深化改革若干重大问题的决定》，其中确定了深化税制改革的基本原则和主要内容。中国从此进入了全面深化改革时期，税制改革取得了一系列重要进展。

（1）改革货劳税制。自 2013 年起，经国务院批准，财政部、国家税务总局逐步实施了营业税改征增值税的试点。其中，自 2016 年 5 月 1 日起全面推行此项试点；2017 年废止了营业税暂行条例，修改了增值税暂行条例。此外，调整了增值税的税率、征收率，统一了小规模纳税人的标准。在消费税方面，经国务院批准，财政部、国家税务总局陆续调整了部分税目、税率。在关税方面，进口关税的税率继续逐渐降低。

（2）改革所得税制。一是在企业所得税方面，2017 年全国人民代表大会常务委员会修改了企业所得税法的个别条款。经国务院批准：财政部、国家税务总局等单位陆续作出了关于部分重点行业实行固定资产加速折旧的规定；小微企业减征企业所得税的规定，而且减征的范围不断扩大；提高企业研究开发费用税前加计扣除比例的规定；购进单位价值不超过 500 万元的设备、器具允许一次性扣除的规定；提高职工教育经费支出扣除比例的规定，等等。二是在个人所得税方面，2018 年，全国人民代表大会常务委员会修改了个人所得税法。主要内容是调整居民个人、非居民个人的标准，部分所得合并为综合所得征税，调整税前扣除和税率，完善征管方面的规定。此外，国家税务总局公布了修改以后的《个体工商户个人所得税计税办法》，经国务院批准，财政部、国家税务总局等单位陆续联合作出了关于上市公司股息、红利差别化个人所得税政策、完善股权激励和技术入股有关所得税政策、科技人员取得职务科技成果转化现金奖励有关个人所得税政策等规定。

（3）改革其他税制。2016 年，根据中共中央、国务院的部署，财政部、国家税务总局发出《关于全面推进资源税改革的通知》，自 7 月起实施，改革的主要内容是扩大征税范围和从价计税方法的适用范围。2016 年，全国人民代表大会常务委员会通过了《中华人民共和国环境保护税法》，自 2018 年起施行。

18.2.2 完善现代税收制度

通过上述改革，中国税制进一步简化、规范，税负更加公平并有所减轻，税收的宏观调控作用进一步增强，在促进经济持续稳步增长的基础上实现了税收收入的持续稳步增长，有力地支持了中国的改革开放和各项建设事业的发展。但从长远来看还有待通过制度变革对减税降费政策作出战略调整，创新深化税收制度改革措施，以实现资源全球化配置、经济高质量发展、社会公平正义等目标。

（1）促进经济发展方式转变。顺应我国经济向更多追求质量、效益，向科技进步、创新驱动和高质量发展转变的深化税制改革。一是增值税改革：由差别化税率制向单一税率制转变；由税收优惠进行政策调节向突出税收制度中性转变；由简易征税方式向规范征税转变；由增量留抵退税向全面实施留抵退税转变。二是消费税改革：改革课税对象，由价内税改为价外税；扩大消费税征收范围，进一步发挥消费税在促进资源节约利用和环境保护方面的作用；调整征收环节，由现行生产环节征税为主逐步转向消费环节征税为主。三是企业所得税改革：扩大税基，完善收入确认；降低税率，优化税率结构；创新优惠政策，重点鼓励企业研发投入、自主创新；强化税收管理，加强费用扣除管理和关联交易管理。

（2）促进收入公平分配。顺应我国税收在收入公平分配和财产合理配置上发挥应有作用的深化税制改革。一是个人所得税深化改革：实行以个人或家庭为单位的双轨申报纳税；优化税率结构降低边际税率；合理扩大纳入综合征税的所得范围，完善专项附加扣除项目，建立个人所得税指数化调整机制。二是房地产税改革：改革前提是在增加持有环节税负的同时，相应降低开发环节不合理税费；改革基础是在房地产价值一体化的前提下，应将房产和土地一并加以评估考虑；改革核心是由商品房向非商品房拓展。三是社会保险费改税：调整征收主体，由单一税务机构负责征收；优化税率结构，针对养老、医疗、失业等税目设计不同税率；确定课税对象，分别以雇主支付工资和雇员工资收入为依据；提升统筹层次，社保收支由地方政府地方范围统筹改为中央政府全国范围统筹。

（3）促进国际税收合作。应对逆全球化思潮挑战，加强国际税收合作，促进新型全球化，实现互利共赢。一是调整进出口贸易税收政策：通过优化调整出口退税率结构，降低进口商品关税、取消服务贸易出口增值税，促进我国从出口导向型贸易向进出口平衡型贸易转型。二是完善对外投资税收制度。在保持相对中性的前提下，支持企业对外投资；在抵免限额、抵免方法上由分国不分项抵免改为综合限额抵免；建立境外投资风险准备金，用于冲减境外投资亏损；适度放宽亏损结转等限制，以增强我国境外投资企业国际生存、发展和竞争能力。三是完善数字经济税收政策。加快税制改革，使税收制度全面适应和促进数字经济发展；加强国际税收合作，化解数字经济国际化面临的税制壁垒。

18.3 建立现代征管体系

税收征管体系是国家治理体系的有机组成部分。构建科学严密的税收征管体系，是提升国家治理能力的重要体现，是深化改革的逻辑起点。

18.3.1 推进税收征管改革

（1）国地税机构合并改革。2018 年 3 月 13 日，十三届全国人大通过改革国税地税征管体制，将省级和省级以下国税地税机构合并，具体承担所辖区域内的各项税收、非税收入征管等职责。通过改革，逐步构建起优化高效统一的税收征管体系，为纳税人和缴费人提供更加优质高效便利服务，提高税法遵从度和社会满意度，提高征管效率，降低征纳成本，增强税费治理能力，确保税收职能作用充分发挥，夯实国家治理的重要基础。

（2）深化“放管服”改革。2013 年以来，我国开始在税收领域积极推进简政放权、放管结合、优化服务的“放管服”改革，以优化税务营商环境。国家税务总局在 2017 年明确提出 30 项措施来深化税收治理，改善营商环境。加大力度在简政放权上做好“减法”，在后续管理上做好“加法”，在优化服务上做好“乘法”，在问题短板上做好“除法”，打出便利化办税“组合拳”。2017 年国家税务总局发布《关于转变税收征管方式提高税收征管效能的指导意见》，提出“以推行纳税人自主申报纳税、提供优质便捷办税服务为前提，以分类分级管理为基础，以税收风险管理为导向，以现代信息技术为依托”的现代税收征管方式。

（3）税务稽查重大改革。2012 年 8 月，税务总局启动稽查管理方式改革。2014 年，国家税务总局制定了《税务稽查案卷管理暂行办法》和《税务稽查案卷电子文件管理参考规范》，稽查案卷从传统纸质案卷归档过渡到纸质电子数据存储系统化管理的并行，案卷管理质量发生质的飞跃。2015—2016 年，稽查案源建立起随机抽查制度，开展案头风险分析评估，再开展定向稽查的模式，同时推行随机案源与稽查人员的双随机办法，提高选案的公正性，增强稽查的精准性。2017 年，全国税务稽查规范（1.0 版）实施，稽查体制更加完善，基础更加夯实。

（4）税务绩效管理改革。2013 年税务总局印发《关于实施绩效管理的意见》，明确“打造一条索链、构筑一个闭环、形成一种格局、建立一套机制”的主要目标。2014 年 6 月税务总局制定了《全国税务系统绩效管理全面试行工作方案》、《绩效考评指标 2.0 版》、《税务系统绩效管理加分减分项目考评细则》和《税务总局机关绩效管理加分减分项目考评细则》等规范，全国税务系统的绩效管理全面展开实施，初步形成了良好的绩效管理工作局面。

18.3.2 建立现代征管体系

新时期的税收征管改革需要进一步推动职能转变，着眼于服务税制改革和社会经济改革的大局，推进税收治理体系和税收治理能力现代化建设，从完善税收征管立法、深化税收征管模式、税源管理、大企业管理制度、纳税服务、税务稽查、征管信息化、发票管理、税收信用体系、征管绩效管理和税务代理改革等方面入手，建立和完善能促进市场规范发展、社会公平和科学严密的现代税收征管体制。

（1）建立税费一体管理体系。通过国税地税征管体制改革逐步构建起优化高效统一的税收征管体系，为纳税人和缴费人提供更加优质高效便利的服务，提高税法遵从度和社会满意度，提高征管效率，降低征纳成本，增强税费治理能力，确保了税收职能作用充分发挥，夯实国家治理的重要基础。基于以上社保征管体制改革的任务，结合现阶段社保征管现状，应采用“先打基础、再扩业务、逐步规范、税费云化一体治理”的分步实施策略。第一步：完成标准版全职能改造及全国推广上线工作，为社保征管体制改革打下基础。第二步：扩大社保费征管业务范围，实现对企业单位和灵活就业人员的接收。第三步：逐步完善社保费征管规范，将社保费征管职责与税收征管逐步融合，以规范促进社保费征管信息系统的建设。第四步：完成社保费系统云化建设，以“弹性、互联、服务、共识”为社保费业务云化战略目标，实现社保费征管体制实质性变革。

（2）建立自然人税费管理体系。新时代我国自然人税收及征管治理法律现代化的建构路径是在数据革命现实图景下由传统思维转向现代思维，实现自然人税收征管体系现代化和法治化，实现由“单向授权”的“管理法”向“科技征管”的“技术法”、“以纳税人为中心”的“服务法”和“面向社会共治”的“治理法”的时代转型，契合现代税收治理的技术变革趋势，建立与现代自然人税收治理体系和治理能力相匹配的法律保障体系，同时为新时代社区治理、城市治理和国家治理提供翔实可靠的数据信息和技术支撑。通过自然人电子税务局和“个人所得税 APP”的不断优化与升级，以“全周期、全过程、全方位”为特点的自然人税收征管将会以大数据的方式准确呈现，并通过云计算的方式构建当下及经测算的未来自然人税收征管云图，以及衍生的各种时序、区域及特定参数分类比较数据库。稳妥可靠的自然人电子税务局，不仅仅给个人所得税税收征管带来准确度、稳定性和便捷性，而且也为国家的数据治理、经济治理和社会治理提供参考。

18.4 和谐税收征纳关系

税收文化是人们在长期的税收实践中逐渐积累和积淀、可以被人们通过学习和社会传递而获得的关于税收的意识形态、思想观念和行为方式。税收文化按主体可分为纳税人文化、征税人文化和用税人文化，三者相互作用、相互联系，共同支撑符起税收文化。

18.4.1 增强税收文化自信

税收文化是指政府和公民构成的特殊社会群体，在公共产品再生产中所形成的具有稳定的信念、价值观和行为规范，及其引导的税收行为系统等正式和非正式制度的总和。税收文化随着税收的产生而产生，随着税收的发展而发展。当有了赋税，作为赋税活动在人们头脑中的反映的赋税思想便应运而生，这种赋税思想是当时税收文化的主要组成部分，也是当时最重要的税收文化表现形式。随着社会的发展和变革，赋税思想不断得到发展，税收文化的内容也得到了丰富和扩充。治税思想、纳税心理、纳税意识逐渐表露，并融入税收文化当中。在继承中发展税收文化，在实践中创新税收文化。构建公平正义、进取向上的税收文化体系，引领税收事业发展是时代赋予税收文化的职责和重任。

根植于某一具体文化中的税收文化，它不断吐故纳新，最后凝炼成一种价值标准、思想体系、行为规范。税收文化它一方面在思想上能自我更新、吸取新的元素，从“厌税”走向“自觉纳税”的转变正是税收文化新陈代谢、与时俱进的生动表现；另一方面在制度上它能自我完善、吸取中外古今文化中的有用元素做到古为今用、洋为中用。税收文化不停吸收新元素、新鲜血液充实自己，更新自己，使自己与当时代的政治、经济保持同步或相对同步的频率，进而与它们处于一个相对和谐的状态。

“修身、齐家、治国、平天下”，是中华文化把个人、家庭、国家、世界紧紧联系在一起的精神纽带。中华文化认为，个人的修身与国家的治理，是一种逐级放大的同构和全息，是一种逐级深化的延展。这既反映了中华文化“家国同构”、“天人合一”的特色，也是凝聚民族和稳定社会的一个重要砝码。而税收则是把个人、家庭、社会和国家紧紧联结在一起的经济纽带，成为精神纽带的经济基础。通过征好税、用好税，来体现税收取之于民、用之于民的本质属性。经济社会的可持续发展仅有公仆的勤政廉政、爱国爱民还不够，还需要从社会和人类可持续发展，以及人与自然和谐发展的战略高度用好税、管好税，以彰显为民执政理念。

18.4.2 和谐税收征纳关系

2019 年，国家税务总局发布了“关于加强新时代税务文化建设的意见”，提出要充分发挥税收文化举旗帜、聚民心、育新人、兴文化、展形象的使命任务，坚定税收文化自信，提高税收文化软实力，推动税收文化繁荣兴盛。税收文化建设主要包括以下三方面内容：

（1）在纳税人文化建设方面。以提高纳税遵从为核心，以纳税义务为责任，以纳税人权利为保障。纳税人文化的核心是纳税人要具有自觉的缴税意识和行为，接受纳税是人生不可避免的事情样的人文化氛围。通过普及公共产品（公共消费）知识，使纳税人明白纳税就是为消费公共产品付费的，权责规范，形成依法诚信纳税的良好环境。引入现代税收理念，纳税人既要维护自身利益、自我发展，又要符合国家利益、增进社会进步。

（2）在征税人文化建设方面。从税收征纳关系看，纳税人应该是主体，政府应该是公仆。公民有对国家政府缴纳税款的义务和责任，国家政府也有将税款再分配到国防、科技、教育、公共福利等公共事业的权利和责任。征税人文化的核心是征税人要具有公仆意识和文明收税行为，在征税过程中能够做到秉公执法、忠于职守、清正廉洁、礼貌待人、文明服务，尊重和保护纳税人、扣缴义务人的权利，依法接受监督。优化税收服务窗口，为纳税人提供更便利的纳税环境。征税要做到公平、公正和应收尽收，还要做好税收服务，不收“过头税”，营造和谐和征纳关系。

（3）在用税人文化建设方面。税收本来是社会成员因获得社会公共产品，而向该产品的提供者——社会公共权力（国家）支付的成本补偿，是一种社会公共产品的分配方式。因而任何较大的支出都要经过严格的程序，以符合社会公众的愿意，任何财政支出要能够做到公开透明并接受纳税人的监督，增强政府提供公共产品的财政透明度，使纳税人清楚税收每一分钱所花的地方，使用税人树立科学合理用钱的意识，促成政府用税的诚信道德，使用税收既要节约又要高效透明。

18.5 增强税收治理能力

税收治理是一个包括税收治理理念、税收治理体系、税收治理方式和税收治理能力在内的系统，完善税收治理体系，增强税收治理能力，实现治理能力和水平的全面提升。

18.5.1 完善税收治理体系

财政是国家治理的基础和重要支柱，税收是财政收入的主要来源。在我国，将税收征管上升到税收治理是税收管理的格局之变。

（1）从税收征管到税收治理。税收征管指的是征收的管理，规范的是征收和缴纳行为，强调的是税收足额入库，依赖力量是与税务机关的单兵作战，涉及的管税主体是税务机关，办税主体是纳税人、扣缴义务人。税收治理则是多元化的系统视角，面向整个税收生态，是以发展的眼光强调治理的现代化，强调以相对低的社会成本消耗和相对高的协同作战效率来达成征收的目的。税收治理的概念从深度和广度都要远超税收征管。税收治理面向的主体也不再是只有税务机构，而是要将管税主体扩大到包括政府各部门。因为税收是国家的税收，单凭税务机关单兵作战是无法完备治理的。新时代的税收治理格局下，需要明确政府组成部门的税收治理责任和义务，实现税收治理的众治、共治与同治。通过政府、政府组成部门、税务机关与协税护税义务人、税务代理人的众治、共治与同治，就可以支撑起税务机关进行税收事项的事前放、事中管、事后治（风险分析）、全程服。

（2）从发散征管到聚集治理。我国现行税收征管是根据纳税事项，一项一项地由税务机关进行发散性管理，体系性不强，需要办税主体自己提供其他部门、单位出据的证明性数据，这种要求在碎片化的各项纳税事项办理中比比皆是。若将税收征管上升到税收治理的高度，需以治税信息聚集互认进行管税治税。将税收治理划分为以税收共治为核心的基础管理、纳税管理、税额确认三阶段，涉及的治税主体（政府、政府组成部门）、征税主体（税务机关）、办税主体（纳税人、扣缴义务人、协税护税义务人、税务代理人、缴费人）的责任、权利、义务进行明确，并按照税收共治、基础管理、纳税管理、税额确立的顺序及治理要求和内在逻辑（先后顺序、相互关系），重新规划设计包括新征管法或税收治理法等基本法律制度安排、税收治理事项、流程、文书以及征税主体的组织形态，就构成了一个充分体现税收治理能力和方式的完整的税收治理体系。

18.5.2 提升税收治理能力

（1）确立税收治理理念。税收治理在总的价值理念上，发挥税收在国家治理中的基础性、支柱性、保障性作用。而要发挥这样的作用，需要做到以下几点：一是确立以人为本治税理念，运用税收手段调节收入分配，维护社会的公平正义，充分相信纳税人、尊重纳税人和保障纳税人权利；二是确立以法治税理念。落实税收法定原则，完善税收立法，规范税收执法；三是确立税收职能治税理念。提升税收职能定位和税收治理站位，增强税收在国家治理中的基础性、支柱性和保障性作用。

（2）完善税收治理体系。要求通过税制改革和完善税收管理体制，尽快形成有利于优化资源配置、维护市场统一和促进社会公平，并能够对社会的政治、经济、文化、道德、生态文明等产生积极效应，实现国家长治久安的现代税收治理体系。具体包括：科学完备的税收法治体系，落实税收法定，实行依法治税；优质便捷的税费服务体系，积极响应和满足纳税人合理需求，努力构建税收遵从机制；严密规范的税费征管体系，加强税（费）源的风险管理、专业化管理和信息化管理，优化税费征管机制和税收的社会共治机制；合作共赢的国际税收体系，维护国家税收权益和世界税收秩序；高效廉洁的队伍组织体系，不断优化税务系统内部的组织架构和资源配置。

(3) 改进税收治理方式。从国家管理向国家治理转变，在治理方式上着力改进和实现税收民主治理、依法治理和科学治理。一是税收民主治理。税收民主治理方式就是通过各种制度化安排，让民众能够参与到国家税收立法和税收事务管理中，切实保障人民当家作主地位。民主治理要求在民主决策、民主管理、民主监督等各个环节都有规范的制度设计。二是税收依法治理。现代税收治理的根本标志是从“人治”向“法治”转变，树立和维护税收法律权威；依法行使征税，依法治理也就成为税收治理的最重要方式。三是税收科学治理。在科学规则的治理体系下，进行有效税收治理。税收治理方式的科学化依赖于税收治理体系的规范化、程序化，以制度引导、规范治理方式是推进其科学化的基础。此外，还要借助治理手段的现代化，将先进的信息技术手段、信息网络平台以及其他工具、手段引入国家治理之中，提升治理的科学化水平。

(4) 提升税收治理能力。一是加快税收事业发展的谋划创新能力。主要通过税收制度创新、体制机制创新、管理方法创新和组织保障创新，不断提升征管效率和治理效率，充分发挥税收在国家治理中的基础性、支柱性和保障性作用。二是税收管理现代化的科技驱动能力。要善于运用大数据、智能化、云计算、物联网和区块链等先进技术，为税收分析、管理与决策提供支撑，驱动税收治理体系变革，不断提升信息管税和税收治理现代化水平。三是职责明确、落实有力的制度执行能力。确保各项制度、方针、政策和税收法律法规贯彻落实到位。四是动员社会各方积极参与的协同共治能力。建立牵头部门协作、企业和社会公众广泛参与的税收共治机制，推动依法治税和税法遵从。五是有效应对的风险防范能力。加强各项重大税收政策措施的经济与社会效应的分析和论证，完善税务部门内部的各项内控机制建设，努力防范税收政策风险、税制改革风险、税收执法风险、税（费）款安全风险。

18.6 改善营商税收环境

税收营商环境是营商环境的重要组成部分，优化纳税服务对营造稳定公平透明、可预期的税收营商环境具有重要意义。它不仅是建设服务型政府的有力举措，也可更好地发挥税收服务经济高质量发展的作用。

18.6.1 创新优化纳税服务

为更好适应国税地税征管体制改革后的新形势、新要求，进一步规范税费业务办理，解决纳税人、缴费人反映强烈的痛点难点堵点问题，提高税费征管效率。

（1）创新纳税服务。推出征管规范2.0和纳税服务3.0。一是推出征管规范2.0。以系统集成的方式对碎片化政策的整合，以构建新的税收征管业务体系为目标，实现税费业务的统一化、规范化和标准化。二是推出纳服规范3.0。聚焦纳税人、缴费人的新需求新期盼，新版纳服规范进一步优化调整，鼓励各地创新办税方式，进一步提高办税服务质效，最大限度便利纳税人，最大限度规范税务人。

（2）改进服务方法。紧紧抓住税收生态信用动态监控”和“风险动态监控”“两个动态”，通过对纳税人信用和风险的动态评价，实施差别化的服务和管理。对信用低、风险高的纳税人、缴费人实施精准监管，对信用高、风险低的纳税人、缴费人在少打扰甚至不打扰的基础上提供更便捷的办税缴费服务。

（3）转变服务模式。电子税务局是落实征管规范2.0和“两个动态”、转化税收治理效能的主要载体，不仅是服务纳税人和税务人员的平台，更是纳税人履行义务享受权利、税务人员履行工作职责的智能化工具。

（4）拓展服务渠道。为切实降低疫情传播风险，税务部门按照“尽可能网上办”的原则，积极拓展“非接触式”办税缴费服务，为支持企业复工复产，税务部门利用大数据平台为企业提供信息服务。

（5）提升服务效能。一是形成全社会普遍自觉遵从税法的优良环境，税收违法行为受到高度制约，税款流失处于较低水平；二是税收治理体系适宜遵从，纳税人的遵从成本和税务机关的征管成本持续降低，纳税人的办税效率和税务部门的管理效率不断提升。

18.6.2 改善营商税收环境

得益于税务部门大力推行放管服改革和“互联网+税务”，“纳税次数”和“纳税时间”指标得到了跨越式提升，目前已经大大优于OECD成员国的平均水平。但在十项一级指标中，纳税指标排名105位，没有挤进前100名，成为了典型的拖后腿指标。纳税指标由“纳税次数”、“纳税时间”、“总税率和社会缴纳费率”和“税后流程”四项二级指标构成。对于“总税率和社会缴纳费率”和“税后流程”指标有待通过深化改革来破解，而纳税次数和纳税时间则可通过改善营商税收环境来实现。

（1）确立改善营商税收环境目标。按照国务院《优化营商环境条例》“精简办税资料和流程，简并申报缴税次数，公开涉税事项办理时限，压减办税时间，加大推广使用电子发票的力度，逐步实现全程网上办税，持续优化纳税服务”的要求，国家税务总局制定《全国税务系统深化“放管服”改革五年工作方案（2018—2022年）》，明确提出到2022年底前，将我国年纳税时间由目前138小时压缩到100小时，并实现将我国在世界营商环境纳税时间指标排名提升至40位以内的目标。《放管服方案》同时要求，确立纳税人自主履行纳税义务的法律地位，包括自主进行纳税申报准备、自主进行纳税申报缴税、自主选择享受税收优惠和自主选择税务代理。

（2）落实改善税收营商环境措施。持续落实好深化税收领域“放管服”改革和优化营商环境两个五年工作方案，推动各地税务部门贯彻落实好《纳税服务规范》，进一步拓展电子税务局功能，把“便民办税春风行动”推出的措施落实落细、抓出成效。税务部门在“审批制”改为“备案制”的基础上，这两年进一步从“备案制”向“备查制”方向改革。仅2019年，税务总局分两批共取消40项税务证明事项。74%的事项实现纳税人只需“最多跑一次”，66%的事项可通过电子税务局网上办理。同时，税务总局实施升级后的《税收征管操作规范》和《纳税服务规范（3.0版）》，精简业务事项50%，减少纳税人资料报送48%，压缩纳税时间21%。

（3）提升改善营商税收环境指标。一是在精简事项和资料的基础上，通过“两个动态”分类分级服务管理+智慧化办税进一步减少办税时间，提升效率；对于能做到自动化办理的业务事项，原则上一律自动化办理，像“发票核定”一样，将单一事项整体效率提升80%以上，所有事项整体效率提升20%以上。二是全面推行电子发票这一优化营商环境“杀手锏”，通过采用可协同签名证书替代现行税控装置的购置和安装，将目前世行营商环境评估指标的2天缩减为几分钟；实行发票电子化、核对自动化，将目前世行营商环境评估指标办税时间由138小时降至97.8小时，压缩40.2小时，效率提升约29%。其中，增值税业务压缩33小时，提升约71.7%；企业所得税纳税时间压缩7.2小时，提升约18%。

18.7 提升税收运行效率

目前正处于信息高速发展的时代，信息技术已贯穿于税收工作各个环节，成为税收工作的强大支撑。坚持走科技兴税的道路，全面实施信息管税，依靠科技创新驱动，是提升税收治理能力的良策，必将为税收现代化打下更加坚实的基础。

18.7.1 运用现代信息技术

随着信息技术的飞速发展，税收治理也进入了大数据时代。由于数据信息化的广泛应用，税收生态系统不仅迎来了前所未有的发展机遇，也遇到了新的挑战。

（1）税收管理信息化系统建设。一方面，电子商务、互联网金融等新兴行业迅速崛起，企业“无纸化、无址化、无形化、无界化”成为电子商务独有的商业模式特征，对税务机关传统的层级管理、属地管理方式提出了挑战。另一方面，充分运用大数据的思维和手段开展深层次的税收信息数据挖掘运用，为实现信息管税、税收科技化和税源精细化管理提供支持。以金税工程为代表，我国税收工作已经离不开信息化手段，将大数据技术融入税收生态体系，使信息与信息、信息与人、信息与过程有机结合，将税收业务纳入税收征管系统管理，实现税收的征、纳、管理决策等税收活动与现代信息技术接轨，为税收现代化和科学化提供技术支撑。

（2）税收管理信息化系统结构。税收管理信息系统建设也称为金税工程建设，围绕着一个平台、两级处理、三个覆盖、四个系统的总体目标而建立。一个平台，指包含网络硬件和基础软件的统一技术基础平台；两级处理，指依托统一的技术基础平台，逐步实现数据信息在总局和省局集中处理；三个覆盖，指应用内容逐步覆盖所有税种，覆盖所有工作环节，覆盖各地税局并与相关部门如工商、海关联网；四个系统，指通过业务重组、优化和规范，逐步形成一个以征管业务系统为主，包括行政管理、外部信息和决策支持在内的四大应用系统软件。

（3）税收管理信息化系统发展。自我国金税三期上线之后，税务信息化开始了加速发展。大型企业集团尤其跨国公司往往跨地区、跨行业、跨国家经营。因此将面临更加复杂的税收环境和严峻的税务管理挑战。并且，自 2016 年在全国范围内全面推开营业税改征增值税试点，建筑业、房地产业、金融业、生活服务业等全部营业税纳税人纳入试点范围，由缴纳营业税改为缴纳增值税。按照国家税务总局统一部署，2019 年 3 月 1 日起上线金税三期（并库版），实现原国税、地税两套金税三期系统并库。因而，在逐步完成对原有核心业务系统同步改造的同时，如何构建具备完善的税务管理和监控的税收管理平台，快速对接税收业务系统，用精准的数据支撑税务管理是当前面临的新挑战。

18. 7. 2 提升税收运行效率

积极推进网上政务服务平台建设，开展网上办事，有效优化了政府服务，方便了企业和群众，为大众创业、万众创新营造了良好环境。移动互联网、云计算、大数据、人工智能、区块链、5G 等现代化信息技术推动税收治理体系和治理能力现代化，进一步提升了税收运行效率。

（1）不断拓展“掌上办”，移动办税”成常态。随着信息技术快速发展，智能手机广泛普及，移动办税缴费大有可为。以纳税人为中心、以提升纳税人合规能力为理念、践行预填申报制度的个人所得税 APP 受到了广大纳税人的青睐，与 12306 成为政务 APP 的两大巨头和典范。与此同时，借助微信、支付宝等大众日常交流、应用工具，移动办税也日渐普及，如掌上开票、税企互动、精准服务、智能办税逐渐普及。

（2）利用人工智能，实现科技强税。人工智能对税务的强力加持，让税收业务的办理越来越简单、便捷。通过智能画像、智能导税、智能辅助、智能咨询智能服务系统，自动为纳税人提供打印纳税人体检报告，查询企业涉税指标的健康状况，办理新办纳税人信息确认、发行认证、发票申领、发票代开、社保缴费等业务，实现涉税事项申请、纳税证明和信用等级证明出具，提供智能咨询与精准服务。

（3）挖掘大数据“富矿”，多层次推广应用。紧抓大数据、云计算等新技术发展机遇，积极推进新时代“智慧税务”建设，以数据生产要素为对象，以数据标准化为基础，以释放数据价值为目标，以守住数据安全为底线，以建立健全数据全生命周期秩序规则为核心，以推动数据有序管理和流转为策略。在系统支撑上重点建设数据支撑平台，实现“依数据办税、用数据服务、靠数据管理、聚数据决策”。

(4) 电子发票“区块链”，“税务—产业”联盟链。区块链的探索从电子发票开始，并进一步扩大区块链应用范围。打通税务链、金融链、产业链的联通壁垒，实现区块链和实体经济深度融合，促进城市间离散信息更大规模的互联互通以及生产要素在区域内有序高效流动。在现代税收征管思维下，数字科技将发挥愈加重要的功能和作用。

18.8 构建共治税收格局

党的十九大报告提出，要提高社会治理的社会化、法治化、智能化、专业化水平，达成构建“共建共治共享”的社会治理模式要求，迫切需要建立和完善税收共治机制，实现税收由税务部门单独管理，向税务部门专业管理和社会各界共同治理有机结合的转变。

18.8.1 调动各方积极因素

政府的税收行为伴随着经济活动全过程，涉及国家、地区、企业和个人等方面的利益关系，具有社会性和复杂性。提升税收治理水平，既要有税务机关承担起税收征管的主体责任，履行税收征收管理职能，又需要社会各单位、各部门和广大纳税人的协作配合、协税护税、协同合作。税收共治可以划分为税收共建、税收共治以及税收共享。

(1) 税收共建。是指全社会相关主体共同参与税收建设，包括制度规则、机构平台和人才队伍建设。在由税收管理向税收治理转变中，税收治理面向的主体不再只是有税务机构，而是将包括政府组成部门、税务机关与协护税义务人、税务代理人等涉税主体纳入，实现税收治理的众治、共治与同治，支撑起税务机关进行税收事项的事前放、事中管、事后治（风险分析）、全程服。税收治理共同体的核心是税收治理社会化，需要有相关部门的支持和参与，汇聚社会各方的智慧和力量，引导社会组织积极参与，确保税收治理既充满活力又和谐有序。

(2) 税收共治。是指全社会相关主体共同参与税收治理，横向为税务部门与财政、城建、房管、公安、法院、检察院、银行、邮政等其他部门或单位之间的协同共治，纵向则是税务机关内部或不同层级的税务机关之间对同一企业开展的统一全盘的管理。凝聚共治合力，多方合作，优势互补，推进跨系统、跨领域合作，加强与行业协会商会、社会公益组织等社会组织合作，发挥税务代理等涉税专业服务、法律服务社会组织的资源优势，鼓励和引导纳税人使用涉税专业服务、法律服务社会组织提供的涉税服务，让企业和社会公众广泛参与，构建税收共治新格局。

（3）税收共享。在现代社会中，信息是核心的资源和优势，诸多经济社会问题都根源于信息偏在和信息失真。不管是对于加强税收征管还是优化纳税服务，“信息”无疑都至为关键。“信息管税”作为一种先进的税收征管思路和技术举措，其重要性在“互联网＋税务”的时代潮流下尤为突出。具体地说，有必要加速构建统一的涉税信息交换平台，在税务部门之间，以及税务部门与工商、质检、公安、金融、房产、海关等相关行政部门之间，乃至税务部门与审计、资产评估等社会中介机构之间建立起适度开放的信息交换平台。这不仅有利于发挥信息的集合效用，使信息平台的参与者均能从中获益，而且也是社会信用体系的主要成分。依托大数据，提升税收治理智能化水平。挖掘信息化时代大数据、网络化带来的便利，积极推进各种信息化平台建设，实现数据共享和融合，提升新时代税收治理效能。

18.8.2 构建共治税收格局

从税收治理和税收综合治税的视角来看，应在党和政府的领导下，部门协同、协护税组织合力，税务机关履行税收征管的主体责任，推进税收征管改革，依据税源变化优化配置征管资源和征管职能，建设相协调的税收征管组织机构。

（1）构建税收征管共建机制。建立健全由党政牵头、税务主责、部门合作、社会协同、公众参与的税收共治机制强化政府对税收征管工作的领导，税务部门积极主动依法履责，大力拓展部门之间的合作领域，实现信息共享、管理互助、信用互认；建立和完善第三方涉税信息获取机制，充分发挥纳税信用在社会信用体系和管理中的基础性作用，以推动形成全社会协税护税、综合治税的强大合力，提升税收治理水平。

（2）健全税企风险共防机制。税收风险共防共治是税收治理的重要目标，税企风险共防就是要明晰征纳双方权利和义务，还责于纳税人；围绕企业税务风险防范，要让企业了解、熟悉税收法规，降低企业遵从风险；要通过纳税辅导，帮助企业建立风险内控机制，解决企业涉税诉求绿色通道，完善涉税事项事先裁定制度等，从组织层面、业务领域、会计核算到纳税申报等各个管控环节，全面系统地构建税企风险共防机制，有效预防和控制企业税收风险。

(3) 形成完整税收治理体制。以税收共治为基础，信息共享为核心，确保治税主体（政府、政府组成部门）、征税主体（税务机关）、办税主体（纳税人、扣缴义务人、协护税义务人、税务代理人、缴费人）三大主体责任、权利、义务明确，按照基础管理、纳税管理、税额确立三大管理阶段的顺序、治理要求和内在逻辑，规划设计包括基本法律制度安排、税收治理事项、流程、文书以及征税主体的组织形态，构建起层次清晰、逻辑严密、闭环运行的优质高效的税收治理体系。

18.9 更好发挥税收功能

税收既是国家取得财政收入的重要方式，也是政府用于调节经济与社会运行，实现国家治理现代化的重要手段。在市场对资源配置起决定作用的前提下，加强税收调节在于更好发挥税收对宏观经济运行调节作用，和在国家治理中的基础性、支柱性、保障性作用。

18.9.1 加强税收调节作用

自中国经济进入新常态，面对国际国内经济下行压力挑战，中央提出了宏观政策要强化逆周期调节、连续 3 年实施了中国历史上最大规模的减税降费政策措施。

(1) 2018 年，提出了规模达 1.1 万亿元的减税降费目标，主要减税降费政策：一是调整增值税税率，将制造业等执行 17% 税率的行业降至 16%，将交通运输业等执行 11% 税率的行业降至 10%；二是提高增值税小规模纳税人标准，年销售额标准由 50 万元和 80 万元上调至 500 万元；三是出台的增值税进项税额留抵退税政策；四是落实新出台的 6 项企业所得税优惠政策。最终使全年减税降费规模达到 1.3 万亿元以上。

(2) 2019 年，我国实施的高达 2 万亿元的更大规模的减税降费。减税降费政策措施：一是小微企业减税，提高增值税起征点，扩大小微适用 5% 和 10% 两档低税率税收优惠；二是降低增值税税率，进一步将制造业等行业现行 16% 的税率降至 13%，将交通运输业、建筑业等行业现行 10% 的税率降至 9%，确保主要行业税负明显降低；三是降低社保费负担，下调城镇职工基本养老保险单位缴费比例；四是增加个人所得税专项扣除，在提高基本费用扣除基础上，增加子女教育、继续教育、住房贷款利息、住房租金、大病医疗、赡养老人等专项附加扣除。数据显示，2019 年全年减税降费超过 2.3 万亿元，占 GDP 的比重超过 2%。

（3）2020 年，受新冠肺炎疫情冲击，全球经济恶化，经济下行压力更为明显。为此，我国提出全年为企业新增减负超过 2.5 万亿元的目标。减税降费政策内容：一是延续性政策，继续执行 2019 年出台的下调增值税税率和企业养老保险费率政策，新增减税降费约 5000 亿元；二是新出台政策，为应对疫情而出台的新的应对性减税降费政策，包括免征中小微企业养老、失业和工伤保险单位缴费，减免小规模纳税人增值税，免征公交、运输、餐饮、住宿、旅游、娱乐、文化、体育等服务业增值税，减免民航发展基金、港口建设费；三是延缓性政策，对于 2020 年小微企业、个体工商户应缴纳所得税可延缓至 2021 年首个申报期内一并缴纳。上述延续性、新出台和延缓性三大政策，预计全年为企业新增减负高达 2.5 万亿元以上。

18.9.2 更好发挥税收功能

大规模实质性减税降费对激发市场活力、鼓励企业投资、增强外贸出口、促进转型发展、支持创新创业、改善收入分配、拉动居民消费、增加劳动就业，缓解疫情压力产生了重要影响和效果。

（1）激发市场活力。减税降费是降成本、补短板、促进供给侧结构性改革最为实在有效的举措。它通过有效降低企业成本，激发市场活力，增强内生动力，起到支持创新、创业以及小微企业发展的积极作用，对于发展新经济、培育新动能，为经济保持中高速增长、迈向中高端水平打下坚实基础。

（2）鼓励企业投资。当前，受市场需求疲软、出口增长放慢、人口红利减少以及劳动力成本上升等影响，企业面临税费负担相对成本较高、利润下降、经营压力加大的局面。通过大幅降低增值税税率，加大减税降费力度，有利于减轻企业税费成本负担，增加企业利润，提高企业经济效益，激发微观主体活力，从而增强企业的投资欲望和投资能力。

（3）增强外贸出口。随着外部经济环境变化，国际竞争加剧，我国出口面临严峻挑战。通过实施积极减税政策，以减税增加居民可支配收入，拉动消费需求；以减税降低企业生产经营成本，促进供给。同时通过增加出口退税等鼓励出口的减税政策，使我国出口企业产品成本降低，国际竞争力增强，达到增加出口、扩大外需的目的。

(4) 促进转型升级。将16%的增值税税率大幅下调3个百分点，有助应对工业制造业、商业服务业等实体经济所面临的较大经济压力和严峻挑战。同时，通过较大幅度降低高档位税率，较小幅度降低中档位税率，低档税率保持不变，有利于平衡工商业与服务业税负，更好保持增值税中性，减少税收对资源配置的扭曲，提高资源配置效率，促进实体经济发展和经济转型升级。

(5) 支持创新企业。目前政府倡导的是通过创新驱动经济发展，以激发经济发展的新动能。而企业创新需要大笔资金投资，将会对企业产生较大的经营现金流压力。在此种情况下，通过减税降费可以降低企业负担，以激励各类企业进行创新研发投入，提高市场竞争力，促进整个市场持续健康发展。

(6) 改善收入分配。无论是提高个人所得税基本减除费用标准，还是设置6项专项附加扣除，个人所得税改革都有利于减轻中低收入者的税收负担，缩小中低收入者与高收入者的税后收入差异，起到改善收入公平分配功能的作用。

(7) 拉动居民消费。降低个人所得税税负，增加居民税后可支配收入，有利于增加居民个人消费。尤其是中低工薪收入者税负降低幅度较大，而低收入群体边际消费倾向较高，从而起到鼓励消费的作用。增值税减税改革，减轻了产品和服务的增值税税负，在价格传导机制下，一方面，通过减税直接降低居民消费品价格；另一方面，通过降低产品和服务税收成本间接降低消费品价格，从而起到扩大消费的积极作用。

(8) 增加劳动就业。大力推进减税降费改革，在宏观经济方面除了拉动经济增长外，对降低物价水平、刺激投资需求和增加劳动就业等方面也会产生重要影响。减税降费对劳动就业的影响主要是通过对经济的带动促进产业结构调整，这将有利于增加劳动就业，促进就业的增长。同时，延长促进就业再就业的税收优惠政策执行期限，也为拓宽就业渠道，扩大就业提供政策支持。

18.10 实现税收合作共赢

用好国际国内两个市场、两种资源，扬长避短、乘势而上，关键在于提高对外开放的质量和发展的内外联动性，形成中国与世界深度融合的互利合作格局，由此推动全球经济治理体系改革完善，引导全球经济议程，走好开放发展之路。

18.10.1 坚持对外开放战略

经济全球化深入发展使得国际经济贸易往来日益密切，国际税收合作依然是当前国际社会的主流和共识，也是全球税制发展的方向。在复杂多变的国际经济新形势之下，只有加强国家间的合作和交流，强化税制协调，密切沟通税制体系信息，消除信息不对称，才能有效解决和避免威胁。

（1）联合国、OECD、20 国集团成为主导力量。G20 持续推进国际税收合作，在 2013 年圣彼得堡峰会上发布了峰会领导人关于税收的声明，在 2014 年布里斯班峰会上通过了《布里斯班行动计划》，在 2015 年安塔利亚峰会上通过了《税基侵蚀与利润转移（BEPS）行动计划》，在 2016 年杭州峰会上继续强调建立一个公平和现代化的国际税收体系。2018 年 2 月，联合国、国际货币基金组织（IMF）、世界银行（WB）和 OECD 在联合国总部联合举办第一届税收合作平台全球大会，旨在加强各国税收合作，支持发展中国家税收能力建设。

（2）加强国际税收区域合作平台取得新突破。“一带一路”税收征管合作论坛在共建“一带一路”税收协调与合作方面发挥重要作用。2019 年 4 月，第一届“一带一路”税收征管合作论坛发布了《乌镇声明》以及《乌镇行动计划（2019—2021）》。同年，第二届“一带一路”国际合作高峰论坛提出“共建‘一带一路’税收征管合作机制”，标志着“一带一路”税收征管合作机制取得了历史性进展。另外，欧盟作为区域税收合作的重要力量，在规范成员国税收合作发展方面一直发挥着导向性的作用。

（3）世界各国积极响应落实国际税收合作项目。BEPS 行动计划推出以后，各国积极推动有效落实。其中，打击有害税收实践、防止税收协定滥用、转让定价文档和国别报告、改进争端解决机制等项目得到各国积极响应，目前将国别报告纳入本国法律框架的税收辖区已经超过 60 个。《实施税收协定相关措施以防止税基侵蚀与利润转移的多边公约》在多方努力下正式生效，实现了税收协定历史上规模最大、范围最广的一次多边合作与协调。

18.10.2 实现税收合作共赢

在国际税收事务中，必须坚持合作共赢的治理理念，加强全球税收合作，打击国际逃避税，尽力实现帮助发展中国家和低收入国家提高税收征管能力的要求，深度参与国际税改，维护我国税收权益，服务对外开放大局。

（1）加强国际税收治理。要继续支持国际税收合作，建立一个全球公平和现代化的国际税收体系，并倡议各国制定“增长友好型的税收政策”。为此，需要完善全球经济治理，夯实机制保障，加强全球税收合作，通过税收促进全球投资，帮助发展中国家和低收入国家提高税收征管能力。

（2）加强国际税收合作。积极参与国际税收规则制定，包括正在开展的税基侵蚀和利润转移合作、税收情报交换、发展中国家税收能力建设等，不断提高我国在国际税收事务上的发言权和影响力；要与更多国家商签高标准自由贸易协定，加强海关、税收、审计监管等领域合作，建立共建“一带一路”税收征管合作机制；要积极履行国际承诺，严厉打击国际逃避税，主动服务对外开放战略。

（3）促进贸易和投资。要进一步降低汽车进口关税，同时降低部分其他产品进口关税，努力增加我国人民需求比较集中的特色优势产品进口，推进加入世界贸易组织《政府采购协定》的进程。应对数字经济，主要应做到以下几点：一是要加快税制改革，保障我国数字经济健康发展。二是要加强国际税收合作，化解数字经济国际化面临的税制壁垒。

（4）推进国际税收合作共赢机制。要按照构建人类命运共同体的目标，积极推动国际税收合作；要从主动融入现有体系向引领未来发展转变，积极参与并引导国际税收规则制定，大力提升我国在国际税收领域的影响力和话语权；推动完善国际间税收合作与协调机制，加强税收信息和涉税情报交换，形成深度交融的互利合作网络；要不断深化全球化、区域性、多边或双边的税收合作，有效打击国际逃避税，维护国家税收权益和世界税收秩序。

参考文献

1. 张斌．推进税收治理现代化的思考．财政科学，2018（8）

2. 李华．高质量发展目标下税收体系构建与减税降费再推进．新理财（政府理财），2019（7）

3. 许思雨，薛鹏．中国经济高质量发展的理论释疑与实现路径：一个文献综述．对外经贸，2019（2）

4. 张建刚．推动我国经济迈向高质量发展．红旗文稿，2018（10）

5. 邓力平，王智．开放型经济新体制与国际税收合作新要求．经济与管理评论，2015（6）

6. 李文．税制改革中的国际竞争力原则：从主要税种变化的视角．经济与管理评论，2013（5）

7. 魏莹．论纳税人的法制信任感．辽宁税务高等专科学校学报，2006（1）

8. 胡怡建，徐曙娜．我国税制结优化的目标模式和实现途径．税务研究，2014（7）

9. 张斌．深化税收制度改革 健全地方税体．经济日报，2017（12.18）

10. 魏志梅．20 年来税收征管制度的改革与完善．中国税务报，2015（11.1）

11. 施正文．迈向繁荣成熟的财税法：四十年的回顾与前瞻．税务研究，2018（10）

12. 贾康，苏京春．现阶段我国中央与地方事权划分改革研究．财经问题研究，2016（10）

13. 刘佐．中国税制改革 40 年的简要回顾（1978～2018 年）．经济研究参考，2018（38）

14. 王军．发挥税收职能作用 服务经济发展新常态．求是，2015（7）

15. 何杨，陈琍，刘金科．经济数字化的所得税挑战与中国应对策略．财政科学，2019（2）

16. 胡怡建，严才明．国税地税机构合并改革需统筹协调处理好四大税收关系．中国税务，2018（9）

17. 张松，张瑞杰．税制改革要落实税收法定原则．地方财政研究，2015（10）

18. 李万甫．提高税收立法质量的思考．中国税务，2011（7）

19. 吕静宜．税收文化视角下的税收遵从问题研究．会计之友，2010（23）

20. 邵晓琰．也谈税收文化．北方经贸，2008（1）

21. 彭骥鸣，蔡军．文化差异·税收道德精神·税制改革——中西方文化差异与我国税收改革取向．税务与经济，2003（1）

22. 刘乐山．构建公共财政体制下的税收文化．西安电子科技大学学报（社会科学版），2006（1）

23. 陈义荣．基于博弈视角的税收文化再造．山东社会科学，2010（7）

24. 纪萍．浅析税制的人文环境．中华女子学院山东分院学报，2005（1）

25. 刘丽君．防范税务稽查行政不作为与行政负作为的理论思考．财会月刊（理论版），2007（4）

26. 李广舜．中西方税收文化传统对比研究．内蒙古财经学院学报，2010（3）

27. 乔松．谈税收中扣缴义务人的义务与责任．商场现代化，2007（9）

28. 刘乐山．构建公共财政体制下的税收文化．西安电子科技大学学报（社会科学版），2006（1）

29. 韩晓琴．贯彻习近平关于经济工作的重要论述推进纳税服务现代化建设．税收经济研究，2018（5）

30. 胡怡建，田志伟．营改增下一程．新理财（政府理财），2017（9）

31. 张群．全球数字税最新进展、动因及对我国的启示．信息通信技术与政策，2019（7）

32. 刘剑文．落实税收法定原则的意义与路径．新理财（政府理财），2017（9）

33. 靳东升．中国税制改革40年：回顾、总结与思考．地方财政研究，2018（11）

34. 邢树东. 税收文化：税收征、纳、用和谐的底蕴. 吉林财税高等专科学校学报，2006（2）

35. 杨杨，陈思. 和谐社会需要构建"以人为本"的税收文化. 华北电力大学学报（社会科学版），2009（6）

36. 王飞，王娟. 中西税收文化差异及我国税收文化建设研究. 理论界，2005（5）

37. 常彦峰. 构建以人为本的现代税收文化初探. 经济问题探索，2006（4）

38. 田成有. 科学立法的三个维度. 人大研究，2018（7）

39. 王秀芝. 税收能力提升的必由之路：税收征管现代化建设. 中国人民大学学报，2015（6）

40. 毛云芳，林擎国. 现代税收文化内涵及其建设的再探讨. 税务与经济，2005（1）

41. 董文毅. 税收. 北京：清华大学出版社，北京交通大学出版社，2011

42. 施正文. 税收程序法论监控征税权运行的法理与立法研究. 北京：北京大学出版社，2003

43. 高培勇. 财税体制改革发挥着突破口的作用. 光明日报，2015（01.14）

44. 任荣发. 积极推进新时代"智慧税务"建设. 人民网，2019（10.20）

45. 刘剑文. 落实税收法定原则要多立良法增强可执行性. 澎湃新闻，2017（09.07）

46. 谌韵灵. 构建纳税服务新生态体系. 中国税务报，2018（07.04）

47. 贾康，程瑜. 回顾20年来税收征管制度的改革历程. 人民网，2014（04.10）

48. 吴秋余. 让非接触式办税走向常态. 人民网，2020（04.03）

49. 孙韶华. 税收立法攻坚提速多部税法将有突破性进展. 经济参考报，2019（12.23）

50. 刘剑文. 如何正确理解税收法定原则. 经济参考报，2013（12.03）

51. 中国信息通信研究院. 中国数字经济发展白皮书（2020年）. 2020（7）

52. 罗格研究院人工智能课题组. 人工智能技术在税收征管中的应用. 国际税收，2018（5）：20－24

53. 吴晓光，曹建安，肖忠东．税收理论与实务．西安：西安交通大学出版社，2004

54. 朱建文．国家税收．长春：吉林大学出版社，2010

55. 刘剑文．财税法学案例与法理研究．北京：高等教育出版社，2004

56. 施正文．税收程序法论：监控征税权运行的法理与立法研究．北京：北京大学出版社，2003. 05. 01。

57. 刘乐山．财政调节收入分配差距的现状分析．北京：经济科学出版社，2006

58. 刘勇，孙习祥，吕永泽．税务文化研究．武汉：湖北人民出版社，2009

59. 胡怡建．税收学．上海：上海财经大学出版社，2018

60. 刘剑文．财政税收法（2002 年版）．北京：法律出版社，2001

61. 崔炳森．中国现代税收文化概论．武汉：湖北人民出版社，2003

62. 刘勇，孙习祥，吕永泽．税务文化研究．武汉：湖北人民出版社，2009

63. 刘丽君．税收和谐论．学位论文．西南财经大学，2008

64. 刘乐山．基于财政视角的中国收入分配差距调节研究．学位论文．西北大学，2006

65. 李文锋．中山地税代开发票附列资料管理系统的设计与实现．学位论文．电子科技大学，2011

66. 刘建．税务管理中的以人为本理念与实现．学位论文．西南财经大学，2007

67. 徐乾山．论纳税人隐私权的税法保护．学位论文．南开大学，2010

68. 丁阳．纳税人意识探究．学位论文．郑州大学，2007

69. 孙闻天．我国税务行政复议中纳税人权利保护问题研究．学位论文．山西财经大学，2010

70. 高鸿鹏．我国纳税遵从风险研究——基于税务机关视角的分析．学位论文．山东大学，2010

71. 王仁文．基于绿色经济的区域创新生态系统研究．学位论文．中国科学技术大学，2014

72. 赵立昕．纳税服务过程中的纳税人权益保护问题研究．学位论文．苏州大学，2017

73. 潘岩．我国国税税源专业化管理研究——以甘肃为个案．学位论文．西北师范大学，2012

74. 韩桂．中国税收征管制度优化研究．学位论文．厦门大学，2005

75. 阳尧．基于前景理论的个人所得税纳税遵从行为研究．学位论文．华中科技大学，2010